ARCHIVES HISTORIQUES

DU POITOU

XV

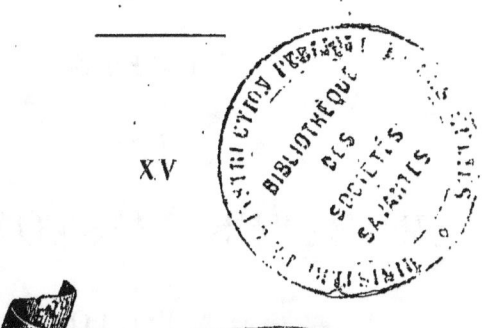

POITIERS

IMPRIMERIE OUDIN

4, RUE DE L'ÉPERON, 4

1885

SOCIÉTÉ

DES

ARCHIVES HISTORIQUES

DU POITOU

LISTE GÉNÉRALE

DES MEMBRES

DE LA SOCIÉTÉ DES ARCHIVES HISTORIQUES DU POITOU

ANNÉE 1884.

Membres titulaires :

MM.

ARNAULDET (TH.), bibliothécaire de la ville, à Niort.
BARBAUD, archiviste de la Vendée, à la Roche-sur-Yon.
BARDET (V.), attaché à l'Inspection du chemin de fer d'Orléans, à Vivonne.
BARTHÉLEMY (A. DE), membre du Comité des travaux historiques, à Paris.
BEAUCHET-FILLEAU, correspondant du Ministère de l'instruction publique, à Chef-Boutonne.
BEAUDET (A.), docteur en médecine, à Saint-Maixent.
BERTHELÉ, archiviste des Deux-Sèvres, à Niort.
BONVALLET (A.), agent supérieur du chemin de fer d'Orléans, à Poitiers.
BOURALIÈRE (A. DE LA), à Poitiers.
BRICAULD DE VERNEUIL, licencié en droit, attaché aux Archives de la Vienne, à Poitiers.
CHAMARD (Dom), religieux bénédictin, à Ligugé.
CHASTEIGNER (Cte A. DE), membre de plusieurs Sociétés savantes, à Ingrande (Vienne).
DELISLE (L.), membre de l'Institut, à Paris.

MM.

DESAIVRE, docteur en médecine, conseiller-général des Deux-Sèvres, à Niort.
FAVRE (L.), à Niort.
FRAPPIER (P.), ancien secrétaire de la Société de Statistique des Deux-Sèvres, à Niort.
GOUGET, archiviste de la Gironde, à Bordeaux.
LEDAIN, membre de l'Institut des provinces, à Poitiers.
LELONG, archiviste aux Archives Nationales, à Paris.
LIÈVRE, pasteur, président du Consistoire, à Angoulême.
MARQUE (G. DE LA), à la Baron (Vienne).
MÉNARDIÈRE (DE LA), professeur à la Faculté de Droit, à Poitiers.
MONTAIGLON (A. DE), professeur à l'Ecole des Chartes, à Paris.
MUSSET (G.), bibliothécaire de la ville, à la Rochelle.
PALUSTRE (Léon), ancien directeur de la Société française d'archéologie, à Tours.
PORT (C.), archiviste de Maine-et-Loire, à Angers.
RICHARD (A.), archiviste de la Vienne, à Poitiers.
RICHEMOND (L. DE), archiviste de la Charente-Inférieure, à la Rochelle.
ROCHEBROCHARD (L. DE LA), membre de la Société de Statistique des Deux-Sèvres, à Niort.
TRANCHANT (Charles), ancien conseiller d'État, ancien conseiller général de la Vienne, à Paris.

Membres honoraires :

MM.

BABINET DE RENCOGNE, à Angoulême.
CARS (Duc DES), à la Roche-de-Bran (Vienne).
CESBRON (E.), ancien notaire, à Poitiers.
CLISSON (l'abbé DE), à Poitiers.
CORBIÈRE (M¹ˢ DE LA), à Poitiers.
DESMIER DE CHENON (M¹ˢ), à Domezac (Charente).

— VII —

MM.

DUBEUGNON, professeur à la Faculté de Droit, à Poitiers.
DUCROCQ (TH.), doyen honoraire, professeur à la Faculté de Droit de Poitiers, correspondant de l'Institut, à Poitiers.
FERAND, ancien ingénieur en chef du département de la Vienne, à Poitiers.
FLEURY (DE), archiviste de la Charente, à Angoulême.
GAIGNARD (R.), à Saint-Gelais (Deux-Sèvres).
GUÉRIN (Paul), archiviste aux Archives Nationales, à Paris.
HORRIC DU FRAISNAUD DE LA MOTTE, à Goursac (Charente).
LABBÉ (A.), banquier, à Châtellerault.
LE CHARPENTIER (G.), ancien conseiller-général des Deux-Sèvres, à Saint-Maixent.
LECOINTRE-DUPONT père, membre de plusieurs Sociétés savantes, à Poitiers.
ORFEUILLE (Cte R. D'), membre de la Société des Antiquaires de l'Ouest, à Versailles.
OUDIN, avocat, à Poitiers.
PASQUET-LABROUE, licencié en droit, docteur en médecine, à Châtellerault.
ROCHEJAQUELEIN (Mis DE LA), député des Deux-Sèvres, à Clisson (Deux-Sèvres).
ROCHETHULON (Mis DE LA), ancien député de la Vienne, à Beaudiment (Vienne).
SORBIER DE POUGNADORESSE (DE), ancien sous-préfet, à Poitiers.
SURGÈRES (Mis DE), à Nantes.
TRIBERT (G.), ancien conseiller-général de la Vienne, à Marçay (Vienne).
TRIBERT (L.), sénateur, à Champdeniers.

Bureau :

MM.

RICHARD, président.
LEDAIN, secrétaire.

MM.

BRICAULD DE VERNEUIL, trésorier.
DESAIVRE, membre du Comité.
LECOINTRE-DUPONT, id.
MARQUE (DE LA), id.
MÉNARDIÈRE (DE LA), id.

EXTRAIT

DES PROCÈS-VERBAUX DES SÉANCES DE LA SOCIÉTÉ DES ARCHIVES

PENDANT L'ANNÉE 1884

Dans le cours de l'année 1884, la Société a tenu ses quatre séances ordinaires, les 17 janvier, 24 avril, 17 juillet et 20 novembre.

Elle a admis comme membres honoraires : MM. Th. Ducrocq, doyen honoraire, professeur à la Faculté de droit de Poitiers, correspondant de l'Institut, à Poitiers; Raoul Gaignard, à Saint-Gelais (Deux-Sèvres), et Pasquet-Labroue, licencié en droit, docteur en médecine à Châtellerault.

Correspondance. — Lettres : 1° de M. le Ministre de l'Instruction publique au sujet du concours de la Sorbonne ;

2° De la Société de Pontoise, qui demande à celle des Archives de s'associer au vœu qu'elle adresse à M. le Ministre de l'Instruction publique pour la conservation des ruines de Sanxay ; — adhésion complète a été donnée à cette demande;

3° De M. Palustre, président de la Société française d'archéologie, demandant à la Société de prendre part à une souscription destinée à faciliter le rachat des ruines de Sanxay ; — la Société souscrit pour une somme de deux cents francs ;

4° De M. Henri de Beaucaire, secrétaire d'ambassade, qui demande à la Société si elle veut publier une étude sur Eléonore d'Olbreuse, duchesse de Brunswick-Zell, accompagnée de pièces justificatives; — la Société, considérant que la publication des pièces inédites annoncées n'est que l'accessoire de l'œuvre personnelle d'un écrivain, ne peut accepter cette offre qui dénaturerait le caractère de ses travaux;

5° Du président de la Société des Antiquaires de l'Ouest, invitant la Société, à prendre part au congrès qu'elle tiendra lors de la célébration de son cinquantenaire ; — la compagnie y donne son adhésion et invite ses membres à y porter la question si intéressante de la conservation des minutes de notaires;

6° Du président de la Société des Antiquaires de France, lequel sollicite une adhésion, qui est donnée, à la demande de réforme de la législation qui régit les monuments historiques;

7° De M. Beauchet-Filleau, qui offre à la Société de faire copier, en vue d'une publication ultérieure, les minutes de confirmation de la noblesse du Poitou par M. de Maupeou ; — sur les observations du président, M. Richard, qui expose un projet d'ensemble de publication de documents de cette nature, l'examen de cette affaire est renvoyée à une commission composée de MM. Bonvallet et de Clisson.

Dons. — Par M. Bricauld de Verneuil, de la copie de neuf pièces de 1548 à 1661, extraites des minutes de Mᵉ Beugnet, notaire à Poitiers.

Communications. — M. Desaivre offre de faire exécuter à ses frais la copie de 24 lettres de M. de Malicorne, gouverneur du Poitou pendant la Ligue, qui se trouvent dans le fonds français de la Bibliothèque Nationale.

M. Richard signale l'intérêt qu'offre pour le Poitou un grand nombre de pièces du fonds Bourrée, à la Bibliothèque Nationale, dont M. Vaësen a dressé le catalogue dans la Bibliothèque de l'Ecole des Chartes, et qui pourraient utilement prendre place dans nos publications.

Publications. — Dans le courant de l'année, a paru le tome XIV, contenant la deuxième partie de la correspondance de MM. du Lude, gouverneurs du Poitou, de 1575 à 1585, par M. Ledain, et les lettres adressées, de 1585 à 1625, à M. de Boisguérin, gouverneur de Loudun, par MM. de la Marque et Ed. de Barthélemy.

Travaux en cours d'exécution. — Tome XV, renfermant : 1° les journaux de MM. de Brilhac, lieutenants-criminels en la sénéchaussée de Poitiers, de 1546 à 1622 ; 2° le journal d'Antoine Denesde, marchand ferron à Poitiers, et de Marie Barré, sa femme, de 1628 à 1687, par M. Bricauld de Verneuil ; 3° des notes historiques relevées dans l'obituaire de Sainte-Opportune de Poitiers, de 1366 à 1631 ; dans les registres paroissiaux de cette ville, de 1539 à 1790, et dans le journal de Pierre Charmeteau, maître perruquier, de 1731 à 1767.

Travaux en préparation. — Par M. Richard : les chartes de l'abbaye de Saint-Maixent, devant former deux volumes (tomes XVI et XVIII), qui paraîtront en même temps au mois de janvier 1887;

Par M. Guérin : le tome III des Documents extraits des Registres du Trésor des Chartes pendant le xɪvᵉ siècle, qui composeront le tome XVII, pour paraître en 1886.

L'Institut a décerné à M. Guérin une mention honorable au concours des Antiquités nationales pour le tome II de cette publication.

Renouvellement du bureau. — A la séance du 20 novembre, ont été élus pour 1885 : MM. Richard, président; Ledain, secrétaire; Bricauld de Verneuil, trésorier; Desaivre, de la Marque, de la Ménardière, Lecointre-Dupont, membres du Conseil.

JOURNAUX

DE

JEAN DE BRILHAC

CONSEILLER EN LA SÉNÉCHAUSSÉE DE POITOU

DE 1545 A 1564

ET DE

RENÉ DE BRILHAC

CONSEILLER AU PRÉSIDIAL DE POITIERS

DE 1573 A 1622

Par M. Bélisaire LEDAIN

INTRODUCTION

Parmi les nombreux documents donnés à la *Société des Archives historiques du Poitou* par feu M. de Bernay, membre de cette Société, se trouvait un registre en papier contenant le journal des actes domestiques d'un magistrat poitevin du xvie siècle, Jean de Brilhac. On y rencontre mêlés des mémoires judiciaires, des notes ou dissertations écrites en latin sur des questions de droit, des recettes et d'épenses, de petits événements de famille et des relations très brèves et très sèches d'autres événements relatifs à la ville de Poitiers. Il importait d'en extraire et de publier tout ce qui pouvait avoir un intérêt quelconque pour l'histoire locale ou générale de cette époque.

L'auteur de ce journal, Jean de Brilhac, s[r] de Nouzières et de la Riche, fils de François de Brilhac, s[r] de Nouzières, et de Charlotte Brunet, et époux de Catherine Arembert, était pourvu, dès 1538, de l'office de conseiller en la sénéchaussée de Poitou, au siège de Poitiers. Il était lieutenant-criminel en 1559. Maire de Poitiers en 1535, il fut de nouveau élevé à cette dignité par ses concitoyens en 1572, à l'occasion d'un conflit qui éclata entre Jean de la Haye, lieutenant-général de la sénéchaussée, et François Bellucheau. Il mourut peu de temps après, en 1573 environ, laissant trois fils : François, qui fut aussi lieutenant-criminel à Poitiers, Jean et René, conseillers au même siège.

Jean de Brilhac aurait pu certainement nous laisser des récits plus nombreux, plus complets et plus intéressants. Il est extraordinaire que les grands événements dont il a été nécessairement le témoin, notamment ceux du siège de Poitiers en 1569, n'aient laissé aucune trace dans son journal. Commencé en 1545, ce journal s'arrête à 1564, quoique l'auteur ait vécu jusqu'en 1573. C'est, nous l'avons dit, un recueil de notes informes et incomplètes. Nous en avons extrait tout ce qu'il contenait de curieux pour l'histoire de Poitiers. En effet, aucun renseignement, si petit qu'il soit, ne doit être négligé, car des faits en apparence insignifiants, peuvent quelquefois jeter beaucoup de lumière sur des événements plus importants. D'ailleurs, rien n'est inutile pour la composition de l'histoire locale [1].

Le second journal publié à la suite de celui de Jean de Brilhac émane de son troisième fils, René, s^r du Parc, conseiller au Présidial de Poitiers. Il est beaucoup plus long et plus intéressant. Ses récits comprennent la période de 1573 à 1622. Mais on n'en possède que des extraits, transcrits de la main d'un savant jurisconsulte poitevin, Etienne Gabriau, s^r de Riparfonds, avocat au parlement de Paris, mort en 1704. Gabriau avait légué sa bibliothèque et ses manuscrits à l'ordre des avocats. Cette collection passa ensuite au Conseil d'Etat et à la Cour de Cassation. C'est dans ce dernier dépôt qu'existe encore le manuscrit de Gabriau,

---

[1]. C'est pour ce motif que nous donnons ici une autre pièce, aussi rencontrée dans les papiers de la famille de Brilhac, et qui aurait dû figurer en note à la page 11 de ce volume. C'est une copie, du temps, de la lettre écrite par Henri III à Jean de la Haye, lieutenant-général de Poitou, et dont on ne connaissait qu'en partie le contexte d'après l'analyse que le roi lui-même en avait faite dans la lettre qu'il adressa le 24 juin 1575 à M. du Lude, gouverneur de la province :

« Monsieur le lieutenant, depuis nostre partement, ayant considéré que il
« n'estoit à propos en ce temps de tenir mes hommaiges et y contraindre per-
« sonne, je vous prie et ordonne très expressément ne publier n'y exécuter la
« commission que je vous en faict expédier, ains, sans la communicquer à
« personne, tenir la chose en surcéance jusques ad ce que vous aiez commande-
« ment de moy. Au demourant, souvenez vous de la promesse que vous m'avez
« faicte, c'est assavoir que vous ne irez en ma ville de Poictiers, mais que
« vous continuerez de demeurer en vostre maison aux champs, sans vous
« entremectre aucunement en l'exercice de vostre office, auquel je vous ay res-
« tably à ceste condition, non pour mal contentement que j'aye de vous, mais
« affin de ne altérer ny troubler davantaige le repoz de ma dicte ville. Et me
« promectant que vous satisferez de tout poinct à mon intention, je prie Dieu
« vous avoir, Monsieur le lieutenant, en sa saincte garde. Escript à Paris, le
« xxiij^e jour de juing 1575. »

contenant les extraits du journal que nous publions. M. Richou, bibliothécaire de la Cour de Cassation, en a exécuté la copie pour la Société des Archives historiques du Poitou.

Thibaudeau avait connu les mémoires de M. de Brilhac du Parc et les avait utilisés pour son *Histoire du Poitou*, t. V, p. 132; 189, etc. Est-ce le manuscrit original de l'auteur ou les extraits de Gabriau qu'il consulta ? On l'ignore. Mais il ne serait pas impossible que ce fût l'original, aujourd'hui probablement perdu. La publication intégrale des extraits aura donc un véritable intérêt, et on y trouvera de curieux épisodes de l'histoire intérieure de Poitiers.

B. LEDAIN.

JOURNAL DE JEAN DE BRILHAC

(1546-1564).

Papier des menus affaires et domesticques commencé le premier jour de novembre l'an mil cinq cens quarante cinq.

Le xxvi⁰ mars mil v⁰ xlvi Françoys et Jehan de Brilhac, mes enfens, et Françoys, mon nepveu, commencerent à demourer avecques M⁰ Blays au logis de Bouquillard. Marché faict pour chascun de mesdits enfens lx l. t. qui sont vi^xx l. pour les deux, et pour Francoys mon nepveu lxv l. ; sur quoy j'ay advancé pour tous xl l. sans comprandre ce que j'ay advancé à monsieur Civerins pour mon dit nepveu, faict le xv⁰ may mil v⁰ xlvi.

Le vendredy segond jour de juilhet mil v⁰ xlvi fut m⁰ Guy d'Ausseurre receu assesseur à la survivance de m⁰ René d'Ausseurre son père, et de luy prins le seremant par m⁰ Francoys Doyneau, lieutenant on dict pays.

Le dymanche iv⁰ jour de juilhet mil v⁰ xlvi Francoys Bouelesve, sieur de Persant, nepveu de monsieur Olivier, chancellier, tinsmes sur les fontz Francoys Rogier, filz de monsieur de Nouzilles et ma cousine ; et fut commère mademoiselle de Marigné, et luy fut baillé le nom du dict Boelesve.

Mémoyre que François et Jehan mes enfens arriverent à Paris, au collége de Saint-Michel de Chenac le vi⁰ octobre

1553, avec M⁶ Bernard de la Vau leur précepteur.

Extraict du roolle signé de la main du roy à Sainct-Germain-en-Laye le xv⁶ jour de may 1553 :

« Ledict seigneur a permis et accordé à Jehan de Brilhac,
« ancien conseillier au siège de Poictiers et naguères pourveu
« de l'office de séneschal de Civray, qu'il puisse se deffaire
« de l'un des dicts estatz en faveur de tel parsonnage que
« bon luy semblera sans payer finance, et ce en considéra-
« cion, tant de la somme de quinze cens escuz par luy forniz
« pour la subvention des affaires du dict seigneur, que des
« services à luy faictz par le dict de Brilhac despuys vingt
« ans en ça. Monseigneur le connestable présent. Col-
« lacionné Bourdin. »

Le xiii⁶ avril 1554, j'ay déclaré a monsieur Bouchard et monsieur de Moreynes que j'avoys de la vesselle d'argent poisant troys mars ou environ.

Le xxiiii⁶ mars 1554 mourut Joachin Arembert, filz de maistre Philippes Arembert, procureur du roy à Poictiers.

Le premier jour de may 1555 payé pour l'emprunt xxxi l. t.

Le dymanche v⁶ may 1555 baillé au tappicier Léonard Bouchon, demeurant au Beysson [1], x escuz couronne sur la somme de iiii^{xx} l. t., pour cinq pièsez de tappicerie.

Monsieur de la Bussière, général de Bourguogne, monsieur de la Claiz, monsieur Le Bastard, escuier, monsieur de Saint-Père, monsieur de la Barre, maistre d'hostel, monsieur le secrétaire Chaumont, et m⁶ Georges, maistre d'hostel de monsieur de Saint-Père, Germain, varlet de chambre, Louvrié, done Marie, done Lucresse, mademoiselle de la Mothe, les deux cousines de monsieur de Saint-Père [2].

---

1. Aubusson.
2. Aucune indication de date n'accompagne cette note qui est placée entre un article du 18 juin et un autre du 11 août 1556.

Le vi^e décembre 1556 fut fait le pain bénist à Poictiers.

Le iiie janvier 1556 je feuz compère avec madame de Clermont noumée Renée d'Amboise et damoiselle...... de Puyguyon, femme de Durant Nivet, d'une fille de monsieur de Laille, médecin, qui fut baptizée à Saint-Porchère, et nommée Renée.

Le viie jour d'avril 1557 je feuz compère d'un filz de monsieur le recepveur Cartier, et fut aussy compère monsieur le Sueur, et commère la femme de monsieur le médecin Pidoux, baptizé à Saint-Didier, environ cinq heures du soir.

Nota que le dernier homage de Sauzelles fut fait par Pierre de Culant, escuier, S^{gr} de Rouvray, pour et au nom de damoiselle Françoise d'Azay, sa femme, le xxvj^e jour de mars 1549.

Coppie de la quictance de mes gagez de conseillier :

« Je Jehan de Brilhac, conseillier et magistrat au siège prési-
« dial de Poictiers, confesse avoir receu de maistre Francoys
« Rouartin, commis à la recepte du payement des deniers
« ordonnez pour les gages des officiers dudict siège présidial,
« la somme de xxv l. t., et ce pour le quartier de mes gagez
« escheuz ès moys de... 1... 2... 3... derniers passez, de
« laquelle somme de xxv l. t. pour la dite cause je quicte le
« dict Rouartin, commis susdit et tous aultres, par la pré-
« sente signée de ma main, le xxviie jour de janvier 1557. »

Mes enfans commenserent à jouher des violles le ixe février 1557 ; marché fait pour tous à lx s. par moys.

Le xxiiiie février 1557, je feuz envoyé vers le roy de Navarre et la royne pour préparer leur venue à Poictiers, où estoyent messieurs de la Poictevinière, de Chaumes, de l'Espinoux, de Clavierres, de la Duguye et de la Bidollière, et fut par moy dict ce qui s'en suit :

« Les citoyens et habitans de la ville de Poictiers, sire, ont
« envoyé aucuns de leurs décurions vous présenter toute
« obéissance et très humble service et entendre voz

« commandemens pour les exécuter de tout nostre pouvoir,
« comme vous estant, sire, de vostre grâce, naturelle et
« héréditaire clémence nostre vray protecteur, nostre guyde
« et nostre garde, et duquel tout le repoz et assurance de
« nostre républicque deppend, vous suppliant très humble-
« ment, sire, nous avoir et maintenir soubz vostre faveur
« et protection. » Autant en substance fut dict à la royne [1].

Le vie avril 1558 je feuz compère d'une fille de maistre Francoys Eschinard et Gaillaudon, sa femme, avec damoiselle Catherine Claveurier et Jehanne de Lymur, dame de Chougne, et fut baptizée à Saint-Didier.

Le jeudi xxviiie avril 1558 fut fiancée madamoiselle de Dampierre avec monsieur d'Anebault, et le contraict du mariage passé par Poussineau l'esné et Carré, et oultre fut signé des parties, de madame de Dampierre, de monsieur de Bauthoume, son nepveu, de monsieur Aubert, lieutenant général, de l'assesseur, de maistre Philippé Arembert, procureur du roy, de monsieur de l'Espinoux, de Rat, conseillier et de moy. Le premier jour de may, estant jour de dimanche prochain suyvant, fut espousée la dicte damoiselle.

Le xxiie jour de novembre 1559, M. Aubert, président, maistre Jehan Barbier et moy, fusmes envoyez à Chastelle-

---

1. En face de cette harangue, se trouvent sur le registre de M. de Brilhac, les deux discours suivants qui ne sont sans doute que les ébauches de celui qu'il a réellement prononcé :
« Les officiers du roy en ceste ville, sire, vous présentent toute
« obéissance et très humble service, désirant entendre voz com-
« mandemens pour les exécutter et acomplir, comme vous estant,
« sire, de vostre grâce, naturelle et héréditaire bonté et clémence
« nostre protecteur et le repoz de nostre république, vous suppliant
« très humblement, sire, qu'il vous plaise nous maintenir ès bonnes
« grâces du roy, nostre souverain seigneur, et que nous demeurons
« soulz vostre faveur et protection.
« Monseigneur, les officiers du roy, le maire, eschevins et bour-
« geoys de la ville de Poictiers vous sont venuz saluer pour vous
« offrir humble service, faveur, secours et ayde de tout ce qui sera
« en leur puissance et à toute vostre compagnie ; vous nous com-
« mandrez et nous vous obéirons, car le roy nous l'a ainsy enjoinct
« le faire. »

rault, où estoit le roy [1] ; et à l'aprèsdinée entrasmes au conseil avec le sieur de l'Espinoux, le sieur de la Groussetière, général, et le sieur Jasmes, conseillier, auquel conseil estoyent le roy, la royne, la royne mère, le roy de Navarre, messeigneurs les cardinaulx de Bourbon et de Laurraine, où furent traictez plusieurs afferes; et nous fut dit par le roy qu'il remectoit pour le passé toutes les faultes, tant de la religion que de la sédicion de Poictiers [2], fors quant aux dogmatizans et ceulx qui les ont retirez, pourveu que à l'advenir l'on vesquit sellon les constitucions de l'église et ses esditz. Aussi fusmes deschargez, M. le président, M. le lieutenant de Chastellerault, M. l'assesseur et moy de la commission des empruntz particuliers, et déclara le roy qu'il ne vouloyt que l'on cessast l'effect de la dite commission affin que son peuple se ressentist du fruit de la paix.

Le xxve du dict moys, la royne d'Espaigne feit son entrée à Poictiers, estant jour de sabmedi, estant accompagnyée du roy et la royne de Navarre [3], de M. le cardinal de Bourbon, de M. le prince de la Roche sur Yon, de madame de Ryeulx et plusieurs aultres sieurs et dames; et fut la justice séparément au devant jusques près de la Follie de Monstierneuf, et faicte l'arangue par M. le président quy estoit en robbe rouge, comme aussy l'asseusseur, conserva-

---

1. La cour était venue accompagner jusqu'à Châtellerault Elisabeth, fille de Henri II, qui allait en Espagne épouser le roi Philippe II (*Antoine de Bourbon et Jeanne d'Albret*, par de Ruble, t. II, p. 77).
2. Des troubles et voies de fait assez graves, suscités par des prédicateurs protestants, avaient eu lieu dans l'église des Jacobins de Poitiers, le lundi après Pâques 1559 (voir plusieurs lettres de 1559, adressées à la ville de Poitiers, et publiées dans le t. IV, p. 321-324 des *Arch. hist. du Poitou*; voir aussi la note de la p. 94 du t. XII du même recueil).
3. Le roi de Navarre, Antoine de Bourbon, d'après M. de Ruble, aurait attendu la princesse Elisabeth à Angoulême. On voit par ce journal qu'il l'accompagnait à Poitiers, depuis Châtellerault.

teur et moy, et le reste des officiers en robbes noyres. Et loge la dicte royne au logis de feu M. l'assesseur.

Le landemain xxvie du dict moys, M. de Sainct Estiene, grand ausmosnier de la dicte royne, et l'abbé de la Roche de la Mothe au Graing, et moy avec eulx, avecques messieurs Barbier, Palustre, advocatz, et Arembert, procureur du roy, délivrasmes xxvii prisonniers tant de la geolle, prévosté que officialité, en vertu du pouvoir donné à la dicte dame par le roy, et o la charge dedans troys moys rémission ou pardon, aultrement seroyent remis en prison [1].

Nota que Françoys et Jehan de Brilhac, mes deux enfans esnez, partirent le ve mars 1559 pour aller demeurer à Paris, et leur baillay vi^{xx} l. t. xii s., et ay marchandé avec Grand Jehan à les conduyre jusques au dict Paris et fornir de chevaulx jusques au dict Paris à la somme de xx l., et pour le menage de leurs livres, hardez et merluz à vi d. pour livre, montant la somme de quinze livres tournois. Sur quoy j'ai advancé au dict messagier xxvi l. v s. tournois ; reste viii l. xv s. que j'ai payé, et par ce quictez.

Le premier conseillier de la Rochelle se nomme maistre Gilles Berthinault, maistre Jehan Lescalle, procureur, qui me vindrent voir le viie juing 1560, et ont leurs enfans en ceste ville.

Nota que le lundy 10 juing 1560 maistre Joseph Le Bascle fut faict docteur à Saint Pierre, et fusmes peireins M. le président, maistre Françoys Aubert et moy.

Le lendemain fut fait docteur en théologie maistre Charles Guillemyer, religieulx de l'abbaye de la Celle de Poictiers, où mon dict sieur le président et moy assistames.

Le xviiie juillet 1560 fut prins possession de l'évesché de Poictiers par le frère de M. des Quars, noumé Charles, au chappitre et aultres lieulx par procureur, et estoyent présens

---

1. Après cet article se trouve la généalogie de la maison de Longueville, commençant à Jean, bâtard d'Orléans.

M. le président Aubert, l'assesseur Rougne, les advocatz et procureurs du roy.

Le jeudy xxve aoust 1560, j'ay esté compere à M. Rousseau, advocat, avec maistre Jouachin Prevost, sieur de Chaumes, et madamoiselle la présidente tenant le lieu de madame de la Trynité, et fut noumé Loys.

Le sabmedi v^e octobre, j'ay tenu sub les fontz de Saint Didier une fille de M. de Larnay, et fut noumée Marie, et commères madamoiselle la présidente et madamoiselle de la Roulte, mère du dict sieur de Larnay.

Le sabmedi xxvie jour d'octobre 1560, Melchior des Prez, sieur de Montpezat et du Fou, print possession de l'estat de séneschal en Poictou, et tint et expédia la court ès présences de plusieurs gentilhommes, entre aultres du sieur de Touffou et de son frère, abbé de la Grenetière, du frère du sieur de Barbezieulx, du sieur de Loubbes, prieur de Montairan ; aussy ès présences de maistre Francoys Aubert, président, maistre Jehan de Brilhac, lieutenant criminel, Jehan Rougne, lieutenant particulier assesseur, Jehan Jacques et aultres conseilliers, estant le dict séneschal en la chaire, et le dict président prez de luy d'un cousté et le dict lieutenant criminel de l'aultre.

Le xxviiie jour des dicts moys et an et au jour de lundi furent assemblez les troys ordres et estatz au dict Poictiers, en l'auditoyre aux causes, où assista le dict séneschal de Poictou tenant la chère ; et du cousté droit le clergé, où estoyent entre aultres M. de Saint Long, frère du sieur de la Trymouille, l'abbé de Monstierneuf, l'abbé de Celles, les depputez des chappitres et aultres plusieurs ; et de l'aultre cousté estoyent M. le président, maistre Jehan de Brilhac, lieutenant criminel, maistre Jehan Rougne, assesseur, maistre Jehan Palustre, mayre, les sieurs de Bazoges, de Chémerault et plusieurs aultres. Aussy y assistèrent les depputez des villes de Poictou. Ausqueulx fut enjoinct noumer ung pour le moings ou plusieurs de chacun ordre pour aller vers la majesté du roy et porter les remonstrances quy seront faictes.

Le dymanche xxIIII^e novembre 1560, partit de ceste ville de Poictiers M. le maréchal de Termes[1] pour s'en aller à Lymoges. Et aprez le lundi furent divertis VIIIe hommes de pied du chemyn pour venir en ceste dicte ville, pour traverser le chemyn droit au dict Limoges, par le moyen de M. de Camby, commissaire de la dicte compagnye.

Le lundy xve juing 1562, maistre Loys de la Ruelle fut fait docteur régent, et fusmes ses pereins M. de la Haye, lieutenant général, et moy.

Mes enfens, Philippe et René, partirent pour aller à Paris le xxixe jour de mars 1564. Marchandé à Fillaz pour les conduyre et rendre au dict Paris et fournir de chevaulx xxvi l. que j'ay payeez, et cent solz à Francicquet, leur serviteur, qui est allé à pied.

Le mardi xvIII^e jour de juilhet 1564, je tins sur les fontz, environ VII heures du soyr, le filz de maistre Georges Chessé, procureur du roy, et fut nommé Jehan ; et fut compère avec moy maistre Mathieu Rougier, chantre de l'église de Poictiers, et commère la mère du dict Chessé, et fut baptisé à Saint Didier.

Le sabmedi xxvie aoust 1564, M. de Poictiers, frère de M. des Cars, fit son entrée et fut coucher en l'aumosnerye de Nostre Dame ; et arriva ung peu auparavant luy monseigneur le duc de Montpencier, et furent au devant le recteur de l'université, à sa suyte, la justice et la ville tous ensemble ; et porta la parolle M. maistre Francoys Aubert, président, maire, estant entre la retumbe et la porte du Pont Joubert ; et le recteur estoit au bout de la place de la dicte

---

1. Voir sur le séjour de Paul de la Barthe, maréchal de Termes, à Poitiers, lors du passage du roi de Navarre, en octobre 1560, l'ouvrage de M. de Ruble, *Antoine de Bourbon et Jeanne d'Albret*, t. II, p. 382-387 ; voir aussi le t. XII des *Arch. hist. du Poitou*, p. 95, 96.

retumbe allant à Saint Sornyn ; et y assistèrent le sieur des Cars, frère du dict évesque, et ses deux aultres frères, le sieur de la Roche du Mayne et plusieurs aultres seigneurs, ensemble M. l'archevesque de Bourdeaux, frère du sieur de Sansac; et fut la ville devant le dict sieur évesque immédiatement; aussy y assista monseigneur le compte du Lude, gouverneur du pays, et MM. l'abbé de Charroux et de Brianson, ses frères ; et le landemain, jour de dymanche, fut le dict sieur évesque de la dicte aumosnerye à pied jusques devant sa maison épiscopalle où il se mit en une chaire, et fut porté jusques en l'église par ceulx qui le debvoient porter, avec les dicts sieurs et en grande compagnye, et la justice tout prest du dict sieur évesque au devant.

EXTRAIT DES MÉMOIRES

DE

RENÉ DE BRILHAC, S^R DU PARC

CONSEILLER

(1573-1622).

Au mois de novembre 1573, Me René Mourault, procureur du roy en ce siége, fut receu en l'estat de assesseur et lieutenant particulier, par le décès de Me Jean Roigne, s^r de Boisvert.

Au mois de juin 1574, Me Barthélemy Aubert, chanoine en l'église de Saint-Hilaire le Grand, prit possession de l'estat de conseiller d'église, nouvellement érigé.

Au mois de novembre 1574, Me Jean Vidart, esleu pour le roy à Poictiers, fut receu en l'estat de procureur du roy, par la résignation de Me René Mourault, de présent lieutenant particulier.

Au mois de septembre 1576, Me Louis de Sainte-Marthe fut receu en l'estat d'advocat du roy, par la résignation de Me Jean Palustre, de présent thrésorier de France.

Le 26 septembre 1573, M. de Puyguillon [1] prit possession de l'estat de sénéchal de Poictou et de grand maistre des eaux et forests.

---

1. Jean de Beauquaire, s^r de Puyguillon.

Le 13 juillet 1575, a esté donné jugement par contumace contre Mᵉ Jan de la Haye, lieutenant de Poictou, par lequel il a esté déclaré criminel de lèse majesté au premier chef, indigne de tenir estatz et offices du roy et condemné à avoir la teste tranchée en la place de Notre-Dame; ce qui fut exécuté le 16 par figure.

Le 24 dudit mois de juillet, par exprès commandement du roy, escrit et signé de sa main, fut exécutée la sentence par contumace donnée contre ledit de la Haye; ledit commandement apporté en ceste ville par le sʳ de Bourriques, son maistre d'hostel, lequel, estant accompagné de quatre à cinq cens harquebusiers de la ville, fut trouver ledit de la Haye en sa maison de la Bégaudière prez Poictiers, la nuit du 23 au 24 dudit mois, et, pour la résistance faite par ledit de la Haye, il fut tué, amené en ceste ville et ledit jour 24, ladite sentence exécutée contre le cadaver en ladite place de Notre-Dame. Il avoit esté honoré et redoubté à Poictiers plus que homme de sa qualité, dont on ait mémoire [1].

Le 26 dudit mois, suivant l'édit d'Orléans, fut procédé à l'élection de trois notables personnages pour exercer ledit office de lieutenant de Poictou, par les officiers de la justice, appelez avec eux les maire et eschevins; et aprez serment fait sur les Saints Evangiles, M. Richart d'Elbenne, sʳ de Quinçay, eut 13 voix, M. Jan de Brilhac, sʳ de la Riche, Mᵉ Antoine Regnaud, sʳ de Travarzay et Mᵉ Louis Rogier, sʳ de Marigné, chacun dix voix. Et bien que l'élection ne fust selon l'ordonnance qui veut que trois seulement soient nommez, il fut advizé, pour ne faire tort à aucun des nommez, d'envoier le procez verbal des dites

---

1. Voir sur les complots de la Haye et sa fin tragique, le t. XIV des *Arch. hist. du Poitou*, p. 10, 18, 24; le *Journal de le Riche*, p. 228-231, et la chronique de Brisson, dans les *Chroniques Fontenaisiennes*, par de la Fontenelle, p. 372-390.

nominations par devers le roy pour choisir de tous celuy qui luy seroit le plus agréable.

Le 12 décembre 1575, les lettres de provision en l'estat de lieutenant de Poictou obtenues par M. René Brochart, conseiller au grand conseil, furent leues, publiées et registrées, et luy instalé en la place de lieutenant de Poictou par M. le président; auquel jour furent faitz et receuz les sermens du premier jour de droict, qui avoient esté remis à cause des troubles.

Le 2 juillet 1577, le roy Henri III et la royne Loyse, son espouze, firent leur entrée à Poictiers et furent logiez au doyenné de Saint-Hilaire. M. Rat, président, mena les officiers de la justice au devant du roy, estans tous en robes rouges et le furent trouver à la Folie, en un séjour fait exprez, et la royne en un autre y joignant.

Le 14 dudit mois, Sa Majesté receut le serment des 25 eschevins en la sale haute de son logis et estoit assisté à main droicte de M. le cardinal de Guise, de M. de Guise son neveu, et à senestre de M. le chancelier, de M. de Fizes, l'un des 4 secrétaires d'estat, auquel Sa Majesté commanda délivrer acte de ladite réception d'homage expédiée soubz le grand scel de sa chancellerie; et estoit maire, lors de l'entrée, M. Raoul d'Elbenne, conseiller, et luy succéda Me Pierre Rat, président présidial.

Le 15e aoust, jour de l'Assomption Notre-Dame, le roy toucha les malades en l'église de Saint-Pierre; et se trouvèrent en nombre de seize cens ou environ, lesquelz aprez avoir esté tous visitez par les médecins et chirurgiens du roy, on fit ranger tout autour de l'église, et la grant messe ouye par Sa Majesté, et le corps de Nostre Seigneur par luy receu, furent par luy touchez, selon la forme accoustumée de ses prédécesseurs.

Le 24 septembre, le roy estant en ceste ville fist proclamer par tous les principaux cantons d'icelle que la paix estoit faite en son roiaume avec commandement à tous gens de guerre de se retirer et défenses à toutes personnes d'uzer d'aucuns actes d'hostilité, en attendant la publication de l'édict général de la paix, les articles de laquelle ont esté envoiez en la cour de parlement pour y estre premièrement leuz, publiez et registrez selon la forme antienne de ce royaume, et fut ledit jour chanté le *Te Deum* en toutes les églises de Poictiers, mesmement en celle de Saint-Hilaire le Grand où assistoit le roy.

Le 28 septembre, le roy commança la cérémonie de l'ordre de Saint-Michel et fut à vespres en l'église de Saint-Pierre, le cœur de laquelle estoit tendu de drap d'or et de tapisseries de soye à fil d'or à haute lisse; et estoit vestu de son grand manteau de damas blanc tout fait en broderie d'or, avec le chapron de velours cramoisy tout batu d'or en orfebvrie, et le grand ordre par le dessus, et tout le reste de l'accoustrement blanc, le bonnet de velours noir avec la plume blanche, et estoit accompagné de M. son frère, Mrs de Montpansier, prince daulphin, de Lansac, de Villequier, de Tableaux, et marquis d'Elbeuf qui prirent l'ordre ce jour-là, tous habillez comme le roy; et au devant d'eux marchoient les 6 officiers de l'ordre, sçavoir: le massier, le prévost des cérémonies, le trésorier, le secrétaire, l'huissier et le chancelier, nommé M. de Chiverny, et au devant d'iceux les deux héraux accoustrez de cotes de velours cramoisy violet semées de fleurs de lis d'or; lesquels officiers de l'ordre estoient accoustrez de grands robes de damas blanc avec chaprons en escharpe de satin cramoisy rouge, fors celuy du chancelier qui estoit de velours cramoisy rouge, et le bonnet quarré, avec force tambours, clerons et cornetz qui faizoient la fanfare.

Le lendemain, jour de saint Michel, tous les susdits furent à la messe en ladite église, en mesmes accoustremens et ordre (fors que M. le duc du Mayne y estoit et M. de Lansac absent); et furent tous à l'offerte les uns aprez les autres. Au-dessus de leurs siéges estoient leurs noms, seigneuries et escussons. Le roy séant soubz le poisle à main dextre du cueur, et à la senestre y avoit un autre grand poisle de drap d'or soubz lequel y avoit les escussons d'Espagne, Portugal, Danemarc et de Navarre, comme estans lesdits quatre roys, chevaliers de l'ordre de Saint-Michel. Devant le grand autel, y avoit à main dextre M. le cardinal de Guyse en un banc à part et, derrière, les évesques de Vienne, Carcassonne, Dacs et autres. A main senestre et vis à vis estoient assiz les ambassadeurs du pape, d'Escosse, de Venize et de Savoye, et célébroit la messe l'évesque de Saint-Papoul. Au commencement du cueur, du costé de l'autel à main dextre, estoit la royne régnante, et deux siéges plus bas la princesse de Lorraine et madame de Montpensier, et aux bas siéges les dames de la cour et filles de la royne et grand nombre de gentilshommes et damoiselles. A la sortie de la messe, le roy et les susdits chevaliers furent disner en la grand'sale de l'évesché, et estoit Sa Majesté à une table un peu plus eslevée que les autres, et en une chambre à part les susdits ambassadeurs.

A l'après dinée, le roy fut à vespres, accompagné des susdits chevaliers, et outre de M^{rs} les mareschaux de Cossé et de Biron, et estoient accoustrez sçavoir : le roy d'une grand'robe violete, façon de dueil, avec un chapron de mesme et un bonnet violet, et le grand ordre par dessus; et tous les autres en accoustremens noirs de mesme façon. Et marchoient chacun en son ordre, sans aucun tambour, trompete ni clairon, et furent tous derechef souper à l'évesché. Le lendemain, tous les dessusdits furent à la messe en mesme équipage, et se sont faitz les deux derniers services en dueil pour prier Dieu pour l'âme des deffunctz chevaliers de l'ordre.

Le samedi 5 octobre 1577, le roy ayant séjourné à Poictiers depuis le 2 juillet, en partit pour aller à Champigny.

Le lundy 7 septembre 1579, M^{rs} des Grands Jours arrivèrent à Poictiers. M. le président de Harlay et partie des conseillers avec M. l'advocat du roy Brisson disnèrent à Dissay. La justice fut au devant avec les manteaux et botes à cauze du mauvais temps jusques au dessus de Busserolles, et firent le semblable M^{rs} les maire, eschevins et bourgeois.

Le mercredy 9e dudit mois fut l'ouverture des Grands Jours, et fut la messe célébrée dans le palais où assistoient Mrs de la Cour en robes rouges, et à l'issue de là, on fit lecture de l'édict du roy, portant le pouvoir desdits Grands Jours, ensemble la commission particulière pour M^{rs} qui sont en ladite séance, avec la commission de M. de Longuejoue, substitut de M. le procureur général. Furent aussi leues les ordonnances de la cour touchant la direction des advocats et procureurs [1].

Le lendemain, M. l'advocat du roy Brisson fist sa harangue, longue et éloquente, de l'institution des Grands Jours, dist que la justice de France estoit ambulatoire durant la première et seconde lignée de nos roys, et depuis fait sédentaire en la troisième. Discourut de tous

---

1. De Harlay, président.
Perreuze, maistre des requestes.
Violle.
Spifame.
De la Vau.
Lopin.
Broue.
Du Val.
Angenous.
Tudert.
Bouin.
Jabin.
Pastoureau.
De Marle.
Bruslart.
Jourdain.
Brisson, advocat du roy.
Longuejoue, substitut du procureur général du roy.
Du Tillet, greffier.
Laurens, secrétaire.
(Note de l'auteur du journal.)

les Grands Jours ci devant tenus en France : que les premiers furent tenus en ceste ville, soubz le régne de Charles VII, en l'an 1454, et depuis continuez par trois fois en ceste ville et aussi en d'autres, mesmement à Montferrand et à Tours; que les Grands Jours ont pris leur dénomination de *dies sessionum* qui signifient assignations, car nous disons *diem dicere* pour adjourner. Et d'autant que les Grands Jours se faizoient pour assigner tous ceux qui en estoient justiciables, soit pour demander ou défendre, et recevoir raison par justice souveraine de toutes plaintes, on les a appelez Grands Jours, grandes et signalées assignations, *ad differentiam* des assignations ordinaires. Pour conclusion, a requis qu'il fust publié par tous les ressorts de la séance des Grands Jours que tous ecclésiastiques eussent à résider et faire le service en leurs bénéfices; à tous séneschaux, baillifz et leurs lieutenanz civilz et criminels de comparoistre pour rendre raison de leurs charges et rapporter les plaintes de leurs provinces; à tous sergens de rapporter les exploitz et procès-verbaux des rebellions à eux faites ; à tous greffiers d'apporter ou envoier toutes les informations non décrétées et décretz non exécutez ; et à toutes personnes qui auroient souffert par quelque injure ou violence et n'auroient peu icelles poursuivre par justice, de venir en la cour faire leurs plaintes pour leur estre pourveu. Ce qui a esté ordonné par la cour, par la bouche de M. le président de Harlay, lequel auparavant a fait entendre la grâce que Dieu nous a fait d'avoir donné la paix, et la bonté du roy, exhortant un chacun d'aporter une bonne volonté et contribuer aux moiens de remettre la justice et le repos public en leur première splendeur.

Le dimanche 18 décembre, M[rs] des Grands Jours deslogèrent de Poictiers, y ayant séjourné depuis le 7 septembre. Ils firent, pendant leur séance, exécuter les s[rs] de la Ramée, Beauvau, Vauguérin, la Pagerie, Detigny et

Sainte-Cécile, etc. [1], donnèrent des arrestz de règlement tant sur la police des pauvres et des colléges qu'entre les officiers de la justice.

Le 8 novembre 1580, M. Claude Brochart, filz de M. le lieutenant général, fut mis en possession de l'estat de conseiller en ce siége, vacant par la résignation de Me Jean de Moulins, sieur d'Arcange, son oncle; et parce que l'addresse de ses letres de provision estoit aux gens tenans le siége présidial de Poictiers, il fut receu et examiné en la chambre à l'ouverture du livre, et presta le serment en la chambre du conseil, selon la forme de M^{rs} du parlement. Et le lendemain ses letres furent leues et registrées en l'audience, et luy instalé.

Le 13 février 1582, Mrs Guillaume Le Sueur et François du Bois furent instalez et mis en possession de deux estatz de conseillers, nouvelle création, pour la suppression du siége présidial de Niort, laquelle suppression fut accordée par le roy aux officiers de la justice, maire, eschevins et bourgeois de Poictiers, moiennant la somme de quinze mil escus. Et pour faciliter le paiement d'icelle furent créés cinq offices de conseiller pour dix mil escus, et les cinq mil qui restent se doibvent paier sur l'élection de Poictiers, moiennant aussi que les estatz de conseillers, unis à l'estat des deux advocatz du roy, demeurent supprimez.

M. Pierre Brochart, pourveu d'un desdits cinq offices nouvellement créez, fut instalé le 24 avril 1582.

M. Maurice Roatin, pourveu d'un autre, fut instalé le 12 juin audit an.

M. Loys Négrier, pourveu d'un autre, fut instalé en novembre audit an.

---

1. Etienne Foullart, s^r de la Ramée, André de Beauvau, s^r de Pimpean, Jacques de Puilly, s^r de Vauguérin, René de Choisy, s^r de la Pagerie, Claude de Tigny dit de Beauvau, s^r de Ternay, Jacques Lebœuf, s^r de Sainte-Cécile, furent condamnés à mort, pour crime de meurtre, par la cour des Grands Jours (V. Séances des Grands Jours de Poitou, *Mém. de la Soc. de statist. des Deux-Sèvres*, 1878).

Au mois d'aoust 1584, M. Jan de Lauzon a esté mis en possession de l'estat de conservateur, par la résignation de M⁰ François de Lauzon, docteur régent, son père ; et fut instalé par M. de la Bournalière, conseiller en parlement.

Le 28 septembre 1584, Mʳᵉ Georges de la Trémoille, sʳ baron de Royan, a prins possession de l'estat de séneschal du Poictou et capitaine du chasteau, vacans par la résignation de Mʳᵉ Jean d'Allègre, sʳ de Vinerox ; Mᵉ Anthoine Bouchet requit la publication de ses letres, et Mᵉ Loys de Sainte-Marthe, pour le procureur du roy, en requit le registrement, ce qui fut fait et prononcé par M. le président, séant près le dit sʳ de Royan, et fut après plaidé une cauze et l'appointement aussi prononcé par ledit sʳ président. M. l'évesque de Poictiers y assista, séant au costé dextre dudit sʳ de Royan, au-dessus de M. le lieutenant général ; la messe ayant esté premièrement célébrée en la sale du palais par l'abbé de la Selle, où assistèrent tous les officiers du siége présidial.

La vigile de saint André audit an, le sʳ de Sainte-Soulyne fut constitué prisonnier par le prévost des mareschaux de ceste ville, accompagné du capitaine Beaulieu, porteur d'un décret de prise de corps émané de M. le comte du Lude, gouverneur du païs, par le très exprez commandement du roy, et fut mis ez prisons de la geôle, et depuis, pour son indisposition, en la conciergerie du palais, soubz la garde dudit prévost et six archers.

Le 23 janvier 1585, il fut mené à Paris par le sʳ de Sillaye, lieutenant du grand prévost de l'hostel, accompagné jusques à Mirebeau de 60 arquebuziers à cheval de ceste ville. Il fut mis à la Bastille, deux conseillers de la cour commis pour instruire son procez, et depuis, par arrest du mois d'aoust au dit an, receu à ses faitz justificatifz et de reproches. Depuis, a obtenu letres de innocence en la forme de celles du feu mareschal de Montmorency et eslargy par tout.

Le 8 septembre 1585, Mre Jean de Chourses, chevalier des deux ordres, seigneur de Malicorne, gouverneur du Poictou, fit son entrée en ceste ville. M. Palustre, maire, accompagné de 100 à 120 chevaux, fut au devant en robe courte et en équipage d'armes en corps séparé ; et messieurs les officiers de la justice y furent en robes et housses. Il y avoit environ 400 harquebuziers qui furent par delà la Cueille; M. de Boisseguin, gouverneur de la ville et du chasteau, fut jusques à la première barrière pour recevoir ledit s^r de Malicorne qui fut loger au logis de M. Vidart, conseiller. Il estoit accompagné de madame sa femme, M. l'abbé des Chasteliers, son beau-frère, M. le comte du Lude, le s^r de la Frézelière et plusieurs autres gentilshommes du païs. On luy fit présens de flambeaux, de vin et de confitures.

Le lundy 28 juillet 1586, Me René Brochard, lieutenant général, mourut. Sa mort fut célée jusques au 9e aoust, et néantmoins l'office perdu, comme fut aussi celuy de conseiller au parlement de M. Claude Brochart, son fils aisné, décédé huit jours devant le père.

Trois jours après les obsèques dudit Brochard, lieutenant général, les officiers de la justice, maire et eschevins furent assemblez en la sale de l'audiance au palais, pour adviser si on procéderoit à l'élection de trois personnes pour estre présentées au roy, affin de pourveoir l'un d'iceux dudit estat de lieutenant, suivant l'édit d'Orléans, ou bien si l'on suplieroit Sa Majesté de réunir ledit estat à celuy de président, suivant l'édit de Blois ; et passa à la pluralité des voix que Sa Majesté seroit supliée de faire ladite réunion comme estant un soulagement du public, bien et honneur du siége, pour les différendz qui sont ordinairement entre les présidens présidiaux et lieutenantz généraux.

Le vendredy 3 octobre 1586, messire Gilbert de la Trémoille, filz unic du feu s^r de Royan, print possession de l'estat de séneschal de Poictou et de la capitainerie du chasteau de Poictiers, vacans par la résignation de son deffunt père; et fut instalé par Mᵉ Louis Rogier, plus antien conseiller, par l'absence et maladie des lieutenantz général et particulier. La messe fut premièrement célébrée en la sale du Palais, où il assista avec le corps de la justice. Ses letres furent présentées par Mᵉ Antoine Boucher, son advocat, et le registrement requis par Mᵉ Loys de Sainte-Marthe, advocat du roy ; et fut une cause plaidée et l'appoint prononcé par ledit Rogier, aprez avoir premièrement demandé l'advis audit sʳ de Royan seul, puis aux conseillers et depuis raporté audit sʳ de Royan. A la sortie de l'audiance, on fut en la chambre du conseil où il fut remercié et de là conduit par la pluspart des officiers du siége, en son logis où ils disnèrent, l'ayant esté premièrement quérir pour le mener au Palais avec les sergens et huissiers ordinaires.

Le jeudy 6 novembre 1586, Mᵉ Pierre Rat, ci-devant président présidial, a prins possession de l'estat de lieutenant général vacant par le décez de feu Mᵉ René Brochart, moiennant que ledit estat de président a esté supprimé avec les gages, suivant l'ordonnance de Blois, et réquisition faite par les officiers de la justice, maire et eschevins de la ville pour ce assemblez, suivant l'ordonnance d'Orléans ; et fut instalé par Mᵉ Pierre Vidard, pour l'absence du lieutenant particulier, et plus antien conseiller, estant au lieu plus éminent et ledit Rat y joignant, à la réquisition de Mᵉ Emery Renaud, advocat du roy : et ledit Rat, estant instalé receut les sermens des advocatz et procureurs, estant assisté de partie des conseillers du siége, tous en robe rouge.

Le 19 mars 1587, Mᵉ Jaques Tillier a esté instalé et mis en possession de l'estat et office de conservateur par la résignation de Mᵉ Jan de Lauzon, à présent thrésorier de France ; et ce par Mᵉ Pierre Rat, lieutenant général en Poictou, à la présentation de Mᵉ Gilles Tillier, advocat, et ce requérant Mᵉ Renaud, advocat du roy.

M. Anthoine Clabat, s^r de la Bigareterie, pourveu d'un estat de conseiller vacant par la résignation de Me Pierre Brochart, à présent conseiller au grand conseil, est receu au Parlement. Il demande son installation à Poictiers : M. René Brochart, lors lieutenant général, l'empesche, se fonde sur l'ordonnance qui défend la réception de deux frères en mesme siége, forme son opposition, nonobstant et sans préjudice de laquelle il est ordonné qu'il sera passé outre ; dont ledit Brochart appelle : nonobstant et sans préjudice dudit appel, il est instalé le 3 juin 1586 et depuis exerce. Brochart fait intimer tant ledit Clabat et juges présidiaux, et estant décédé, M. René Brochart, conseiller, son filz, reprend le procès ; la cause plaidée à huis cloz au parlement. Par arrest du 20 mars 1587, il est dit que ledit Clabat a esté mal instalé et mis en possession dudit estat par lesdits juges présidiaux ; et faizant droit sur l'opposition dudit Brochard, ladite cour l'évoque, ordonne que les parties y viendront plaider au mois et ce pendant fait défenses audit Clabat d'exercer son estat sur peine de privation d'iceluy. Au mois d'aoust 1587, ledit Clabat décéda en la ville de Paris, estant à la poursuite dudit procez.

La nuit du mercredy venant au jeudi 6 jour d'aoust 1587, est décédé Me René Morault, s^r de la Vacherie, lieutenant particulier et assesseur en Poictou.

Le 24 octobre audit an, M. Louis de Sainte-Marthe cy-devant advocat du roy, a prins possession de l'estat de lieutenant particulier et assesseur vacant par le décez dudit Morault.

Mrs François Garin, François Morlon, François Fumé et François Herbert, pourveuz de 4 estatz de conseillers nouvellement créés en chacun siége présidial par l'édit du mois de juillet 1586, ont esté instalés et mis en possession par Me François Viete, maistre des requestes, au refuz des officiers du siége présidial, le 18 mars 1588.

Le 22 octobre audit an 1588, M. Pierre Gabriau a esté instalé en l'office vacant par la résignation de feu Mᵉ Jaques Clabat, son oncle.

Le 19 janvier 1589, Mʳᵉ Joseph Le Bascle, docteur régent, pair et eschevin, maire et capitaine de Poictiers, mourut et fut enterré en chevalier, aux despens de la maison de ville, en l'église Saint-Didier. Sa charge de maire a esté continuée par sire Jan Palustre, trésorier, plus antien pair et eschevin. Et sur la difficulté qui se présenta au mois si on procéderoit à nouvelle élection d'un maire au lieu dudit Le Bascle parce que par les registres de la maison commune il se trouvoit que avoit uzé diversement, ledit Palustre fut prié de vive voix unanimement par tout le corps de ville de continuer ladite charge, ce qu'il accepta, sans autrement décider si tel droit apartient au plus ancien pair et eschevin privativement aux autres, ou caz qu'ilz le veuillent faire, pour la diversité de l'uzance, de sorte que, pour ne leur faire aucun préjudice, il fut advizé à la pluralité des voix que ledit Palustre exerceroit en maire *per suffestionem (.....magistratus suffesti dicuntur qui in locum mortuorum subrogantur...... lib. 4, epist. 51).*

Le 8 may 1590, M. le cardinal de Bourbon, déclaré roy à Paris par le conseil de l'Union, mourut en la ville de Fontenay en Poictou où il avoit esté retenu prisonnier depuis le 24 décembre 1588.

Les habitans de la ville de Poictiers considérans que en l'an 1562, la ville ayant esté assiégée par feu M. le mareschal de Saint-André, elle fut prise, pillée et saccagée, par le moien de celuy qui commandoit lors au chasteau, nommé Pineau, lequel contre sa promesse donna passage aux soldatz par ledit chasteau pour entrer en ladite ville ; que ledit chasteau estoit à présent gardé par un capitaine et dix ou douze soldatz estrangers soubz l'auctorité de M. de Boisseguin, gouverneur de ladite ville et chasteau, la garde d'iceluy ayant esté ostée aux eschevins par le deffunt roy Henry III en l'an 1577 pour quelques soubçons qu'il print de l'un des habitans qui alors y commandoit, se sont résolus avec l'assistance de M. de Poictiers et de quelques gentilshommes du païs de s'asseurer dudit chasteau ; et, pour ce faire, le jour de Saint-Vincent 22 janvier 1591, se sont assemblez en la place de l'église de Poictiers au son du beffroy avec leurs armes, les portes de la ville estans fermées , et ledit s^r de Boisseguin retiré audit chasteau, le firent prier par ledit s^r évesque de vouloir accorder la démolition dudit chasteau; et voyans qu'il en faizoit quelque difficulté pour la forme dont on y procédoit, firent conduire et braquer quatre pièces de canon au devant dudit chasteau et deux coulevrines, s'emparèrent de la personne du s^r vicomte de la Guerche, gouverneur de Poictou, gendre dudit s^r de Boisseguin, tellement que enfin ledit s^r de Boisseguin, voyant la résolution desdits habitans, se laissa vaincre à leurs prières et leur remit le chasteau entre les mains pour iceluy démolir du costé de la ville, ce qui fut exécuté par M^{rs} le thrésorier Palustre et lieutenant criminel ausquelz ledit s^r de Boisseguin délivra ledit chasteau. Et le vendredy ensuivant, jour et feste de saint Paul, 25 dudit mois, lesdits s^{rs} de Boisseguin et de la Guierche ayans fait convoquer tout le peuple en la grant sale du Palais, avouèrent tout ce qui avoit esté fait, comme fait pour l'utilité publique et conservation de la ville, avec un serment solemnel de ne se ressentir jamais des actes d'hostilité qui avoient esté faitz contr'eux pour raison de ladite entreprise du chasteau depuis ledit jour Saint-Vincent jusques audit jour Saint-Paul, moiennant que on leur promit toute obéissance comme aux légitimes gouverneurs.

Le samedy 4 may 1591, mourut à Poictiers Me Jean Boiceau, s^r de la Borderie, fameux advocat, âgé de 78 ans. Il y a plus de dix ans qu'il avoit perdu la veüe et toutesfois consultoit ordinairement. Quinze jours avant sa mort, il fit abjuration de l'hérésie dont il avoit fait profession depuis 30 ans, receut le Saint Sacrement et fut enterré en l'églize Notre-Dame-la-Petite, sa paroisse.

Au mois de septembre 1591, M. François Morelon, conseiller, est décédé en la ville de Fontenay-le-Comte où il s'estoit retiré plus de deux ans auparavant et dèz le refuz fait au roy Henry III de le recevoir en la ville de Poictiers, de laquelle se retirèrent en mesme temps grand nombre tant d'officiers du roy que autres habitans.

Le lundy 8 febvrier 1593, M. Pierre Rat, lieutenant général (s'estant retiré ez villes de Partenay et Nyort dez le mois de may 1589, lorsque les troubles commencèrent et le jour que le feu mareschal de Biron fut chassé de Poictiers par ceux de la Ligue), mourut audit lieu de Nyort.

Le 14 aoust 1593, la tresve faite entre le roy de Navarre et M. de Mayne pour trois mois, à commencer dez le 1er jour dudit mois d'aoust, a esté publiée judiciairement en présence de M. le comte de Brissac, gouverneur de Poictou, et de M. de Poictiers, la cour tenant par M. l'assesseur assisté des conseillers, et le mesme jour publiée à son de trompe. Et en considération de ladite tresve, le blocus mis devant Poictiers par les s^{rs} de Malicorne, Roche-Baritaud, La Boulaye, Parabère, d'Abain, Mortemar et plusieurs autres, jusques au nombre de trois mil hommes, a esté levé le 15e dudit mois, auquel jour seulement ladite tresve commançoit en ceste province. Pour travailler les habitans de Poictiers et les empescher de recueillir aucuns fruitz, lesdits s^{rs} de Malicorne, Roche-Baritaud, Sainte-Soulyne, Saint-Estienne et autres, jusques au tiers desdites troupes, s'estoient campez, fortifiez et retranchez au bourg, chasteau et grand pont des Ances; les s^{rs} de Parabère, Denville et autre tiers desdites troupes estoient campez et retranchez au bourg de Croustelles et maison de la Mote; et les s^{rs} d'Abain, Mortemar et baron de Preuilly estoint logez et barricadez à Nouaillé; et ont esté trois mois autour de ladite ville et jusques audit 15° aoust.

Le 12 octobre, M° Louis de Sainte-Marthe, assesseur, a prins possession de l'estat de lieutenant général, vacant par le décez de M. Pierre Rat. Il fut pourveu par M. de Mayenne, lieutenant géneral de l'Estat et couronne de France, le 26 febvrier, et receu en parlement à Paris au mois de septembre audit an.

Le 9 juillet 1594, M. Pierre Gabriau, s^r de Riparfon, conseiller, mourut aux bains de Pougues, hydropique et crachant le sang.

Mrs de Sainte Marthe, lieutenant général, Fumé, conseiller, Brethonneau, official, Le Franc, chanoine en l'église de Poictiers, Layné, docteur, Barraud, advocat, et Peyraud, procureur, députez pour présenter les articles de réduction de ceste ville en l'obéissance du roy, faire serment de fidélité au roy et les submissions à ce requises, ayans obtenu déclaration du roy vériffiée aux trois cours souveraines, ladite déclaration fut publiée et registrée en l'audiance, y séans avec les officiers de la justice M^{rs} le duc d'Elbeuf, gouverneur de la ville, et l'évesque de Poictiers; et à l'issue du Palais, le *Te Deum* chanté en l'église de Poictiers, le vendredy 5° aoust 1594, et sur le soir dudit jour, le canon tiré.

Le mardy 9 aoust audit an, M. Loys de Sainte-Marthe fit lire les letres de l'office de lieutenant général de Poictou de nouvel à luy octroiéez par la résignation de M° Emery Renaud, pourveu par le roy dudit estat par le décez de M° Pierre Rat, et est porté par icelles que les letres de provision octroïées par M. du Maine comme lieutenant général de l'Estat et couronne de France ont esté cancellées. Et sur le reply est dit que ledit s^r de Sainte-Marthe a fait le serment dudit estat, fait profession de foy et juré fidélité au roy à Paris en parlement, le 13 juillet audit an.

Le 23 dudit mois d'aoust, Mᵉ Aymery Renaud, ci-devant advocat du roy et depuis lieutenant général, a esté installé en l'estat de président présidial en Poictou de nouvel érigé par le roy par l'édit et déclaration de Sa Majesté sur la réduction de Poictiers en son obéissance.

Le 12 aoust 1594, Mᵉ Jan Martin, sʳ du Courtiou, cy devant conseiller, a esté instalé et mis en possession de l'estat d'assesseur audit siége, par la résignation de M. Loys de Sainte-Marthe, à présent lieutenant général.

Le 11 febvrier 1595, Mᵉ Jan Chevalier, cy devant enquesteur en ce siége, a pris possession de l'estat de conseiller vacant par la résignation de M. Négrier, conseiller.

Le second septembre 1595, M. le duc d'Elbeuf fit son entrée à Poictiers en qualité de gouverneur de ladite ville. Ses letres de gouvernement avoient esté publiées en l'audiance et registrées au greffe. Les officiers dudit siége furent au devant de luy avec les robes de palais en housse jusques à la Pierre levée et fut ledit sʳ salué à pied. M. le maire avec la maison de ville s'estoit advancé plus avant, estans tous à cheval et botez. Mʳˢ les thrésoriers y furent aussi à cheval. Les capitaines de la ville avec les compagnies furent un quart de lieue hors ladite ville, et à l'arrivée de la porte du pont à Joubert, le canon tira en signe de resjouissance. Ledit sʳ d'Elbeuf et toute la troupe furent mettre pied à terre à la porte de l'églize de Saint-Pierre. A l'entrée de la grand porte d'icelle estoit M. de Poictiers et son clergé, avec la mitre, la crosse et les croix et fit son harangue à ladite porte au bas des degrez, et de là fut ledit sʳ d'Elbeuf conduit par le dit sʳ évesque jusques devant le grand autel où fut chanté le *Te Deum*, et la bénédiction baillée par ledit sʳ évesque en son habit pontifical. A la sortie de ladite églize, ledit sʳ d'Elbeuf fut veoir madame de Sainte Croix.

Le lendemain matin, ledit sʳ duc fut derechef salué par le corps de la justice en sa maison size devant ladite églize. Dès le jour précédent l'arrivée dudit s^r, les s^{rs} de Chémerault, de Rouillé, des Moulins-Jousserans, Frémaudière, Mauperrier et autres gentilshommes le furent trouver jusques au Blanc en Berry, pour l'accompagner jusques en ceste ville.

Le 24 may 1596, M. François Laguillier a esté instalé en la charge de conseiller vacante par la résignation de M. Loys Rogier, s^r de Marigné, à présent doyen de l'églize de Poictiers. Ledit s^r Rogier, doyen de Poictiers, mourut le 27 dudit mois, âgé de 73 ans ; il avoit esté 42 ans conseiller. Il fut enterré le lendemain en l'églize de Saint-Cibart, sa paroisse, en la chappelle de ses ancestres. M. de Poictiers fit l'office et le chantre donna la paix. Au convoy, deux des principaux de l'églize de Poictiers tenoient les deux cornières par le derrière du cercueil et deux antiens conseillers du siége les deux au devant.

Le 13 mars 1598, M. Pierre de Brilhac fut instalé et mis en possession de l'office de lieutenant criminel vacant par la résignation à survivance de M. François de Brilhac, son père (ledit François de Brilhac, son père, décéda le 25 febvrier 1598) ; et d'autant qu'il n'avoit lors l'âge de trente ans requis par l'ordonnance de Blois, il est porté par l'arrest de sa réception qu'il ne pourra exercer ledit estat qu'il n'ait attaint l'âge requis par l'ordonnance. Un an aprez, ledit de Brilhac obtint letres de dispense d'âge qui furent vériffiées en la cour et dez lors exerça sondit estat.

Le 3 octobre 1598, M. Horace Pierre Bourgouyn a esté instalé en l'office de conseiller vacant par le décez de M. Bonadventure Faulques, duquel ledit Bourgouyn avoit esté pourveu par M. du Mayne et depuis par le roy, et fait le serment à la cour dez le 15 febvrier 1595 ; et ce par M. Alexandre de Faulcon, maistre des requestes ayant commission particulière de ce faire. Il est entré au rang en sa réception en la cour, qui est immédiatement après M. Tubert.

Le 20 novembre 1598, M. François Dreux, cy devant conseiller, a esté instalé et mis en possession de l'estat d'assesseur criminel, de nouvelle érection, selon les modifications contenues par arrest de la cour du Parlement intervenu sur l'opposition des autres juges et officiers dudit siége, donné de leur consentement le 23 octobre dernier [1].

Ledit jour 20 novembre, les letres d'office d'assesseur au prévost provincial de Poictou, de nouvelle création, dont est pourveu M. .... [2] Robin, cy devant séneschal de Montreuil-Bonnin, ont esté registrées au greffe de la cour présidiale, selon les articles accordez par les juges magistratz dudit siége, contenuz par acte dudit jour fait en la chambre du conseil.

Le 2 septembre 1599, M° Pierre Payrault a esté installé en l'office de conseiller vacant par la résignation de M° René Boisson, s^r de la Bousle, et outre en l'estat de conseiller de nouvelle érection, en vertu des letres du roy portant réunion desdits 2 offices de conseillers en un.

Le 16 mars 1600, M. Jean d'Estivalle a esté installé en l'office de conseiller vacant par la résignation de feu M° Guillaume Le Sueur ; et estoit présent au siége M. de Royan, sénéschal de Poictou.

Le 20 febvrier 1601, M. Charles Rougier, cy devant advocat du roy, a esté installé en l'office de conseiller de nouvelle érection, par la démission d'iceluy faite par M. Simon Maubué, premier pourveu dudit office, moiennant la réunion faite par ledit Rougier, à ses fraiz, au corps du siége présidial de deux offices de commissaires examinateurs de nouvelle érection en tous les siéges présidiaux et roiaux de France.

Le 19 may 1602, le roy Henry IV et la royne son es-

---

1. M. Mathieu Barbain fut receu en sa charge de conseiller.
(Note de l'auteur du journal.)
2. Le prénom est laissé en blanc dans le manuscrit.

pouze firent leur entrée à Poictiers, où ils arrivèrent sur les sept heures du soir, ayans couché à Chastelleraud et disné à la Tricherie. Ils estoient accompagnez de MM. les princes de Soissons et Montpansier, comte de Saint Paul, mareschaux de Bouillon, Lavardin et Boisdauphin, des s^rs ducs d'Aiguillon et Sommerive, Montbazon, la Trémoille, de Vendosme, de MM. le chancelier, Villeroy, Rosny, Ruzé, de Gesvres et autres conseillers d'estat. Ilz entrèrent par la porte de Saint Ladre. Aux quatre premiers portaux on avoit dressé des arcades, tableaux, devizes et ce qui se peut préparer en 5 ou 6 jours. Ilz avoint déclaré ne vouloir leur estre fait entrée, qui fut l'occasion que l'on ne leur présenta de poisles. Néantmoins les rues furent sablées et tapissées depuis ladite porte jusques à l'églize cathédrale et de ladite églize jusques au logis du roy qui fut l'hostel de Sainte Souline. Les habitans firent une haye d'arquebuziers et piquiers depuis la première porte de la ville jusques au dessoubz des dernières barrières hors d'icelle. M. le thrésorier de Sainte Marthe, premier pair et eschevin, accompagné des autres eschevins et bourgeois fut au devant de Leurs Majestez à cheval jusques au grand pont des Ances; et les officiers de la justice vestuz de robes rouges jusques prez la Folie; et le recteur, filz aisné du lieutenant de Poictou, avec les suppostz de l'université attendit Leurs Majestez en un séjour préparé prez le logis du Fou, demeure du lieutenant général. Les églizes de Poictiers conduites par ceux du chapitre de Saint-Hilaire furent au-devant jusques à ladite porte de Saint-Ladre, les conduizant jusques à ladite églize de Saint Pierre, où M. de Poictiers et son clergé les attendoient sur les grands degrez, où Sa Majesté protesta de vivre et mourir en la religion catholique, apostolique et romaine, la maintenir et augmenter ses priviléges, et fut conduit au travers l'église et le cueur jusques au grand autel où il fit sa prière et le *Te Deum* chanté en grande allégresse.

Le samedy d'aprez, le roy leva l'interdiction qu'il avoit faite l'année précédente d'eslire un maire et confirma les priviléges de la ville avec pouvoir de procéder à ladite élection selon la forme accoustumée.

Le 5 octobre 1602, M⁰ Jan Constant, advocat en Parlement, fut instalé en l'office de second advocat du roy vacant par la forfaitture de M. Jaques Maignen et privation d'iceluy par arrest de la cour pour plusieurs concussions par luy commises en l'exercice de sa charge, ayant esté outre condemné à faire l'amande honorable ; lequel arrest n'auroit esté exécuté pour l'évasion que ledit Maignen auroit fait par deux fois des prisons de la conciergerie.

Le 22 décembre 1602, Messire Loys Gouffier, duc de Rouannez, gouverneur et lieutenant général pour le roy en ceste ville de Poictiers par la démission de M. le duc d'Elbeuf, son beau-père, arriva à Poictiers par la porte de Saint Ladre, ayant couché à Mirebeau, accompagnez (*sic*) des s^{rs} comte de Vihiers, la Frézelière, la Rochejaquelin, Landigné et autres, jusques au nombre de 25 ou 30. M. Dreux, maire, fut au devant, à cheval, jusques prez les Ances, ayant avec luy environ 25 ou 30 eschevins et bourgeois. Il fut receu à la porte de la ville par quelques-uns des capitaines de la ville ayans avec eux 60 ou 80 soldatz, et fut conduit jusques à l'églize de Poictiers, à la grand porte de laquelle se trouva M^r l'évesque et ceux de son clergé, ayant la croix que ledit s^r de Rouhannez baisa et fut conduit par ledit s^r évesque jusques au grand autel les cloches sonnantes, et le *Te Deum* [chanté]. Et de là s'en vint au marché vieil en son logis apart[enant au s^r] de Combes où, peu de temps après, les officiers de la justice le furent saluer en corps ; et, le lendemain, ledit s^r duc vint au Palais où se trouva aussi ledit s^r évesque. Ses letres de gouvernement [furent présentées] par Me François Gaultier, docteur régent, son advocat, et registrées à la réquisition de M. Fumé, advocat du roy, sans préjudice des priviléges et immunitez de la ville de Poictiers. L'appoinctement fut prononcé par M. le président, ledit s^r duc estant assiz au lieu le plus éminent, ledit s^r évesque séant à sa main dextre avec les lieutenantz généraux, civil et criminel et partie des conseillers, et à la senestre ledit président, assesseur et autres conseillers dudit siége. Et ne fut plaidé aucune cauze ne fait autre acte de justice, pour quelques considérations particulières concernans la confirmation de l'auctorité du roy ez personnes de ses officiers en la séance et exercice de la justice, qui ne se défère aux grands seigneurs s'ilz ne sont commissaires particuliers pour quelque acte, ou bien pairs de France et officiers principaux de la couronne, ou bien le sénéschal de Poictou qui a séance à l'audiance au premier lieu et toutesfois il n'a point voix délibérative et ne prononce les appoinctemens.

Le 11 octobre 1603, Me Simon Maubué a esté instalé en l'estat de conseiller vacant par la résignation de M. François Alexandre, à présent lieutenant de Civray.

Le 22 juin 1604, Maximilian de Béthunes, marquis de Rosny, grand maistre de l'artillerie de France, fit son entrée à Poictiers comme gouverneur de Poictou, et arriva sur les 4 heures du soir par la porte de Saint Ladre. Madame de Rosny y estoit et son filz aisné, M. de Parabère, son lieutenant et force noblesse du païs. M. le maire et les eschevins et bourgeois furent au-devant de luy bottez jusques au grand pont des Ances : MM. les thrésoriers y furent en carosse jusques à Clain prèz Jaulnay où il disna : Messieurs de la justice en housses furent le saluer à l'endroit de la Folie : M. de Poictiers et les principaux du clergé furent hors la porte et l'attendirent à pied avec leurs robes noires sans surpelis et le saluèrent. Il ne fut point à l'églize de Saint Pierre selon que l'on a accoustumé, parce qu'il est de la religion prétendue réformée, et fut conduit jusques à la maison de M. des Bouchetières Vidart, conseiller, où il logea. On luy fit présant d'un canon d'argent doré de la grandeur d'un pistolet avec une plate forme où il estoit pozé, garny de gabions, caques de poudre, bouletz et autre équipage requis, le tout d'argent doré, avec force flambeaux et confitures à Madame. Les six compagnies de la ville conduittes par les capitaines et sergent major, avec les enseignes, furent jusques à l'endroit de la Folie où ilz se mirent en un bataillon carré, tous arquebuziers et piquiers bien lestes, jusques au nombre de mil ou douze cens, et firent une salve à M. de Rosny et sa troupe. On avoit dressé le canon et plusieurs autres pièces sur rouhe, à l'endroit du chasteau, au dedans de la ville, qui tirèrent plusieurs volées.

Au mois de juin 1607, se fit l'ouverture du collége des Jésuites à Poictiers [1] ; et pour ce que le collége de Sainte-Marthe n'estoit encore basty et accomodé, on pria le sieur de Pigarreau, les prédécesseurs duquel ont fondé le collége de Pigarreau, de permettre les lectures audit collége pour trois ou quatre mois, sans préjudice de ses droictz, ne que la ville voulust prétendre aucune chose en iceluy, attendu que c'estoit un collége public, tel reconneu de plus de LX ans et auquel n'y a à présent aucun exercice par la négligence de ceux qui en avoient la charge. Dont ledit sieur de Pigarreau ayant fait refuz, et s'estant logé dans ledit collége dont il tenoit les portes fermées, suscité par ceux de la religion prétendue réformée dont il fait profession, fut ordonné par M. le lieutenant général, ce requérant le procureur du roy, que l'exercice se feroit dans les classes dudit collége de Pigarreau pour quatre mois, sans préjudice des droitz des fondateurs et que l'appoincte-

---

1. Le 22 avril 1608, la première pierre fondamentale de la chappelle des Jésuites fut mize au nom du roy par les officiers du siége présidial, ausquelz Sa Majesté avoit escrit letres de cachet à ceste fin.
Le premier jour de l'an 1614, la première messe fut dite en la chapelle des Jésuites par le père Moussy, recteur.
(Note de l'auteur du journal.)

ment seroit exécuté nonobstant oppositions ou appellations quelconques faites ou à faire et sans préjudice d'icelles. Ce qui fut exécuté aprez plusieurs sommations et commandemens faitz au principal dudit collége d'obéir et défenses audit sieur de Pigarreau de l'empescher ; car, voyant ledit s^r que on se délibéroit de faire ouverture des portes dudit collége par bris et rupture d'icelles, selon qu'il estoit permis par ledit jugement, sans préjudice de ses droitz et de se pourveoir sur les appellations par luy interjettées, comme il verroit estre à faire, il souffrit l'exécution dudit appoinctement et depuis l'exercice s'y est fait sans contredit : sçavoir la première classe par le père Téron, la deuxiesme par le frère Garasse et la troisiesme par le frère Brosse.

Au mois d'aoust 1607, M. Jan Rousseau a esté installé et pris possession de l'office de conservateur vacant par le décez de M. Tillier.

Le dimanche 16 may 1610, incontinent la nouvelle receue de la mort du roy Henry IV, furent faites les protestations d'obéissance et fidélité au roy Loys XIII et députez de tous les corps, tant de l'églize, justice que maison de ville ; et actes dressez contenans [lesdites] protestations, et, le mardy ensuivant, se fit une assemblée publique de par M. le maire, au son de la trompete, au cloistre des Cordeliers à l'apresdinée, où se trouva un grand nombre d'habitans de toutes qualitez, qui tous firent de vive voix pareils sermens et protestations d'obéissance et fidélité au roy Loys XIII et crièrent : Vive le roy Loys XIII !
M. le duc de Rouhannois, gouverneur de la ville, y arriva le lendemain, auquel en particulier pareilles protestations furent faites par les chefs de l'églize, de la justice et maison de ville et acte à luy délivré desdites protestations.

Le 10 juin 1611, mesdames les princesses de Condé, mère et espouse de M. le prince, arrivèrent à Poictiers sur le soir, venans de Chastelleraud et furent logées en la maison de Sainte-Souline. Estans arrivées en leur logis, elles furent visitées premièrement par les officiers de la justice, depuis par M. le maire, eschevins et bourgeois, et après par M^{rs} les thrésoriers, et leur furent faitz présens de confitures sèches, dragées et flambeaux.

Monseigneur le prince y arriva le mercredy ensuivant sur le soir, ayant couché à Boismoreand. M^{rs} de la justice furent au-devant de luy en carrosses jusques à la fin du fauxbourg de Saint-Sornin. M. le maire, accompagné d'eschevins et bourgeois, monta à cheval, tous bottez à cause de l'incommodité du temps pluvieux, et furent au-dessus de la Pierre levée. M^{rs} les thrésoriers le furent aussi saluer en corps au-dessus dudit fauxbourg, et vint ledit sieur prince descendre de cheval à la porte de l'églize de Poictiers où il trouva sur les degrez M. l'évesque en ses habitz pontificaux, accompagné de bon nombre de clergé, et receut ledit sieur prince sa bénédiction et de là fut conduit jusques au grand autel faire ses prières ; et fut chanté le *Te Deum* et de là conduit en son logis. Et au soir, M. le maire luy présenta les clefs de la ville qu'il ne voulut recevoir et luy demanda le mot du guet pour les compagnies estans en garde ; et trouva à la porte du pont Joubert par laquelle il entra plus de 200 soldatz, bien vestuz et armez, sans toutesfois faire aucune scopeterie qu'il ne fust bien avant en la ville. Le vendredy, ledit s^r prince fut au palais et voulut ouir plaider une cauze, sans néantmoins paroir, s'estant mis en l'ostevent ou lanterne qui conduist de la sale de l'audiance en la chambre du conseil, et fut plaidée une assez belle cauze par Mrs Barraud et Robinière, et M. Constant, advocat du roy. Le samedy apresdinée, Mesdames bougèrent et furent coucher à Lusignan, et Monseigneur le prince partit le lendemain.

Le 12 novembre 1611, mourut Me Guillaume Gabriau, conseiller.

Le 20 novembre 1611, mourut Mre Geoffroy de Saint

Belin, évesque de Poictiers. Il a tenu la chaire épiscopale 33 ans, ayant fait son entrée à Poictiers le 24 may 1578. Son corps fut 40 heures en la chapelle de l'évesché sur un lit d'honneur, ayant la face descouverte, des gands violetz aux mains, sa mitre sur la teste, la crosse au costé gauche et des escarpins violetz. Il s'est fait service pour le repos de son âme jour et nuit et, pendant ledit temps, il a esté visité par tous les corps de la ville et par tous ceux qui ont voulu y aller, les grandes portes de l'évesché et de la chapelle tousjours ouvertes. Il a esté enterré en l'église de Poictiers, le 21, en une chapelle estant à main gauche en ladite église qui fait la croizée d'icelle qu'il avoit quelque temps auparavant renfermée à piliers ou columnes en pierre de taille, fait dresser un autel et les images des 12 apostres autour de ladite chappelle. Le lundy 28, fut fait un service pour ledit s^r en toutes les paroisses de Poictiers.

Le 21, à la sortie de l'évesché, le corps fut conduit par la rue de Saint-Paul qui conduist à la place Nostre-Dame et porté par la grand rue de St Savin à ladite église Saint-Pierre, estant accompagné du recteur, des officiers de la justice, du maire, eschevins et bourgeois.

Le samedy 23 juin 1612, Mre Henry Loys Chasteigner, de la maison de la Rochepozay, âgé de 34 ans, fit son entrée à Poictiers comme évesque, par la porte du pont à Joubert, sur les 3 heures aprez midy. Il print ses habitz pontificaux en la chappelle de Saint-Mathurin, size aux faux-bourgs joignant l'église Saint-Sornin, estant monté sur une haquenée blanche qui estoit conduite par les resnes par deux gentilshommes dudit s^r évesque. Il estoit accompagné de M^{rs} les marquis de Villars, comte Schomberg, s^r de la Rochepozay, son frère, s^{rs} de Saint-Georges, de Baudiment, de Mortemar et nombre de noblesse jusques à 300 et plus. Arrivant à la porte du pont Joubert, il fut premièrement salué par les maire, eschevins et bourgeois qui l'attendoient à pied à l'endroit de la fontaine hors le rasteau de la ville ; lesquelz l'ayans salué et harangué et la responce faite par ledit s^r évesque, se mirent immédiatement à pied aprez ledit s^r évesque, et toute la noblesse qui estoit à cheval demeura derrière lesdits de la maison de ville. Et continuant son chemin, trouva sur le pont de ladite porte M^rs l'abbé et chapitre de Nostre-Dame la Grand, lesquelz l'ayans salué se mirent devant ledit s^r évesque avec la croix et bannière, et précédoient les mandians avec la croix, sçavoir : les capussins, minimes, jacobins, cordeliers, augustins et carmes, marchans tous deux à deux en forme de procession. Estant à l'endroit de l'églize de Saint Michel, fut ledit s^r évesque salué en latin par le recteur de l'université, accompagné de toutes les facultez, soit de droit civil et canon, théologie, médecine que des artz et leur fit responce en latin. Et continuant son chemin par la grand'-rue, fut salué par M^rs de la justice qui l'attendoient à la porte du logis de M. de la Clielle Brochart, et les harangues faites et responce receue, lesdits s^rs de la justice se mirent immédiatement après ledit s^r évesque et ceux de la maison de ville marchoient après eux. Et continuans tous leur chemin, estans au devant de la maison du s^r de la Robinière, eschevin, les thrésoriers de France se présentèrent audit s^r évesque, et l'ayans salué et receu sa responce, voulurent précéder les officiers de la justice, ce qui fut empesché par les universitez qui marchoient devant eux, et aprez quelque petite contestation lesdits s^rs thrésoriers se retirèrent. Ledit s^r évesque fut descendre à l'églize de Nostre-Dame, accompagné comme dessus, et, ayant fait sa prière, fut souper et coucher au logis de l'aumosnerie de ladite églize. Et le lendemain matin, jour de dimanche, lesdits officiers de la justice et de la maison de ville le vinrent retrouver et ayant ouy une petite messe, ledit s^r évesque se mit en une chaire couverte de velours violet et fut porté depuis la nef de ladite églize par la rue de Saint-Paul jusques au premier degré de l'églize de Saint-Pierre. Au devant de ladite chaire et joignant le brancard du costé de la dextre dudit s^r évesque, par devant, estoit M. le comte de Schomberg, et à sénestre le s^r de la Rochepozay, et par le derrière estoient les s^rs de Saint-Georges et de Baudiment qui mettoient tous la main sur chacun bout du brancart. A costé de ladite chaire estoint deux docteurs en théologie ; au-devant dudit s^r évesque toute la noblesse marchoit à pied et par le derrière immédiatement suivoient les officiers de la justice et aprez eux les maire, eschevins et bourgeois. Estantz arrivés au parvis de l'églize de Saint-Pierre, trouverrent les portes fermées, et hors icelles, les doyen et chantre de ladite églize, lequel avec son baston d'argent heurta par trois fois à la grand'porte ; laquelle estant ouverte, la chaire dudit s^r fut pozée à terre et ledit s^r estant debout, le doyen de ladite églize et ceux du clergé le saluèrent. Et se couvrit incontinent ledit s^r doyen qui fit une harangue en latin et, la responce faite, luy fut présenté un livre sur lequel ayant pozé la main dextre, jura d'observer et entretenir les statuts de ladite églize, et fut derechef porté sur ladite chaire jusques au grand autel ; et, estant descendu, sonna une petite clochete, et incontinent toutes les grosses cloches sonnèrent, et fut le *Te Deum* chanté en musique. Ce fait, fut la grand messe célébrée par ledit s^r évesque assisté des archidiacres, la messe parachevée et la bénédiction par luy donnée au peuple. Ledit s^r évesque fut au chapitre de l'église, et, au sortir, fut à l'évesché où toute la noblesse s'estoit jà rendue, qui y disnèrent ensemble, tous les officiers de la justice, maison de ville et plusieurs autres personnes de qualité. Il avoit esté choisy, nommé à ladite charge par le roy Henry IV, par un brevet, 3 ou 4 ans auparavant, et depuis confirmé par le roy Loys XIII.

Le dernier juillet 1612, sur les six heures du soir, le duc de Pastrane, ambassadeur extraordinaire d'Espagne, arriva à Poictiers, bien accompagné. M. le maire et quelques uns de la maison de ville furent au devant jusques à la porte de la Tranchée, en housses, et le conduizirent jusques au logis de Sainte Souline qui fut marqué par les mareschaux des logis, et le reste de son train logea aux hosteleries. Il s'en alla le lendemain, sur le midy, coucher à Chastellerault. Un mois auparavant, le roy avoit escrit à M. le maire pour le recevoir avec honneur, loger sa personne, la traitter pour son plat et faire accomoder de logis et de vivre à prix raisonnable tout le reste de sa suite. Ledit s^r estoit accompagné de l'un des mareschaux des logis et de six fourriers de Sa Majesté qui furent prendre ledit s^r ambassadeur dez Bayonne.

Le 28 juillet 1614, le roy Loys XIII fit son entrée à Poictiers, sur les 6 heures du soir, venant de Chastellerault: La royne, sa mère, y estoit et Madame sa sœur. Les compagnies des habitans de la ville furent au devant. Ils estoint deux mil hommes, piquiers et mousquetaires. Il se mirent en haye depuis le grand pont des Ances jusques à l'entrée de la ville. M. de Nouzières, maire, fut à cheval avec nombre de eschevins, bourgeois et gentilshommes du païs jusques audit grand pont. Ledit s^r maire présenta les clefz de la ville au roy qui les receut. Ilz saluèrent aussi la royne. Ils parlèrent de genoux au roy et à la royne. M^{rs} de la justice y furent en housses et robes rouges, jusques à l'endroit de la Folie, et saluèrent aussi le roy et la royne à genoux; la royne leur commanda de se lever. On présenta le poisle au roy à l'entrée de la ville : il estoit de velours bleu, tout parsemé de fleurs de liz d'or avec les crespines de mesme. Il se mit dessoubz, monté sur une haquenée blanche ; le poisle estoit porté par M^{rs} des Fontaines Brochart et de Jaunay par le derrière, et par le devant par Mrs du Pontjarno, et Dreux, tous pairs et eschevins, avec des soutanes et longs manteaux et le conduirent jusques en l'églize de Poictiers, les rues tendues de tapisseries et sablées. On présenta à la royne un poesle de velours violet semé de M d'argent couronnées ; elle ne voulut se mettre au dessoubz, estant en carrosse. Le poisle fut porté par Mrs Constant et Laguillier, pairs, Daillé et Nivelot, eschevins. Leurs Majestez logèrent à l'hostel de Sainte Soulyne.

Le 4 aoust, Leurs Majestés deslogèrent et furent coucher à Mirebeau.

Le 10 aoust 1614, suivant la commission du roy pour la tenue des Estatz généraux de France en la ville de Sens, les habitans des paroisses de la ville de Poictiers s'assemblèrent au son de la cloche en chacune des églizes de Poictiers pour nommer des députez pour comparoir au mardy ensuivant 12° dudit mois au Palais, par devant M. l'assesseur, commissaire de ceste partie en l'absence de M. le lieutenant général, pour s'accorder de quatre d'entreux pour assister à la façon des articles du tiers estat, avec autres députés des siéges roiaux et particuliers de la province de Poictou ; et furent nommez Mrs Molon et Pestre, advocatz, Gilbert, s^r de Bonvillet, séneschal de Moustierneuf, Garnier, baillif de Partenay et Belleville, juge d'Oirvaut, et le s^r Coustière, marchant ; et y en eut d'autres pour les siéges roiaux particuliers et se trouverrent six en nombre. Le semblable fut par le corps de l'églize de Poictiers et du diocèze en la sale de l'évesché, et pareille assemblée des nobles en la sale de l'audiance du Palais ; lesquelz tous nommèrent particulièrement six de leur corps pour en eslire deux d'entr'eux. Et advenant le 21 dudit mois, tous les députez des trois ordres comparurent à l'audiance, M^rs le révérend évesque de Poictiers, les doyens de l'églize de Poictiers et de Saint-Hilaire, Garnier, soubz doyen de ladite églize et le doyen de l'églize de Luçon, et montèrent aux haultz siéges de l'audiance à main droite, et ceux de la noblesse à la main sénestre dudit s^r assesseur, et ceux du tiers au bas de ladite sale. M. l'assesseur ayant sa robe rouge et Constant, advocat du roy, avec mesme accoustrement, lequel fit l'ouverture desditz Estatz par un grave et succinct discours sur le subjet de la tenue desditz Estatz et requis tous les députez assignez ausditz Estatz de toute la province et de tous les corps : ce qui fut ordonné, et la pluspart comparurent et y eut deffaut contre les non comparans, et ordonné par ledit s^r assesseur que les députez desditz trois ordres comparans s'assembleroint sçavoir : ceux de l'églize où bon leur sembleroit, ceux de la noblesse en la chappelle du Palais et ceux du tiers estat en la sale de l'audiance pour nommer promptement lesditz députez. M^{rs} de l'églize s'assemblèrent en la chambre du conseil dudit palais, les nobles en la chapelle du palais et le tiers estat en ladite chambre de l'audiance ; et nommèrent ceux de l'églize M^r l'évesque de Luçon et M. le doyen de Saint-Hilaire de Poictiers, ceux de la noblesse Mrs de la Chastigneraye et de la Nouhe, et ceux du tiers estat où assistèrent aussi deux conseillers dudit siége présidial, sçavoir : Mrs René de Brilhac et Maurice Roatin, plus antiens conseillers, et pour les bourgeois Mrs Charlet le jeune et Girard, président aux esleus, bourgeois, et Coustière, pour la communauté des marchands. M^{rs} les thrésoriers n'y envoièrent aucuns députez de leur corps pour la séance qu'ilz prétendoient au-dessus des députez des officiers de la justice, qui ne leur fut accordée. Et furent nommez M^{rs} des Fontaines Brochart, antien conseiller, pair et eschevin de Poictiers, Brisson, séneschal de Fontenay et Coste Arnaud pour les marchandz ; pour ceux de la noblesse, où tenoit le premier rang M. le lieutenant criminel, maire et ledit s^r des Fontaines, eschevin, et les députéz dudit corps, nommèrent Mrs de la Chastigneraye et de la Nouhe, gentilhommes du Poictou. Et y eut de particulières députations pour dresser les articles en chaque assemblée desditz trois corps et l'en ajouster, et iceux mis en ordre et signez desditz députez estre mis entre les mains dudit s^r assesseur commissaire, et de luy signez entre les mains des députez de ladite province pour estre présentez à l'assemblée générale desditz Estatz en la ville de Sens.

Le 5 septembre 1614, M° François Herbert, a esté instalé en l'office de conseiller vacant par la résignation de M° François Herbert, son père. Il a esté examiné en la chambre de l'édit à Paris, comme faizant profession de la religion prétendue réformée.

Le lundy 18 may 1615, M. le comte de la Rochefoucault, pourveu des estatz de lieutenant général pour Sa Majesté en comté de Poictou et de la ville de Poictiers, fit son entrée à Poictiers. M. le lieutenant criminel, maire, monta à cheval, boté et esperonné, accompagné d'eschevins, bourgeois et autres de ses amiz en mesme équipage et furent jusques au grand pont des Ances où ilz le saluèrent, ayantz tous mis pied à terre. Ledit s^r comte les receut à cheval et, les ayant remercié, mit pied à terre et les embrassa tous. Il en fit autant aux thrésoriers qui sortirent hors la ville, jusques par delà les moulins de Charruiau appelez à Parent. Les officiers de la justice furent avec leurs robes de palais en carrosses jusques au faubourg de Saint-Ladre, où les mesmes complimens furent faitz d'une part et d'autre. Ledit s^r comte fut jusques en l'église de Poictiers où il fut receu par le révérend évesque à l'entrée de la grand'porte de l'église et conduit jusques au grand autel où il fit sa prière et le *Te Deum* fut chanté, et à la sortie de l'église, il fut loger au doyenné de Saint-Hilaire, accompagné de M. le baron d'Estissac, son frère, des s^rs de Saint-Georges, Marconnay, Chemeraut et autres gentilshommes, jusques à 700 maistres et plus. Madame la comtesse, sa femme, et autres dames estoint arrivées deux jours auparavant et avoint esté saluées par lesditz maire, eschevins et bourgeois en sa maison, et furent faitz les présens accoustumez, selon la saison. Les letres desditz gouvernemens avoient esté leues en l'audiance et registrées quelque temps auparavant. Et deux jours avant ladite entrée du 18 may, il fut advizé en la maison de ville que on envoieroit un eschevin et deux bourgeois jusques à Chastellerault, première ville du gouvernement du costé de Paris d'où il venoit. Et y fut M. de la Lande, pair, eschevin et thrésorier, avec deux bourgeois pour le saluer de la part de la ville. Le jeudy ensuivant, ledit s^r comte fut coucher à Lusignan.

Le lundy dernier jour d'aoust 1615, le roy arriva à Poictiers sur les xi heures du matin, venant de Chastellerault. M. le maire et nombre d'eschevins et bourgeois montèrent à cheval botez et espronnez jusques au grand pont des Ances, et les officiers de la justice en carrosses jusques à la Folie avec leurs robes de palais, et les thrésoriers un peu par deça, et le conduirent jusques en son logis à l'hostel de Sainte-Souline. Le mesme jour, sur le soir, estant jà nuit, la royne arriva et logea à l'hostel du s^r de Rimbert, thrésorier. Madame, seur du roy, logea chez le s^r de Malaguet, maire. Le roy, pour la maladie de madame sa seur, fut loger en la maison du s^r de Nouzières, lieutenant criminel, où il demeura jusques au 28 septembre qu'il fut coucher à Vivonne. La maladie de Madame estoit la petite vérolle.

Le 6 janvier 1616 feste des Roys, le roy arriva à Poictiers, sur les trois heures après midy et fut loger en la maison du s^r des Bouchetières Vidart. La royne mère arriva une heure après et logea chez le s^r de Rimbert. Sur les cinq heures du soir arriva la royne régnante, estant en une litière ouverte. Elle receut le poisle à l'entrée de la porte du pont Joubert, venant de Chastelacher, lequel poisle fut porté par les quatre plus antiens eschevins et, à cauze de la nuit, elle ne fut point à l'églize cathédrale où le clergé de ladite église l'attendoit. Et fut ceste cérémonie remize au lendemain que Sa Majesté y fut sur le midy, où elle receut à l'entrée les complimens accoustumez. Elle logea à l'hostel de Sainte-Souline. Les rues où elle passa furent tendues, et fut saluée par M. le maire et eschevins qui furent jusques au-dessus du fauxbourg Saint-Sornin. Les officiers de la justice ne purent sortir hors la ville, estans en carrosse avec leurs robes rouges, à cauze du bagage qui passoit incessamment sur le pont Joubert, et furent contrainctz d'attendre à l'entrée de la ville. Les thrésoriers estoint aussi en corps plus avant en la ville et encores plus le corps de l'université; et fut crié : Vive la Reyne ! Le 24 dudit mois, le roy et les reynes deslogèrent de Poictiers; Sa Majesté pour la seureté de ceste ville et soulagement des habitans y laissa son canon, consistant en deux groz canons, deux grandes coulevrines et deux autres pièces moiennes avec l'équipage de bouletz, poudres et autres chozes requises, et huit cens suisses paiez de quinze en quinze jours et logez aux fauxbourgs, sans que les habitans soint tenuz d'aucuns fraiz fors du logement; et doibvent recevoir commandement et obéir à M. le maire et eschevins pour la façon des gardes où on les voudra employer et y demeurer tant qu'il plaira aux habitans, attendu l'importance de ceste ville et seureté d'icelle contre les ennemis du roy, recognoissant Sa Majesté les grandes fatigues des habitans qui n'eussent peu continuer une garde si exacte.

M. le maire a esté honoré par le roy de la qualité de chevalier de l'ordre de Saint-Michel, qui luy fut donné en l'églize de Saint-Didier par M. le mareschal de Souvray, et de présent ledit s{^{r}} maire porte ledit ordre.

Le 9 may audit an, la paix fut publiée à son de trompe et le *Te Deum* chanté en l'églize cathédrale. Et le 23 dudit mois, l'édict et articles de paix, vériffiez au Parlement, furent publiez et registrez au greffe de la séneschaussée. Le 22 juillet, M. le mareschal de Brissac, assisté de MM. de Vic et Champigny, maistres des requestes et conseillers d'estat, arriva à Poictiers. Ilz furent logez par un des fouriers de la maison du Roy. Et deux jours après, lesditz s{^{rs}} firent convoquer la maison de ville et montèrent à l'audiance où la commission dudit seigneur fut leue, portant pouvoir d'exécuter l'édict en ce qui concerne le restablissement des absens qui avoint suivy le party de M. le Prince. Et le 6° jour d'aoust ensuivant, lesditz absens entrèrent en ville et furent conduitz par lesditz s^{rs} commissaires en la maison de ville où ilz prirent leurs places.

Le 28 novembre 1616, M. de Rohan, duc et pair de France, fit son entrée à Poictiers, en qualité de gouverneur et lieutenant général en Poictou au lieu de M. de Sully, son beau-père. MM. les maire, eschevins et bourgeois en bon nombre, tous à cheval, furent au-devant jusques à l'entrée du bourg de Croustelles. MM. les thrésoriers en carrosse à my chemin, et les officiers de la justice aussi en carrosses jusques aux premières maisons au devant de la porte de la Tranchée. Il estoit accompagné de 40 à 50 gentilshommes du païs, et trouva à l'entrée de la porte de la ville les deux compagnies de suisses logez aux fauxbourgs de ceste ville et une partie des compagnies de la ville. MM. de l'université le saluèrent au vieil marché devant la porte du cloistre des Augustins, et fut conduit par M. le maire jusques à la maison des Claveuriers, près l'églize Nostre-Dame, et le présent de la ville luy fut fait au soir dudit jour. Le lendemain, il monta au Palais et à l'audiance que tenoit M. de Champigny, intendant de la justice, et deux ou trois causes plaidées ; et au retour, il fut remercié en la chambre du conseil de l'honneur qu'il avoit fait à la justice, et les complimens réciproquement faitz, et reconduit en sa maison.

Le mercredy ensuivant, tous les ordres cy-dessus furent prendre congé de luy, et fut coucher à Chastellerault. M. de Poictiers fut voir ledit s^r de Rohan en son logis, le jour de son arrivée et le lendemain, comme aussi fit le semblable ledit s^r de Rohan, et veoir madame l'abesse de Sainte-Croix.

Le 23 octobre 1617, la première pierre du couvent des Ursulines a esté posée par M. le comte de la Rochefoucaud.

Le 27 juillet 1618, les letres d'office de lieutenant criminel de Mᵉ Jan d'Elbenne furent par luy présentées en la chambre du conseil où fût ordonné qu'elles seroient leues, publiées et registrées au greffe. Et le lendemain, ledit d'Elbène monta au siége à x heures du matin et tint l'audiance criminelle, assisté de sept ou huit des conseillers dudit siége, selon la forme accoustumée, au lieu de Mᵉ P. de Brilhac.

Le 28 septembre 1618, Mᵉ Julien Serizier fut instalé en l'office de assesseur criminel et premier conseiller, par la résignation de Mᵉ François Dreux, par Mᵉ Simon Maubué, assisté de neuf ou dix conseillers. M. Brochart, plus antien conseiller, s'en est plaint à M. de Montolon, intendant conseiller, et a fait son procèz verbal qu'il a envoié à M. le procureur général.

Le 20 novembre 1618, M. Boynet, ci-devant conseiller au grand conseil, a esté instalé en l'office de président présidial, vacant par le décez de Mᵉ Emery Regnault [1]. M. de Montolon, intendant de la justice en Poictou, présidoit.

Le 24 avril 1619, Mᵉ Jaques de Gennes a esté installé en l'office de conseiller et examinateur au siége, par résignation de Mᵉ Charles Rougier, par M. de Montolon, intendant de la justice, assisté de M. le président et de plusieurs conseillers du siége.

Le dimanche premier septembre oudit an, la royne mère arriva en ceste ville, sur les cinq heures du soir, venant d'Angoulesme. Elle avoit couché à Vivonne. Le roy escrivit à la maison de ville et autres habitans pour la recevoir avec les mesmes honneurs qu'à sa propre personne. Mʳˢ de la ville furent, botez, au-devant jusques à Croustelle, Mʳˢ de la justice en carrosses et robes de palais jusques à la chappelle de Saint-Jacques et Mʳˢ les thrésoriers en carrosse

---

1. E. Regnaud mourut le 9 juin 1617, âgé de 54 ans.

jusques à ladite chappelle; et saluèrent la reyne avant lesditz de la justice conduitz par M. le président présidial. Tous les susditz saluèrent la reyne à genoux; M^{rs} de l'université la saluèrent devant la porte des Augustins en la ville et ne se mirent de genoux.

Le 5 febvrier 1620, Me Loys de Gorret, conseiller et assesseur au conservateur, décéda et fut enterré le lendemain en l'églize des Augustins et l'oraison funèbre [faite] par l'un des religieux dudit ordre, lequel, ayant tenu des discours contre l'honneur des officiers de la justice, eux présens, fut le lendemain mandé en la chambre du conseil et blasmé des paroles indiscrètes qu'il avoit tenu.

Le 6 dudit mois, Me Charles Irland, cy-devant conseiller en Bretagne, a esté instalé et mis en possession de l'office de lieutenant général criminel en Poictou, vacant par la mort de M. d'Elbenne; et fut présenté par de Sauzay, son advocat, ce requérant M. Rousseau, advocat du roy.

Le jeudy 27 aoust 1620, le roy et M. son frère arrivèrent à Poictiers. Le roy logea chez le sieur de Rimbert et Monsieur à l'hostel de Sainte-Souline. Sa Majesté partit, le 29, pour aller à Tours et retourna, le 4 septembre, et fut loger audit hostel de Sainte-Souline d'où Monsieur deslogea et fut au doyenné de Saint-Hilaire. Le lendemain, la royne régnante et Madame, sœur du roy, arrivèrent, et la reyne mère arriva le 5e dudit mois, et logea chez ledit s^r de Rimbert. Le roy et Monsieur deslogèrent le 10, pour aller à Bourdeaux; la reyne et Madame pour aller à Saumur et la royne mère, le 14, pour aller à Tours.

Le 4 novembre oudit an, le roy passa par ceste ville sans mettre pied à terre et print la poste hors la porte Saint-Ladre, luy vingt-cinquiesme.

Le jeudy 13 janvier 1622, sur les onze heures du matin, le roy arriva en ceste ville, venant de Vivonne. Il partit le dimanche 16, prenant le chemin de Tours. Il a donné le gouvernement général de Poictou à M. le comte de la

Rochefoucaud, sa place à M. de Brassac, gouverneur de Chastellerault et le gouvernement de Poictiers à M. de Saint-Georges.

Le 9 mars 1622, M. de Saint-Georges, de la maison d'Abain, fit publier et registrer au siége les letres de l'estat de gouverneur de Poictiers. Il fut présenté par Riffaud, advocat.

Le dit s^r de Saint-Georges arriva en ceste ville le dimanche ensuivant, sur le soir. M^{rs} de la justice furent au-devant jusques à l'hostel de l'abbé Nostre-Dame siz prez l'églize de Saint-Michel où ilz le saluèrent. M^{rs} les thrésoriers le furent saluer en sa maison, dont il fut aucunement malcontent, M. le recteur prez l'églize Saint-Pierre, et fut receu en l'églize par M. le doyen et M^{rs} du clergé et le *Te Deum* chanté.

Le lendemain, il donna à disner en son logis à tous ceux de la justice, recteur et université, et M^{rs} de la maison de ville et plusieurs autres personnes de qualité.

Le jeudy 9 juin 1622, Me Nicolas Milon, cy-devant conseiller et assesseur en la cour conservatoire, prit possession de l'estat de conservateur, estant seul, dont il y eut du mescontentement par les autres officiers du siége qui ont accoustumé de s'i trouver.

Omissa.

Le 24 may 1578, M. l'évesque de Poictiers, de la maison de Sainct-Belin, fit son entrée à Poictiers. M. Rat, président, lors maire, mena la justice et la ville ensemblement et fut-on trouver M. l'évesque au fauxbourg Saint-Sornin au-dessuz chez Crolet, à l'endroit qui tourne vers la chapelle Saint-Mathurin. La harangue de M. le président fut en françois et estoit la justice accoustrée de noir qui marchoit immédiatement après ledit évesque; M. le recteur et l'université l'attendoit à l'endroit de la retombe, et fut la harangue en latin et la responce de mesme. Les églizes et couvens estoient sur le pont Joubert et à l'entrée de la porte, qui le prindrent et marchèrent devant. Il fut conduit jusques à l'aumosnerie Nostre-Dame où il coucha. Le lendemain, derechef la justice, ville et université le furent trouver dans l'églize Nostre-Dame et fut conduit jusques à Saint-Pierre, marchant en mesme ordre que dessus. Et fut porté depuis l'entrée de l'églize de Saint-Pierre jusques au grand autel par quatre gentilshommes représentans les quatre barons anciens du Poictou qui sont Chastelleraud, Lesignan, Partenay et Belleville, et le s^r de Chabournay qui a charge de la chaire où il est porté. Ledit sieur évesque estoit accompagné de Mrs de Saint-Georges, Sainte-Souline, Rouillé, Clerbaudière, Poupardière, du Teil et autres. Après qu'il eust dit la grand'messe, on s'en alla disner à l'évesché, et, sur le dessert, la dame de Busserolles vint rendre son hommage audit évesque qui est : neuf asnes chargés de jonchées qui entrèrent tous en ladite sale, et, l'adveu rendu, elle se retira.

Autre omission.

M. le lieutenant général ayant receu l'édict de réunion pour l'extirpation des hérésies donné à Rouen au mois de juillet 1588, avec des letres du roy pour iceluy faire publier et registrer, et faire le serment selon qu'il est contenu en iceluy, fut advizé en la chambre qu'il estoit expédient que les officiers de la justice fissent premièrement le serment, ce qui fut fait en la chambre du conseil, le 2 aout oudit an. Premièrement ledit s^r lieutenant général fit serment entre les mains de M. le lieutenant criminel, les saints Evangiles touchez, de garder l'édict ; puis ledit s^r lieutenant général receut pareil serment des lieutenant criminel, assesseur, conseillers, advocatz et procureurs du roy. Ce fait, ilz montèrent tous à l'audiance où ledit édict fut publié et registré; et ordonné que tous les habitans comparaistront devant ledit lieutenant général aux assignations qui leur seroint données pour faire pareil serment. A la sortie de l'audiance, on fut à l'églize Nostre-Dame où se trouva le clergé, M. de Malicorne, gouverneur du Poictou, M. de Boisseguin, gouverneur de Poictiers et plusieurs gentilshommes, M. le recteur, les thrésoriers en corps, MM. les maire, eschevins et bourgeois, et de là on s'en alla à l'églize de Saint-Pierre où fut chanté le *Te Deum*. Ce fait, MM. de Malicorne et de Boisseguin jurèrent l'observance de l'édict entre les mains de M. de Poictiers. Ledit s^r de Malicorne, dez le matin dudit jour, avoit fait faire le serment ausditz thrésoriers, et, l'apresdinée, le maire fit aussi le serment entre les mains du dit s^r de Malicorne; et, le lendemain, receut le serment en la maison de ville des eschevins et bourgeois. Toutesfois les officiers du roy qui sont de la maison de ville, sinon ledit s^r lieutenant général et l'advocat du roy Renaud, qui remonstrèrent que la réception des sermens apartenoit audit lieutenant général, comme il apert par l'addresse de l'édict et letres particulières de Sa Majesté pour cest effect, protestèrent de nullité de ce qui seroit entrepris au contraire, attendu qu'il n'estoit rien mandé audit maire; aussi que l'exécution des édictz du roy se fait tousjours par le lieutenant général de la province. Nonobstant, ledit maire et autres de la maison de ville passèrent outre ausditz sermens. Depuis, les capitaines des compagnies de la ville ont aussi presté le serment entre les mains dudit s^r de Malicorne, comme . . . . . *(La dernière ligne manque par suite de déchirure du bas du feuillet.)*

JOURNAL
D'ANTOINE DENESDE

MARCHAND FERRON A POITIERS

ET DE

MARIE BARRÉ SA FEMME

(1628-1687)

PUBLIÉ

PAR M. BRICAULD DE VERNEUIL

INTRODUCTION

Sans connaître le lieu d'origine de la famille Denesde [1], nous savons tout au moins que, dans la seconde moitié du XVIe siècle, un de ses membres, Jean Denesde, vivait à Poitiers, où il exerçait la profession d'avocat au présidial. Marié à Marguerite Guyvreau, il eut de cette union deux fils : Jacques, qui fut baptisé à Notre-Dame-la-Petite, le 3 janvier 1582 [2], et mourut aumônier et chanoine de Notre-Dame-la-Grande, le 15 mai 1622 ; et Antoine, né avant son frère, baptisé en la même église le 3 janvrier 1581 [3], et devenu dans la suite notaire royal à Poitiers.

Celui-ci était pourvu de son office, lorsqu'en 1607 il épousa Louise Coustière, fille de sire Paul Coustière, marchand ferron en la même ville, et de feu Marie Chamois [4]. Quatre filles et huit garçons naquirent de ce mariage [5] ; et, peut-être, Denesde eût-il vu sa descendance s'accroître davantage, si la mort n'était venue l'atteindre au mois de juin 1624. De ces douze enfants, du reste, le plus grand nombre paraît avoir succombé à un âge peu avancé, car voici les seuls qui aient laissé des traces de leur existence : Marie, mariée en premières noces à Jean Desmier, sieur de Villefollet, et en secondes noces à Etienne Doriou, procureur

---

1. Peut-être est-elle originaire de l'ancienne paroisse de Lussay, aujourd'hui rattachée à la commune de Chef-Boutonne, département des Deux-Sèvres. On la voit, en effet, souvent figurer, au XVIe siècle, dans les titres de la seigneurie de ce nom (Archives de la Vienne, G. 244) ; et un voyage que fit au même lieu, en 1622, Jacques Denesde, dont il est parlé ci-après, laisserait supposer que celui-ci y avait été appelé par des questions d'intérêts ou des relations de famille.

2-3. Archives communales de Poitiers. Registres paroissiaux, n° 32.

4. Leur contrat de mariage fut passé devant Mes Barraud et Bourbeau, notaires royaux à Poitiers, le 25 octobre 1607. La future apporta en dot deux mille livres tournois (Papiers communiqués par MM. Jules et Léonce de Beauregard).

5. Ils furent tous baptisés à Sainte-Opportune sous les noms suivants : Paul, le 11 octobre 1608 ; Yves, le 24 octobre 1609 ; Antoine, le 31 mars 1611 ; Jacques, le 16 mars 1612 ; Marie, le 22 septembre 1613 ; Jean, le 27 janvier 1615 ; Pierre, le 11 avril 1616 ; Marguerite, le 29 septembre 1617 ; Louis, le 22 juillet 1619 ; Jehanne, le 10 février 1621 ; Anne, le 16 février 1622, et Hilaire, le 3 mars 1623 (Arch. com. de Poitiers, reg. par. n° 240).

du roi en l'élection de Poitiers ; Jacques, prêtre, chanoine de l'église cathédrale de cette ville ; Louis, sieur de Frécontant, inhumé le 26 février 1673 à Notre-Dame-la-Grande, dans la chapelle Saint-Clair, et Antoine, qui continua la filiation.

Ce dernier ne se livra point à l'étude du droit, comme son aïeul ; il ne se sentit pas attiré non plus vers les fonctions de la nature de celles que son père avait occupées; son goût l'entraîna plutôt vers le négoce, pour lequel il montra sans doute de bonne heure de sérieuses aptitudes. Lorsque son grand-père maternel, Paul Coustière, vint à mourir, le 14 septembre 1632, on lui confia la direction du fonds de commerce de marchand ferron que celui-ci faisait valoir à Poitiers, et bientôt après, sa mère, à laquelle ce fonds avait été attribué en partage, lui en fit le complet abandon dans le contrat qui précéda son union avec Marie Barré, fille d'honorable homme Pierre Barré, marchand de draps de soie en cette ville, et de dame Renée Pommeraye [1]. Il est à croire que ses confrères ne tardèrent pas à apprécier la solidité de son jugement ; car, au mois de novembre 1635, ils le nommaient consul au tribunal de leur juridiction, alors qu'il n'avait pas encore atteint sa vingt-cinquième année.

Nous ne parlerons pas des enfants d'Antoine Denesde et de Marie Barré, ces derniers ayant eux-mêmes pris le soin de nous renseigner sur leur compte, et nous arrêterons ici nos détails généalogiques sur la famille Denesde, destinés seulement à faire connaître les auteurs du journal auquel un de ses membres a attaché son nom.

Ce journal forme un petit registre de 0 m. 20 de hauteur sur 0 m. 15 de largeur, assez volumineux et écrit aux deux extrémités en sens inverse ; mais il est malheureusement incomplet. D'un côté il manque vingt-trois feuillets, ainsi que l'indique le nombre

---

1. Ce contrat fut reçu par Gaultier et Bourbeau, notaires royaux à Poitiers, le 14 janvier 1635. Les marchandises et ustensiles qui garnissaient la boutique avaient été estimés 6,600 liv.; les deniers comptants, cédules, obligations et le relevé du papier-journal s'élevaient à 7,400 liv., soit un total de 14,000 liv. tournois composant l'apport du futur. De leur côté, les parents de la future lui avaient constitué en dot une somme de 4,000 liv. tournois. Ajoutons, comme trait de mœurs de l'époque, que soixante-quinze personnes au moins assistaient au contrat, ainsi que l'attestent les signatures dont cet acte est revêtu (Minutes de Me Bourbeau, conservées aujourd'hui dans l'étude de Me Bodin, notaire à Poitiers).

24 mis sur le premier de ceux qui subsistent ; de l'autre côté, on voit pareillement que trois feuillets ont disparu. Plusieurs autres lacunes s'y rencontrent dans la suite ; elles seront désignées au cours de notre publication.

Quelle était la destination primitive de ce registre ? L'absence des vingt-trois feuillets dont on vient, d'une part, de constater la perte, ne permet pas de répondre avec certitude à cette question ; mais on peut supposer qu'il servait dans le principe au notaire Denesde à y transcrire divers renseignements relatifs à ses affaires personnelles ou concernant sa profession, ainsi qu'il paraît résulter des notes laissées par lui sur les feuillets 24 à 28. De plus, comme au milieu de ces notes se trouvent deux mentions intéressant son frère, et la relation d'un événement survenu à Poitiers en 1622, on est également porté à croire qu'il s'était plu à y consigner antérieurement d'autres faits du même genre. Quoi qu'il en soit, la voie était ouverte, et son fils, Antoine, n'allait pas tarder à la suivre.

C'est là vraisemblablement que celui-ci puisa l'idée de raconter, jour par jour, les événements de toute nature qui devaient se passer sous ses yeux ou en dehors de la ville et de la province, et qu'il jugerait les plus dignes de remarque. Nous ne saurions préciser à quelle époque il se mit à l'œuvre, sa narration ayant été commencée du côté du registre où manquent aujourd'hui les trois premiers feuillets ; mais nous pouvons dire qu'à ce moment il était bien jeune encore, puisque la partie de son récit qui nous a été conservée se rapporte, au début, à l'année 1628, et qu'il n'était alors âgé que de dix-sept ans. C'est une nouvelle preuve de la maturité précoce de son esprit, signalée déjà dans les lignes qui précèdent.

Le journal de notre marchand ferron s'étend de 1628 à 1658. Les affaires de l'Etat y occupent la place la moins importante, et si elles n'offrent rien d'inédit, elles inspirent parfois au narrateur des réflexions qui lui sont propres ou ne sont que le reflet de l'opinion d'autrui. Mais la plus large part de ce journal est consacrée par Denesde à des faits de toute sorte se rattachant à l'histoire intime de Poitiers au XVIIe siècle. Il nous fait assister aux solennités diverses qui ont eu lieu dans cette ville : tenue des Grands-Jours, entrée des gouverneurs, séjour de la cour, passage de grands personnages, réjouissances pour le succès des armées du roi. Il nous initie aux rivalités locales ; aux questions de préséance, qui jouaient alors, comme on le sait, un rôle si important ; aux brigues qui accompagnaient parfois l'élection du maire. Il nous fait connaître les impôts multiples qui pesaient si lourdement sur les habitants, et dont la levée offrait tant de difficultés et occasionnait de fréquentes rumeurs. Il nous indique le prix des denrées, les années précoces ou tardives, chaudes ou froides, abondantes ou stériles ; les fléaux qui ont affligé la ville, disette, peste ou inondations ; les décès de personnages marquants, les événements tragiques ; en un mot, tout ce qui habituellement sert d'aliment à la curiosité publique. Catholique fervent, il enregistre les décisions émanant de l'autorité ecclésiastique, et les actes concernant les établissements religieux. Il décrit les fêtes et cérémonies du culte, auxquelles il ne manque pas de prendre part ; ainsi, le voit-on assister à une procession de la Vierge, au moment même où sa femme le rendait père de son onzième enfant. Mais il ne lui suffit pas d'aimer et de servir son Dieu, il a également pour son roi un dévouement absolu, reconnaissant que si les monarques, tout en voulant le bonheur de leur peuple, sont quelquefois contraints par les besoins pressants de l'Etat de lui imposer des charges qui paraissent accablantes, celui-ci doit les supporter courageusement, en pensant que c'est pour le bien et la grandeur du pays.

Au milieu de ses notes historiques, Denesde a placé çà et là diverses mentions relatives à lui et à sa famille ; et lorsqu'en 1635, il épousa Marie Barré, il s'empressa de consigner séparément sur son registre-journal la célébration de ce mariage, en donnant quelques indications sur les parents de sa femme ; puis il y inscrivit dans la suite tout ce qui put intéresser la personne de ses enfants, depuis la naissance de chacun d'eux.

Enfin, appartenant au corps des marchands, qui l'avaient choisi plusieurs fois comme consul ou juge en chef, il fut conduit, par ce fait, à dresser la liste de tous ceux qui avaient rempli les mêmes fonctions à la cour consulaire de Poitiers, depuis la création de cette juridiction. Cette liste, d'autant plus précieuse que c'est la seule qui, pour cette époque, soit parvenue jusqu'à nous, s'étend de 1566 à 1657, année qui précéda celle de la mort de Denesde, survenue le 1ᵉʳ janvier 1659 [1].

Marie Barré, par attachement sans doute à la mémoire de son mari, ne voulut pas que le journal de ce dernier finît avec lui, et elle-même en entreprit la continuation. Suivant le modèle qui lui était tracé, elle raconte également ce qu'elle voit, apprend ou entend dire, sans oublier ce qui regarde particulièrement ses enfants. Mais sa moisson est moins abondante que celle qui a précédé ; les faits ne se succèdent qu'à de longs intervalles ; plusieurs années même se passent sans qu'un seul soit recueilli ; et notre annaliste arrive de la sorte au 25 août 1687, jour de l'érection, sur la place du Marché-Vieil, de la statue de Louis XIV, due au zèle et à la libéralité des marchands, ne pouvant mieux faire que de terminer son récit par la relation d'une fête dont l'honneur revenait à une corporation à laquelle sa famille avait appartenu [2].

Le *Journal d'Antoine Denesde et de Marie Barré* embrasse donc une période d'environ soixante ans. Il est écrit au jour le jour, ainsi que l'indiquent la diversité des caractères, la couleur inégale de l'encre, les ratures qui s'y trouvent et les blancs laissés après un grand nombre d'articles, soit pour les compléter dans la suite, s'il y avait lieu, soit pour réparer les omissions qui auraient pu se produire. L'écriture du marchand ferron est très lisible, son style est clair, sa narration facile, si ce n'est dans les morceaux de longue haleine, où elle devient parfois un peu confuse. Son orthographe est bonne, tout en offrant quelques irrégularités. Ainsi, certains mots ne sont pas toujours écrits de la même manière et leur forme défectueuse tient évidemment à la façon de les prononcer [3]. La rédaction de la femme nous paraît supérieure à celle du mari. Son orthographe est meilleure et plus régulière. On devine en Marie Barré une personne d'une instruction sérieuse, à laquelle vient s'unir beaucoup d'esprit et de bon sens,

---

1. Denesde fut inhumé dans la chapelle Saint-Clair de l'église Notre-Dame-la-Grande (Arch. com. de Poitiers, reg. par. n° 24).
2. Marie Barré ne vécut que peu d'années après. Elle fut inhumée, dans la même chapelle que son mari, le 11 juin 1691 (Arch. com. de Poitiers, reg. par. n° 25).
3. On peut citer, à ce propos, les mots suivants : abnestie, babtisé, brébendé, exemble, optenir, peuble, sagristain, semise, soubsonner, spendant.

de même qu'on remarque chez elle une profonde dévotion, jointe à un grand amour pour ses enfants.

Notre manuscrit n'est point resté inconnu jusqu'à ce jour. Thibaudeau l'avait entre les mains, lorsqu'il écrivit son *Histoire du Poitou;* mais on peut dire qu'il y a puisé modérément, et que les extraits qu'il en a donnés sont souvent inexacts. Seuls, les détails relatifs à la condamnation et au supplice d'Urbain Grandier, ainsi qu'à la mort de Louis XIII, sont reproduits par lui en entier, et encore peut-on lui reprocher de n'avoir pas été un copiste fidèle, soit en ne respectant ni l'orthographe ni la tournure de phrase, soit en omettant certains mots d'une réelle importance. Nous croyons donc faire une œuvre utile en mettant au jour ce document, et nous ne saurions trop remercier MM. Léonce et Jules de Beauregard, ses heureux possesseurs, d'avoir, par la bienveillante communication qu'ils nous en ont faite, permis à la *Société des Archives historiques du Poitou* de le compter au nombre de ses publications.

Ajoutons, en terminant, que, sans nous arrêter aux faits d'histoire générale, nous avons groupé autour des événements locaux une assez grande quantité de notes, qui ne contiennent pas toutes, il est vrai, des révélations, mais qui peuvent servir à éclaircir et compléter le texte, ou à rectifier, avec son aide, des erreurs accréditées jusqu'à présent. On trouvera, en outre, à la fin du volume, plusieurs pièces inédites qui nous ont paru mériter d'y être réunies en appendice, et qui, se rattachant à divers articles de notre Journal, viendront, nous l'espérons, accroître l'intérêt que celui-ci offre par lui-même.

E. Bricauld de Verneuil.

JOURNAL

D'ANTOINE DENESDE

MARCHAND FERRON A POITIERS

ET DE

MARIE BARRÉ SA FEMME

(1628-1687).

I. — Le jeudy xxvie may 1622, jour de la Feste-Dieu, sur les cinq à six heures après midy, M^r..... Gautier, enquesteur à Poictiers, donna cinq coups de cousteau à Catherine Delaleu, sa femme, puys après s'en donna un coup au droict du cœur qui n'entra assez avant; pour lesquelles causes le s^r Gautier feut condempné le xxviiie dud. mois à estre trainé sur une claye, du palais à la grande porte Nostre-Dame-la-Grand de Poictiers, où estant, ayant une torche au poin ardante, il auroit faict l'amande honorable, puys trainé en la place du Pillory, où on luy auroit couppé le poin, puys après esté pandu et estranglé et son corps mort ars et bruslé et les cendres jettées au vant.

Le dernier dud. mois de may, an susd., lad. Delaleu

trépassa sur les six à sept heures du soir et fut enterrée à St-Cibart [1].

. . . .
. . . . [2].

II. — Le mercredy 18ᵉ jour de juillet 1629, messieurs les paroissiens de Nostre-Dame-la-Grand ont receu de Paris une croix d'argent pour porter en procession, laquelle poise 10 marcz d'argent net, toutte blanche, sans estre rien dorée. Elle a cousté dens Paris 28 liv. le marc, argent et façon ; elle peult revenir icy environ à 300 liv. avecq le port.

III. — Le mardy 11ᵉ jour de septembre 1629, ont estés eslus aux marchans : en juge, sire Pierre Barré, marchant de draps ; premier consul, sire Pierre Moyne, garnisseur de chappeaux ; et pour consulz, Jean Barré, marchant drogeur, et André Trouvé, marchant tinturier.

IV. — Le 13ᵉ septembre 1630, ont estés eslus aux marchans : en juge, sire Bertrand de la Piere, marchant de draps ; premier consul, sire Nicolas Roux, marchant meslé ; et consulz Estienne Teitaut, jadis cabaretier, et Ollivier Moricet, recepveur de M^{rs} de St-Hillaire-le-Grand,

V. — Le mardy 26ᵉ novembre 1630, Me Jullien Serizier, premier conseiller au siége présidial et maire de Poictiers, a sorti dudict Poictiers, assisté du prévault, ses archiers, et aultres abitans, environ 80 bien montés, ensemble cent ou six vingts mulletz, conduitz par les meusniers d'ycy autour, et sont allés à St-Romans, près Melle, prendre des bleds, environ 200 septiers, tiers bled, que ledict s^r maire avoit faict

---

1. Cet article est dû à Antoine Denesde, notaire royal à Poitiers, père de l'auteur du journal (V. *Introduction*).
2. Comme il est dit dans l'introduction qui précède, les trois premiers feuillets du journal du marchand ferron ont disparu. L'écriture du quatrième feuillet est en partie effacée, mais on voit cependant qu'il y est question, avant l'article qui va suivre, de réjouissances publiques (faites sans doute à l'occasion de la prise de La Rochelle) et de la dernière audience que le Grand Conseil tint à Poitiers, le 28 novembre 1628.

achapter du fermier dudict lieu par les sieurs Cornouaille, Barré, Roux et Vergnault, marchans dudict Poictiers, lesquels l'ont payé comptant de leurs deniers; ont estés de retour audict Poictiers le jeudy ensuivant, 28ᵉ dudict mois, et ont mis le bled dans la Maison de ville, lequel a esté distribué cinq ou six jours après par lesd. marchans aux pauvres artisans de la ville, sur billetz dellivrés par Mʳ le maire, sçavoir : à 35 s. le boiceau de froment, qui en valloit 40 et plus au marché; 31 s. le boiceau de mestail, qui valloit aultant que le froment au marché; et 28 s. le boiceau de mesture, qui valloit bien au marché 35 s. [1].

Le bled fromant a valu depuis les mestives 1630 jusques en octobre ensuivant 30 solz;

En novembre, trente cinq et quarante solz le boiceau;

En décembre, quarente solz le boiceau;

En jenvier, quarente cinq et cinquente solz le boiceau;

En febvrier, cinquente cinq solz;

En mars et apvril trois liv. et 3 liv. 4 s. le boiceau;

En may, fust donné à 45 s. le boiceau;

Vers la fin de may et commancement de juin remonta un escu, puis, à l'orge, revient à 40 s. le boiceau de fromant;

Et à la fin des mettives à 20 s.

VI. — Le 28ᵉ apvril 1631, en l'assemblée du Mois et

---

1. La disette qui régnait à Poitiers, depuis les premiers mois de l'année 1630, donna lieu, à son début, à une sédition populaire (V. Appendice I). Des mesures furent alors prises pour éviter le retour de nouveaux désordres, pendant qu'on facilitait aux meuniers les moyens d'approvisionner les marchés de la ville. Il fut enjoint aux vagabonds et mendiants étrangers de partir aussitôt, sous peine d'être punis sévèrement, même d'être pendus et étranglés ; le rôle des pauvres fut dressé dans chaque paroisse, afin de subvenir à leurs besoins; on alla acheter des grains dans divers lieux de la province où il fut possible de s'en procurer ; et, grâce à la vigilance du corps de ville et aux sages précautions prises par lui, on parvint à conjurer les funestes effets que la rareté du blé eût pu produire (Arch. com. de Poitiers, registres des délibérations du corps de ville, nᵒˢ 80 et 81. — Bibliothèque de Poitiers, mss. de Bobinet, curé de Buxerolles, t. II, p. 1206).

Cent de cette ville de Poictiers, a esté ordonné que l'hospital des pestiférés sera ouvert [1], et que, pour l'entretien d'icelluy, on fera une collecte sur tous les abitans, et, pour ce faire, que les deniers de lad. collecte seront mis ès mains de deux notables marchans (lesquelz seront nommés par leur corps), pour en faire l'administration.

Le 4ᵉ may ond. an, en l'assemblée générale du corps des marchans, sires Paul Coustière (mon ayeul) et Pierre Barré, marchans, ont estés nommés et priés de faire la recepte et mise au gouvernement de l'hospital, pour le moys de may seullement ; et led. jour, lesd. Coustière et Barré ont faict leur charge, donnant du pain par chaicun jour aux pauvres personnes affligés de mal, tant renfermés ès maisons de la ville que retirés... hors icelle et à chascun 1 liv. par jour.....

Le 16ᵉ may ond. an, l'hospital a esté ouvert et sont entrés les perres Garace et Desmier, jésuittes, pour confesser, et Pierre Thevenet, chirurgien, pour traicter les mallades, qui se sont trouvés, dès led. jour, 25. Lesd. père Garace et Thevenet ce sont trouvés frapés le premier juin, et pour traicter led. père est entré Cochet, chirurgien, et au lieu dud. Thevenet le nommé Arnauldet, lequel mort environ un mois après, led. Cochet a demouré en callillté de mestre chirurgien.

Le jeudy 5ᵉ juin [2] est deceddé led. perre Garace.

---

1. L'énumération des faits relatifs à la peste qui, pendant cinq ans, sévit cruellement à Poitiers, nous entraînerait ici à une note d'une étendue exagérée ; mais, loin de vouloir supprimer cette analyse qui est appelée à compléter le récit de Denesde, nous l'avons reportée à l'appendice, en l'accompagnant de la copie littérale de ceux des documents qui nous ont paru offrir le plus d'intérêt. (V. Append. II.)

2. Cette date rectifie celle du 14 juin, donnée par les historiens et biographes (Le P. Carayon, append. à l'*Histoire des Jésuites de Paris* ; Michaud, *Biograghie universelle* ; Didot, *Biographie universelle* ; Vapereau, *Diction. des littératures* ; Lalanne, *Diction. histor. de la France*, etc.). Il est du reste certain que le décès du P. Garasse eut lieu avant le jour indiqué par ces derniers, le

Dès le 4ᵉ juing, les sieurs Pierre de Sauzay et André de Henault, marchans, ont entré en charge de recepveurs de l'hospital pour led. mois de juin.

Sur la fin dud. mois, led. perre Desmier a sorty de l'hospital et en son lieu son entrés quelques perres Carmes.

Le judy, 3ᵉ juillet, Jacques Bourgeois et Louis de La Vergne ont entré en lad. charge.

Le 2ᵉ aoust, sires Pierre Lambert et Pierre Tomas ont estés ellus pour faire l'administration dud. hospital led. mois d'aoust, onquel mois deux perres Augustins ont entrés en une maison aux Quatre-Vans, avecq le nommé Touchet, chirurgien, pour assister les mallades de la ville.

Et le dernier jour dud. mois, le père Carme a sorty de l'hospital, et y sont entrés deux Augustins.

Le 3ᵉ septembre, sires Mathieu Perrotin et Pierre Clerville, marchans, ont estés eslus pour faire l'administration de l'hospital pour le mois de septembre.

Le.... octobre, sires Pierre Jousseaulme et Jacques Normandeau ont estés eslus pour faire lad. charge led. mois d'octobre.

Le.... novembre, sires Jacques Collin et François Herbault, marchans, ont estés eslus pour faire l'administration de l'hospital pendant led. mois de novembre.

Le.... décembre, sires Thomas Rouger et Pierre Moines, marchans, ont estés eslus pour faire l'administration de l'hospital pour led. mois de décembre.

---

maire de Poitiers ayant annoncé cet événement à son conseil le 9 juin. Or, comme cette assemblée n'avait pas tenu de réunion depuis le 2 du même mois, il est hors de doute que la date citée par Denesde est exacte (Arch. com. de Poitiers, reg. des délib. n° 81, p. 198.)

Le P. Garasse fut enterré dans la chapelle de l'hôpital. Sa sépulture ne paraît pas avoir été, dans la suite, l'objet de soins attentifs ; car, le 6 avril 1637, le maire l'ayant trouvée en fort mauvais état, fit décider par son conseil qu'elle serait recouverte d'une tombe, sur laquelle on placerait une inscription destinée à rappeler à la postérité les mérites de l'héroïque jésuite et la reconnaissance de la ville pour les services qu'il lui avait rendus (Id. n° 87, p. 157).

VII. — Le.... jour de novembre 1631, ont estés eslus pour juge aux marchans, sire René Le Vasseur ; premier consul, sire André Armand, et consulz Pierre Crujeon et Hiérosme Garnier; laquelle ellection a esté différée despuis le mois de septembre à cause de la contagion.

VIII. — Le samedy 14ᵉ jour d'aoust 1632, sur les huict à neuf heures du soir, le feu print dens la maison épiscopale de cette ville et brusla entièrement la cherpante de la grande salle où tenoit la cour de l'official, qui est proche le portal sur main dextre en entrant. Le feu estoit cy ardant que quelques bluettes, portées par le vent, mirent le feu au gros cloché, ce qui donna grande apréantion, mais le secours y fust promptement donné. Deux hommes travaillant à couper chemin au grand feu tombèrent et ce froissèrent le corps, et l'un entr'aultre se rompist quelque jambe.

IX. — La mesme année, Mgr Henry Louis Chastaigner de la Rocheposay, nostre esvesque, fist bastir un for beau portal, couvert de pierre en dosme, et deux plate-forme aux costés d'icelluy, à l'entrée de son hostel espiscopal, et une belle auditoire pour tenir la cour officialle, couverte d'ardoise en pavillon.

X. — Le mardy 7ᵉ décembre 1632, sires Samuel Coustière, marchant ferron, Pierre de Sausay, marchant de draps de sois, François Herbault, marchant de draps et Jean de Longueil, appoticquaire, ont tous presté le serment pardavant M^{r} le lieutenant général, pour exerser la jurisdiction consullaire la présente année.

XI. — Sur la fin de l'année 1632, ce fust le 30ᵉ octobre, fust décapité à Toulouse, Henry de Montmorency, mareschal de France très renommé, lequel avoit esté prins en bataille contre le roy de France, ayant quictté son service pour Gaston de France, frère unicque du roy, lequel s'estoit retiré du royaulme avecq Marie de Médicis, leur mère, despuis peu de temps, pour quelque mécontentement qu'ils avoient prins de voir gouverner la personne du roy et son royaulme par le cardinal de Richelieu.

XII. — Au commencement de l'année 1633, a esté arresté prisonnier et conduit à Engoulesme, Mr de Chasteauneuf, garde des sceaux de France, en grand crédit, nommé Nicollas de Lausbépine [1].

Le vendredy 29 may 1643, led. s^r de Chasteauneuf a arrivé au Pallais de Croustelle, maison du s^r de la Vacherie cy-dessoubz nommé, revenant d'Angoulesme, d'où il a esté retiré suivant la déclaration du feu roy Louis 13e, à la charge qu'il n'aprochera sy tost de la cour. On dict qu'il va en Berry.

XIII. — Le 29e de mars 1633, le s^r Mourault de la Vacherie [2], conseiller d'Estat, abitant à Poictiers, a esté aresté prisonnier à Chastellerault par Mr de Brasac, gouverneur dud. lieu [3], lequel l'a faict conduisre dens le chasteau d'Engers. Nota que led. de la Vacherie estoit grand intime dud. s^r de Chasteauneuf, garde des sceaux.

XIV. — Le 11e aoust 1633, messire Jacques Barrault [4],

---

1. Charles (et non Nicolas) de l'Aubespine, marquis de Châteauneuf, fut arrêté le 25 février 1633. Il partit sous l'escorte d'un exempt des gardes du corps qui devait le conduire à Ruffec ; mais, par suite d'ordre contraire survenu pendant le voyage, il fut emmené à Angoulême et enfermé dans le château de cette ville (d'Auvigny. *Vie des hommes illustres de la France*).

2. Pierre Mourault, s^r de la Vacherie, conseiller d'Etat et maître des requêtes de l'hôtel du roi, avait épousé Jehanne Boynet, fille de Charles Boynet, éc., s^r de Fressinet, conseiller au Grand Conseil, puis président au présidial de Poitiers et maire de cette ville, et de d^{lle} Vigile Rat (*Dict. des fam. de l'anc. Poitou*, famille Boynet). Le baptême d'un fils des s^r et d^{me} Mourault, prénommé Charles, est mentionné dans les registres de Notre-Dame-la-Petite, à la date du 7 avril 1611 (Arch. com de Poitiers, reg. par. n° 35).

3. Jean de Galard de Béarn, comte de Brassac, baron de la Roche-Beaucourt, fut pourvu de la charge de gouverneur de la ville de Châtellerault par lettres patentes du 15 janvier 1622, registrées en parlement le 7 février suivant (Arch. de la Vienne, Notes manuscrites du comte d'Orfeuille, communiquées par la Soc. de statistique des Deux-Sèvres).

4. Marié à Gabrielle Coulard, de laquelle il eut : Jacques, Jean et Charles, baptisés tous les trois en l'église Saint-Savin : le premier, le 15 janvier 1624 ; le second, le 8 novembre 1627, et le troisième, le 31

docteur en droictz, a esté receu régent [1] en cette univercité, en une chère de nouvelle errection faicte par le roy, d'un cinquiesme régent, n'estant d'ordinaire que quatre; néaulmoings, la mageure part des docteurs l'ont receu et l'un d'eux s'estoit oposé au décret, pour laquelle oposition les aultres n'ont laissé de l'installer à la manière acoustuméé et où touttes les facultés ont assisté et les corps de villes qui ont acoutumés y estre invités [2].

XV. — Le 16ᵉ novembre 1633, ont estés eslus aux marchans : pour juge, sire René Rouger, marchant pelletier ; premier consul, sire Piere Thomas, marchant garnisseur de chappeaux ; consulz, sires Aimable Leblanc, marchant de draps de soye, et Achilles Le Let, marchant apoticquaire.

XVI. — Le mardy 15ᵉ d'aoust, jour de la glorieuse assomption de la Vierge, j'ay party de Poictiers pour aller à Loudun, où j'arivay le landemin à neuf heures du matin [3]. A l'après disnée, je fus à l'exorsisme qui ce

---

mars 1636. Le sʳ Barraud mourut le 26 octobre 1638 et fut inhumé le lendemain dans la même église (Arch. com. de Poitiers, reg. par. nᵒˢ 224, 225, 237). Le *Dictionnaire des familles de l'ancien Poitou* lui donne un frère du nom de Pierre. C'est vraisemblablement ce dernier qui est indiqué, dans les registres de Sainte-Opportune, comme époux de Marie Santerre et comme ayant eu de cette union Jacques et Pierre, baptisés, le premier le 14 novembre 1611 et l'autre le 11 février 1613 (Id. nᵒ 240).

1. Pour une chaire de droit canon (Arch. com. de Poitiers, P. cart. 76).

2. Le 26 janvier 1646, le nombre des docteurs régents en droit se trouvant réduit à quatre, par suite du décès de Jean Nicolay, l'un d'eux, les docteurs régents et suppôts de l'université demandèrent la suppression de la cinquième chaire et fournirent à cet effet au roi et à son conseil un acte de notoriété pour attester qu'avant la réception de Jacques Barraud, la faculté de droit n'avait jamais été composée que de quatre docteurs régents, correspondant aux quatre procurations de nations qui leur étaient attribuées : France, Guienne, Berry et Touraine (Id.). — Satisfaction leur fut donnée par arrêt du conseil privé du roi, du 13 avril suivant, qui rétablissait en même temps, au profit de Jean Leroy, avocat à Poitiers, la chaire des Institutes supprimée en 1633 (V. dans les reg. de délib. du corps de ville, nᵒ 97, p. 184, la copie de cet arrêt et des lettres patentes qui en furent la conséquence).

3. Pour tous les faits relatifs au procès d'Urbain Grandier, nous ne saurions mieux faire que de renvoyer le lecteur au récent travail

faisoit tous les jours, deux fois, despuis Pasques dernier, dens l'église Ste-Croix de Loudun, à l'endroict de la dame supérieure des Urselines dudict lieu, et la sœur Agnès professes despuis peu, fort belle fille, et touttes deux estoient poceddée de plusieurs desmons. A ce dict exorsisme du soir ne fust travaillée que la dame prieure, laquelle le fust tellement que tout le monde s'estonnoit de voir ses estrange postures ; car, elle couchée, mettoit ces piedz et ces mains joings sur l'eschine avecq des antorce estrange ; tiroit la langue espoisse ; enfloit le col et la gorge ; ce mettoit en un petit moinseau comme une boulle, n'estant tout son corps supporté que de son coude; alloit en serpant ; et roisdist les doicts de ces mains cy fort, que nul ne les pust faire plier ; et après tant d'effors et de secouement de teste, elle ne fust aulcunement esmue, car je luy maniay la main la plus tampérée du monde. Ensuitte le père Recollect exorciste, tenant la saincte ostie en ses mains, commanda au diable de luy dire ce que s'estoit, lequel, après avoir vomy quantitté de blasfème et juré qu'il n'en feroit rien, fust enfin contrainct de dire que c'estoit la chair et le sang de celluy qui c'est donné pour son amour ; on commanda au diable de le répéter, pour ce que quelq'un ne l'avoit pas ouy. Il jura qu'il n'en feroit rien et qu'on le debvoit entandre quand il l'a dict, disant : qui a des oreilles, entande ; qui a des yeux, voye ; qui a des cœurs, consoive ; et qui a la foy, croye. Enfin, on l'obliga de répéter tellement qu'il dist : c'est la chair et le sang de celluy qui c'est donné pour son amour; c'est celluy qui a donné sa vie pour le sallut des humains, celluy qui nous a ouvert le paradis, et plusieurs aultres honneurs de la sorte, qu'il donna au S-Sacrement, lequel il fust contrainct d'adorer après plusieurs refus ; et

---

de M. Gabriel Legué (*Urbain Grandier et les possédées de Loudun*, Paris, 1880), dans lequel l'auteur a mis en œuvre la précieuse collection de documents que possède, à ce sujet, M. Charles Barbier, conservateur adjoint à la bibliothèque de Poitiers.

je remarquay que le père parloit fort bas, de sorte que nul des plus proche ne l'entandoit, et le diable dens le corps de la fille eslognée et tournant le dos, respondist et, en blasfémant, ce tourna vers le père et dist qu'il n'en feroit rien, ce retournant encore ; enfin, le père parlant toujours bas, le diable vient adoré. Bref, ce fist plusieurs aultres chouses, dont je ne peu me souvenir.

Le landemin jeudy, au matin, je fus à St-Pierre-du-Martay, davant les Carmes, où fust exorciszée Isabeau Blanchard, sécullière, par un père Carme. Elle avoit un diable fort joyeux, car elle rioit de tout. Le diable parla de ce qu'il faisoit et du secours qu'ils donnoient à Grandier, prétandu magitien ; ainsy fist plusieurs comptes, mais aussy de furieuses posture d'aller en avant et en arrière, sur l'eschine, en serpant, en tournant et plusieurs aultres façons, ce donnant du front contre l'estomac et du derrière de la teste contre l'eschine, sans sesse, un bon demy cart d'heure durant, et après tout cella ce remettre et estre gay comme devant. De plus, une ostie consacrée, de laquelle on voullust communier la fille, demoura par un bout, une heure et demye durant, atachée aux lèvres de sa bouche, tantost à l'inférieure, tantost à la supérieure, et aussy sur une dent ; mais le St-Sacrement y touschoit cy peu qu'on heust creu qu'elle debvoit tomber souvant. Néanmoings, pour touttes chouses qu'elle fist en ces viollantes contorsions, jamais elle ne tomba q'une fois qu'elle estoit en repos et ce par une mallice du diable, qui prins son temps de la faire tomber sur le mouscher de la fille où il la reprins avecq la langue et l'avalla et raporta du fonds de l'estommac par sept fois, et encore jamais l'ostie ne touscha contre terre dens les contorsions que la fille heust, bien qu'elle ce coucha et voistra estrangement. Le diable dist aussy à une petitte fille d'un ministre : où est ton père, que ne nous vient-il exorciszer ? Dont on s'estonna et dict-on quelle ne ce cognoissoient poinct.

Je vis aussy, le mesme jour, exorcisé sœur Claire dens l'église du chasteau, par un père Capucin, où elle heust de grandes et furieuses contorsions et des cris effroyables. Elle ne dist pas grand chouses. Il y avoit tant de monde que l'exorciste fust contrainct de ce retirer dans la sacristie, avecq la fille et le lieutenant criminel d'Orléans, l'un des commissaires.

Je vis aussy, le vendredy matin, sœur Isabel Barot exorcizée à la grille du parlouer de Ste-Ursulle. Elle ne fist pas grand chouse, cynon japper comme un chien.

A l'aprèsdinée furent droissés des eschaffault en touttes les pars de la place de Ste-Croix dudict Loudun. On ce mist tant sur lesd. eschaffault que sur les maisons, aux fenestres, à cheval et à platte terre, plus de six mille personnes venus de touttes pars voir cet estrange spectacle, car je croy que dens la ville de Loudun il y en avoit plus de huict mille estrangers de tous païs, particullièrement de Poictiers, Tours, Orléans et Enjou.

Sur les quatre heures après midy, on sortist, du pallais, Urbain Grandier, presptre, curé de St-Pierre de Loudun, acusé et convincu de magic et sortillège et d'avoir jetté le malléfice sur ces pauvres filles. On le mist dens un chariot, ayant heu cy fort la question, qu'il ne pouvoit cheminer. On le mena davant la grande porte de la dicte église St-Pierre de Loudun où il fist l'amande honnorable, teste et piedz nudz, en semize, la torche ardante ès main, la hard au col, et de là conduit davant la porte de Ste-Ursulle où fist la mesme chose ; de là conduit en lad. place de Ste-Croix où estoit préparé un petit eschaffault de trois piedz en carré, faict en forme de grille; au millieu, estoit planté en terre un poteau de bois et tout autour forces bois dens des chevilles. Arrivé là qu'il fust, on le tira du chariot où je le vis en face, tout rasé barbe et teste ; on le prinst à bracée par le bourreau qui le mist sur ce petit eschaffault et s'assist sur un petit siège en fer ataché au poteau auquel fust lié, et à l'heure fust leu son arrest. Luy denia tousjours la magie, on ne luy pust faire confesser. Il estoit homme grand et grave, assuré, qui parla famillièrement sans s'estonner de voir le suplice qu'on luy préparoit. On me dist qu'il avoit baisé le crucifix comme par manière d'acquit et qu'il ne fist aulcun signe de croix, marque d'une grande obstination. Il y avoit deux PP. Cappucins pour l'exorter, deux PP. Récollectz, l'un vestu de son aube et de l'estolle, qui le voulloit exorcizer et chasser les diables qui ne voullurent l'abandonner, tellement qu'on mist le feu au buscher où il fust consommé casy vif, car on tira un peu la corde pour l'estrangler [1].

Son procès luy a esté faict par plusieurs bons juges à ce choisis dens les présidiaulx de Poictiers, Tours, Orléans, et les chefz de plusieurs sièges royaulx, et là présida Mr de Lauberdamon, maistre des requestes, conseiller d'Estat, envoyé par Sa Magesté avecq un exant des gardes et deux archers du corps; du présidial de Poictiers, estoient choisis Me Florant Roatin, s^r de Jorigny, mon cousin, Me Laurent Richard et Me Jean Chevallier, s^r de Tessec; le président de Tours et aultres conseillers, le lieutenant criminel d'Orléans, le lieutenant criminel de Chastelleraud et aultres, tous gens de bon jugement. Après l'exécution, je montay à cheval, et arrivay de retour à Poictiers le samedy à unze heures du matin.

---

1. Thibaudeau (*Histoire du Poitou*, édit. de 1840, t. III, p. 289 et s.) a reproduit en entier la relation qui précède, sans en respecter toutefois ni le style ni l'orthographe. On peut lui reprocher également plusieurs inexactitudes; mais il importe surtout de signaler l'omission ou la suppression faite par lui, après les mots : « Il fust consommé casy vif », de ceux-ci : « car on tira un peu la corde pour l'estrangler », ce qui dénature complètement le sens du récit. On serait porté à croire en effet, d'après lui, que Grandier, soit qu'il fût affaibli par la torture à laquelle on l'avait soumis, soit que son courage eût failli au dernier moment, était déjà mourant lorsque le bûcher fut allumé, tandis que, d'après l'opinion admise, il conserva sa résignation et sa fermeté jusqu'à la fin.

Nombre au vray de M^rs les députés par le roy, pour faire le procès dud. Grandier.

Mr de Laubardemont, comissaire.

Poictiers : Mr de Jorigny Roatin, Mr Richard, et Mr Chevallier, s^r de Tessec, conseillers.

Mr Houman, lieutenant criminel d'Orléans, l'un des raporteurs.

Mr Cottreau, présidant; Mr Pocqineau, lieutenant particullier ; Mr Burges, conseiller, à Tours.

Mr Texier, lieutenant général à St-Maixant, l'un des raporteurs.

Mr Dreux, lieutenant général ; Mr de la Bare, s^r de Brisé, conseiller, à Chinon.

Mr Hugerin, lieutenant particullier à Beaufort.

Mr de la Picherie, lieutenant particulier criminel à Chastellerault.

Mr Deniau, conseiller à la Flèche présidial et procureur général en lad. commission.

Mr Nozé, greffier pour cet effect.

XVII. — Le vandredy premier jour de septembre 1634, M^rs le président Seguier, M^e des requestes, de Villemontée, et conseillers envoyés par le roy pour tenir la juridiction des Grands-Jours, ont faict leur entrée a Poictiers par la porte de St-Lasare. Plusieurs provôts de la province ont estés au devant jusques à la Tricherie; M^r de St-George, gouverneur de la ville, M^rs du présidial sont allés entre la Follie et le Moulin-Aparant ; M^r le maire, eschevins et bourgeois et les eslus, par delà Tabouleau ; les trésoriers un peu hors de la porte et les recteur et docteurs au Quesreux-Millor, environ une ou deux heures après midy.

Sur le soir, les dicts s^rs du présidial, trésoriers, le maire, les eslus, chapitre de St-Hillaire, les advocats et procureurs de parlement et les advocats et procureurs du présidial de Poictiers ont chescun en leurs corps esté voir les dicts s^rs de la court, en chescune de leurs maisons où ils sont logés.

Le lundy suivant, 4° septembre, sur les neuf heures du matin, a esté cellébré la messe en notte et avecq belle musicque dens la grande salle du pallais, sur les degrés des cheminées, par Mgr. le révérendissime évesque de Poictiers, Henri Louis Chasteigner de la Rocheposay, assisté de Mrs Couillebault, archidiacre de Poictou, et Simon, archidiacre de Briançay, et deux chanoines de S^t - Pierre, diacre et soubzdiacre, à laquelle messe messieurs de la court ont tous assisté en robe rouge. M^r le présidant avoit une robe fourrée et fermée davant et son mortier de vellous noir davant luy. Le premier huissier avoit aussy la robe rouge et son bonnet doublé de peau et le segrétaire ou greffier la robe rouge aussy. Après la messe dicte, messieurs montèrent en l'audiance avecq le dict révérandissime évesque, qui a heu la seconde place, vestu de son camail et rochet. Là furent leues leurs commissions fort emples et receu les sermans de M^r l'advocat général Tallon et des advocats et procureurs.

Le lundy suivant, 11e septembre, on fist l'ouverture des plaidoïers par une belle harangue dudict s^r Tallon et celle aussy de M^r le président, où monta encore notre évesque.

Le 5e janvier 1635, la court des Grands-Jours a fini et ce sont lesd. sieurs retirés incontinent [1].

XVIII. — Le 24 novembre 1634, ont estés eslus aux marchans : en juge, sire Pierre Lambert ; premier consul, sire Jacques Lorenceau, taneur ; consulz, sires Thomas Rouger et Charles Babinet.

---

[1]. L'arrivée de la cour des Grands-Jours à Poitiers et son séjour dans cette ville font l'objet d'un chapitre de l'*Histoire du Poitou* de Thibaudeau (1840, t. III, p. 281 et s.). Celui-ci s'est inspiré dans son récit du manuscrit (aujourd'hui disparu) de M. Derazes, conseiller au présidial, ainsi que des registres de l'Hôtel-de-Ville, et résume fidèlement les détails contenus dans ce dernier recueil. Il s'est abstenu toutefois de reproduire deux documents qui paraissent assez intéressants pour être publiés. Ce sont les harangues adressées par le maire au président Seguier, lors de son arrivée à Poitiers et au moment de son départ. On les trouvera à l'appendice (III et IV).

XIX. — En cette année 1635, y a heu grande guerre entre l'empereur, le roy d'Espagne, duc de Lorraine et leurs alliés, et le roy de France, dens les Païs-Bas, et d'abord nostre roy s'est saisy de la Lorraine.

XX. — En cette mesme année 1635, il y a heu grande brigue pour la mairie à Poictiers [1]. Premièrement, le s[r] des Forges Macquenon, conseiller et asseceur du conservateur, ayant despuis Pasques veu assés froidement les eschevins et bourgeois, cela promettoit ; mais sur la fin du temps, il ce trouva oposé du s[r] de Vartre Guyon, advocat au présidial, lequel fust porté de son beau père, J. Constant, advocat du roy jadis et eschevin, et aultres qui ce liguèrent contre led. s[r] des Forges, lequel, voyant ce proceddé, employe le s[r] de Villemontée, intandant de la justice en ces païs. Mais ils n'y gagnèrent guère plus, tellement que led. s[r] de Villemontée voyant la partie foible donne, en vertu du pouvoir de sa commission, un sursoy de faire l'élection, signiffié seullement le 28e juin ; néanmoins, le landemain vandredy, jour acoustumé d'eslisre un maire, fust ordonné à la Maison de ville qu'on passeroit oultre ; seurquoy ceux du party du s[r] des Forges sortirent incontinent et en mesme instant fust billeté à l'acoustumé et fist-on eslection dud. s[r] de Vartre qui fust mené à Nostre-Dame par M[r] le maire et aultres en cérémonie [2]. Dès le landemain, led. s[r] des Forges a

---

1. Le corps de ville était rentré depuis longtemps en possession du droit de choisir le maire, droit qui lui avait été enlevé pendant les troubles survenus à Poitiers de 1613 à 1620 (Ouvré, *Essai sur l'histoire de Poitiers*, etc., t. XXII des *Mém. de la Soc. des ant. de l'Ouest*). Malgré ce retour aux anciens privilèges, Pierre Guion, s[r] de Vâtre, tenta, avant l'élection qui devait avoir lieu en 1635, de se faire désigner par le roi ; mais ce fut sans succès. Richelieu craignait de voir se répandre dans les provinces voisines la sédition qui régnait alors à Bordeaux ; aussi pensa-t-il, qu'on devait bien se garder d'irriter les habitants de Poitiers, en leur imposant un maire qui n'aurait pas été choisi librement (*Arch. histor. de la Gironde,* t. II. p 213).

2. M. de Villemontée, devant les brigues et sollicitations de toute nature qui ne cessaient de se produire, avait cru devoir interdire de procéder à l'élection jusqu'à ce qu'il en eût été ordonné autrement

prins la poste vers Paris, et le s⁽ʳ⁾ Vangueuil député de la ville pour faire contre led. s⁽ʳ⁾ des Forges ; ensuitte de quoy est intervenu [1] arrest du Conseil scellé du grand sceau, par lequel est dict que le roy veult avoir connoissance de cette affaire, et spandant, que M⁽ᵉ⁾ René Brochard, escuier, conseiller du roy au siège présidial, comme plus entien eschevin, exercera et fera la fonction de maire ; et de faict en a faict le serment entre les mains du maire antique, au jour, lieu et manière acoustumée, sans bal ne festin.

Et le 10ᵉ aoust ensuivant, jour de S⁽ᵗ⁾-Laurent, la Maison de ville assemblée, on a proceddé, suivant un arrest du Conseil [2], à nouvelle ellection d'un maire, de la personne de M⁽ᵉ⁾ Estienne Macquenon, s⁽ʳ⁾ des Forges, conseiller et assesseur du conservateur, et a faict le sermant et festin le dimanche suivant, 12ᵉ aoust 1635 [3].

XXI. — Le mardy 7ᵉ aoust 1635, la noblesse de Poictou assamblée à Chastellerault, suivant la publication du ban et arrière-ban, ont party dud. lieu pour ce randre à Chaallons, en Champagne, pour servir le roy en Allemagne, et est

---

par le roi. Comme on le voit, les partisans du s⁽ʳ⁾ de Vâtre ne tinrent aucun compte de cette défense, et celui-ci, le jour même de son élection, écrivit à l'intendant pour le supplier d'avoir pour agréable le choix qu'on avait fait de sa personne (Arch. com. de Poitiers, B. 34, cart. 5). L'intendant, qui était alors à La Rochelle, mécontent de voir ses ordres méconnus, informa aussitôt le cardinal de Richelieu de ce qui s'était passé, en lui demandant de châtier ceux qui avaient méprisé son ordonnance (V. App. V).

1. Le 9 juillet 1635 (Arch. com. de Poitiers, B. 34. cart. 5).

2. Du 25 juillet 1635. Cet arrêt avait annulé l'élection du s⁽ʳ⁾ de Vâtre et ordonné qu'on eût à élire un nouveau maire, autre toutefois que ce dernier, auquel il était fait défense expresse de s'immiscer en quoi que ce fût dans les fonctions de cette charge (Id.). Le roi écrivait en outre, le 28 du même mois, au corps de ville pour lui enjoindre de se conformer à ces prescriptions, en conservant la plus entière liberté des suffrages (V. App. VI). Constant, avocat du roi, n'en continua pas moins ses intrigues en faveur de son gendre ; mais M. Servien, secrétaire d'État, lui témoigna son étonnement et son mécontentement à cet égard, l'invitant à cesser des agissements qu'il serait impossible de tolérer plus longtemps (V. App. VII).

3. Ce choix fut agréé par le roi le 2 septembre suivant (Arch. com. de Poitiers, reg. des délib. n° 86, p. 56).

apellé le restant de lad. noblesse au premier septembre prochain, pour ce randre à Poictiers [1].

Au mois de juin 1636, le ban a encore esté publié et enjoingt à la noblesse di satisfaire sur peine de punition.

XXII. — Le mardy 20ᵉ novembre 1635, ont estés eslus aux marchans : en juge, sire André Armand, marchant de draps de soys ; premier consul, Jacques Collin, marchant de draps ; Jacques Rozet, marchant espissier poissonnier, et moy, Anthoine Denesde, marchand ferron.

XXIII. — Le jeudy 28ᵉ febvrier 1636, en la foire de la my-caresme, a esté tué un quidam, accusé de maltoutte, par un nombre de peuple.

XXIV. — Le samedy 8ᵉ mars 1636, a esté enterré en l'église de Nostre-Dame-la-Petitte, sire Pierre Pidoux, chevalier de l'ordre de Sᵗ-Michel, seigneur de Mallaguet, l'un (et le second) des pairs et eschevins de cette ville, agé de 86 ans, aïant esté deux fois maire, la première fois en l'an 1593 et l'aultre 1615 ; et a esté remply de son eschevinage, sire René de la Coussay, conseiller.

XXV. — Le premier jour de dimanche de juin 1636, a commancé l'orraison des 40 heures, en l'église des Jacobins, ordonnée par Mᵍʳ de Poictiers, à cause des grands orrages, tonnerres et grelles fréquantes, qui ont battu en diverces parroisses et thué hommes et bestail, particullièrement dens le mois de may et mesme en celluy d'avril, qu'il fist des challeurs estranges. Et les dictes orraisons ont continué en plusieurs églises, ordonnées de mond. seigneur, tous les dimanches jusques à l'Assomption Nostre-Dame ; plus ont estées continuées pour le roy.

---

1. Philippe de la Trémoille, marquis de Royan, grand sénéchal de Poitou, arriva à Poitiers dans les derniers jours du mois d'août 1635 pour assembler le ban et arrière-ban de la province et le conduire à l'armée de Lorraine. Le maire, Etienne Maquenon, alla le saluer, et lui envoya comme présent, de la part du corps de ville, douze bouteilles de « bon vin » (Id. n° 86, p. 46).

XXVI. — En cette année 1636, les filles de St-François ont sorty de l'archiaconné de Touars où elles s'estoient establye despuis deux ans et sont allée demourer dens la ruhe des Quatre-Vans, dens une maison qu'elles ont achapté [1].

XXVII. — En cette mesme année 1636, les Cordeliers ont estés réformés soubs le révérend père...., mis gardien pour cet effect, au lieu du R.P. Bauldry, qui l'estoit despuis longtemps [2].

XXVIII. — Le mardy 18e novembre 1636, ont estés eslus aux marchans : en juge, de rechef, sire Pierre Barré, marchant de draps de soye ; premier consul, Estienne Teytault cabaretier ; et consulz, François Bobinet, taneur, et Nicollas Datier, mercier.

XXIX. — Au mois de juillet 1636, l'armée d'Espagne a entré dens la Picardie et a prins d'abord la Capelle, puis Corbies et aultres places, spandant que les armées du roy de France estoient dens la Lorraine et dens la Franche-Compté de Bourgogne davant Dôle, où estoit général M^r le prince de Condé, qui a esté contrainct de lever le siège pour venir contre l'Espagnol en Picardie, où a esté généralissime Monsieur, frère unicque du roy ; y a esté aussy M^r le prince de Soissons. On a prins à Paris tous les lacquais, grand nombre de clercs, ouvriers, et aultres personnes.

---

1. Le nom de *Quatre-Vents* s'appliquait anciennement aux rues actuelles des Feuillants et des Filles-Saint-François. Le couvent des religieuses de Saint-François fut établi dans l'emplacement occupé aujourd'hui par le collège Saint-Joseph (de Chergé, *Guide du voyageur à Poitiers*).

2. Les titres, peu nombreux du reste, qui composent le fonds des Cordeliers aux Archives de la Vienne, ne permettent pas d'établir la succession exacte des gardiens du couvent à cette époque. Ils apprennent seulement que Daniel Bauldry remplissait ces fonctions dès le 21 février 1621, et qu'en 1639 elles étaient exercées par François Hache, docteur de Paris, custode de Poitou (Couvents H, 1.52). Dans l'intervalle, on trouve pourvu de cette dignité Mathieu Le Heurt, docteur en théologie de la faculté de Paris, qui, le 18 novembre 1633, revêt de son approbation un livre que F. Le Boucher, gardien des Cordeliers au Mans, fit imprimer sous ce titre : *Le bouquet sacré, composé des roses du Calvaire et des lys de Bethléem.*

XXX. — Au mois de septembre 1636, a esté surcis la levée des droicts alliénés qui ce taxoit avecq la taille et taillon, mais qui ce montoient à beaucoub plus que la taille et taillon, dont le peuple estoit beaucoub incomodé, mesmes qu'il y avoit certaines gens dens l'Engommois et Guienne, apellés croquans politics, qui commansoient à s'ellever pour empescher la levée desd. droicts, offrant touttes fois payer la taille ordinaire et non plusieurs nouveaux impostz comme de douane et traicte forraine sur touttes les marchandise, quinse livres sur le tonneau de vin, qui est cessé de payer en ce païs despuis la mi-caresme, un sol pour livre sur le débit de touttes sortes de marchandise en tous lieux, parisis des pors et voiture, dont le roy a donné descharge. Or, il a esté mandé aux trésoriers et eslus de n'imposer dens les parroisses que la taille et taillon, et d'en vérifier les roolles, sens que lesd. droicts y soient employés. Nota que despuis 2 ans, il y a heu grand rumeur à Bourdeaux et toutte la Gascogne, pour touttes ces impositions, et a esté tué plusieurs gens qui les voulloient lever, les apelant gabeleurs, maltôtiers, mesmes plusieurs magistrats et aultres soubsonnés de leur donner ayde.

XXXI. — Le 9ᵉ décembre 1636, a esté donné ordre par Mʳ le maire d'aller de jour aux portes de la ville, six personnes de chaique escouade [1].

Et le jeudy 22ᵉ janvier 1637, on a commancé à faire grosse garde de l'escouade entière [2], puis la demye, qui a marché le tambour battant, s'assamblant tous les soirs à la place pour tirer au sort les portes pour y aller coucher

---

1. Il avait été arrêté, le 3 novembre précédent, qu'on réparerait les murailles de la ville autant que le permettrait le peu d'argent qu'il y avait en la bourse commune, mais qu'on ne ferait pas garder les portes jusqu'à ce que le roi en ait autrement ordonné. Le 2 décembre suivant, on décida qu'il serait mis à chaque porte deux intendants assistés de six soldats (Arch. comm. de Poitiers, reg. des délib. n° 87, p. 75, 93).

2. En vertu d'une lettre du roi en date du 16 du même mois (V. App. VIII).

et y demourer le landemain tout le jour [1]. On disoit qu'il y avoit quelque chouse entre le roy et Monsieur, son frère. Il vient nouvelle vandredy dernier, 6ᵉ février 1637, qu'ils estoient d'acort ; néanmoings on continue la garde [2]. En ce mois de février, Pont-Achart a esté fermé.

Led. sʳ Guyon de Vartre, maire, a faict remettre tous les ponts et quantitté de bréches aux murailles qui estoit en for piteux estat.

XXXII. — Le dimanche 8ᵉ mars 1637, Mᵍʳ de Poictiers mena par la main à la prédication à Sᵗ-Pierre, le nommé Cotiby, de l'aage d'environ dix-neuf ans, filz aisné du sʳ Cotiby, ministre de la religion de Carlvin à Poictiers, estimé très habille homme entre les gens de cette secte ; lequel filz receust absolution de l'érésie en publiq, le landemain sur les deux heures après midy, dans l'église des PP. Jésuittes, par le R. P. recteur, où estoient présens Mʳˢ les lieutenans civil et criminel, plusieurs conseillers, tous les gens du roy, Mʳ le maire, plusieurs eschevins et aultre grand nombre de peuple. Il avoit faict ces humanités à Saumeur, sur le poinct de l'envoyer estudier pour le ministère avecq pansion des hugenos ; mais il les a frustrés de leur atante. Dieu luy face la grâce de percévérer et mourir vray enfant de l'église Romaine.

Trois sepmaines après, led. Cottiby a retourné dens son herreur.

XXXIII. — Le mardy 10ᵉ mars 1637, est décédé à Poictiers [François] Chasteigner, baron de Sᵗ-Georges, seigneur de

---

1. La prudence exigeait qu'on éloignât de ces gardes les habitants faisant profession de la religion réformée. Aussi en furent-ils exemptés, comme cela, au surplus, avait été fait précédemment, mais à la charge par eux de payer 250 liv. par quartier (soit 1,000 liv. par an), pour fournir aux corps de garde le bois et la chandelle nécessaires (Arch. com. de Poitiers, reg. des délib. n° 87, p. 116).
2. Les mesures prises par le maire et son conseil furent agréables au roi, qui leur en témoigna toute sa satisfaction par lettres en date du 5 février (V. App IX et X). Quelques jours après, il les autorisait à faire cesser toutes les gardes extraordinaires (id. XI).

Touffou, compte de Cinché et gouverneur de la ville de Poictiers[1]. A esté enterré le jeudy 19ᵉ dud. mois, sans pompe, à cause de la division et ambission de M^{rs} du présidial et de la Maison de ville, à qui auroit la précéance [2]. Mr de Poictiers fist prandre le corps dens l'église de la Celle sur une heure et porter promptement aux Cordeliers dont tout le peuple fust estonné et ceux du présidial bien atrapés.

XXXIV. — Le lundy 27ᵉ avril 1637, Gédéon de Lestang, escuier, s^r de Furigny, capitaine d'une compagnie au régiment de [M. de la Trémoille], a heu la teste tranchée dens la place de Nostre-Dame-la-Grand, par santance provostalle pour ces exès et malversassions comises sur le pauvre peuple. Icelluy avoit tousjours esté de la religion de Calvin, mais ce voyant condempné à la mort, ce convertist à la foy catolicque, apostolicque et Romaine, dont il randist grand tesmognage sur l'eschaffault [3].

XXXV. — Le samedy... may 1637, a esté pandu et bruslé [Jean] Poussart, dict Gargouillault jeune, maistre mareschal à Poictiers, pour des blasphesmes et actions cy estrange, qu'on a estimé estre expédiant d'en jetter

---

1. Il avait été pourvu de cette charge par lettres patentes du 15 janvier 1622, registrées en parlement le 18 février suivant (Notes manuscrites du comte d'Orfeuille).

2. Ce différend fut porté devant le roi et son conseil par René Richeteau, pair et échevin, député à cet effet par le corps de ville. Le roi manda aux maire, pairs, échevins et bourgeois de s'abstenir d'assister au service qui devait être fait quarante jours après le décès de M. de Saint-Georges, se réservant de régler dans la suite le rang qu'ils devaient tenir en pareilles circonstances (Arch. comm. de Poitiers, reg. des délib. n° 87, p. 147, 149, 160. — V. App. XII).

3. Ces faits sont relatés dans une plaquette qui doit être aujourd'hui d'une excessive rareté, et dont, pour cette cause, nous croyons devoir reproduire fidèlement le titre : *Histoire||de la||conversion || à la foy catholique|| apostolique et Romaine, du||sieur de l'Estang Furigny, ca||pitaine d'infanterie||, condamné à avoir la teste tranchée par sen|| tence de Messieurs du présidial de Poictiers||le 27 avril dernier 1637 || avec les discours tenuz entre les pères capucins et || led. sieur de l'Estang, tant en la chambre criminelle que au lieu du supplice ||. A Poictiers|| par René Allain, imprimeur et libraire demeurant près S. Estienne MDCXXXVII.||avec privilège.* (Les Archives de la Vienne en possèdent deux exemplaires malheureusement incomplets.)

le procès au feu afin qu'il n'en soict jamais de mémoire [1].

XXXVI. — Le lundy de Pasques dernier, en avril, j'ay esté nommé fabriqueur en la parroisse de Nostre-Dame-la-Grand. En cette quallitté, à la Pantecoste, j'ay donné un parmant d'autel rouge cramoisy de damas, avec deux dantelles d'or; et ce, pour ce que je ne pus traicter au retour de la Fontaine-de-Compte, ainsy que l'on avoit acoustumé dès longtemps.

XXXVII. — Le dimanche 5ᵉ juillet 1637, Mʳᵉ Nicollas Mathé, presbtre, chanoine massicot, chapelain et maistre de la psalette de Nostre-Dame-la-Grand, entra en pocession de la cure de lad. église, qu'il a gasgnée par santance du conservateur au mois de juin dernier, contre Mʳᵉ Louis Audinet l'aisné, premier chanoine prébandé en lad. église, et qui avoit esté curé despuis le décedz de feu Mʳᵉ Michel Deschans, vivant curé, qui mourust de contagion en la sepmaine dud. Audinet, en aoust 1631.

XXXVIII. — Au mois d'aoust 1637, a esté comis un cruel assassin, en la personne d'un nommé Mirebeau, hoste, demeurant hors la porte de Pont-Achard, en un logis neuf faict bastir par Mᵉ Pierre Lefebvre, advocat, comme aussy la femme et la servante dud. Mirebeau, par un nommé... Daniau, mousnier, lequel fust la nuict demander du vin aud. logis. Après quelque refus, l'hoste luy ouvre la porte et alla dens la cave hors du logis pour tirer du vin, où led. Daniau le suivist et luy coupa la gorge au pied de la pippe, et s'envient à la femme à laquelle il donna plus de 40 coups de cousteaux qui la fist mourir deux ou trois jours après, et en donna aussy avecq plusieurs coups de piedz à la servante, qui en

---

1. Jean Poussart avait été condamné, par sentence des maire et échevins, à faire l'amende honorable devant l'église Notre-Dame-la-Grande, puis à être pendu et étranglé au Marché-Vieil, son cadavre devant ensuite être brûlé. Cette sentence fut confirmée par arrêt du parlement de Paris, qui ajouta que la minute et la grosse du procès seraient brûlés avec le corps du supplicié, ainsi que quelques « amandes » (Arch. comm. de Poitiers, reg. des délib. n° 87, p. 185).

a esté bien malade. Led. Daniau n'a encore pu estre prins.

XXXIX. — Le 30ᵉ aoust 1637, les desputés de cette ville [1] ont party pour aller faire la révérance à madame de Comballet à présent nommée la duchesse d'Eguillon, niepce de l'éminantissime cardinal duc de Richelieu, et laquelle estoit aud. lieu de Richelieu, superbement basty par son Eminance.

XL. — J'ay obmis que, le vandredy 21ᵉ aoust, Mʳᵉ [Urbain] Gillier, chevallier, seigneur de Marmande et de Pigareau, a monté au siège présidial en qualitté de gouverneur de cette ville [2] et à l'issue de là, a traitté messieurs tenant led. siège et grand nombre de noblesse.

XLI. — Au mois d'aoust dicte année, nous avons questé par nostre parroisse, et de ce que avons amassé nous avons faict faire un pavillon, pour le tabernacle, de damas blanc estoffé de frange et dantelle d'or, plus un pavillon et parment de camelot vert et aultres petites commodittés, et Mʳ Mathé, curé, a donné pour sa contribution une chasuble de camelot blanc.

XLII. — Le lundy 19ᵉ octobre 1637, on a chanté le *Te Deum laudamus* à Sᵗ-Pierre-le-Grand [3] pour la deffan-

---

1. Sires René Buignon et Jacques de Gennes, pairs et échevins, et Mᵉˢ Pierre Barraud et Charles Vidard, bourgeois (Arch. comm. de Poitiers, reg. des délib. n° 88, p. 30).
2. Urbain Gillier de Puygarreau avait succédé dans cette charge à M. Chasteigner de Saint-Georges. Ses lettres de provisions sont du 16 avril 1637 et furent registrées en parlement le 22 mai de la même année (Notes manuscr. de M. le comte d'Orfeuille). Le roi informa aussitôt le maire et son conseil de cette nomination, les invitant à recevoir M. le gouverneur avec les honneurs à lui dus (V. App. XIII); et lorsqu'au mois de juin suivant celui-ci arriva à Poitiers, M. le maire alla le saluer et lui fit présenter, au nom de la ville, du vin et des flambeaux de cire blanche (Reg. des délib. n° 87, p. 200). Les maire et échevins paraissent avoir méconnu, quelque temps après, les prérogatives du gouverneur, car le roi leur enjoignait, le 15 décembre 1637, de demander l'approbation de ce dernier, pour toutes choses relevant de son autorité, lorsqu'il serait dans la ville ou dans le voisinage (V. App. XIV).
3. M. le maire se rendit à cette cérémonie accompagné de plusieurs échevins et bourgeois, et alla occuper, dans le chœur de l'église, la seconde place à gauche en entrant, à l'exemple de ses

— 82 —

ces de Locates, ville de Laudoc [1], assiégée par l'Espagnol cy estroictement que dens peu ils l'eusse prinse, sans le secours de M^r le duc d'Allun [2] qui donna sus les assiégens et les mist en telle estat qu'ils levèrent le siège, fors quelques 4 mil qui furent tués et noiés sur ce mesme lieu. On en fist aussy les feus de joye à Poictiers, dens le vieux marché, le dimanche suivant 25e dud. mois, où touttes les compagnies de la ville assistèrent en armes, et fût tiré touttes les pièces d'artillerie de l'arsenac. Le feu fust mis et alumé par Anthoine de Montjon, escuier, maire.

XLIII. — Lad. année 1637 a esté extrèmement advansée pour touttes sortes de fruicts génerallement, et particullièrement les mestives ont estés faictes pour avoir coupé tout bled à la Magdelaine. On a veu des raisins meurs au mois de juin. On a faict vandange communément dans le mois d'aoust à la S^t- Augustin. Et dès ce jour on vandoit du vin nouveau ches Mr Richard, conseiller, faict dès le 18e dudict mois.

XLIV. — Icelle année c'est portée extrèmement seiche et chaude, car despuis le mois de février jusques à la fin de juillet, on n'a pas veu tomber d'eau pour rabatre la poussière; et ensuitte dens le mois d'aoust, il en est plu quelques fois jusques à tranper assés la terre, mais en peu de temps desséchée par la grand ardeur qu'elle avoit dans son sein, ce qu'on estime avoir esté la cause de plusieurs maladies qui ont couru.

XLV. — Sur la fin de janvier 1638, a comancé à pleuvoir et continué cy bien que, la nuict du mercredy trois venant au jeudy 4 février, les eaux ont esté plus grande qu'on ne les avoit dès longtemps veue, car elles mon-

---

prédécesseurs, ce qui fut consigné sur les registres de l'Hôtel-de-Ville (n° 88, p. 55).

1. Leucate, en Languedoc.
2. Le duc d'Halwin, qui fut alors créé maréchal sous le nom de Schomberg.

toient en cette ville, à St-Ciprien, jusques aux Verdz-Gallans, et, à Pont-Joubert, jusques à la ruhe des Herbeaux; passoient sur les gardes du pont St-Ciprien ; et despuis une desd. portes jusques à l'aultre, touttes les caves au dessoubz des abbayes de la Trinitté et Ste-Croix ce trouvèrent plaines d'eau, comme aussy les jardins, plusieurs desquels ont estés ouvers par la chutte des murrailles dès le pied, aussy bien qu'à plusieurs aultres hors la ville ; a rompeu les pons ; dépauvé les rues et tiré la terre profondément ; jetté par terre le corps de garde du dedans à Pont-Jouber, et deux moullins à foullon aux Quatre-Rouhes, ras pied ; faict plusieurs grandes brèches aux murailles de la ville ; ranversé un gros apuy du pont de Rochereuil, basty en la mairie de la Roche-Graton [1] ; rompu, au travers, la chaussée au droict de la chalaistre [2], tout proche la première porte de St-Lazare, avecq une grande ouverture à l'entrée du chemin qui va au chasteau, plus proffond de 20 piedz et 18 piedz en quarré, et aultres nottables dommages tant sur lad. chaussée que plusieurs jardins où n'a demouré aulcune terre, ains a arraché les arbres et laissé la sole plaine de pierre.

XLVI. — Au mois de novembre dernier (le 17) 1637, ont estés eslus aux marchans : en juge, sire Pierre de Sausay, marchand de sois ; premier consul, sire Hiérosme Garnier, marchand et facteur des messagers ; consulz, sire Jean Babinet, marchand de draps, et Louis Cornouaille, marchand de mercerie.

XLVII. — Un samedy, environ la my-mars, est déceddé messire [Urbain] Gillier, chevallier, seigneur de Marmande et Pigarreau, subittement d'apoplexie, et fust enterré de nuict dans la chapelle des Gilliers, où estoit naguère la sacristie

---

1 Jean Goguet, s^r de la Roche-Graton, trésorier de France, maire en 1604.

2. Chalaistre, nom qu'on donnait aux grandes bondes de l'étang de Montierneuf, près la porte Saint-Lazare.

dès Cordelliers ; et n'a esté icelluy Gillier gouverneur de Poictiers qu'un an.

XLVIII. — Despuis le huictiesme avril 1638, jusques au 14ᵉ dud. mois et an, sont décedés de peste, à ce que l'on croict, deux clersjons de la psalette de Nostre-Dame et le serviteur du sagristain, ce qui a faict abandonner la psalette à Mʳ Merle, qui avoit entré en maistrise de la Nostre-Dame de mars dernière ; et 8 jours avant, estoit encore décedé promptement un aultre clerjon ; et en ce mesme temps est décedé aultres personnes, qu'on a soubsonné dud. mal, entr'aultre un enfant de cœur de Sᵗ-Hillaire.

XLIX. — Le 15ᵉ avril 1638, après grand froid de quatre ou cinq jours, a tumbé de la neige ; et au mois de febvrier auparavant, les eaux furent cy grandes qu'elles entrèrent partout derrière les murailles et en abatirent beaucoup, gastèrent le pont de Rochereuil, et firent une grande fosse au costé de la porte de Sᵗ-Ladre, du costé du chasteau, dont on fust fort estonné.

L. — Au mois de mars 1638, j'ay esté nommé par Mʳˢ de la Maison de ville, pour faire l'œconnomie de l'aumosnerie de cette ville, ce que j'ay faict jusques au mesme mois 1639 ; et estoit recepveur Mʳ Calcault, chanoine de Sᵗᵉ-Radegonde.

LI. — Au mesme mois d'apvril 1638, a esté demandé sur la ville de Poictiers, par ung nommé Biou, en vertu d'une commission du roy, un droict de subsistance des armées de Sa Magesté [1], dont Mʳˢ de la Maison de ville prétandent

---

1. Cette taxe avait été primitivement fixée à 45,000 liv. ; mais une députation du corps de ville, conduite par René Thoreau, pair et échevin, se rendit, le 27 mars 1638, auprès du sieur Biou, qui se trouvait alors au Palais, près Croutelle, chez M. Mourault de la Vacherie, et obtint modération de la taxe à 20,000 liv., plus 6,000 liv. de pot-de-vin. Quelque temps après, le sieur Biou ayant été poursuivi pour ses concussions et emprisonné, M. de Villemontée, intendant de la province, lui fit déduire les 6,000 liv. de pot-de-vin qu'il avait reçues des 20,000 restant dues, ce qui abaissa à 14,000 liv. la dette de la ville (V. App. XV). Cette somme, empruntée de Pierre Legier et de

avoir faict composition avecq led. Biou à 20,000 liv. et 6,000 liv. de pot de vin ; lesquels 26,000 liv. lesd. s^{rs} de la Maison de ville ont voullu regaller sur les habitans, lesquels ont tousjours refusé de ce faire, tant que l'on a découvert que l'accort estoit faict à 14 mil liv., lesquels ont estés empruntés par lad. Maison de ville, des s^{rs} Leger conseiller et Chantonneau Tevin, ausquels on a donné pour l'intérest une place de bourgeois chascun ; et pour payer le principal est arresté que les maires qui entreront cy-après donneront 3,000 liv., au lieu du festin de la mairie, ce qui a esté exécuté par Me Estienne Le Maye, conseiller au siège présidial et assesseur au provost, s^r de Moiseaux, faict maire le 14e juillet dud. an 1638.

LII. — Le dimanche 15e jour d'aoust, assumption de la Vierge, suivant l'ordonnance de Sa Magesté, du mois de février dernier, on a faict la procession autour de l'église St-Pierre, et chanté l'antienne *Sub tuum presidium*, le verset et oraison pour ce ordonné, davant l'autel de Nostre-Dame, soubz le jubé, à main gauche en entrant au cœur, dédié et paré à cet effect, ce que le roy a voué à la Vierge estre faict par chascun an, dict jour, par touttes les église de France, mettant sa personne, son peuble et son royaulme en la protection de la Vierge.

LIII. — Touchant l'enprunt [1], on avoit amassé par les parroisses ce que chascun vollontairement a voullu donner, environ le mois d'avril 1640, et ne s'est trouvé en tout Poictiers de receu que xiii^c liv.

Comme aussy, on avoit commancé le premier janvier à nommer deux habitans, en chascune parroisse, pour aller

---

Pierre Thevin, sieur de Chastonneau, fut versée entre les main de Pierre Le Clerc, conseiller du roi, commis par Sa Majesté à l'exercice des charges des trésoriers généraux de l'extraordinaire des guerres et cavalerie légère, qui en donna quittance le 4 mai 1638 (Arch. com. de Poitiers, reg. des délib. n° 88).

1. Il s'agissait d'un emprunt de 200,000 liv. auquel la ville avait été taxée en 1637.

visiter les caves de ceux vandant vin, pour faire payer sçavoir : aux hostelliers cabaretiers vandant par assiettes, les droictz de 8ᵉ et 10ᵉ exactement, et aux aultres habitans vandant sens assiette, le droict de 10ᵉ aussy exactement ; mais enfin on cy est lassé, joinct qu'on c'est veu acablé de plusieurs demandes faictes par le roy sur cette ville, tant des subsistances des années passées, emprunct que aysés, que l'on a esté contrainct d'y mettre un aultre ordre, ainsy qu'il cera dict ailleurs.

LIV. — La contagion ayant continué despuis caresme prenant, Mrs de la Maison de ville ont faict mener les mallades dens les tours du pré l'Abbesse, tant qu'ils ont peu [1], pour esvitter au scandalle que causeroit l'ouverture de l'ospital; mais, voyant l'ogmantation d'icelluy mal, ils ont esté contraincts de l'ouvrir le 25ᵉ jour de aoust 1638 [2]; et n'ont mis aultre chirurgien que Vincent, gardien d'icelluy. Comme aussy un P. et F. Augustins sont entrés pour admonnester et administrer les sacremens aux malladdes.

On a taxé les habitans pour contribuer aux nécessittés dud. hospital. Mr de Longueil et moy avons estés nommés pour amasser les taxes du premier mois d'aoust, en la parroisse de Nostre-Dame-la-Grand.

Et pour l'œconnomie dud. hospital, Mrs de la Maison de ville avoient nommé deux marchans, sçavoir : Mrs Barré et de Sauzay, ce que la compagnie n'a voullu tenir ; ains en estant requis par M^r le maire, ont faict leur assamblée dens laquelle ont estés nommés, pour ledict mois d'aoust,

---

1. L'abbesse de Sainte-Croix se plaignit, à diverses reprises, de ce que les malades quittaient les tours et les casemates où ils étaient enfermés pour se promener aux environs et se rendaient jusque dans ses moulins de Bajon (Arch. com. de Poitiers, reg. des délib. n° 88).

2. Le 30 du même mois, on fit un règlement remettant en vigueur les mesures sanitaires prises quelques années auparavant (Id. n° 89, p. 47).

Mrs de la Pierre et Herbault ; pour le mois d'octobre, Mrs Lelet et Roset ; novembre, Mrs Dassier et Duplex.

LV. — Au mois de septembre 1638, on a commancé à rabiller le pont de Rochereuil, par le soing de Me Estienne Le Maye, escuier, sr de Moiseaux, maire.

LVI. — Le dimanche 5e septembre 1638, sur les 3 à 4 heures du matin, la reyne de France, Anne d'Autriche, commença à santir les vrais signes du travail d'enfant. A 4 heures, l'évesque de Lisieux dist la messe en la chambre, et comme l'évesque de Meaux, nommé Seguier, la voullust dire, les doulleurs s'ogmantant, on fust quérir le roy, lequel l'a vient voir et fust jusques à dix ou unze heures dens la chambre, que la reine le pria d'aller disner. Il ne fust pas un bon quar d'heure qu'on luy fust dire que la royne accouchoit. De faict il y court, et, dès l'entrée, la marquise de Seneçeay lui dist que la reyne estoit accouchée d'un dauphin, lequel fust ondoyé du sainct babtesme en la mesme chambre par led. sr Seguier, évesque de Meaux, en présence de Leurs Magestés, de Monsieur, frère unicque du roy, du chancellier de France, madame la princesse de Condé, comptesse de Soissons, duchesse de Vandosme, connestable de Monmorancy, duchesse de Bouillon Lamark, les dames de Seneccy, la Flotte, et dame Péronne, sage-femme, et la damoiselle de la Giraudière, nourice du dauphin. Ensuitte duquel accouchement, ce sont faicts les feux de joye à Paris et aultres villes de France.

Le dimanche 12e suivant, à dix heures du matin, issue de grande messe, on a chanté le *Te Deum*, dens l'église St-Pierre de Poictiers, où ont assisté tous les corps éclésiastiques et religieux, fors St-Hillaire ; ensemble, ont assisté Mrs du présidial, du corps de ville et des marchans ; et les feus de joye fais à l'après dinée dud. jour, dens le Marché-Viel, où les six compagnies de la ville ont assisté en armes, qui ont tiré un nombre infiny de mousquetades. Les 3 gros canons, la grosse coulvrine et huict petites ont tiré chascun deux fois avecq grand bruit, et au soir tous les habitans ont faict des feus par les ruhes avecq grande liesse [1].

LVII. — Le mardy 16e novembre 1638, on a faict élection aux marchans, sçavoir : en juge, sire Pierre Thomas, marchand chapelier ; premier consul, sire Michel de Morthommer, marchand fermier ; sire Jean Robin, aussy fermier et marchand de bois, et sire Jean Duplex, marchand orphèvre.

LVIII. — Au mois de mars 1638 [2], sire Estienne Le Maye, conseiller, maire, estant allé à Paris, pour afaires particullières et y ayant demouré environ 3 mois, la charge de mayre a estée exercée par sire René Brochard, conseiller, comme plus antien eschevin. Il fust maire dès l'an 1589.

LIX. — En cette année 1639, la St-Marc ayant arrivé le lundy de Pasque, l'abstinance a esté auttée par Mgr le révérandissime évesque de Poictiers. Et la Feste-Dieu ayant arrivé la vigile de la St-Jean-Babtiste, le jeusne en fust observé le mercredy d'avant.

LX. — En cette mesme année 1639, arriva à Poictiers ung grand bruict pour l'establissement du droict de cent sols par pippe de vin [3], que les gens de la Maison de ville avoient consanty estre levé dens la ville pour payer l'emprunct demandé par le roy, ayant remontré au conseil que les habitans ne pouvoient payer ne soufrir estre taxés, ains qu'ils avoient charges desd. habitans de demander led. establissement pourveu que le roy modérast le taxe de l'emprunt à 50,000 livres.

---

1. Les lettres qui annonçaient la naissance du dauphin ne parvinrent au maire que quelques jours après ; mais celui-ci ne les avait point attendues pour célébrer cet heureux événement, « l'ayant appris par le rapport de personnes dignes de foy et veu plusieurs lettres escriptes de Parys par gens d'honneur et de qualitté » (Arch. com. de Poitiers, reg. des délib. n° 89, p. 55. — V. App. XVI).
2. Il faut lire : 1639.
3. En vertu d'un arrêt du conseil d'État du 28 avril 1639.

— 89 —

Lequel establissement a esté empesché par la rumeur de quelques gens ramassés de la ville, dont les chefz s'appelloient Bretet, maistre forbisseur, François Le Cœur, dict Brusquanbille, maistre serrurier ; ..... Laurenceau, hoste de S‍t Jean sur la Chaussée, qui c'est nommé capitaine Jean Farine, et ung conroyeur de cuirs, capitaine Va-Nue-Jambe, et aultres plusieurs hommes et femmes de la Chaussée et S‍t-Sulpicien, lesquels commencèrent à ce promener par la ville en armes, dès le commancement du mois d'aoust, disant plusieurs injures et insollances contre le maire et aultres qu'ils soubsonnoient estre partisans.

Cette rumeur a esté cause qu'on [n'] a osé establir led. droict de cent sols par pippe ; mais, changeant de dessin à la Maison de ville, ils ont advisé qu'il falloit prendre par emprunct ce qu'on pourroit sur tous les habitans et que pour les rembourcer et parachever de payer l'emprunct et subsistance abonnés à 74,000 liv.[1] on levroit exactement les droictz de 8 et 10ᵉ sur le vin vendu en détail, à commancer le premier jour de l'an 1640.

LXI. — Le mardy 6ᵉ septembre 1639, est déceddée Marie de Marnef, vefve de deux maris, sçavoir : Gervais et Bourdeaux, orphèvres, de la religion, et elle aussy. On dict qu'elle avoit cent ans.

LXII. — Le mardy 15ᵉ jour de novembre 1639, ont estés eslus aux marchans : en‍t juge, sire Jacques Lau-

---

1. L'emprunt de 200,000 liv., imposé à la ville en 1637, avait été réduit par arrêt du conseil d'Etat du 27 novembre 1638, à 50,000 liv., auxquelles il fallut ajouter 24,000 liv., pour la subsistance des armées, pendant le quartier d'hiver de l'année courante (Arch. com. de Poitiers, I. cart. 24). Le corps de ville se heurtait à des difficultés de toute nature pour se procurer l'argent qui lui était nécessaire. Aussi en était-il aux expédients et s'ingéniait-il pour trouver les moyens de se créer des ressources. On peut citer, entre autres, la demande qu'il fit d'être autorisé à la création de nouvelles charges d'échevins ou à la fabrication de douzains et autres menues monnaies, jusqu'à concurrence de la somme due par lui, demande que l'intendant ne crut pas devoir transmettre au Conseil du roi (V. App. XVII).

renceau, marchand taneur; premier consul, sire Charles Babinet, marchand meslé; consulz, Adrien Chenier, fermier, et Estienne Rondault, mercier et droguiste.

LXIII. — La nuict d'avant le premier jour de l'an 1640, les dessusd. Brusquanbille, etc. [1], avecq grand nombre de céditieux, firent patrouille par toutte la ville, avecq armes, cassant les enseigne et deffandant aux hoste de vandre vin, afin que les droictz de huict et dixiesme ne feussent levés exactement, dont du tout a esté informé, et mesme le 2e jour en fust prins quelques uns par messieurs du présidial qui dessandirent en corps sur la Chaussée, en robe longue, pour apaiser lad. sédition, comme de faict elle fust apaisée et partie en fuictte; et ceux qui furent prins ont estés punis d'amande honnorable pour ce qu'ils n'avoient faict aultre chouse que dire quelques parolles insolantes en présence de la justice; après quoy, on a levé en chaque paroisse, par deux habitans en chascune, lesd. droictz, sçavoir : sur les hostes et aultres assians en vendant leur vin, le 8e et 10e, et sur les aultres habitans, qui ne faisoient que vandre leur vin en seimple détail, le dixiesme seullement. Et spandant on a levé sur les habitans, par forme d'emprunt, la somme de quinze mille livres qui furent donnés entre les mains de sire André Armand, marchand, par les députés des parroisses, et despuis baillés et déllivrés par led. Armand aux recepveurs généraux. Partant, reste encore 59,000 liv. [2].

---

1. On retrouve, au mois de décembre 1643, les sieurs Bretet et Brusquambille, excitant les bouchers à la sédition. Le conseil de ville décida alors qu'on se mettrait à leur recherche pour leur appliquer les jugements et décrets rendus contre eux précédemment (Arch. comm. de Poitiers, reg. des délib. n° 95, p. 86).
2. Le corps de ville, dans la nécessité où il se trouvait de se procurer au plus tôt l'argent dont il avait besoin, tenta, à plusieurs reprises, mais toujours sans succès, d'affermer les droits de huitième et de dixième sur les vins vendus en détail. Il résolut, en ce cas, d'établir un impôt sur les denrées et marchandises entrant en ville, impôt qui, ainsi qu'on le verra dans la suite, commença à être perçu le premier octobre 1640 (Id., n° 90).

Dans nostre parroisse de Nostre-Dame-la-Grande, nous avons amassé 435 livres ,... s.... d. Je fus l'ung des députés avecq M⁰ Louis Douadic, procureur, sires Pierre Barré, et François Herbault, marchans.

LXIV. — Le 10ᵉ jour d'avril 1640, mardy de Pasques, sur les deux heures du matin, est déceddée madame Charlotte Flandrine de Nassau, princesse d'Orange, très digne et très pieuse abbesse du monastère royal de Saincte-Croix de cette ville de Poictiers [1], après avoir receu l'extrême onxion et le sainct viatique par Mʳᵉ Jan Roux, presbtre, curé de Sᵗᵉ-Oustril, au dedans lad. abaye, et ensuitte receu la bénédiction, elle le requérant, de son évesque, Mᵍʳ Henry Louis Chataigner de la Rocheposay, évesque de Poictiers, lequel en fist l'office aux funérailles, le vendredy suivant 13ᵉ jour, sur les 9 heures du matin; et pour ce faire, fust droissé un autel au dedans du cœur, contre la grille, afin de faire les cérémonies et ensansemens autour du corps, qui estoit ellevé sur ung chevallet, la face descouverte, aussy beau led. jour de vandredy, comme quand elle trépassa. L'oraison funèbre [2] fust dicte à l'issue de la messe, par le R. P. Sollier, de la Compagnie de Jésus, et la musique faicte et chantée pendant l'office par le maistre de la psalette de Sᵗ-Pierre-le-Grand, et assistant les relligieux Carmes de cette ville, cellon leur coustume d'enterrer les religieuses de lad. abbaye.

Après la messe, l'oraison et les cérémonies funèbres, le corps fust enlevé du cœur et porté au cœur de la chapelle Nostre-Dame, près du Pas-Dieu, où il fust mis dens

---

1. La vie de cette abbesse a été écrite, en 1653, par Claude Allard, chantre et chanoine de l'église collégiale de Saint-Tugal de Laval (on trouve cet ouvrage à la bibliothèque de Poitiers) ; et un recueil de lettres adressées par elle à Charlotte Brabantine de Nassau, duchesse de la Trémoille, sa sœur, a été publié par M. Marchegay dans le tome I des *Archives historiques du Poitou*.

2. La bibliothèque de Poitiers en possède un exemplaire.

ung cerqueuil de plom, atandant qu'on heust fouy ung cauveau soubz [1].

Nota, que despuis led. jour de mardy jusques aud. jour de vendredy, tous les religieux de la ville et aulcuns collèges des chapittres y furent chanter et plusieurs dire la messe ; et le mesme jour de vendredy, après matines, qui pour cet effect furent dictes à cinq heures du matin, en l'église de Nostre-Dame-la-Grande, messieurs les R. abbé, chanoines et vicaires de lad. église, furent dire une messe haulte de *Requiem*, solemnellement officiant vénérable messire Jean Eschinard, abbé, assisté pour diacres et soubz-diacre de deux chanoines et deux vicquaires, avecq chantre, soubz-chantre et assistant chapés.

LXV. — Le vendredy 27º avril 1640, arriva à Poictiers Mᵐᵉ Catherine de la Trémoïlle, cy-davant coadjustrisse [2], à présent abbesse de Sᵗᵉ-Croix [3], laquelle avoit sorty de lad. abbaye quelque temps avant la maladie de feue madame, pour aller visiter le prieuré que ladicte deffuncte avoit establi, à la prière de lad. de la Trémoille, au bourg des Sables. En retournant, elle passa à Saumeur acomplir ces dévotions et vient en cette ville, droict à Nostre-Dame-la-Grande faire ces prières, où il y heust bonne musique avecq l'orgue, et les cloches sonnées en cabot [4]. De là, elle fust à l'évesché salluer monseigneur

---

1. Douze ans après la mort de Flandrine de Nassau, Diane d'Albret, alors abbesse de Sainte-Croix, lui fit élever un tombeau en marbre et fit composer son épitaphe, qui nous a été conservée par dom Fonteneau (V. App. XVIII).
2. Sur la demande de Flandrine de Nassau, demande qui fut agréée par le roi le 16 janvier 1622 (Arch. de la Vienne, abb. de Ste-Croix, l. 3.)
3. Ce fut seulement le 14 septembre 1649 que Léonor d'Etampes de Valençay, archevêque de Reims, officiant pontificalement en l'abbaye de Bourgueil, la bénit et consacra (Id. 1. 4).
4. M. l'abbé Lalanne (*Glossaire du patois Poitevin*, t. XXXII des *Mém. de la Soc. des Ant. de l'Ouest*) cite le terme de « faire cabotter les cloches », sans en indiquer la signification. On se sert aujourd'hui, dans la paroisse de Sainte-Radegonde, du mot « cabocher », altération évidente du précédent, pour dire : frapper les cloches avec n maillet ou un marteau.

l'évesque et prandre sa bénédiction, et ce retira dans son couvent où elle fust receue de ces religieuses avecq la croix qu'elle baisa à l'entrée, et conduitte, avecq la croix et chandeliers et eau béniste, au cœur, dens sa place abatialle, là où elle tesmogna ung grand regret de la mort de feue madame, ce disant indigne de prendre sa place [1].

LXVI. — Le 9ᵉ may 1640, sur les unze heures du matin, est deceddée dame Anne Coustière, femme de Mᵉ Louis Douadic, procureur au présidial de Poictiers ; et auparavant elle estoit vefve de feu Mᵉ Jean Bourbeau, nottaire royal, auprès duquel elle fust enterrée on cimetière de l'église Nostre-Dame-la-Grande, par messire Nicollas Mathé, curé d'icelle, le landemain jeudy 10ᵉ may 1640.

LXVII. — Au commancemant du mois de juin 1640, la ville d'Arras, capitalle de la compté d'Artois, a esté investie et assiégée par le commandement du très crétien roy Louis Treisiesme, comme luy apartenant de son dommaine, mais icelle engagée au roy d'Espagne par François Iᵉʳ, pour la somme de trois cens mille escus, que ces successeurs roys ont toujours offert de payer et tousjours refusé par l'Espagne, jusques en ce temps, que nostre roy pour rantrer dens son bien a commandé à trois généraux de ces armées de faire ledict siège, sçavoir : messieurs les maréchaux de Chatillon, de Chaune et de la Meilleraye, lesquels vaillantz et prudens firent finte d'assiéger Bapaume, ville dud. compté, et au lieu de ce faire, ce campèrent davant Arras, avant qu'on s'en fust doubté. Après quoy, le cardinal l'inphant d'Espagne, avecq 36,000 hommes, a faict tous ces effortz pour faire lever le siège et enpescher les convoys des vivres et voyant de n'en pouvoir enpescher ung général, à

---

1. Le 1ᵉʳ mai 1640, elle adressa une lettre circulaire à tous les couvents de l'Ordre de St-Benoit, pour leur annoncer la mort de madame de Nassau. Cette lettre, qui renferme l'éloge funèbre de l'abbesse. a été publiée par M. de la Ménardière dans le tome IV des *Archives historiques du Poitou*, d'après un exemplaire probablement unique, conservé au monastère de Sainte-Croix.

cause de la grande force du roy de France, conduitte par le s^r du Hallier et rancontrée du s^r de la Mailleraye susd., qui vient au devant des dictz vivres, led. cardinal-l'inphant voullust de tout son pouvoir forcer nos lignes, et mesme prinst quelques fortz et s'advansa ; mais il fust victorieusement repousé hors et tellement qu'il fust obligé de ce retirer de quatre lieue.

Après quoy, les habitans d'Arras ne ce voullant perdre, après grande contestation avecq ceux de la garnison Espagnolle, ce sont randus au roy, avecq composition, le 9 ou 10e aoust 1640, tellement qu'ils n'ont peu tenir qu'environ deux mois, encore qu'ils heussent mis en lettre d'or sur la porte de Miollant ce proverbe :

> Quand les François prandront Arras
> Les souris mangeront les chas.

Les nouvelles en viendrent certaines à Poictiers le mercredy à midy, jour de l'Assomption de Nostre-Dame, 15e aoust, par la coppie de la lettre du roy escripte au provost des marchans de Paris, d'Amiens le 10e aoust 1640, les exortant à ce trouver dens l'église de Paris pour assister à chanter le *Te Deum* et randre grâce à Dieu, de ce que par sa bonté, cette ville a esté cytost réduicte.

La composition a esté telle que le roy mainctient tous les habitans en tous leurs biens, privillèges et immunittés, les prenant en sa protection comme ses véritables subjectz, à la charge qu'ils fourniront de deniers pour la construction d'une citadelle, telle qu'il plaira au roy de faire bastir pour la conservation de lad. ville et païs d'Artois, et que la garnison Espagnolle sortiroit bague saulve, ce qui fust faict au nombre de 6,000 hommes, lesquels furent conduictz avecq les trompettes jusques dens le gros de l'armée de l'inphant.

Le *Te Deum* a esté chanté à St-Pierre le samedy 25 aoust, jour de St-Louis, issue de grande messe, où estoit présent M^r l'évesque, le corps du présidial, où présidoit M^r Le

Gras, intandant dens ces pays, et le corps des consulz.

Les feus de joye faictz le landemain 26°, où ont assisté touttes les compagnies de la ville, en armes, avecq les gros canons [1].

LXVIII. — Le vandredy 21° jour de septembre 1640, jour de St-Mathieu, sur les....., la reine acoucha d'un filz à St-Germain-en-Laye, lequel debvoit estre intitullé duc d'Orléans, comme second filz de France, mais à cause que son oncle, frère unique du roy, en est pourveu, on luy a donné le tiltre de duc d'Anjou.

On dict qu'ayant esté babtisé, on luy a donné le nom de Phellippe.

LXIX. — Le dernier septembre 1640, à Poictiers, sont venues les nouvelles de la prinse de Thurin, prinsipalle ville de Piedmont, laquelle s'estoit rebellée contre Cristine de France et ses enfans, enfans du feu duc [Victor Amédée Ier] de Savoye, et ce, par l'enbission du prince Thomas, frère dud. feu, lequel a esté cy pressé par ung siège où commandoict le compte d'Arcourt-d'Elbeuf, que led. prince Thomas fust contrainct de ce randre à la discréssion dud. compte.

LXX. — Le lundy premier octobre 1640, on a commancé à mettre 4 intandans à chascune des portes de St-Lazare, la Tranchée, St-Ciprien et Pont-Ajoubert [2], pour recepvoir et faire payer les droictz et inpôtz qui ont estés mis sur les denrées et marchandises qui entreront en cette ville [3], jusques à ce que l'on aye amassé la somme de

---

1. Le roi avait écrit, le 10 août 1640, à M. de Parabère, gouverneur du Poitou, pour lui annoncer la prise d'Arras et lui demander d'ordonner, à cette occasion, des prières et réjouissances publiques (Arch. com. de Poitiers, cart. 8, C. 103).

2. D'après l'ordre réglant ce service, arrêté par le Mois et Cent le 26 septembre précédent (Arch. com. de Poitiers, reg. des délib. n° 91, p. 59).

3. Le tarif de ces droits avait été établi par le Mois et Cent le 19 juin 1640 et approuvé par arrêt du conseil d'Etat rendu le 7 juillet suivant (Id. n° 90, p. 221, et n° 91, p. 51). Ils furent supprimés en 1648, ainsi qu'on le verra plus loin.

185,000 liv. à laquelle l'on a composé pour les enpruntz, subsistance et taxes d'aisés, que le roy demandoict à lad. ville et ensemble pour la suppression d'un siège présidial qu'il avoit créé à Fontenay-le-Compte [1].

J'ay entré en sepmaine le 10ᵉ mars 1641 avecq Mᵉ Isaac Barbarin, sʳ du Bos, conseiller, Joseph Godard, advocat, et Cailler, procureur.

Et j'ay faict la visite des caves pour marquer le vin et recepvoir 3 liv. pour pippe des hosteliers cabaretiers et 20 s. des aultres vandant sans assiettes, au mois de febvrier dernier, ès paroisses de Sᵗ-Germain et Montierneuf, avecq Mʳ Bourceau, marchand, de Hargue, marchand, Chiton de Blansac, calvinistes, et Jolly, sergent.

J'ay faict la recepte des portes pour le mois de décembre 1642.

LXXI. — Le 4ᵉ décembre 1640, jour de mardy, furent eslus aux marchans : pour juge, sire Hiérosme Garnier, facteur des messagers de Paris ; premier consul, sire Amable Blanc, marchant de draps de soys ; pour consulz, Gille Hélie et Anthoine Pineau, taneur.

Ladicte ellection qui ce faisoit environ la Sᵗ-Martin, fust différée jusques aud. jour par Jacques Lorenceau, juge, à cause de la brigue qui estoit entre led. Blanc et ung aultre, ce qui a causé, par la division, que led. Hellie a entré en lad. charge, lequel en estoit indigne pour ung villain crime, lequel il a cy-davant commis et sy salle que je ne l'ose nommer.

---

1. L'arrêt de suppression est du 23 août 1640 et fut confirmé par lettres patentes données à Amiens, quelques jours après (Arch. com. de Poitiers, C. 104). Cet arrêt a été imprimé dans l'*Histoire du Poitou* de Thibaudeau, anc. édit., t. IV, pièces justificatives, nº XI.

M. l'intendant de Villemontée s'était employé utilement tant pour faire obtenir à la ville modération des taxes auxquelles elle avait été imposée, que pour lui faciliter les moyens de se procurer des ressources ; aussi le cardinal de Richelieu lui témoigna-t-il toute sa satisfaction pour la prudence et l'adresse dont il avait fait preuve à cet égard, et pour avoir su, de cette façon, ramener le calme dans les esprits (V. App. XIX).

LXXII. — Le samedy 22ᵉ décembre 1640, a esté pendu et estranglé au Marché-Viel, un certain garson, cy-davant vaslet d'escurie aux 3 Pilliers, pour avoir abusé d'une petitte fille de 4 à 5 ans, à ce condempné par arrest du parlement de Paris, confirmatif de la santance du maire, fors que, par icelle santance, il debvoit faire amànde honorable et après estre mort, son corps estre brulé et les cendres gettées au vent, ce qui auroit esté modiffié. Mʳ le maire, Mᵉ Jacques Audebert, assisté de ces archers, qui sont les maistres jurés des mestiers, le fust conduisre au suplice. Tellement qu'en cette ville de Poictiers, en ung mesme mois et an, deux coupables de mesme crime, l'un (et le plus coupable pour avoir donné la verrolle à la petite qui n'avoit que 4 ans et demy) fust eslevé sur le trosne de justice, et l'aultre plus malhureux ataché au gibet.

LXXIII. — Au mois de décembre 1640, est mort subitement à Paris le sieur de Bullion, superintandant des finances de France, lequel estoit estimé cruel et insassiable de biens, disant que le peuple estoit assez hureux d'avoir du pain, et par ce cherchoit touttes sortes de nouveautés pour charger le pauvre peuple. On dict qu'il a crevé pour avoir tousjours et d'ordinaire beu et mangé par exedz.

LXXIV. — Pandant ces quatre derniers mois de l'année 1640, le vin vieux de 1639 c'est vendu communément 30 escus la pippe, et oultre s'en est vendu ung bussard [1], pour Mʳ le maréchal de la Melleraye, 20 escus et ung escu d'or pour les filles.

Le vin nouveau c'est aussy vendu 60 liv. la pippe de pineau et le blanc 40 liv.

LXXV. — Pendant toutte cette dicte année, il y a heu divers changement pour l'or et l'argent, lesquelz, pour la grande tollérance, avoient estés furieusement rognés ; tel-

---

1. Bussard, mesure de la contenance de près d'un muid de Paris, soit 268 litres (*Diction. de Littré*). — Busse, barrique (l'abbé Lalanne, *Glossaire du patois Poitevin*).

lement que, pour arrester ce désordre, le roy a faict plusieurs déclarations, diminuant à chacque fois le prix du marc, tant de l'or que de l'argent, et estoit enjoinct de porter l'or léger au billon estably à Paris, Renes, Bourdeaux et....., là où on debvoit bailler pour icelluy des espèces nouvelles apellées louis, que le roy a faict battre de 5 liv., 10 liv. et 20 liv. ; mais on a tousjours eslogné, et n'a on guère veu de ces louis rouller dens le négosse, jusques à la fin de cette dicte année.

LXXVI. — Aud. mois de décembre 1640, a esté aresté prisonnier le s^r de la Rinville, gentilhomme Tourengeau, calviniste, lequel venoit d'Engleterre, d'où il estoit envoyé par la reine douarière de France, le roy d'Angleterre son gendre, le s^r de Soubise, prince de Navarre et aultres princes de leurs caballes, pour quelques mauvais dessin et entreprise qu'ilz avoient formé sur ce royaulme ; et dict-on que nos calvinistes estoient de la caballe, mais Mgr le cardinal prince de Richelieu, qui, par le grand soing qu'il a de la France, sçaict tout, n'a pas manqué de descouvrir l'entreprinse.

LXXVII. — Sur la fin de l'année 1640, les Catelans ce sont révoltés de l'obéissance du roy d'Espagne, et ce sont voullus mettre soubz la protection du roy de France, pour vivre en liberté, en forme de républicque, lequel les a refusés ; quoy voyant, ce sont donnés entièrement à luy et ont envoyé desputés pour luy faire les soubzmissions de fidelles subjectz, acquoy ils ont estés receus. Ensuitte de quoy, le roy d'Espagne a faict armer et mesme assiéger Barselonne, ville capitalle de la Catalogne, où le roy a envoyé armée pour résister.

LXXVIII. — Le mercredy 13 mars 1641, les enbassadeurs du nouveau roy de Portugal, Jan 4e, ordinaire et extraordinaire, ont passé par Poictiers [1] et s'en vont, de

---

1. Ils venaient de La Rochelle, où ils avaient été traités magnifi-

la part de leur maistre, vers Sa Magesté très chrestienne, pour traicter d'alliance entr'eux, pour ce que les Portugais ennuiés des opressions du roy d'Espagne, qui, depuis presque ung ciècle, usurpoit led. royaume après la mort du bon roy Sébastien, ce sont résollus de secouer le joug de sa tiranie, et ont apellé à eux le duc de Bragance, de la race de Sébastien, leur naturel roy; et l'ont reconnu et couronné tel; et pour recepvoir et accepter le septre de ces ancestre, il c'est dérobé de la cour Espagnolle, et rendu dens le Portugal; quoy sachant, le roy d'Espagne luy a escript en ces termes :

« Mon cousin duc, quelques nouvelles me sont venues
« que j'estime folie, attendu la preuve que j'ay de la
« fidellitté de vostre Maison. Donnés m'en advis, puisque je
« le dois espérer de vous. Ne vous inquiettés poinct, ny
« n'hasardés poinct l'estime que je fais de vostre vie à la
« furie d'une populace mutinée; et supposé qu'elle le
« soict, que vostre prudence ce comporte avecq eux en
« sorte que vostre personne en puisse éviter le péril, d'au-
« tant qu'en bref, on y donera l'ordre. Dieu vous garde.
« — Vostre cousin et roy. »

Response :

« Mon cousin, mon royaume désirant son roy naturel
« et mes subjectz oppressés de daces[1], gabelles et impotz
« nouveaux, ont exécuté sans contradiction ce qu'ilz avoient
« beaucoup de fois entrepris, me donnant la pocession
« d'un royaume qui m'apartient, en telle sorte que, sy quel-
« qu'un me le veult oster, je chercheray la justice dens

---

quement par M. le grand prieur (Amador de la Porte, grand prieur de France, oncle du cardinal de Richelieu), et trouvèrent, à leur passage à Saint-Maixent, le gouverneur du Poitou, M. de Parabère, qui s'y était rendu pour leur faire semblable réception. A leur arrivée à Poitiers, on leur offrit de « bons vins » et des flambeaux de cire blanche, et on leur fournit le lendemain un carrosse à six chevaux pour les conduire à Châtellerault (Arch. com. de Poitiers, reg. des délib. n° 91, p. 133. — V. App. XX).

1. *Sic*, pour taxes.

« mes armes, la deffance estant permise. Dieu garde Vostre
« Magesté. — Dom Juan quatriesme, roy de Portugal. »

LXXIX. — Au mois de mars 1641, le duc Charles de Loraine c'est randu à la cour du roy, lequel l'a receu bénignement et luy a faict de beaux présens, comme aussy il a esté voir le cardinal prince de Richelieu, qui est venu le recepvoir au bas du degré et l'a reconduict jusques dans la ruhe à la portière de son carosse ; et a led. seigneur duc faict soumission au roy de sa personne et biens, du consantement de sa femme, duchesse de Loraine, qui estoit à la court, il y a plus de six ou sept ans.

LXXX. — Le vendredy 22e mars 1641, sur les 8 heures du soir, fust pendue et estranglée, à la place, après avoir faict amande honorable davant la grande porte de l'église Nostre-Dame-la-Grande, et trainée sur une clie, Massée Belalé, vefve en première nompces de Pierre Dehays, cierger, et en seconde de... Léger, pour avoir faict assassiner led. Léger. dès le mois d'aoust 1630, elle estant hors la ville chés sa mère qu'elle gouvernoit au lict de la mort, ce qu'elle pansoit qui la couvriroit tousjours ; mais enfin, par la permission de Dieu, elle a estée convainque de l'avoir faict faire par le nommé Pépin, chaussetier, et Marie Dehais, non encore femme dud. Pépin et fille de lad. Bellalé, avecq aultres leurs adérans ; lesquelz, une nuict qu'il dormoit, l'assommèrent à coups de marteau et l'estranglèrent, puis le bandèrent la teste et le portèrent en manière d'ung pestiféré, lad. Marie allant davant avecq une clochette à la main, qu'elle sonnoit, jusques soubz la grande archère qui est entre le chasteau et le pont de Rochereuil, luy atachèrent une grosse pierre au col et une semblable aux piedz, puis le getèrent dans le Clain, où il fust quelques jours, jusques à ce qu'un pescheur ayant jeté sa ligne en ce lieu, le claveau print les habitz du cadavre et parurent à fleur d'eau, et le pêcheur dessendu au bord de l'eau pour déprandre sa ligne, reconneust qu'il y avoit ung homme.

Il en advertist le maire qui estoit Mᵉ Jullien Serizier, qui firent la levée du corps, et là ce trouva lad. Massée, laquelle recogneust son mary et fist sa plaincte et sur icelle fust faicte information ; mais on ne pust descouvrir la vérité, partant furent sessées les poursuittes, jusques à ce que le procureur du roy ce soict résollu d'en tirer lumière et faire faire la justice, où ce sont trouvés plusieurs complices tant pour led. assassin que aultres qui ont estés comis ensuitte et conséquance.

LXXXI. — Messieurs Louis de Bourbon, prince de Soissons, le duc de Bouillon de Sedan, le duc d'Elbeuf, le duc de Guise, encore archevesque de Reims et aultres princes et seigneurs de France, se sont ligués et mis du costé des rois de Hongrie et de Castille contre nostre roy et pour s'assembler choisy Sedan, apartenant en souveraineté aud. duc de Bouillon, tellement qu'ilz avoient desjà près de vingt-cinq milles hommes, ce qui auroit donné subject au roy d'envoyer armée vers Sedan, pour s'oposer à cette révolte, conduicte par le sʳ maréchal de Chastillon, lequel ayant heu advis que, le samedy 6 juillet 1641, les dictes troupes assemblées à Sedan et celles que commande le général Lamboy pour lesd. rois de Hongrie et de Castille, avoient entreprins de passer la Meuse et pour cet effect avoient desja droissé deux pontz au costé de Sedan, et de faict en trois heures ilz furent passés ; aussytost que ledict de Chastillon heust l'advis, il voullust partir, mais la pluye l'ayant retenu ung peu de temps, trouva les ennemis passés. Il fist mettre prontement son armée en bataille, qui estoit d'environ 9,000 hommes de pied et 3,000 chevaux effectifz, et les ennemis n'en avoient au plus que 8,000 de pied et 2,500 chevaux, et encore leur champ de bataille sy serré que tous n'y pouvoient tenir en ordre. Touttes les considérations donnoient lieu de bien augurer du combat pour le roy, mais Dieu permist que l'armée dud. sʳ de Chastillon ait esté mise en déroutte, tellement que les ennemis gagnèrent la bataille ; mais il en fust aultant tué des leurs que des nostres et y fust tué mondict seigneur de Soissons, qui estoit leur chef, d'un coup de pistollet dens la teste, en voullant aller trop avant remédier à la confusion où ce trouvèrent les siens, lesquelz enmenèrent à Sedan deux mille prisonniers. Cette victoire nous menassoit de grandes guerres civilles, cy le chef n'y heust poinct esté tué, car force gens de la France, nobles et aultres, qui ce trouve tiranisés des grandes daces[1] et impost qu'on invante tous les jours au Conseil, ce fussent mis de leur costé ; mais Dieu y a pourveu, qui veult que l'on obéisse à son roy en tout et par tout et que l'on soufre passienment les oppressions que quelques fois les rois sont contrainctz de randre à leurs subjectz dans leurs pressantes affaires.

LXXXII. — Cette ligue des princes a empesché le roy de faire de grandz progrès dens la Flandre et Artois, jusques à la fin de juillet que la ville d'Aire, sise au passage de ces deux provinces, c'est randue à luy à composition après ung siège de six sepmaines, dont les habitans et garnisons Espagnolles ont estés conduictes, bagues sauves, en armes, jusques à Saint-Omer, avecq tout l'honneur qu'on leur pouvoit randre ; mais ilz ce sont joingtz avecq le cardinal-Infant, qui a faict nombre de 35,000 hommes et c'est saisy des retranchemens d'autour Ayre, où il y a bien du danger. Spandant on ne laissa pas de chanter le *Te Deum*[2] et faire les feus de joye, à Poictiers, le dimanche

---

1. *Sic*, pour taxes.
2. La question de préséance qui s'était élevée, en 1637, entre le présidial et le corps de ville était toujours pendante devant le parlement (V. ci-dessus, art. XXXIII). Aussi, M. le maire et son conseil, n'ayant pas été conviés à cette cérémonie, pensèrent-ils que l'évêque l'avait fait intentionnellement, dans la crainte qu'ils ne voulussent y occuper leurs places habituelles. Ils décidèrent, en conséquence, qu'il en serait référé au procureur général et à M. des Noyers, secrétaire d'Etat (Arch. com. de Poitiers, reg. des délib. n° 93, p. 36).

18 aoust 1641. Lad. ville d'Aire fust reprise incontinant par les Espagnolz.

LXXXIII. — Le mercredy 24 juillet 1641, est arrivé à Poictiers, sur le soir, et logé aux Trois-Pilliers, Jan de Nogaret, duc d'Espernon et de la Valétte, ayant avecq luy sa bru, femme de son filz, M^r le duc de la Valette, et le filz de sond. filz, de l'aage de quelques seise à dix-huict ans, et led. duc d'Espernon, d'environ 90 ans ; lequel partist le samedy matin pour s'en aller en sa maison de Loches, où le roy a désiré qu'il ce retirast pour quelque temps, pour ce qu'il le trouvoit trop loing de luy à Plasac en Gascogne. Led. seigneur d'Espernon est décédé aud. lieu de Loches le lundy 13 janvier 1642.

LXXXIV. — Le vendredy 15 novembre 1641, ont estés eslus aux marchandz : en juge, sire Michel de Morthommer, marchant fermier et aprétiateur ; premier consul, sire François Herbault, marchand de draps de sois ; consulz, Nicollas Roux et Paul Morillon, marchans de merceries.

LXXXV. — Le samedy, 7e décembre 1641, a arrivé ung grand accidant en la parroisse de Nostre-Dame-la-Grand, en la maison apartenant à Jan Bobinet, orphèvre héréticque calviniste, icelle faisant le coing à tourner vers le pallais et y ayant deux portes, l'une St-Estienne et l'aultre vers Nostre-Dame-la-Petitte, soubz l'uis de laquelle y a une ouverture de cisterne à rais de chaussée, tellement que l'une des servantes dud. Bobinet tirant de l'eau, arriva que François Bagou, agé de huict à neuf ans (filz unicque de F. Bagou, tinturier, logé là dedans), voulus entrer viste, tomba dans lad. cisterne, d'où il ne pust estre tiré que mort, combien que le premier homme qui dessandist dens la cisterne l'ust quazi amené au hault qu'il grouillet encore, mais, c'estant trouvé mal et le cœur luy ayant manqué, le laissa encore tomber. L'accidant arriva tout le monde s'escriant ; ung pauvre tailleur, Agénois de nation, logé dens lad. maison, voullus dessandre de sa chambre en la boutique proche de lad. cisterne, croïant que ce fust l'un de ces deux enfans. Lorsqu'il fust au millieu de l'escallier, perdist jugement et ne sçavoit s'il debvoit monter ou dessandre. Ceux qui le virent le remontèrent en sa chambre, où le trouvant sans parolle le voullurent promener, mais il devient comme inmobille. Après on a faict tous les remèdes possibles, mais du despuis n'a jamais parlé ne tesmogné de jugement et décedda la nuict du dimanche au lundy suivant, à une heure après minuict. Ont tous deux estés enterrés au cimetière de Nostre-Dame-la-Grande.

Le jeudy ensuivant, ce vieux huguenot Bobinet, aveugle despuis quatre ou cinq ans, randist sa misérable âme, sans voulloir voir ung sien filz unicque, ny mesme ses petitz enfans, quoy qu'il heust marié sond. filz comme malgré luy.

LXXXVI. — Les derniers jours de l'an 1641, ès festes de Noël, a tonné fortement par ung temps chault et pesant.

LXXXVII. — Dès le commancement de l'an 1641, ou fin de 1640, Mr Louis de Bourbon, prince d'Enguien, filz ainé d'Henry de Bourbon, prince de Condé, a espousé..... de Brezé, fille du maréchal de Brezé et de..... Duplaissis, sœur du cardinal duc de Richelieu [1].

LXXXVIII. — Au mois de janvier 1642, Mgr l'illustrissime évesque de Poictiers, Henry Loys Chastagner de la Rocheposay, a faict publier par les curés de son diocesse, son ordonnance par laquelle il exorte chascun des fidelles à porter tout l'honneur et révérance deue au très sainct sacrement de l'autel et plus que par le passé ; et pour ce faire, ordonne qu'en touttes les parroisses y aura une lampe qui esclairera jour et nuict davant le St-Sacrement, et qu'ès lieux où il n'y aura fons pour ce faire, il exorte tout le peuple à contribuer pour l'achapt d'une lampe et de l'huille

---

[1]. Ce fut le 11 février 1641 que Louis II de Bourbon, duc d'Enghien, appelé plus tard le grand Condé, épousa Claire-Clémence de Maillé, fille d'Urbain de Maillé, marquis de Brezé, et de Nicole du Plessis.

pour l'entretenir ; comme aussy ordonne qu'èsd. parroisses y aura ung poille ou dais à deux bastons pour porter lors que l'on portera le St-Sacrement aux mallades, et exorte chascun à l'assister chés lesd. mallades et le reconduisre à l'église, et ceux qui le rancontront par les ruhes de ce mettre à genoux et l'adorer et assister, octroïant à chascun 40 jours de pardon ; et qu'afin que chascun soict adverty, quand on voudra porter le St-Sacrement, on sonnera douse coups d'une cloche en forme de sallut.

LXXXIX. — Au mesme mois de janvier 1642, ce requérant le procureur du roy, sur quelques insolances randues par quelque héréticque calviniste, a esté ordonné par M^r le lieutenant général criminel et puplié par les cantons de la ville, qu'il est enjoinct auxd. héréticques qui ce rancontreront par les ruhes, lorsque le St-Sacrement passera, d'aulter leurs chapeaux et ce mettre à genoux, à peine de 500 liv. d'amande et de punition corporelle cy le cas y eschoit.

XC. — En la mesme année de l'ordonnance de Mr de Poictiers, a esté deffandu aux personnes laïques d'entrer dens les balustre, et à touttes sortes de personnes de non ce promener et causer dens l'église, qui estoient des abus qui s'estoient glissés par négligences d'i prandre garde par les supérieurs. Ce causoit grand scandalle par les insollances qui s'y commettoient.

Comme aussy M^{rs} les gens du roy ont pris résollution de faire punir seux qui juroient le nom de Dieu et en ont atrapé plusieurs, leur faisant payer de la cire et aultres amandes à l'église.

XCI. — Le vendredy 27 juin 1642, Me François Barré, frère ainé de ma femme, a esté mis en pocession personnelle du prieuré seimple de St-Porchaire de cette ville, par Me François Brunet, notaire apostolicque, en vertu des provisions de Romme, obtenue par led. Barré, sur la résignation de frère François Rousset, religieux de l'ordre de St-Augustin et grand vicaire en l'abaye d'Oirvault, son grand oncle maternel, et du visa de Mgr de Poictiers ; en présence de Mre Estienne Allard, presbtre, sy-davant curé de St-Porchaire, Mre Nicollas Mathé, curé de Nostre-Dame-la-Grande, Mre Estienne Delage, curé de St-Porchaire à présent, sire Bertrand de la Pierre, marchant, et aultres, dont led. s^r Brunet a dellivré acte.

Le mercredy..... novembre 1642, led. Barré est party de Poictiers pour aller à Paris estudier en Sorbonne.

Led. s^r Rousset est décedé à Oirvault, le 5 septembre 1649, aagé de 82 ans 5 mois ; enterré entre le cœur et le grand autel de l'église dud. lieu.

XCII. — Le vendredy 18 juillet 1642, sur les 8 à 9 heures du soir, le nommé......: Guitet, presbtre, chanoine en l'église Ste-Radegonde, frapa d'un pognard dens le sein, d'un seul coup, M^e.... Rougier, s^r des Chasteliers, chanoine en l'église de Poictiers, lequel tomba par terre, et au bruit vient le nommé Deniort, taneur, les voulant séparer, pensant que ce fust à coup de poins ; mais led. Guittet, ce retournant, luy donna unse coups dud. pognard, dens le visage, dens l'espaule, le bras et l'eschine, et ce sauva par chés le nommé Jan Loran, tailleur de pierre, dens la treille des Carmes et de là dens le prieuré de St-Denis, et les blessés portés sçavoir : Deniort, chés luy et led. s^r Rouger, soubz-diacre, chés l'ainé Debourg, chanoine de Ste-Radegonde et croyoit-on leurs blessures mortelles. C'est pourquoy le samedy matin à deux ou trois heures, on me vient quérir pour faire ouvrir la porte de Pont-Joubert, comme intandant à cause des inpost, pour aller à la maison de Moulin, près Sesvre, quérir Mrs de la Renonsière et Pipoirier Rouger, frère et beau frère dud. chanoine, lesquelz venus retirèrent la démission que le malade avoit donnée de sa prébende à Billaudière Petit, son amy, chanoine de Ste-Radegonde, e chapitre assemblé pour le recepvoir ; mais il s'en déporta et fust nommé led. Rouger Puiporier, et mis à l'instant en pocession, comme je vis, sur les 9 heures, et de là partist, ou aultre pour luy, et fust à Engers faire controller, suivant l'éedict du roy. Néanmoings, le coup ayant esté de costé, le malade c'est mieux porté et a demandé grâce à M^rs de le recepvoir en ces mesme place et prébende, ce que tous accordoient, fors Mr Chevalier, de l'aage de 70 ou 72 ans et néanmoings des derniers receu, et néanmoings après plusieurs prières du malade, ses amis et ses confrères du chapitre cy est acordé, et le lundy 11 aoust, dict an, a esté led. des Chasteliers remis en sa place et en ces gros[1] et logis. Pour led. Deniort ce porte mieux aussy ; mais Guittet dens l'apréantion d'estre pris et désirant ce sauver, s'acomoda avecq le prieur de St Denis, Mre Pierre Bonin, soubz-chantre de Nostre-Dame, duquel il prinst quelque argent et luy donna une desmission de sa prébende ; mais n'ayant peu passer le Clain, il ce retira chés le s^r Sochet de la Charoullière, prieur de Ste-Radegonde, qui l'envoya et prinst une aultre desmission, et randirent l'argent aud. Bonin, et fust receu le nommé Baudy, filz du procureur, tonsuré seullement.

On dict que la querelle de ces deux éclésiastique venoit pour des femmes : l'une, femme de Deniort, que voyoit Rouger, du consentement du mari, et une aultre, que voyoit Guittet, touttes deux germaines et qui avoient querelle, y meslant ces deux personnes. Comme de se mauvais train, il arive toujours des malheurs, et partant tous éclésiastiques et aultres debvroient bien esvitter une chouse sy honteuse et dangeureuse.

Du despuis, lesd. Rouger et Guitet ce sont accordés, en sorte que la prébande a esté randue aud. Guittet par lesd. Baudy et prieur de Ste-Radegonde ; mais pour ce que nos-

---

1. Gros, revenu fixe qu'un chanoine ou autre bénéficier retirait de son bénéfice, par opposition aux distributions éventuelles ou revenu casuel.

tre évesque n'a peu soufrir proche de luy un homme qui avoit commis tel acte, il a prins une cure à la campagne, du nommé Chessé, presbtre, qui est maintenant chanoine, mais non paisible, pour ce que le s^r Roy, docteur régent ès droictz, poursuit son dévollu sur l'incapassité de Guitet, après un tel coup.

XCIII. — Le samedy 9 aoust 1642, sur les 7 à 8 heures du soir, furent amenés, davant la grande porte de Nostre-Dame-la-Grande, les nommés Baudon, cherpentier de son estat et cormenuseur, et une vielle femme [1], tous deux de vers Availle-Limousine, convincus de sortilège, y firent l'amande honorable sur une clie, et de là conduictz au Marché-Vieux, où ils furent pendus et brûlés, suivant le jugement présidial, où présidoit Mr de Villemontée, intandant de la justice, suivant la commission du parlement de Paris, qui leur avoit renvoyé pour juger souverainement. La vielle fist des actes de conversion, mais Baudon, après en avoir faict semblant, quand il fust au suplice, il fist des actes de désespoir et ce voullust getter ; et quand on l'en enpescha, il plia les genoux pour s'étrangler, et les yeux et la face luy viendrent extrêmement gros et horibles, et le bourreau dist qu'il entendoit un grand bourdonnement autour de luy.

Lesd. sorciers, estant à la torture, accusèrent plusieurs de Limousin et dès le lundy au soir, Mr Pineau, rapporteur, assisté d'archers, prinst la campagne et s'est saisy de douze ou quinse personnes accusés, qui ont estés amenés ès prisons.

XCIV. — Le lundy 11e aoust 1642, on a faict dens la grande église de St-Pierre, le service solemnel pour le repos de l'âme de Marie de Médicis, fille et sœur des grandz

---

1. Françoise d'Armagnac, dont le nom nous est fourni par Thibaudeau, qui raconte le même événement d'après un manuscrit de la bibliothèque des Jésuites de Poitiers (*Histoire du Poitou*, édit. de 1840, t. III, p. 302).

ducz de Toscane et Florance, vefve de Henry le Grand 4ᵉ, roy de France et de Navarre, et mère de Louis le Juste, 13ᵉ du nom, à présent nostre roy ; laquelle décéda le 14 juillet dernier à Coulogne, au logis de la Croix d'or, assés pauvrement, elle qui avoit pour filz et gendres les 3 plus grandz monarques de la chrestienté, assavoir : nostre roy ; Phillippe 4ᵉ, roy des Espagnes, espoux d'Ellisabet de France, sa fille ainée; Charles premier, roy d'Angleterre et d'Escosse, expoux de Henriette Marie de France, sa troisiesme fille; et encore avoit pour seconde fille Chrestiene de France, régente en Savoye et Piedmont. Elle avoit aussy pour filz, Monsieur, frère unicque du roy, Gaston Jan-Babtiste, duc d'Orléans. Mais, pour ce qu'elle n'avoit peu suporter le gouvernement sy absolu du cardinal duc de Richelieu, elle sortist de France, il y a dix ou douse ans, où elle n'a peu rantrer depuis, ce qui luy estoit extrêmement sensible, elle qui avoit par sy-davant sy bien gouverné en sa régence, pendant la minoritté de son filz, et mesme eslevé Mʳ le cardinal, lequel en estant ingrat, à son dire, l'avoit mesprisée. C'estoit une princesse de grand courage. Dieu luy face paix.

XCV. — Le mardy, 9 septembre 1642 [1], la ville et citadelle de Perpignan, capitalle du compté de Roussiglon, a esté réduicte au roy de France, entre les mains de ces généraulx, les maréchaulx de Schomberg et de la Melleraye, suivant la capitulation du 29 aoust, après ung siège de

---

1. Un fait étrange se produisit, paraît-il, ce jour-là, dans toute la France. Nous le trouvons consigné dans une note, à laquelle nous conservons toute son originalité : « Le neufiesme septembre « 1642, seur les sept à huict heures du matin, il fut ouy par « toutte la France, chascun croyant que ce fust seur soy, en l'air « clair et serain, et autant beau jour qu'il en pult estre, un coup qui « après roulla quelque temps et espouventa tout le monde, certains « disant avoir veu diverses choses, les autres en l'air, les autres « estre sorty de la terre, les autres estre dombé de l'air comme « foultre, et fut le jour que Perpinian se rendit à messieurs de « Chombert et la Mailleraye, mareschaux de France. » (Arch. com. d'Amberre, registres paroissiaux.)

cinq mois, mis et blocqué par la personne mesme du roy, qui y a demouré plus de 3 mois, estant contrainct de ce retirer par une maladie dangereuse, mais y laissant lesd. s^rs maréchaulx qui ont parachevé l'entreprise, entrant en armes dens Perpignan, led. jour, dès les six à sept heures du matin, ayant trouvé des armes pour 20 mille hommes et 30 milliers de poudre et aultant de mesches, et ont faict force courtaisies à ceux qui ont voullu sortir, les conduisant en sureté où ils ont voullu ce retirer. Le roy en ayant receu la nouvelle à...... les-Bois, a bien voullu ce transporter à Paris, pour assister en personne au *Te Deum*, qui c'est chanté dens la grande église Nostre-Dame, le mercredy, 17e jour [1].

XCVI. — Le dernier [2] jour de septembre 1642, M^r le marquis de St Mars, grand escuier de France et grand mignon du roy, et le s^r de Tou (François-Auguste) ont heu les testes tranchées à Lion, pour avoir heu quelques intelligence en Espagne. Aulcuns disent que ce n'estoit qu'un bon dessin de traicter la paix et qu'ilz avoient desjà faict agréer au roy le retour de la reine, sa mère ; et de faict, M^r le cardinal voyant ces personnes sy bien entandues du roy, ce recula de la cour, jusques à Avignon, là où il a esté extrêmement malade, bien près de la mort ; mais ce grand

---

1. Le *Te Deum* fut chanté à Poitiers le 5 octobre suivant, et on fit le même jour des réjouissances publiques (Arch. com. de Poitiers, reg. des délib. n° 94, p. 60).

2. Le mot « dernier » avait été primitivement laissé en blanc par Denesde, et fut ajouté dans la suite, ce qui explique l'inexactitude de cette date. On sait, en effet, que l'exécution eut lieu le 12 du même mois ; et sur les faits qui l'ont précédée et accompagnée, on peut lire à la bibliothèque de Poitiers une plaquette de l'époque, ayant pour titre : « *Particularitez remarquées en la mort de messieurs de Cinq-Mars et de Thou, à Lyon, le vendredy 12 septembre 1642* » (Biblioth. de Poitiers, collect. Jouyneau-Desloges, vol. 17).

Le 4 août précédent, le roi avait écrit aux maire, pairs, échevins et bourgeois de Poitiers, en leur exposant longuement la conduite de Cinq-Mars et du duc de Bouillon, et les motifs qui avaient nécessité leur arrestation (Arch. com. de Poitiers, reg. des délib. n° 94, p. 43).

esprit qui ne peult manquer, reprenant la santé, fist bien en sorte de faire trouver à son fidel amy M^r des Noyers l'occasion d'entretenir le roy un jour entier, en l'absance de M^r le Grand, qui s'amusoit à jouer au mail, à son grand malheur et grand manque de jugement, car, en son affaire, il ne debvoit jamais abandonner la personne du roy ; mais on croit que Dieu l'a permis pour la conservation de la France, que ceux-cy eussent peult-estre brouillée, et je croy que la reine mère en est morte de desplaisir. Led. s^r le Grand a esté faict mourir pour avoir heu intelligence avecq l'estranger, et led. s^r de Thou, pour l'avoir seu et ne l'avoir pas révellé.

XCVII. — Le mardy 18 novembre 1642, ont estés ellus aux marchands : en juge, sire Jacques Collin, marchand de draps de sois ; premier consul, moy, Anthoine Denesde, marchand ferron ; consulz, sires Jan Babinet, marchand taneur, et René Herpin, marchand orphèvre. Nous avons presté le sermant davant M^r le lieutenant général, Nicollas de Ste-Marthe, le lundy au soir premier décembre, et le landemain, 2e jour, après avoir ouy la messe en corps à St-Didier, à la manière acoustumée (despuis 1628, que l'on a aquis le logis où ce tient la juridiction en lad. parroisse), nous avons estés installés.

Je ne mettray plus les ellections en cette part, ains en l'aultre du présent pappier, ensuitte de la liste, pour ne mettre deux fois une chose.

XCVIII. — Le jeudy 4e décembre 1642, sur les XI heures du matin, est décedé nostre grand ministre d'Estat, Armand Jan Duplessis, éminantissime cardinal duc de Richelieu, duc et pair et grand admiral de France, gouverneur du païs et duché de Bretagne et aultres belles et grandes charges, d'un absès qu'il a longtemps supporté dens son corps et enfin c'est getté sur le cœur et l'a faict mourir, c'estant confessé et communié le mercredy et receu le sacrement de l'extrême unction ; et fust visité deux fois led. jour mercredy, par nostre juste roy, son bon maistre, auquel il procuroit toutte la gloire qu'il pouvoit, dont entr'aultres marques on trouverra la prinse de La Rochelle, dens le royaulme, mais poceddée par un grand party formé par l'hérésie ; comme aussy, hors du roïaulme, les prise d'Arras et Perpignan que les prédécesseurs roys ont tant désirrés et n'ont jamais peu avoir, et une infinitté d'aultres occasions qui esterniseront sa mémoire dens les histoires. Dieu luy face paix. J'ay bien peur que sa perte n'afflige beaucoup la France, encore que plusieurs la désirasse, il y a longtemps, au subject des grandz inpôtz et nouveautés qu'il estoit contrainct de conseiller au roy de lever sur son peuple pour la nécessité de ces affaires. Dieu veille donner la force et le conseil à nostre roy de parvenir à ces justes dessins pour nous acquérir une bonne paix, qui nous descharge de l'exès des impôtz [1].

Il est déceddé dens son pallais cardinal par luy faict bastir dens Paris, et inhumé dens la grande église de Sorbonne non encore parachevée, mais commancée et ordonnée de sa perfection par le mesme cardinal, lequel a faict un testament extrêmement emple.

XCIX. — Le 3ᵉ dimanche de décembre 1642, l'archiconfrairie du Très Sainct-Sacrement de l'aultel estant arrivée à Sᵗ-Didier, fust faicte à la manière acoustumée, à l'issue de la prédication, la procession solennelle autour de la parroisse, où assistèrent Mʳˢ de Villemontée, intandant de la justice, Nicollas de Sᵗᵉ-Marthe, lieutenant général, et le reste du présidial, en corps, avecq leurs robes, en très grand nombre, et plus de trois milles personnes de tous sexes et conditions, avecq cierges à la main, et le poisle porté par deux conseillers et deux des gens du roy ; et despuis, tous

---

1. Le 12 décembre 1642, le maire donna à son conseil communication d'une lettre du roi, dont M. de Parabère lui avait envoyé copie, et par laquelle Sa Majesté, en annonçant la mort de Richelieu, entendait« que les ordres mis par celui-ci aux affaires de l'Etat soient continués et entretenus » (Arch. com. de Poitiers, reg. des délib. nᵒ 94, p. 88).

les mois, c'est trouvé grande affluance de peuble, tant auxd. processions, que quand on a porté le St-Sacrement aux mallades. Dieu veuille que cela continue à jamais pour la confusion des héréticques.

Ordre des processions du Très St-Sacrement, tous les mois, en dix parroisses de cette ville :

Janvier 1643.	St-Cibart.
Febvrier.	St-Porchaire.
Mars.	Ste-Oportune.
Avril.	St-Germain.
May.	Nostre - Dame-la-Petitte.
Juin.	St-Michel.
Juillet.	St-Paul.
Aoust.	St-Estienne.
Septembre.	St-Savin.
Octobre.	St-Didier.

C. — Dès l'année dernière 1642, les religieux réformés de St-Benoist ont estés réestablis dens l'abbaye de St-Ciprian, martir, hors les murs de cette ville de Poictiers, par Henry Louis Chastagner de la Rocheposay, évesque de cetted. ville et abbé de lad. abaye St-Ciprian ; et sur la fin de lad. année, lesd. religieux ont commancé à bastir un corps de logis pour leur logement sur fondementz antiens et despuis continué à célébrer deux messes par jour dens la haulte esglize première bastie par le mesme évesque, dès son advénement, et despuis, en l'an 1639, a faict bastir la chapelle en dosme [1].

---

1. Les bâtiments de l'abbaye ayant été détruits pendant les guerres des protestants, les religieux s'étaient retirés dans l'intérieur de la ville et célébraient le service divin dans l'église de Notre-Dame-l'Ancienne (de Chergé, *Guide du voyageur à Poitiers*).

A l'exemple de beaucoup d'autres abbayes du même ordre, celle de Saint-Cyprien venait d'adopter la réforme de la congrégation de

CI. — Les miracles recognus à Ste-Radegonde, tant envers le P. Barnabé, minime, que aultres, ont esmu une grande dévotion au tombeau de lad. saincte, peu après la feste de Pasques 1643, et continue tellement, que toutte la campagne et la ville remplisse l'église en foulle et processions ; et il y a des jours, qu'il s'y cellèbre 50 ou 60 messes [1].

CII. — Le lundy 20ᵉ avril 1643, sur les 2 heures après mydy, le roy grandement malade à St-Germain-en-Laye, fist assembler dens sa chambre, en présence de la reine, de leurs enfans, de M^r le duc d'Orléans, son frère, et du prince de Condé, tous les ducz et pairs, maréchaulx de France et aultres officiers de la couronne, devant tous lesquelz le s^r de la Vrillère, secrétaire d'Estat, fist lecture par comandement de Sa Magesté, de sa déclaration, par laquelle le roy déclare qu'estant travaillé despuis longtemps de plusieurs incomodités et présentement d'une fascheuse maladie, désirant pourvoir à la sureté, bien et repos de son Estat, il entant que lors qu'il aura pleu à Dieu disposer de luy, la reine soict régente de tous ces royaumes pendant la minorité de Mgr le dauphin ; que soubs son hotorité, Monsieur, son frère unique, soict lieutenant général de sesd.

Saint-Maur. Le contrat d'union à cette congrégation fut passé devant Barraud et Johanne, notaires à Poitiers, le 20 mai 1642, et ratifié par le général de l'Ordre le 27 du même mois. L'introduction des nouveaux religieux dans le monastère eut lieu le 7 septembre suivant, avec les cérémonies d'usage (Arch. de la Vienne, abb. de Saint-Cyprien, l. 2.)

1. Cette dévotion n'avait, du reste, jamais cessé de se manifester, soit individuellement, soit publiquement, surtout pendant le mois d'août, dans le cours duquel se célèbre la fête de la sainte. Nous voyons l'université décider, le 22 juillet 1642, que chaque année, le 12 août, veille de cette fête, elle se rendrait en corps à l'église de Sainte-Radegonde, assisterait aux premières vêpres, descendrait ensuite au tombeau, sur lequel le recteur déposerait un cierge de deux livres, puis irait à l'abbaye de Sainte-Croix visiter la cellule de la pieuse reine, à laquelle un miracle avait fait donner le nom de Pas-Dieu (Arch. de la Vienne, G 7, l. 3). Ce décret de l'université (texte latin et traduction française) se trouve au nombre des pièces imprimées à la suite des *Annales d'Aquitaine*, édit. de 1644. M. de Fleury en a reproduit seulement la traduction dans son *Histoire de Sainte Radegonde*, 3ᵉ édit., p. 301.

royaulmes et chef du conseil, et en son absance, le prince de Condé et le cardinal Mazarin, ausquelz il a joinct, en qualitté de ministres, le chansellier de France Seguier, le surintandant des finances Boutiller et son filz, s^r de Chavigny, qui ne pourront estre destitués que par forfaitture; laquelle déclaration le roy a faict signer à la reine et à Monsieur et les fist jurer de la garder et observer.

Puis, le parlement, qui avoit esté mandé, entra dens la chambre, où le roy leur fist entandre cette déclaration et donna charge à M^r le duc d'Orléans, au prince de Condé et au chanselier, d'entrer le landemain au parlement pour la faire registrer, ce qui fust faict.

CIII. — Le mardy 21e avril 1643, Mgr le dauphin a esté solemnelment babtisé dens l'église du vieux chasteau de St-Germain-en-Laye, par M^r l'évesque de Meaux (qui l'avoit ondoïé le jour de sa naissance), comme premier aumosnier de France, revestu de ces habitz pontificaulx, en présences de plusieurs évesques et abbés, en camail et rochet, et plusieurs aultres éclésiastiques, ensemble de la reine et plusieurs seigneurs et dames, Mgr le cardinal Mazarin estant son parrain et madame la princesse de Condé de Montmorancy, la marraine, qui, après plusieurs complimentz, le nomma Louis, cellon l'intantion de Sa Magesté; et est à remarquer que où il a esté besoing, l'enfant a respondu *abrenonsio* et *credo*, et la cérémonie faicte, fust faire le compliment dens la sacristie à Mr de Meaux, n'ayant d'aage que 4 ans 7 mois 16 jours.

CIV. — Les lundy 27, mardy 28 et mercredy 29 avril, par ordonnance de monsieur l'official au mandement de Mr de Poictiers, ont estée establies les prières de 40 heures, pour demander à Dieu la santé à nostre bon roy, et pour ce, fust le très St-Sacrement exposé ès églises de St-Pierre, Nostre-Dame-la-Grande, Ste-Radegonde, les Carmes, les Augustins, les Jacobins, les Cordeliers, les Capucins, les Minimes, Ste-Croix, la Trinité, la Visitation.

Elles ont continué :

Le dimanche 10ᵉ, 11 et 12 may, Sᵗ-Didier et Sᵗᵉ-Catherine ;
Mercredy 13, 14 et 15, Sᵗ-Porchaire et Sᵗᵉ-Claire ;
Dimanche 17, 18 et 19, Sᵗ-Cibart, les Jacobins ;
Mercredy 20, 21 et 22, Sᵗᵉ-Oportune, les Cordeliers.

CV. — Le jeudy 14ᵉ may 1643, jour d'Assantion de Nostre Seigneur Jésus-Christ, sur les deux heures un quart après mydy, est déceddé dens son chasteau de Sᵗ-Germain-en-Laye, nostre très bon roy, Louis 13ᵉ du nom, surnommé le juste et le conquérant, roy de France et de Navarre, après avoir regné 33 ans acomplis (son père Henry-le-Grand ayant esté tué le mesme jour, l'an 1610), et en l'aage de 42 ans 7 mois 13 jours, car il estoit nay à Fontainebleau le 27 septembre 1601.

CVI. — Nostre feu roy, Louis-le-Juste, a laissé pour successeur à ses couronnes son filz aisné, Mᵍʳ le Dauphin, Louis quatorsiesme, à présent régnant roy de France et de Navarre, soubz la régence de sa mère, très sage, très pieuse et très vertueuse princesse, Anne d'Autriche, sœur au roy d'Espagne Philippe 4ᵉ, très chaste et unique espouse de nostre deffunct roy, avecq lequel elle avoit demouré 23 ans sans avoir heu d'enfans, jusques au 5 septembre 1638, qu'elle nous produisist nostre roy Louis 14, à présent régnant, surnommé Dieudonné, comme il y a grande aparance que Dieu nous l'a voullu donner par les prières et grandz exercisses de piété, charitté et debvotions pratiquées par cette grande reine non pareillement, et y joingt celles du peuple ; et encore nous a elle produict, par la grâce de Dieu, Mᵍʳ [Philippe], duc d'Anjou, le 21 septembre 1640. Dieu face la grâce à nostre jeune roy d'estre bien eslevé et sa mère bien et fidellement conseillée et servie jusques à sa majorité, car il a commancé à régner en l'aage de 4 ans 7 mois 9 jours.

CVII. — Les tristes nouvelles estant venues à Poictiers de la mort du feu roy, Mʳ le maire, Martin Reveau, escuier, s^r de Sirière, lieutenant particullier, manda tous les corps et le peuple, au son des trompettes par tous les quantons, pour s'assambler dens les Cordelliers sur les 10 heures du jeudy 21 de may 1643 [1], où je me trouvay comme premier consul avecq mes deux confrères, nostre juge en chef estant malade; à laquelle heure led. s^r maire, assisté des eschevins et bourgeois, partirent de l'Hostel de ville, où ilz s'estoient assamblés et viendrent aux Cordeliers avecq les trompettes tousjours sonnantes, ce mirent au millieu du peuple où M^r le maire dist que le subject de l'assamblée estoit pour nous faire sçavoir les tristes nouvelles de la mort du feu roy Louis 13e, mais qu'il nous avoit laissé pour successeur son filz aisné Louis 14e, à présent régnant, lequel est en parfaicte santé, et qu'il falloit luy faire serment de fidélité, ainsy que plusieurs estoient mémoratifz avoir faict à feu son père, après la mort de Henry 4e, et que, pour cet effect, chascun heust à lever la main comme luy et crier : Vive le roy Louis 14e. Ce qui fust faict aultes voix.

CVIII. — Le mesme jour, M^r le lieutenant général monta en l'audiance, avecq les conseillers, qui fist le semblable, et fust crié: Vive le roy, tant dens l'audiance que dens la grande salle, puis fust la cour levée sans aultre expédition ; et oubltre ensuitte, a faict signiffier son ordonnance à tous les corps de la ville, avecq assignation, à la requeste du procureur du roy, de comparoir en son hostel, pour nous marchans, à une heure après midy du samedy

---

[1]. Le maire avait appris la mort de Louis XIII par le bruit public, et n'avait point encore reçu les lettres du nouveau roi et de la reine-mère, qui devaient lui confirmer cette nouvelle et ne tardèrent pas à lui parvenir. Le roi manifestait en même temps aux maire, échevins et bourgeois de Poitiers l'espoir que cet événement n'apporterait aucune altération dans l'Etat, se tenant très assuré de leur fidélité et les engageant à l'union et à la concorde, si nécessaires pour le repos et le bien du peuple. La lettre de la reine-mère, conçue dans des termes à peu près identiques, « n'était que pour accompagner celle de son fils » (Arch. comm. de Poitiers, reg. des délib. n° 94, p. 164, 169. — V. App. XXI et XXII).

16 may, vigille de la Pantecoste, où nous avons estés en corps après la convocation faicte de ceux qui ont passé en charges de juge et consulz seullement. Et là, M^r le lieutenant nous a dict seimplement que c'estoit un sermant qu'il faisoit avecq nous et que nous debvions estre tous fidelles au roy. Sans faire d'aultre sérémonie, nous sommes retirés. Mais, pour les corps éclésiastiques, aulcuns n'y ont vollu aller, disant qu'ilz le faisoient dens leurs chapitres et ne reconnoissent aultres pour cella.

CIX. — Le mardy 2e juing 1643, on a faict dens la grande esglise de Poictiers le service de *Requiem* pour l'âme du feu roy Louis 13e, par les chapitres de St-Pierre-le-Grand, Nostre-Dame-la-Grande et St-Pierre-le-Pillier, tenant le costé droict, et les chapitres de St-Hillaire-le-Grand, Ste-Radegonde et St-Hilaire-de-la-Celle, le gauche; et par les derrières desd. corps éclésiastiques estoient les corps laïcz, sçavoir : à droicte, le recteur, le s^r de Villemontée, intandant de la justice, avecq le présidial, et encore le corps des marchantz en robes; et à gauche, M^{rs} les maire, pairs, eschevins et bourgeois de la Maison de ville [1]. Mgr l'évesque, estant incomodé, ne pust célébrer et ce tient dens le mylieu sur son siège et acoudouer couvert de noir. La saincte messe fust cellébrée par missire Denis Guilloteau, grand vicaire et chanoine théologal, assisté de Mrs Daguin et Chevallier aussy chanoine en lad. église, les chapes du cœur portées à droicte par Mrs de Fenieu et Denesde, chanoines de lad. esglise, et à gauche, par Mrs Vergnault et Chasseriau, chanoines de St-Hillaire-le-Grand, et le traict ou graduel de la messe chanté sur le chevallet par Mrs Lesplu et Dubreuil, des deux esglises; et à l'issue de la messe,

---

1. Le corps de ville avait été convié à ce service par l'évêque, qui l'avait en même temps informé qu'il pourrait y occuper sa place accoutumée (Arch. comm. de Poitiers, reg. des délib. n° 94, p. 177).

l'oraison funèbre prononcée par missire Christophle Fauveau, docteur en Sorbonne, chanoine et official en lad. esglise de Poictiers; le tout dens la nef, et l'autel droissé soubs le crucifix du jubé pour la comodité de tout le monde.

CX. — Le dimanche 7 juin 1643, les feus de joye ont estés faicts au Marché-Vieux de Poictiers [1], par l'hureuse victoire gasgnée sur les Espagnolz au mois de may dernier, au lieu de Rocroy en Picardie, par Mgr le duc d'Anguien, filz aisné du prince de Condé, assisté de Mrs de Gassion et ......, avecq aultres. On y a bien perdu beaucoup de braves gens de nostre part, mais les Espagnolz ont tout perdu. On faict compte de 6 mille mortz, 4 mille prisonniers, et toute leur artillerie et bagage prins. C'est une grande gloire à ce jeune prince et un grand bonheur pour la France, au comancemant du règne d'un roy qui n'a pas encore 5 ans, et semble que Dieu l'a bény nous le donnant.

Et le 25 juin, on a amené à Poictiers 40 ou 50 desd. prisonniers, conduictz et gardés par aulcuns habitans de Chastellerault, qui les ont laissés entre nos mains, pour les garder comme eux, mais dud. nombre en a seullement retenu 12 que l'on a mis dens le portal de la Tranchée.

Et le dimanche 28 juin suivant, l'on en a amené 263 aultres, soldatz et quelques sergentz et caporaulx, desquelz avecq les douse premiers on a chargé M^r le maire, suivant l'ordre de la reine, et ont estés mis dens le grand jeu de

---

1. Il y eut aussi un *Te Deum* chanté dans l'église des Augustins, le tout en exécution d'une lettre du roi, adressée à M. de Parabère, gouverneur de la province, et dont copie fut transmise par celui-ci au corps de ville. A cette copie se trouvait jointe une relation imprimée de ce qui s'était passé de plus mémorable à la bataille de Rocroy, et il fut décidé que cette relation serait imprimée de nouveau, pour être portée à la connaissance de tous (Arch. com. de Poitiers, reg. des délib. n° 94, p. 179).

paume de France et granges du Cheval-Blanc, ès faulxbourgs de S*t*-Saturnin.

Le vendredy 3 juillet 1643, on a encore amené près de quatre centz desd. prisoniers, lesquelz ont couché seullement une nuict ès faulxbourgs de la Tranchée, et landemain ont passé oubltre, du costé de Lusignan.

Et le 15 juillet dict an, les premiers, desquelz nous estions chargés, ont estés envoïés en aultres villes, suivant l'arrest de descharge pour la ville de Poictiers, et ont estés conduictz par 3 capitaines, enseignes, segens de bandes et aultres habitans de cette ville.

CXI. — M*gr* nostre évesque ayant donné ordre et comission à missire Cristophle Fauveau, presbtre, chanoine en l'église de Poictiers et son official, docteur en Sorbonne, d'informer et s'assurer, dens l'ordre de la justice, d'une merveille et miracle arrivé en la saincte hostie dens l'église de Pressac, c'est trouvé la véritté estre telle, par la desposition de quantité de personnes, capusins, presbtres et aultres habitans dud. Pressac, que le jeudy absolu, 2*e* avril dernier 1643, on auroit à la manière acoustumée posé le très Sainct-Sacrement sur l'autel de la chapelle dicte de Nostre-Dame, avecq le plus d'ornement qu'il fust possible à monsieur le vicaire, et ce, dens un calice couvert seimplement d'un voille sans la platine. Le service estant faict et le peuple retiré, on auroit fermé les portes de l'église et laissé le feu et lumière davant le S*t*-Sacrement; seroit arrivé que, ayant esté veu de la fumée sortir par les fenestre, le custode auroit couru à l'église et trouvé que le feu estoit prins et avoit desjà bruslé des tavaïolles [1], parties des napes, tavaïolles et voille, et encore toute la toile d'un tableau et offancé le cadre. De plus, M*r* le vicaire venu auroit trouvé

---

1. Tavaïolles, linge ordinairement très fin et garni de dentelles, servant à porter les pains bénits ou à couvrir les enfants qu'on va présenter au baptême.

la couppe du callice d'estain fondue, et qui coulloit encore sur la patte, s'y incorporant à petitz grumeaux, et trouva la saincte hostie apuïée sur la noy ou pognée dud. calice, moings large en sirconférance que la saincte hostie d'un doid, et icelle très saincte hostie couverte de sandres et de feu, gros comme un œufz, non endomagée, synon un peu roussie sur les bordz, et le callice cy chault qu'il fallust avoir un linge pour le porter sur le grand hostel, où le lendemain Vandry-Sainct, elle fust consommée par led. vicaire, le curé estant interdict, à cause de l'accusation de sortillège dont on [n']a encore peu le convaincre [1].

CXII. — Le mercredy 29 juillet 1643, madame la duchesse d'Anguien, de la maison de Brezé, a acouché d'un filz dens l'hostel de Condé, à Paris, sur les 7 heures du soir.

CXIII. — Le 10ᵉ aoust 1643, la ville de Thionville, on pays de Luxembourg, a esté randue en l'obéissance du roy de France, après un siège de sept sepmaines, tenu par Mᵍʳ Louis de Bourbon, duc d'Anguien, qui receust les gouverneurs et habitans à composition, signée de luy et du général de la garnison Espagnolle ou inpérialle le 8ᵉ dud. mois; lesquelz ont sorty en armes avecq leurs biens et ont estés conduictz à Luxembourg. Led. seigneur fust droict, sur les 2 heures, à l'église parroissialle où il fust receu par les éclésiastiques et harangué en latin par Mʳ le curé dud. lieu, à qui fust respondu de mesme, et le *Te Deum* chanté avec *Domine salvum fac regem Ludovicum*, et enfin la bénédiction du très Sainct-Sacrement que nos

---

1. Ce fait miraculeux ayant été confirmé par l'enquête à laquelle on avait procédé, Mᵍʳ de la Rocheposay en dressa, le 22 juillet 1643, un rapport qui fut imprimé et se trouve au nombre des pièces mises à la suite des *Annales d'Aquitaine* (édit. de 1644). Le reste du calice fut déposé dans le trésor de la cathédrale de Poitiers, puis rendu en 1840 à l'église de Pressac, et placé dans une châsse en bois doré, sur un autel que surmonte un tableau représentant le miracle et datant de l'année même où celui-ci eut lieu (L'abbé Auber, *Hist. de la cathéd. de Poitiers*, t. II, p. 345).

soldatz salluoient tous les matins, avant d'aller en garde pendant le siège, de l'ordre de nostre très pieuse reine-mère Anne d'Austriche [1].

CXIV. — Au mois de juillet 1643, on a persé la langue à un homme passant pour avoir juré et blasfémé atrossement contre Dieu et sa famille dens l'église des Jacobins, en présence du très Sainct-Sacrement, le premier dimanche dud. mois ; ce qui fust exécuté par le boureau avecq un fer chault à la place de Nostre-Dame-la-Grande.

CXV. — Le 12e aoust 1643, le nommé Pépinière, qu'on qualifioit coupe-jaret du feu duc de Roanez, a esté rouhé à lad. place, pour [avoir] comis plusieurs meurtres et aultres meschansetés qui avoient estés tollérées pandant le vivant de ce seigneur, et enfin fust prins par le provost de Lodun, avecq grand peine, et mesme tué et blessé plusieurs des archers, et encore, arrivés qu'ilz furent fort tard à la Queuille, ilz ne purent entrer en ville, ce sauva la nuict tout nud, et c'est caché deux ou trois jours sur l'estang de St-Hillaire, vers Biard, où il fust rancontré par un de nos bœufz qui pacageoit dens les marais, ce qui obliga le filz de nostre mestayer de crier au secours, pansant que ce pauvre malhureux voullust tuer son bœuf, acquoy les païsans du bourg estant acourus, ilz le prindrent à peine et l'aportèrent sur une sevière, pour ce qu'il s'estoit froissé aux jambes et à la teste.

CXVI. — Le 13e aoust 1643, jour et feste solemnelle de madame saincte Radegonde, reine de France et première abbesse de Ste-Croix, fust esrigée la confrairie du tombeau de lad. saincte, en son église royalle de Poictiers, soubz la direction de Mrs les R. prieur, chantre et chanoines d'icelle, par Mgr nostre évesque, au subject des grandz miracles et

---

1. Le T: Deum fut chanté à Poitiers le 30 août et les réjouissances publiques eurent lieu le même jour (Arch. com. de Poitiers, reg. des délib. n° 95, p. 39).

dévotions, qui ce sont faictz et ce font aud. tombeau, despuis les festes de Pacques dernier, mesme que les peuples de la campagne y sont venus processionnellement de sept ou huict lieues autour la ville, tant villes que bourgades [1].

CXVII. — Dès la queuillette 1643, le fromant a vallu 22 s. le boiceau, mesure de Poictiers, et en janvier, 24; puis jusques à 28 s. jusques à Pasques, qu'il a un peu diminué; et le vin au commancemant 60 liv., puis 50 liv.; le lard sallé 12 s. la livre, et génerallement touttes les danrées.

CXVIII. Le lundy de Quasimodo, 4ᵉ avril 1644, sire Charles Babinet, juge en chef des marchandz, a pozé la première pierre du bastiment, que la compagnie a résollu de faire, d'une salle d'audiance de 48 piedz de long et 24 de large, et sur icelle, une chambre de conseil et une chapelle, ayant le tout aspec sur le jardin; dont on a donné la conduicte au sʳ Bertrand Jardret, architecte, à 30 liv. par mois, avecq sires René Levasseur, André Armant, Pierre de Sauzay et Michel de Morthemer, pour sogner génerallement le tout.

Et pour prandre garde particullièrement au travail des ouvriers, à la descharge des matériaux et soullagement des 4 sy-dessus nommés, on a nommé deux aultres marchandz, par chascune sepmaine, qui font faire les payementz tous les samedis. Et premièrement, ont estés nommés sires Pierre Barré et François Herbault; sires Louis de la Vergne et Achilles Lelet; sires Bertrand de la Piere et Anthoine Denesde;

---

[1]. Des indulgences plénières furent concédées, dans un grand nombre de cas, aux membres de la confrérie, par bref du pape Innocent X, en date du 23 juin 1645. En vertu d'un autre bref du 24 du même mois, l'autel du tombeau de la sainte fut privilégié, pour les confrères défunts, pendant le jour et l'octave de la Commémoration des morts et les lundis de chaque semaine (Arch. de la Vienne, chap. de Sainte-Radegonde, l. 3).

sires Samuel Coustière et Nicollas Roux; sires Jacques Collin, Paul Morillon et aultres en leur tour. L'ordre tel a duré quelque temps, puis interronpu, et le 28 septembre 1645 on a nommé d'aultres œconomes dud. bastiment, sçavoir : sires Pierre Lambert, sindic ; Hiérosme Garnier ; moy, Anthoine Denesde ; Louis Cornouaille et René Herpin; et on esté chargé de faire les payementz aux ouvriers et matériaux.

Le mardy 20ᵉ octobre 1648, sire Jean Babinet, juge en chef, Adrien Chenier, premier consul, Jacob Rozet et René Chagneau, ayant prins le soing de faire mettre les vittres, ferrer les portes du bas, retranché le parquaict et y dresser les marchepiedz et sièges, et tandre les tapisseries faictes dès l'année 1645, ont comancé à tenir la cour et audiance dens lad. salle basse, assistés de sires Pierre Barré, Bertrand de la Piere, Hiérosme Garnier, François Herbault, Anthoine Denesde, passés en charge de juge ; Jacques Rozet et Jean Robin en premier consul ; pour lequel honneur mond. sʳ le juge a donné à disner aux dessus dictz dens la chambre haulte, encore sans portes fermantes ne séparation de la chapelle à lad. chambre, et sans que la voye, despuis la ruhe jusques aud. bastiment, fust aultrement disposée qu'auparavant, mesme la grand cour, qui est au davant dud. bastiment, encore plaine de terres et vidanges jusques au seuil des premières portes d'entrées de dessoubz le grand escallier, qui rent led. abort et entrée extrêmement difforme, pour ce qu'il reste à baisser les terres de lad. cour en sorte qu'il faille pour le moings 3 marches pour entrer en lad. salle basse ; mais ce que l'on en a faict, sa esté une petite pressipitation ambitieuse de voir cet establissement de sy belle chouse avant de mourir.

CXIX. — Le.... avril 1644, on a mis la première pierre et commansé à pauser l'autel neuf que Mʳˢ du chapitre ont faict faire au lieu que ce poze l'image de Nostre-Dame, entrepris par le s^r Bertrand Jardret, architecte ¹; et lad. première pierre posée par..... Dreux, escuier, filz aisné de Bonnavanture Dreux, escuier, sieur de la Bremaudière, procureur du roy au bureau des finances à Poictiers, agé de ...... ans, ayant encore le corset.

Lequel autel a esté parachevé la vigille St-Pierre et St-Paul, 27 juin 1644.

CXX. — Dès le comansement de l'année 1643, a esté introduict à Poictiers la bonne et louable coustume d'assister à la sépulture les pauvres décedés dens l'hospital, à l'exemple de M^rs les curés et aultres prestres qui s'y sont vollontairement offertz, en habit dessent, et Mrs Jarno Dulac et Filleau de la Bouchetrie, procureur et advocat du roy, et ensuitte Mr de Jorigny, doïen, Pineau, de la Coussaye, Poudret, conseillers, et aultres hommes et femmes, en sorte qu'il s'y est trouvé jusques à dix ou douze presbtres et quantitté d'honorables personnes, et auparavant il n'y avoit pour tout que le chapelin, qui ne pouvoit chanter seul. ².

CXXI. — Le lundy 30e may 1644, arriva à Poictiers Mr Me René de Voyer, s^gr d'Argenson, de la maison de Paulmy en Tourraine, conseiller d'Estat, intandant de la justice, pollice, finances et marine, ès provinces de Poictou, Sainctonge, Engommois et Aulnis ³, en la place de s^gr François de Villemontée, qui avoit faict trouver tant d'aises

---

1. Pour la somme de 530 liv., suivant marché passé devant Me Barraud, notaire à Poitiers (Arch. de la Vienne, G. 1308). Cet acte n'a pu être retrouvé, les minutes de Me Barraud étant aujourd'hui disparues. Le nom de ce dernier ne figure pas, en effet, sur le tableau des notaires de l'arrondissement de Poitiers et de leurs prédécesseurs, dressé, en 1835, par M. Ginot, ancien notaire en cette ville (Poitiers, impr. Saurin).
2. Cette dévotion fut érigée en titre de congrégation sous le vocable de Saint-Charles Borromée, le 10 janvier 1646, et les statuts en furent homologués le même jour par Mgr de la Rocheposay, évêque de Poitiers (V. App. XXIII).
3. La lettre du roi informant le corps de ville de cette nomination est du 28 avril 1644 (V. App. XXIV).

dens la malaise. Led. s^r d'Argenson veuf avoit avecq luy ces trois enfans : l'aisné, conseiller au parlement de Normandie ; le cadet, abbé de [Beaulieu, au diocèse de Tours] et le troisiesme, grand baillif de Tourraine [1]. Tous les corps honorables de la ville l'ont esté salluer dens son logis de la Clielle-Brochard, près St-Savin [2] ; les marchandz y furent le mardy 31.

CXXII. — Le lundy [13] juin 1644, le seigneur de Villequier, marquis d'Aumont, s^gr de Chapes et Clervault, vient à Poictiers, prandre pocession du gouvernement de la ville [3], logea en l'hostel de Ste-Souline, proche St-Didier, où tous les corps honorables le furent salluer [4] ; les marchandz y furent le mercredy suivant.

CXXIII. — Le premier jour d'aoust 1644, on a establi l'archiconfrairie du Très Sainct-Sacrement, en la grande église de St-Pierre de Poictiers, choisie, avecq la permission de M^r l'évesque et M^rs du chappitre, par M^rs les dix curés de

---

1. V. *Dict. des fam. de l'anc. Poitou*, fam. de Voyer.
2. M. le maire, accompagné de plusieurs échevins et bourgeois, lui offrit, en allant le saluer, vingt-quatre bouteilles de « bon vin » et six douzaines de flambeaux blancs, contenus dans trois grandes boites de sapin (Arch. com. de Poitiers, reg. des délib. n° 95, p. 146).
3. Il avait été pourvu de cette charge, vacante par la mort de Gillier de Puygarreau, suivant lettres patentes du 20 juin 1643, registrées en parlement le 19 décembre suivant (copie de ces lettres se trouve sur les registres des délibérations du corps de ville, n° 95, p. 155). D'Aumont vint en Poitou dès le mois de janvier 1644, pour réprimer les factions qui paraissaient vouloir s'élever dans la province (V. App. XXV), mais il faisait alors sa première entrée dans la ville en qualité de gouverneur.
4. Avant ce jour, René Richeteau, pair et échevin, était allé, de la part du corps de ville, lui faire les compliments d'usage dans son château de la Fosse-Saint-Père. A son arrivée à Poitiers, on lui envoya les présents accoutumés (vingt-quatre bouteilles de « bon vin » et six douzaines de flambeaux blancs), et en allant le saluer, M. le maire lui offrit les clefs de la ville, que celui-ci lui rendit aussitôt (Arch. comm. de Poitiers, reg. des délib. n° 95, p. 153-159).
Thibaudeau (*Histoire du Poitou*, 1840, t. III, p. 306) parle de démêlés qui auraient eu lieu à cette occasion entre le maire et le gouverneur. Il y a de sa part confusion de dates. Les faits qu'il rapporte ne se sont point passés à l'époque indiquée par lui, mais bien le 11 novembre 1647, jour où M. d'Aumont vint de nouveau à Poitiers (Id. reg. 99, p. 93).

la ville qui ont lad. confrairie en commung; mais, pour avoir des indulgences, falloit une église certaine, non plusieurs. Le St Père Urbain 8e a donné sa bulle au mois de juin 1644 [1], portant indulgence plénière aux confrères, le jour de l'entrée, tous les ans le premier jour d'aoust, qui visiteront lad. esglise et qui, en l'agonnie, dira de bouche ou de cœur le sacré nom de Jésus, et aultres indulgences.

Led. St Père Urbain 8e est décedé à Rome, le [29] juillet 1644.

CXXIV. — Le dimanche 14e aoust 1644, on a chanté le *Te Deum* en l'église de Poictiers, issue de la grande messe; et, à l'après dinée, les feus de joye au Marché-Vieil pour la prise de la ville et chasteau de Graveline [2].

CXXV. — Le 12e aoust 1644, passa par Poictiers [Marie] de Bourbon, femme du prinse Thomas de Savoye, duc de Carignan [3], laquelle est venue d'Espagne, où elle estoit comme captive, en France, recueillir la succession de sa mère feue madame la comptesse de Soissons.

CXXVI. — Le 8e septembre 1644, nativité de Nostre-Dame, a esté institué [4], en l'église de Nostre-Dame-la-Grande, la confrairie de la Vierge, soubz le tiltre *Refugium Pictavorum*, où sont receus tous les fidelles de l'un et l'aultre sexe, avecq plusieurs belles indulgences et processions,

---

1. Le 5 juin 1644 (Arch. de la Vienne, cart. 2).
2. En exécution d'une lettre écrite par le roi à M. de Parabère, gouverneur du Poitou, le 31 juillet précédent, dans laquelle on peut lire le récit détaillé de ce fait d'armes. (Arch. com. de Poitiers, cart. 8, C. 115).
3. M. le maire alla la saluer à son arrivée (Id., reg des délib. n° 96, p. 32).
4. Institué a ici le sens d'inauguré. On voit en effet, par une délibération du chapitre de Notre-Dame du 7 du même mois, que l'abbé fut prié de porter le lendemain, après complies, le Saint-Sacrement autour de l'église et des cloîtres, assisté de diacre, sous-diacre et des chanoines, tous chapés, tenant un cierge blanc à la main. Ce fut le commencement des cérémonies relatives à ladite congrégation, pour laquelle l'ordre à observer dans la suite se trouvait établi dans les statuts qu'on avait fait imprimer (Arch. de la Vienne, G. 1308).

et une belle et louable coustume pour estre şecouru au besoing, qui est allors qu'un confrère ou sœur sera en l'agonie de la mort et que les siens advertisront le sacristain de la dicte église, il fera sonner trente coups de la grosse cloche pour advertir tous les aultres confrères et aultre personne de ce mettre en prière pour l'agonisant ; et oulbtre, quelques uns de messieurs tant du hault que bas cœur, ce trouveront en surplis davant l'image de la Ste-Vierge et chanteront un *Salve Regina* et *Sub tuum presidium* avecq verset et oraison ; et le premier lundy après le décedz, les confrères feront dire une messe pour le deffunct, au grand autel privillégié.

CXXVII. — Le samedy 8e octobre 1644, les religieuses hospitallières ont estées mises en possession de l'aumosnerie et hospital de Nostre-Dame-la-Grande de Poictiers, suivant le contract faict entr'elles et messieurs de la dominicalle [1].

CXXVIII. — Le 22e octobre 1644, a passé par Poictiers dom Francisco de Mello, général des armées du roy catholicque en Flandre, contre nous [2] ; mais, par permission de

---

1. Ce contrat, reçu par Johanne et Barraud, notaires à Poitiers, le 19 juillet précédent, avait été passé avec les maire et échevins et non pas avec la dominicale, comme le prétend Denesde. Les clauses principales en ont été rapportées par Thibaudeau (*Histoire du Poitou*, 1840, t. III, p. 351). Les religieuses furent installées en présence de tous les corps de la ville et avec grande affluence de peuple, après la prédication faite en l'église Notre-Dame par Louis Levasseur, docteur en théologie, curé de Sainte-Opportune. Trouvant dans la suite que l'aumônerie était un endroit malsain, et après y avoir été autorisées par le roi, qui les déchargea entièrement de l'exécution du contrat passé avec l'Hôtel-de-Ville, elles allèrent s'établir, au mois de juin 1656, dans une maison située vis-à-vis les Trois-Piliers, qu'elles avaient achetée de M. Peyraud de la Chèze, conseiller du roi, juge-magistrat au présidial de Poitiers (Arch. com. de Poitiers, D 77, carton 11 ; — id. O, carton 52. — Arch. de la Vienne, couvents de femmes, l. 62).

2. Et l'un de ses plénipotentiaires aux négociations ouvertes à Munster pour mettre fin à la guerre générale qui désolait l'Europe. Il était accompagné du sieur Duplessis-Besançon, maréchal de bataille, que Louis XIV avait envoyé au-devant de lui jusqu'à Péronne (V. lettre du roi aux maire, échevins et habitants de Poitiers, du 6 octobre 1644, App. XXVI).

nostre roy, il a passé par la France pour aller en Espagne, avecq sa femme, son fils et 3 filles, et un très beau train.

CXXIX. — La nuict du samedy 28, venant au dimanche 29 janvier 1645, a faict un tel vent et orrage, qu'il y a heu grand desbris tant en cette ville qu'à la campagne, entr'aultres en cette ville, a couppé net et renversé la grande esguille du clocher de la Celle [1], jusques à la forme carrée où sont les cloches, que j'avois veu une fois escorger par un grand coup de tonnerre ; plus une grande croix de fer et la pierre où elle estoit cramponnée au sommet du pignon neuf de l'église du Montierneuf, et icelle avecq la pierre portée par le vent dens le préau du cloistre ; plus une aultre plus grande croix qui estoit sur le dosme où est l'orloge des Augustins ; enlevé tout le plom qui couvre le faix de l'église de S¹-Hillaire ; une grosse pierre, portée sur une gallerie au logis des de la Fuye, en la ruhe de S¹-Paul, a enfossé la couverture et tué un petit garson en son lict et

---

1. « Le dimanche 29 janvier 1645, sur les quatre heures du matin, « le clocher de l'abbaye Saint-Hilaire-de-la-Celle de ceste ville de « Poictiers, qui estoit une des belle aiguille ou pointe de clocher « qui fust en Poictou, voire en France, au rapport de ceux qui ont « voyagé, pour estre en boys, fut entièrement rasé et abbattu par la « violence d'un vent de mer qui avoit soufflé furieusement, toute la « nuit..... (Signé) de la Porte, vicaire perpétuel dud. lieu de la « Celle. » (Arch. com. de Poitiers, reg. par. n° 122.)

M. de la Porte ne craignit pas de donner cours à son humeur plaisante, en consacrant à cet événement le quatrain et les deux premiers distiques qui vont suivre. L'auteur du troisième distique a cru devoir garder l'anonyme. On ne saurait lui reprocher cette modestie :

« Dis moy de grâce une nouvelle.
« Pourquoy ce clocher que je vis
« C'est-il osté dessur la Celle?
« C'est qu'il estoit las d'estre assis. »

« Ce clocher si superbe assis dessus l'église
« Cheut par le vent de mer et non pas de la bise. »

« Le superbe clocher de la Celle un matin
« De Charles Manevy tomba dans le jardin. »

« Le clocher que tu vis si haut desur la Celle
« Pour descendre le vent luy a servy d'eschelle. »

(Arch. com. de Poitiers, id.)

blessé son frère, filz de Mᵉ Jean Pougnet, procureur ; plus descouvert la maison de M. Dupont Lespinasse, premier conseiller, près l'Estoille, et porté une cheminée par terre, et aultres [1].

CXXX. — Le vendredy 10ᵉ febvrier 1645, a esté inhumé à Sᵗ-Cibard sire Nicollas de Saincte-Marthe, escuier, l'un des pairs et eschevins, et cappitaine en chef de la compagnie de la Chaussée, lieutenant général en la sénéchaussée de Poictou à Poictiers, où assistèrent en corps Mʳˢ du présidial. Mʳ le recteur de l'universitté, qui estoit Delavau-Sᵗ-Jasme, filz de la niepce du deffunct, marchoit le premier et menoit son grand oncle, beau-frère du deffunct ; puis marchoit Mʳ d'Argenson, intandant de la justice ; puis Mʳ le lieutenant particullier et tous les conseillers, grand nombre d'advocatz et procureurs, ayans tous robes et bonnetz carrés ; et oubltre, estoit sa compagnie en armes conduitte par Bonnadventure Dreux, escuier, sʳ de la Brémaudière, procureur du roy au bureau des finances, lieutenant d'icelle.

Sire René Beugnon, escuier, sʳ de la Touche, pair et eschevin, a esté faict cappitaine en chef.

Martin Reveau, escuier, sʳ de Sirière, lieutenant particullier assesseur civil, a esté renply en place d'eschevin.

CXXXI. — Le vendredy 17ᵉ febvrier 1645, est deceddé subittement sur les 7 heures du matin, en s'abillant et promenant, sire Pierre Roatin, escuier, sʳ du Temple et de la Sigogne, pair et eschevin, cappitaine de la compagnie appellée l'Escherpe de lad. ville, et fust enterré le landemain en sa parroisse Sᵗᵉ-Opportune, où Mʳ le maire, eschvins et bourgeois assistèrent en corps, et la compagnie en armes.

---

1. Cette tempête exerça surtout ses ravages sur les côtes et dans les îles voisines, et laissa de nombreuses traces de sa violence à La Rochelle, Saujon, Marennes, Talmont et autres villes du littoral (V. *Journal de Samuel Robert*, publié par M. Tortat dans le t. XI des *Archives hist. de la Saintonge et de l'Aunis*).

Sire Jacques Degennes, escuier, conseiller, pair et eschevin, a esté faict cappitaine, et despuis président présidial.

René Rouger, s^r de l'Isle-Bertin, a esté renply d'eschevin.

CXXXII. — Le 21° juin 1645, est décédé à Paris M° Jacques Chaubier, advocat en parlement, troisiesme filz de M° Nicollas Chaubier[1], conseiller du roy et eslu à Poictierz, cousin germain de feu mon père ; duquel estoit grande espérance pour son esprit qu'il cultivoit fort par le travail et grande hardiesse, agé seullement, quand il est mort, de vingt-cinq ans.

CXXXIII. — Le 29° juing 1645, on a faict à Poictiers les feus de joye, pour la prinse de la ville de Roze, capitalle du Roussillon, sur le roy d'Espagne.

CXXXIV. — Le 23° juillet 1645, on a chanté le *Te Deum*, dens la grande église de Poictiers, pour la prinse de La Mothe, très forte ville de Loraine, qui s'estoit rebellée contre le roy, lequel s'estant saisy de la Loraine pour quelque raison, le duc Charles, mary de la duchesse de Loraine, estoit venu randre ses debvoirs et submissions au roy, lequel luy remist La Mothe, à la charge de luy estre fidelle ; ce que ne faisant, le roy fust contrainct de la rassiéger et enfin la prinse.

CXXXV. — A la fin du mois de juin ou comancement de juillet 1645, le grand seigneur des Turcz, avecq une armée de deux centz mille hommes, est venu assiéger Malte, demeure du grand maistre des chevalliers de St-Jean-de-Hiérusalem, lesquelz ont grande résollution de ce bien deffandre, combatant pour la foy.

---

1. Et de Jehanne Berland. Il avait été baptisé à Sainte-Opportune le 23 octobre 1619. Quatre autres enfants, issus du même mariage, furent aussi baptisés à Sainte-Opportune, savoir : Philippe, le 2 avril 1614 ; René, le 21 novembre 1621 ; Jehan, le 16 juin 1623, et Charles, le 9 mai 1625. Leur père fut inhumé dans la même église le 14 novembre 1652. « C'estoit un fort honneste homme, craignant Dieu, bon paroissien et qui assistoit à toutes les heures de l'église » (Arch. com. de Poitiers, reg. par. n°s 237 et 240).

CXXXVI. — Le dimanche xi novembre 1646, R. P. en Dieu Samuel Martineau, de la maison de Thuré, illustrissime évesque de Bazas, par permission de nostre évesque, sacra et dédia l'église du Calvaire de cette ville et commança dès 3 heures du matin, et à la fin dist la saincte messe pontificallement, qui acheva sur les unzes heures, où je me trouvé et y receus sa bénédiction ; et déclara indulgence plénière en ce jour, et tous les ans à pareil, sçavoir le second dimanche de novembre, quarante jours.

Le landemain, conféra le sacrement de confirmation en lad. église.

Le mardy, sacra le grand hostel de la Trinitté [1] et y cellébra aussy pontificallement.

CXXXVII. — Le [26] décembre 1646, est déceddé à [Paris, en son hôtel] Henry de Bourbon, prince de Condé, aagé d'environ 60 ans.

CXXXVIII.—Le jeudy davant les Rameaux, 11ᵉ avril 1647, François de la Rochefoucault, prince de Marsillac, gouverneur général pour le roy en Poictou [2], est venu de Paris à Poictiers [3], assisté de François, duc de la Rochefoucault,

---

1. Après y avoir déposé les reliques des saints et saintes dont les noms suivent : saint Thomas de Cantorbéry, martyr ; saint Guy, martyr ; saint Privat, martyr ; saint Junien, abbé de Noaillé, confesseur (le texte porte de *Nantolio* qu'on a dû mettre, par erreur, au lieu de *de Nobiliaco*, Nanteuil n'ayant jamais eu d'abbé du nom de Junien) ; saint Pharon, évêque de Meaux, confesseur ; sainte Gaudence, vierge et martyre, et sainte Eulalie, vierge et martyre. On accorda une année d'indulgences aux personnes qui assistèrent à cette cérémonie, et quarante jours à celles qui, dans la suite, visiteraient l'autel au jour anniversaire de sa consécration (Arch. de la Vienne, abb. de la Trinité, l. 6). .

2. Le prince de Marsillac, maréchal des camps et armées du roi, mestre de camp d'un régiment de cavalerie, avait été pourvu de la charge de gouverneur et lieutenant général pour le roi en la province et pays du haut et bas Poitou, Châtelleraudais et Loudunais, vacante par la démission du comte de Parabère, suivant lettres patentes du 3 novembre 1646, registrées en parlement le 19 du même mois (copie de ces lettres se trouve sur les registres de délibérations du corps de ville, n° 98, p. 95).

3. René Rougier et Pierre Guyon, pairs et échevins, étaient allés jusqu'à Châtellerault pour le saluer et prendre ses ordres pour son entrée à Poitiers, (Id. p. 138) On trouve dans Thibaudeau (*Histoire*

son père, ensemble mesdames sa mère et sa femme héritière de la Chastaigneraye, [Louis] évesque de Lestoure, abbé de la Reau, et Hillaire Poictiers, apellé le chevallier, ses frères. Tous les corps de la ville le sont allé salué et harangué sçavoir : M⁺ le mayre, eschvins et bourgeois, hors la porte St-Lasare, davant le Croissant, où mond. seigneur son père et nostre intandant M⁺ de Villemontée mirent pied à terre et ce tindrent debout et descouvertz tant que l'harangue dura qui fust longue. M^{rs} les présidiaux et eslus furent au logis dud. intandant, où ilz avoient dessendu dès le mesme jour, et messieurs les marchandz le vendredy matin. Pour les aultres sérémonie d'entrée furent remises à une aultre fois, car dès le vendredy s'enfurent à la Rochefoucault.

CXXXIX. — La nuict du 13 venant au 14 aoust 1647, le feu prinst dens l'estude de Me Pierre Lefebvre, advocat, père de Mr Me Anthoine Lefebvre, conseiller [1], et brusla plusieurs pappiers de conséquance, livres, meubles et charpente, mesme dens la cuisine qui estoit dessoubz lad. estude, et fist grand domage.

CXL. — Le 15e dud. mois et an, jour d'Assumption Nostre-Dame, ung peu avant trois heures, comme les coustres estoient au clocher de l'église Nostre-Dame-la-Grande pour sonner le clas de vespres de touttes les cloches, à cause de la solemnitté de la feste et des indulgences octroïées par le Sainct Père, en lad. église, en faveur des confrères de l'agonie, arriva une grande nuée de pluye dens laquelle survient ung seul coup de tonnere qui fist ung espouvantable esclat, et le tonnerre donnant dens le clocher tua roide moirt un des coustres, quoyque se soict bien que le corps heust quelques mouvements qui tesmognoient qu'il n'estoit encore definy,

---

du Poitou, 1840, t. III, p. 308) des détails sur son arrivée dans cette dernière ville, puisés dans les registres des délibérations. Nous n'avons pas cru devoir les reproduire ici.

1. Ce dernier était marié à Geneviève de Brilhac, de la branche des Roches de Choisy (*Dict. des fam. du Poitou*, fam. de Brilhac).

néanmoings, il fust tousjours sans jugement et sans raison. On croit que le prinsipal et premier coup fust sur le crasne et que la sortie en fust à la gorge, pour ce qu'après minuict, il a sorty par ces deux lieux force' sang, et néanmoings par tout son corps estoit tout noir et grillé. On l'enterra le landemain [1].

CXLI. — Au mois de décembre 1647, ont estés pendus et estranglés trois parroissiens de St-Cibart, sçavoir : le...... Jean Dumont, maistre serrurier et natif de cette ville, et ung faiseur de bahus, estranger, dens la place du Pillory ; et Pierre Ludon, maistre serrurier, natif de cette dicte ville, dens la place Nostre-Dame-la-Grand, le..... ; et ce, par sántance du lieutenant criminel, assisté du présidial, pour avoir vollé de nuict M^e..... Ingrand, s^r de la Sicogne, advocat, héréticque calviniste, demeurant entre le Pillory et l'église de St-Cibart, dès la St-Mathieu, en septembre dernier, mais c'est que l'on a esté longtemps à pouvoir trouver la preuve, encore ny a il que Dumont qui aye advoué à la gesne et accusé Ludon qui n'estoit poinct accusé.

CXLII. — Le lundy 23e décembre 1647, arriva à Poictiers, par la porte de la Tranchée, le R. P. Innocent de Calatayroné, général des PP. Capucins et a demouré dens le covent, jusques au lundy 30e, qu'il s'en alla par Rochereuil, pour coucher à Dissay, chasteau épiscopal. Je croys que tous les catholicques de cette ville, au moings la plus grande partie, l'a esté voir, pour avoir la bénédiction, ouyr sa messe et plusieurs communier de sa main, dens la grande réputation de saincteté où il est. A tous ceux qui ce présentoient à luy, il donnoit l'aposition des mains. Il a esté mesme visitté de nostre évesque, lequel il avoit esté voir premièrement. On dict qu'il faict miracle ès personnes de

---

[1]. Les dégâts matériels furent de peu d'importance. La dépense faite pour les réparer ne s'éleva qu'à 11 liv. 16 s. (Arch. de la Vienne, G. 1242).

deux religieuses, l'une de S^to-Croix, l'aultre de Nostre-Dame, lesquelles estoient malades et comme paraliticques despuis longtemps et ce sont trouvée guéries après son atouchement.

CXLIII. — Le 30 may 1648, vigille de Pentecoste, [Jehan] Cornuau, s^r de la Faurie [1], lieutenant de M^r le provost provinsial de cette ville, sortant de salluer Mr de Marsillac, gouverneur, au logis de M^r nostre intandant Villemontée, fust malhureusement assassiné de plusieurs coups de pistolletz par Philbert Porcheron, S^r de St-Jasmes, naguère entien conseiller au présidial, pourveu de l'office de grand provost général en Poictou nouvellement créé par les sangsue du Conseil, et ce en despit des peines qu'il trouvoit à ce randre paisible dens led. office.

CXLIV. — Le jeudy 23e juillet 1648, au présidial l'audiance tenant, a esté leu la déclaration du roy, portant supression de touttes les commissions particullières, mesmes des intandantz de justice qui estoient dens les provinces, à la réserve de ceux de.........., encore ne doibvent-ilz rien connoistre des chouses contantieuses, ains d'assister M^rs les gouverneurs; plus la remise de tous les restes des tailles jusques en l'année 1646 comprise, et le demy quart de 48 et 49.

Plus, lettre patante du roy, pour l'érection d'une chambre de justice pour la recherche des financiers qui ont mal uzé dens leurs charges et commissions.

Plus, par la déclaration sy-dessus, est dict que tous les officiers exerceront paisiblement leurs charges, et notamant

---

1. Marié à Catherine Repin, de laquelle il eut : Françoise, baptisée en l'église Saint-Germain le 15 avril 1641 ; Louis, baptisé en la même église le 27 juillet 1642, décédé chanoine prébendé de Saint-Hilaire et inhumé à Saint-Pierre-l'Hospitalier le 5 juin 1675 ; une fille, baptisée à Montierneuf le 29 novembre 1643, et Jean Benjamin, né après la mort de son père et baptisé également à Montierneuf, le 7 décembre 1648 (Arch. com. de Poitiers, reg. par. n°s 3, 104, 188).

les trésoriers et eslus, dès longtemps oppressés avecq le peuple.

Se que dessus a donné liberté au peuple de Poictiers et aultres gens voicturans les denrées de la campagne dens la ville, de s'opiniâtrer à ne pluz payer le droict aux portes malgré Mr le maire et la Maison de ville, qui en abusoient, lesquelz furent contrainctz de tenir les portes fermées le vendredy matin, tandis qu'ilz furent à la Maison de ville assemblés dès avant six heures, où fust résollu, en rechignant, pour ne porter le peuple à une plus grande esmotion, de laisser les portes libres, sans intandantz.

De quoy de tout ce que dessus, le peuple fust sy satisfaict, que l'on fist des feus de joye et réjouissances en une infinitté de lieux et endroictz de la ville [1].

CXLV. — Le 12 aoust 1648, est décedé [2] sire René Brochard, escuier, sr des Fontaines, doïen des pairs et eschevins despuis longtemps. A esté aussy doyen des conseillers du présidial plusieurs années, avant qu'il ce fust deffaict de son office en faveur de Me de Goret, sr des Saulles, nepveu de sa femme, lequel des Saulles fust receu en l'aage de 20 ans, avecq la condition que le bonhomme feroit la charge et jouiroit des droitz et honneurs jusques à ce que led. de Goret fust en aâge de majoritté et jusques à ce, que de Goret n'auroict de voix délibérative et assisteroit seullement par honneur à l'audiance et à la chambre pour s'instruire, et encore fust dict que les conseillers qui seroient receus pendant led. temps, qu'ilz préceddroient led. de Goret.

Led. sr des Fontaines estoit cappitaine en chef de la compagnie qui a son quartier à la Celle. Il fust enterré à

---

1. « On cria : Vive le roi et M. l'évêque de Poitiers, qui y avoit contribué. M. de Villemontée et les autres intendans aiant été révoqués, il fut complimenté de tous les corps et conduit jusqu'à Châtellerault par plusieurs personnes de qualité » (Mss. de Bobinet, t. II, p. 1312).
2. A l'âge de 92 ans (Arch. com. de Poitiers, reg. par. n° 237).

Ste-Oportune, en la sépulture de son père, qui avoit esté lieutenant général de Poictou [1], et où il avoit faict mettre sa femme [2], de la maison des Delbènes, deux mois auparavant,

Sire Jacques Mayault, pair et eschevin, qui estoit son lieutenant, a esté pourveu de la place de cappitaine en chef, et sire René Rouger, s^r de l'Isle-Bertin, mary de la niepce [3] de lad. Delbène, a esté faict lieutenant.

CXLVI. — Le 15e aoust dict an, on a chanté le *Te Deum* à St-Pierre, pour la prinse de Tortose, en Catelogne, sur l'Espagnol [4].

CXLVII. — Le dimanche 23e aoust 1648 [5], on a faict la procession générale, de St-Pierre aux Jacobins, où a assisté en personne Mgr nostre évesque, avecq tout le clergé, fors St-Hillaire, mais tous les religieux qui assistent au sacre, à raison du jubillé octroyé par nostre St Père Inocent X, pour demander à Dieu la paix entre les princes chrestiens qui ce massacrent despuis sy longtemps, et laissent avanser le Turc en la chrestienté. Par la grâce de Dieu, moy et tous ceux de ma maison l'avons gasgné la dernière sepmaine.

CXLVIII. — Le dimanche 6e septembre 1648, le *Te Deum* a esté chanté à St-Pierre, à raison de la victoire

---

1. René Brochard, lieutenant général en la sénéchaussée, mourut le 28 juillet 1586, et fut mis dans la sépulture d'Aymé Brochard, son père (Arch. com. de Poitiers, reg. par. n° 237).
2. Jeanne des Roches, décédée le 8 juin 1648 (Id.).
3. Charlotte de Goret. René Rougier (et non Rouger) mourut pair et eschevin de la Maison de Ville de Poitiers et fut inhumé dans l'église Saint-Hilaire-de-la-Celle, le 11 juillet 1672 (Id. n° 125).
4. Le roi avait écrit le 1er août à M. de Marsillac pour lui donner des détails sur la prise de cette ville, et lui demander des réjouissances publiques (Arch. comm. de Poitiers, reg. des délib. n° 100, p. 47).
5. En vertu d'une délibération prise par le chapitre de Saint-Pierre le 10 du même mois. Il ordonna en même temps que, pendant la durée du jubilé, on exposerait, sur le grand autel de la cathédrale, le Saint-Sacrement, devant lequel chacun des chapelains viendrait à tour de rôle s'agenouiller, depuis le matin jusqu'à six heures du soir, sauf toutefois pendant les heures de service de l'église (Arch. de la Vienne, Gr. Cartul. de Saint-Pierre, t. I, p. 279).

obtenue par l'armée de France, conduitte par Louis de Bourbon, jeune prince de Condé, auparavant intitullé duc d'Anguien, sur l'armée Espagnolle commandée par l'archiduc Léopold, en la journée de Lens, en Flandre, où le [20] d'aoust, dict an, les deux armées ce chocquèrent sy bien et ce bastirent pied à pied, que l'on dict estre sans comparaison aux bastailles données despuis cent ans. Il est demouré 3 milles des enemis mortz sur la place, 5 milles de prisonniers dont plusieurs sont mortz despuis, entr'aultre le général Beck, le reste en fuitte, avecq délaissement de tous leurs drapeaux et la plus part de leur artilleries[1].

CXLIX. — Il y a grand désordre à Paris, parceque le parlement et le peuple lassés de voir gouverner les maltoutiers, qui ne ce remplissent jamais de sang des peuples, veullent faire randre compte à ces meschantes gens là ; et pour ce faire, le parlement a donné des arrêtz et décretz pour s'en saisir, et spandant, despuis deux mois, lesd. s[rs] de parlement ce sont assamblés dens la chambre dicte de St-Louis, pour tascher de mettre tel ordre que le peuple soict soulagé ; en telle sorte qu'au mois d'octobre 1648 [2], le roy donna une déclaration avantageuse en plusieurs poinctz pour le peuple, entr'autre que les tailles ne ce leveroient poinct en party, d'aultant que la forme en a esté très scandaleuse et ruineuse pour le pauvre peuple, ains que les officiers exerseroient leurs charges, révocantz touttes comissions, celles

---

1. Cette victoire fut annoncée par le roi à M. de Marsillac, le 25 août. Sa lettre ne fut communiquée au corps de ville que le 12 septembre, et les feux de joie et réjouissances publiques eurent lieu le lendemain (Arch. comm. de Poitiers, reg. des délib. n° 100, p. 77).
2. On trouve à ce sujet, sur les registres de la ville, la copie d'une longue lettre, écrite par le roi à M. de Marsillac, le 26 septembre précédent. Ce dernier la transmit à M. Richeteau, maire et capitaine de la ville, en le priant de la faire imprimer et d'en envoyer un exemplaire dans tous les lieux de la province avec lesquels il était en communication, soit par messagers, soit par la poste (Arch. com. de Poitiers, reg. des délib. n° 100, p. 93 et s.).

des intandantz des provinces ayant esté révocquées dès juillet ; mais la malice et l'effrénée avarice des gens du conseil privé disposant de la personne du roy et abusant de l'hotoritté royalle, ont contrevenu en divers poinctz de lad. déclaration, particullièrement sur le party des tailles très pernissieux, acquoy M^{rs} du parlement rassemblés voullant y remédier y ont procoddé par desputation vers le roy et la reine régente sa mère, assistés de M^r le prince de Condé, et Julles Masarin, cardinal Itallien, pour faire humbles remontrances de ce qu'on chocquoict ainsy les vollontés du roy, contrevenant à sa juste déclaration, en recherchant de fouller encore le pauvre peuple et les officiers ; mais au lieu de les ouïr, on les a traictés de sédicieux et rebelles, ont enprisonné les conseillers de la cour, entr'aultre ung bon vieillard, Mr de Broussel, lequel s'estoit porté vertement en cette affaire pour le bien public. Sella obligea le peuple de Paris à se soulever et demander de vive force les prisonniers qui furent randus, et promettoit-on de donner contantement au peuple, mais pour nous amuser seullement de parolles, en sorte que la nuict des Roys, 6e janvier 1649, ces beaux ministres d'Estat ont enlevé le roy de son Louvre et l'ont mené à St-Germain, avecq sa mère et son frère et le prince de Condé, avecq résollution d'affamer, piller et sacager les Parisiens, comme rebelles, disoient-ilz, ce qui a obligé ce peuple, assistés de leur archevesque et coadjuteur, M^r le prince de Conty, Mr de Longueville, le prince de Marsillac, gouverneur de Poictou [1], filz aisné du duc de la Rochefoucault, la Motte Audancour et aultres en grand nombre, de prandre les armes pour avoir du pain et ce deffandre de telz maltoutiers, et tirer de

---

1. Le roi écrivit, le 13 janvier 1649, aux maire, pairs, échevins et bourgeois de Poitiers, pour leur enjoindre de ne plus reconnaître M. de Marsillac comme gouverneur, avec défense de lui obéir en quoi que ce fût. Il leur demandait en même temps de veiller au repos et à la tranquillité de la ville (V. App. XXVII).

leurs mains iniques la personne de nostre roy, sa mère et les princes, ce qui a causé de grandz malheurs à diverses rancontres où on s'est battu, mesme tué Mr de Chastillon qui estoit du party de St-Germain, quoy qu'à regret, mais Mr de Condé luy obligeoit; auquel Mr de Condé, sa mère, madame la douairière, laquelle estoit demeurée dans Paris, avecq son filz de Conty, escripvist plusieurs fois et le conjuroit de quitter les partisans et fist retourner le roy à Paris, mais opiniâtrement il n'y voullust entandre. Tous les peuples du royaulme sollicitoient les magistratz et grandz des prinsipalles villes de ce déclarer haultement pour le parlement, mais on différa longtemps atandant de jour à aultre la paix et réunion, et n'osant chocquer le conseil qui ce couvroit de l'hotoritté royalle pour ce que ilz poceddoient la personne du roy; mais après, voyant que cella ne finissoit poinct et connoissant la justice de Mrs du parlement, qui n'y proceddoient par aulcun intérestz que pour le bien du roy et le soullagement de son peuple tant afligé en divers lieux, firent leurs déclarations, et à Poitiers des premiers, qui fust dens le cloistre des Cordelliers, le vendredy... mars dict an, où les chefz et desputtés des compagnies se randirent et résoudirent comme par force, mais le peuple ne leur donnoit poinct de patiance. Ensuitte de quoy, on envoya des gens à Paris, pour porter ces nouvelles, et spendant on estoit en peine de l'évènement avecq plusieurs fausses nouvelles de paix et mauvais traictement qu'on rendoit à Mr le mayre, nomé Jan Richeteau, conseiller, et son beau-père, nomé Anthoine Clabat, advocat, les soupsonnant de donner des advis à St-Germain ; et mesme le jour de Pasques, après mydy, je vis l'heure qu'on les pougnardoit dens la maison du gouverneur sur des chouses qu'on leur soutenoit dont on n'a peu les convincres et y avoit grande aparance que cela estoit invanté et supposé par leurs ennemis. Il fallust atandre à 7 heures du soir pour que la mairesse portast son manteau à Nostre-Dame pour revestir l'image de la Vierge, présent qui n'a poinct manqué d'estre faict au mesme lieu, despuis l'an 1202 [1], et M^r le maire assista à la procession le lundy avecq crainte ; mais comme on estoit dens l'apréansion de souffrir de grandes viollances et pillages à quoy ce disposoient plusieurs fénéans et vagabons, et néanmoings assistés de quelques gens d'authoritté, au mardy de Pasques, 6e avril, le bon Dieu y a pourveu, car dès le matin sont arrivés plusieurs couriers qui ont aporté la paix avantageuse pour le peuple [2], et tout le présidial a monté en corps en l'audiance, où la déclaration du roy pour la paix a esté leue et registrée entre dix et unze, puis publiée par les carefours incontinant, et ensuitte tous les corps, tant du clergé que de la justice, et le gouverneur ce sont randus à vespres à St-Pierre, à l'issue desquelles a esté chanté en bonne musicque *Te Deum laudamus*.

Nota que pendant le temps de ces rumeurs, led. gouverneur, nommé de Villequier d'Aumont, s^r de Chappes et Clervault, voullust entrer en touttes les compagnies de justice de cette ville et vient dens l'audiance consullaire ung jour de court, où M^r le juge luy cedda la première place et

---

1. Denesde, se faisant l'écho de la croyance populaire, reporte l'origine de cet usage à l'année du *Miracle des clefs*. Il serait difficile de préciser l'époque à laquelle il prit naissance. En 1408, on voit le chapitre de Notre-Dame faisant réparer le manteau et la fleur de lis de la statue de la Vierge (Arch. de la Vienne, G. 1237), et à la fin du XVe siècle on trouve cette statue revêtue d'un manteau garni de pierreries. La ville était alors étrangère à cette offrande, et ce fut seulement à partir du XVIIe siècle qu'on la vit faire annuellement ce don comme témoignage officiel de la reconnaissance des habitants envers la Mère de Dieu (Lecointre-Dupont, *Mémoire sur le miracle des clefs et la procession du lundi de Pâques*, dans lequel on lit une savante dissertation sur la date de 1202 et le fait qui s'y rapporte, t. XII des *Mém. de la Soc. des Ant. de l'Ouest*).

2. Le prince de Marsillac, qui avait été, comme on l'a vu plus haut, entraîné dans le parti de la Fronde, et à l'obéissance duquel le roi avait soustrait les habitants de Poitiers, était rentré en grâce. Il fit part lui-même à la ville de l'apaisement des troubles, par lettre du 7 avril 1649 (V. Thibaudeau, *Histoire du Poitou*, 1840, t. III, p. 310).

nous montasmes environ 25 avecq nos robes pour randre l'audiance plus cellèbre.

CL. — Dès le mois de janvier dernier 1649, les peuples sédicieux d'Angleterre s'estant despuis longtemps rebellé contre leur roy, chassé sa femme, fille de France, et leurs anfans, enfin ce sont portés à la plus abominable action qui aye jamais parru au monde, ayant faict comparoir leur roy en présences de je ne sçay quelz comissaires qu'ilz lui avoient eslus pour juges, l'ont interrogé sur la sellette comme un criminel, puis jugé, et enfain faict mourir sur ung eschaffault où ilz luy ont faict coupé la teste par ung homme masqué au refus du boureau, lequel plus humain qu'eux ayma mieux estre pandu que de trancher la teste à son roy.

Or, est-il que les partisans du Conseil de France voulloient faire passer l'action de M^{rs} des parlementz et les peuples pour semblable à la rebellion d'Angleterre et qu'enfin aussy nous ne voudrions plus de roy, nous apellant parlemantaire comme en Angleterre, mais il y a bien de la différance, pour ce que M^{rs} du parlement n'ont jamais heu dessin d'heurter l'autoritté royalle, ains de la maintenir et la tirer de l'opsession et tiranie de ceux qui en abusoient et volloient les finances du roy impunément, en ruinant son peuple.

CLI. — Le roy, assisté de la reine régente sa mère, Phillippe duc d'Anjou, son frère unicque, Gaston duc d'Orléans, son oncle, Louis de Bourbon, prince de Condé, Armand de Bourbon, prince de Conty, frères, Julles Masarin, cardinal et ministre d'Estat, a retourné à Paris le [18] aoust 1649, où il a esté receu avecq grandes réjouissances et acclamations publicques.

CLII. — La nuict du vendredy 27 au samedy 28 aoust 1649, damoiselle Jeanne Rouger, vefve de [Jacques] Audebert, s^r de la Guillonnière [1], a esté malheureusement

---

1. Conseiller du roi et receveur des tailles à Poitiers.

assassinée en sa maison apellée la Grand-Escolle, sise
davant le vitral du maistre hostel de l'église St-Michel
de cette ville, par volleurs inconnus, lesquelz avoient
voullu la voller dès ung mois auparavant; et la pauvre
femme ne s'estant point mise en peine du despuis de ce
faire garder, elle a couché beaucoup de fois seulle
dens sad. maison, et mesme cette dernière nuict elle
n'avoit pour compagnée qu'une petitte fille de douse ans
peu spirituelle. Elle fust enterrée le samedy aud. S[t]-
Michel, ayant laissé vénérable Jan Audebert, presbtre,
chanoine de Nostre-Dame-la-Grand, qui dict n'avoir
parlé à sa mère despuis trente ans, Jacques Audebert [1],
pair et eschevin et sergent major, ses enfans, et un fils
de sa fille nommée Florance Audebert, muette, lequel
a nom..... Jouslain, s[r] de Mérillé, lequel elle a deshérédé
pour s'estre marié contre ses deffances, et donné meubles
et acquest à sond. filz le cadet, Jacques, pour le maintien
de sa noblesse, mais procès est meu entre lesd. enfans
et petit-filz.

Le 18 janvier 1657, un des assasinateurs a esté ronpu
vif sur une croix de St-André, après avoir eu le poin
coupé, en la place Nostre-Dame-la-Grande. Avecq ce
grand crime, il en a reconu vingt ou trante, car pour
voller il tuoit tousjours. Il ne ce donnoit que 24 ans
mais il en avoit bien 26. Il ce nommoit Jullien, surnomé
le Gauché, frère de Millediable, la femme duquel a esté
pandue au mesme lieu et heure, pour avoir elle, le deffunct
son mary, assisté aud. assassin. Plus, la femme dud. Gauché
a eu le fouet et la fleur de lis au pied du chaffault et de

---

1. Sr de la Rouille, conseiller au présidial de Poitiers. Il fut
baptisé dans l'église Saint-Jean-Baptiste, le 23 septembre 1607,
épousa Marie Huet, de laquelle il eut un fils, Pierre, baptisé à
Saint-Didier le 31 janvier 1652, et fut inhumé en l'église Saint-
Michel le 7 janvier 1674 (Arch. com. de Poitiers, reg. par. n°s 76,
153 et 228).

la potance ; et encores 2 jeunes enfans de leur compagnie ont eu le fouet et banis à cause de leur jeunesse. Ilz ont d'abondant accusé leur recelleuse nommée Florance, qui par cy-davant ayant souffert la question fust renvoïée et sauvée par Mr Dubos Barbarin chés qui elle avoit esté norice. Ilz ont dict avoir estés introduictz dans la maison par la fille de Rabuchon, de la Queuille, laquelle avoit esté servante de lad. damoiselle, et que Rabuchon le père y estoit aussy.

CLIII. — Le dimanche 5e septembre 1649, entre une et deux après minuit, est déceddé en la ville d'Oirvault, vénérable frère François Rousset, presbtre, chanoine régullier de l'ordre St-Augustin, en l'abbaye dud. lieu, grand vicaire de l'abbé, l'un des desputtés du diocèze de Maillezay dict à présent de La Rochelle, prieur curé de Nostre-Dame de Tessonnière, prieur de St-Hiérosme jouxte les murs de la ville, de Ste-Croix de La Bourlière membre de l'abbaye, et aultre fois pourveu du prieuré de St-Porchaire de Poictiers, dont il a tousjours porté le nom jusques à sa mort ; fust inhumé le mesme jour dens la grande église davant le grand autel, qu'il avoit faict eddiffier, peindre et dorer, et est à notter qu'il avoit faict faire les ornementz funéraux qui ont servi à ses obsèques, luy estant en cette ville un mois avant son décedz.

Il avoit l'aage de 82 ans 5 mois moins 3 jours, estant nay le 8 avril 1567 et mort le 5 septembre 1649.

Il fist prandre pocession de son prieuré de St-Porchaire à mon beau-frère, François Barré l'aisné, fils de dame Renée Pommeray, sa niepce, dès le 27 juin 1642.

CLIV. — Le 6 novembre, fust enterré à St-Germain le bonhomme Me Cailler, agé de 86 ans, vef en première nopces d'une Picquault, tante dud. feu s^r de St-Porchaire.

CLV. — La nuict du jeudy 21 au vendredy 22e octobre 1649, fust saisy d'apoplexie et catare, vénérable

Nicollas Mathé, presbtre, nostre curé de Nostre-Dame-la-Grande, et demoura despuis l'heure mesme sans parler, sans sentiment ne connoissance, jusques au dimanche 24 qu'il décedda sur les 9 à 10 heures du matin au logis de la psalette, où il estoit maistre du bas cœur et bachelier de Nostre-Dame et chanoine massicot de lad. églize et chapelain de St-Thomas desservie dens la tour du gros oro-loge. Il fust enterré le landemain au matin en l'église paro-chialle de St-Cibart, où les maistres des psalettes de cette ville firent très bonne musicque. Dieu luy face paix.

CLVI. — Le dimanche 21e novembre 1649, la grande messe a esté solemnellement cellébrée en l'église royalle et collégialle Ste-Radegonde de cette ville, par vénérable René Petit, prieur de lad. église, assisté de ses chanoines et bacheliers et de tous les musiciens de Poictiers [1], pour la cérémonie qui se debvoit faire par les ordres du roy, qui a désiré, avecq sa mère et son frère unicque, estres enroollés dens la confrairie du tumbeau de lad. saincte, errigée en icelle église despuis peu d'années; et pour ce faire, furent priées par lesd. s^{rs} de chapitre touttes les compagnies de la ville, tant éclésiastiques séculliers et régulliers que des layques, dont assista seullement processionnellement :

Les Carmes, Augustins, Jacobins et Minimes, et quelques curés, mais peu ;

M^r le recteur pour l'universitté ;

M^{rs} du présidial, en grand nombre, dont les dignités comme président, lieutenantz civil et criminel et assesseur civil, tenoient le fondz du cœur du costé droict, après le recteur qui occupoit la place du prieur et le chantre dans la seconde place ;

---

1. Cette messe « a esté chantée en musique par tous les chantres « de Poictiers, à trois cœurs, où M. le maistre a esté fort loué de « sa musique nouvellement composée » (Arch. com. de Poitiers, reg. par. n° 245).

Mʳ le mayre, eschevins et bourgeois, du costé gauche, lequel mayre et sire Jacques Mayaud, entien eschevin, tenoient aussy le fondz du cœur après le soubz-chantre qui occupoit la première place, et les chanoines estoient des deux costés entre lesd. deux corps du présidial et Maison de ville.

Le corps et communaulté des juge, consulz et marchandz estoient au bas, par le millieu du cœur, où estoit droissé une table couverte d'un tapis de velous viollet, sur laquelle y avoit deux cierges allumés dans deux grandz chandeliers d'argent, avecq le messel et le livre de lad. confrairie, et autour quatre grandes chèses. Après l'évangille dicte, led. sʳ prieur dessendist de l'autel et fust dens la sacristie, où il se dévestist entièrement de ses habitz sacerdotaux, et fust amené par le bastonnier et assisté de deux diacres et deux soubz-diacres, revestus de courtibaus [1], et luy seullement de son surpelis, monta en chèze posée dens le bout du cœur vers le grand autel, au costé gauche, où il fist une prédication et un for beau discours, où il exalta la grandeur de la saincte et la pietté du roy et des personnes de la maison royale. Sella faict, il ce fust revestir en la scristie et remonta à l'autel, où il acheva la messe. De là, ayant quitté sa chasuble et pris la chappe, assisté comme dessus, vient au millieu du cœur ce soir dans l'une des chèses proche de la susd. table, et les 2 chanoines, diacre et soubz-diacre dans deux aultres à ses costés. Puis dessendist des hault siège sortant de la compagnie présidialle et ce vient soir dans la quatriesme chèze, proche lad. table, Mʳ Mᵉ Jean Filleau, conseiller et advocat du roy aud. siège, docteur régent ès droictz, lequel fist une très belle harangue [2] au prieur et

---

1. Courtibault, tunique ou chasuble courte que portent les diacres et les sous-diacres en officiant.
2. On peut lire cette harangue dans la relation de la cérémonie où elle fut prononcée, imprimée sous ce titre : « *Les Cérémonies*

chapittre, faisant entendre sa comission et les ordres du roy [1], pour lequel il requéroit que Leurs Magestés et Mʳ le duc d'Anjou fussent insérés sur le livre de lad. confrairie, ainsy qu'il sera sy-après escript; acquoy led. sʳ prieur fist une très elloquante responce, et fust par luy escript sur le dict livre :

Louis, 14ᵉ du nom, roy de France et de Navarre ;

Anne, royne de France et de Navarre, mère du roy, et régente en France ;

Phillipe, filz de France, duc d'Anjou, frère unicque du roy.

Après quoy, led. sʳ Filleau ce mist à genous sur ung carreau de velous viollet, et sur luy fust dict et donné les oraisons et bénédictions au nom des trois personnes royalles susnommées, ayant esté lesd. sʳ prieur, ses assistans et led. sʳ Filleau faire leurs salutations et prières autour du tumbeau de saincte Radegonde, et spendant ce chantoit par la musicque l'*Exaudiat* et aultres prières pour le roy, et à la fin le *Te Deum* et les collectes dictes par led. sʳ prieur. La cérémonie commança un peu après dix heures et finist à une heure et demye [2].

CLVII. — Le mardy 18 janvier 1650, sur les cinq heures du soir, furent arrestés prisonniers au Pallais-Royal,

---

« *faites à Poitiers en l'église de Sainte-Radegonde reine de France,*
« *à la réception de Leurs Majestez Très-Chrestiennes, en la Congré-*
« *gation du Tombeau de cette Sainte.* — *A Paris, du bureau*
« *d'adresse, aux Galleries du Louvre, devant la rue S. Thomas, le*
« *1ᵉʳ décembre 1649. Avec pr.* » (Biblioth. de Poitiers).
Cette pièce a fait partie d'un recueil, car elle porte le n° 145 *bis* et est paginée de 1129 à 1140.

1. Voir dans le *Dictionnaire des familles de l'ancien Poitou* (t. II, p. 95) la lettre écrite, à ce sujet, par la reine-mère à M. Jean Filleau, le 27 octobre 1649.

2. Anne d'Autriche écrivit, le 2 janvier 1650, aux prieur, chanoines et chapitre de Sainte-Radegonde pour les remercier de l'avoir reçue, avec ses enfants, dans la confrérie du tombeau de la sainte (V. App. xxviii). Elle leur écrivait également, le 13 juillet 1662, pour les prévenir qu'elle avait résolu de faire entrer le dauphin dans la même confrérie. (V. App. xxix).

Louis de Bourbon, prince de Condé, Armand de Bourbon, prince de Conty, frères, et [Henri II] d'Orléans, duc de Longueville, leur beau-frère ; et par comandement du roy et de la roine régente sa mère, menés prisonniers au chasteau du bois de Vincene près Paris, de là à longtemps transférés à Marcoussy, puis au Asvre-de-Grâce [1]. .

CLVIII. — Le jeudy, après midy, 7ᵉ avril 1650, est déceddée dens son abbaye, Mᵐᵉ Catherine de la Trimouille de Royan, abbesse de Sᵗᵉ-Croix de cette ville, et a esté enterrée le samedy 9ᵉ ; la grande messe aux obsèques cellébrée au grand autel par vénérable Denis Guillotteau, docteur en théologie en l'universitté de cetted. ville, chanoine théologal de la grande église et grand viccaire de nostre évescque. Elle n'a esté abbesse que dix ans just.

A elle a succeddé Diane Françoise d'Albret, de la maison de Pontz [2].

CLIX. — Après la prison des princes, plusieurs seigneurs et gentilzhommes s'en offansèrent, et entr'aultres s'ellevèrent le duc de Bouillon, le viconte de Turene son frère, le nouveau duc de la Rochefoucaud, naguère (avant le décedz de son père) apellé prince de Marsillac ; lesquelz ducs de Bouillon et la Rochefoucault, assistant la princesse de Condé, se sont jetés dedans Bourdeaux pour trouver apuy et azille, à cause que les Bourdelois s'estoient mis en trouble et sédition contre le sᵍʳ d'Espernon, leur gouverneur, qui les avoit vexés et

---

1. Cet événement ralluma la guerre civile. Marsillac ayant pris de nouveau parti contre la cour et assemblé des gentilshommes en Poitou, le roi enjoignit aux habitants de Poitiers de ne plus le reconnaitre comme gouverneur, et de faire bonne garde aux portes de la ville(V. App. XXX et XXXI). Mais le maréchal de la Meilleraye, à la tête d'un corps de troupes, s'étant avancé près de Lusignan, où se trouvait Marsillac, celui-ci abandonna la province, et ses soldats se dispersèrent (Thibaudeau, *Hist. du Poitou*, 1840, t. III, p. 311).

2. Louis XIV lui fit don de l'abbaye par brevet du 18 mai 1650 (Arch. de la Vienne, abb. de Sainte-Croix, l. 4). Ce fut la première abbesse nommée directement par le roi (de Fleury, *Histoire de sainte Radegonde*).

grandemant travaillés pendant le temps des maltouttes et inpostz, à raison de quoy ilz demandoient au roy un aultre gouverneur, qui ne leur a voulu changer, d'aultant qu'ilz le demandoient audatieusement, comme on disoit, mais l'avoient tousjours faict for humblement.

D'aultre part, le vicompte de Turene ayant pris assistance de l'archiduc Léopold, du costé de la Flandre, ayant voullu entrer dens la Picardie pour venir dens Paris, ilz mirent le siège davant Guise, qu'ilz furent contrainctz de lever en peu de temps, et ainsy leur dessein avorta de ce costé là ; ce qui a donné liberté au roi de résoudre le voyage de Guiene pour tascher de mettre les Bordelais en leur devoir, comme il a faict dens ses deux voyages précédentz pour Bellegarde en Bourgogne, et en Normandie.

CLX. — Doncque, le roy, la royne sa mère, Philipe duc d'Anjou, Anne Marie Louise, fille du duc d'Orléans et de sa première femme, unicque héritière de Monpensier, avecq toutte la cour en for petit nombre, arivèrent à Poictiers, sur les six heures du soir, le jeudy 21e juillet 1650 [1] ; le roy, sa mère et son frère logés à l'évesché ; mademoiselle d'Orléans chés le lieutenant de Poictou, dens l'hostel de Ste-Souline ; Julles Masarin, cardinal et premier ministre du Conseil de France, quoyque Cécillien, logé chés le président dens l'ostel de Rinbert. Combien que le roy ne fust encore venu à Poictiers, on ne luy fist aucune entrée, la reine l'ayant remise à une aultre fois, d'aultant que les affaires pressent le voyage de Bordeaux ; et la cour ne séjourna que le vendredy, jour de la Magdelaine, et partist le samedy matin pour aller coucher à Couhé. Seullement, le jeudy au soir, le maire, eschevins et bourgeois furent recepvoir le roy entre les portes de S^t-

---

[1]. Sires Jean Gaboriau, Pierre Guyon, René Rougier, pairs et échevins et Mes Jean Jaudonnet, Antoine Leliepvre et Jacques Augron, bourgeois, avaient été envoyés jusqu'à Tours, pour saluer Leurs Majestés (Arch. comm. de Poitiers, reg. des délib. n° 102, p. 27).

Lazare [1]. Le landemain la reine estant allée à la messe aux religieuses Carmélittes, le roy alla avecq son frère l'ouir à St-Pierre, où je le suivis deprès allant et venant; et l'heure ayant esté donnée aux corps et comuhaultés de la ville par le s^r de Saintot, maistre des sérémonies, on se trouva au logis du roy sur le mydy, et aprèsque le roy eust disné et pris sa recréation, il fust mené dens la salle haulte de nostre évesque, où assis dens une chèze et sa mère et son frère à ses costés, sur les deux heures après midy, ilz ouïrent et receurent les harangues: premièrement, M^{rs} du chapitre de St-Pierre, par Christophle Fauveau, presbtre, docteur de Sorbonne, chanoine et official; l'universitté, par son recteur, de la Roche-Esnard, les docteurs et bedeaux aïant estés retenus; le chapitre St-Hillaire, par vénérable Jacques Garnier de Maurivet, trésorier; le pré-

---

[1]. Sur lesquelles on avait mis les écussons et armes du roi, de la reine, de la ville et de M. le marquis de la Rocheposay, lieutenant du roi en Poitou (Arch. comm. de Poitiers, reg. des délib. n° 102, p. 25). On trouve dans l'*Histoire du Poitou* de Thibaudeau (t. III, p. 311-312) la relation de ce qui s'est passé à l'arrivée du roi à Poitiers, mais nous ajouterons à ce récit le détail suivant : les clefs présentées au roi « estoient quatres clefz d'argent qui « furent faictes exprès, lesquelles estoient tenues par sire Jean « Pidoux, éc., s^r de Mallaguet, plus ancien pair et échevin, en « ung petit panier bien proprement faict, couvert de satin blan « garni de grand passement d'or et argeant » (Arch. comm. de Poitiers, reg. des délib. n° 102, p. 37). Ces clefs, faites par le s^r Mervache, orfèvre, avaient couté 65 liv. 5 s, et on paya à Jean de la Cour, marchand, 10 liv. 8 s., pour « deux aulnes un car de grande dantelle » (Id. p. 101, 188).

Le 10 frimaire an II, le citoyen Motet, maire de Poitiers, remettait au conseil général de la commune, pour être jetées dans le « creuzet national », trois clefs d'argent « qui sous le règne de l'ignorance et du faste avoient été faittes pour être entre les mains du maire » ; et le 19 pluviôse suivant, elles étaient délivrées au citoyen Masson, commissaire délégué par Ingrand, représentant du peuple (comm. de M. Létang, archiviste de l'Hôtel-de-Ville, d'après les reg. de délib. du cons. gén. de la commune). Il s'agissait vraisemblablement des clefs présentées à Louis XIV ; mais on voit que trois seulement furent détruites. Or, il existe au musée de Poitiers, sous la désignation de clefs de la ville, deux clefs en argent, de forme différente ; et, comme l'une d'elles offre tous les caractères du XVIIe siècle, il ne serait pas impossible que ce fût celle qui ne figure pas dans la remise faite au citoyen Masson.

sidial, par Mr Jacques Degenes, président, tous en robe rouge ; les eslus, par Emery de Sauzay, président ; les juge, consulz et corps des marchandz, par sire Jan Robin, juge en chef, avec robes et bonnetz ; et on réserva les trésoriers au dernier, avecq leurs robes et bonnetz.

On fust aussy faire les complimentz à Mademoiselle et à Mr le cardinal dens leurs logis [1].

CLXI. — Le siège a esté longtemps devant Bordeaux, sans que le roy aye peu y advancer, sy non que il est mort plusieurs seigneurs, gentilzhommes et soldatz, voullant aller à l'assault et aux baricades, entr'aultre le pauvre Mr de la Randière, des Marais près Ténesay, qui après plusieurs blessures, ne voullant sesser de conbattre pour les premières, enfin fust enporté au camp, où il est mort à deux ou trois jours de là, comme un sainct ; aussy estoit-il aussy pieux et sçavant en théologie comme vaillant et hardy au combat.

Enfin, on fust contrainct de venir à l'acomodement porté dens la déclaration du roy du premier octobre, où le roy acorde abnestie généralle tant aux ducz de Bouillon, de la Rochefoucaud, madame la princesse, femme de Condé et son petit filz, duc d'Anguien, aagé de [sept] ans, et aultres qui estoient dens Bourdeaux, que aux habitans de lad. ville, ensemble au duc et maréchal de la Force et ses trois anfans, qui avoient remué de leur parti, au marquis de Sillery,

---

1. Le roi fut reçu le 23 juillet en l'église Saint-Hilaire-le-Grand ; mais, comme il n'était pas majeur, messieurs du chapitre ne jugèrent pas à propos de lui faire prêter le serment de maintenir leurs privilèges, suivant l'usage observé par ses prédécesseurs à leur première entrée à Poitiers. On se contenta de lui faire baiser le texte des évangiles où le serment était inséré (Rédet, *Documents pour l'histoire de Saint-Hilaire*, Mém. de la soc. des Antiq. de l'Ouest, t. XV, p. 341, 342). Le feuillet en parchemin qui contient la formule de ce serment, en écriture du XVe siècle, est aujourd'hui conservé aux Archives de la Vienne, grâce à la libéralité de notre regretté confrère, M. Benjamin Fillon, qui a bien voulu s'en dessaisir en leur faveur.

beau-frère du duc de la Rochefoucault et aultres qui estoient en Espagne.

Et le roi dict, par acte séparé, que, à la prière de son oncle le duc d'Orléans, il a révocqué Mr d'Espernon (qu'il apelle aussy son oncle, pour avoir espousé en première nopce une des bastardes d'Henry-le-Grand) du gouvernement de Guienne, etc., et qu'il y pourvoira, etc.

CLXII. — Le mardy 18 octobre 1650, arriva en cette ville et logée aux Trois-Pilliers, mad. dame la princesse nomée [Claire Clémence] de Maillé, fille du feu duc de Brésé et de [Nicole] du Plessis, sœur du grand cardinal de Richelieu, avecq sond. filz d'Anguin, for jolly et desjà adroict à la paulme comme j'ay veu.

Ilz ont party de cette ville le 20 dud. mois pour aller en l'une de ses maisons d'Anjou, comme porte la déclaration [1].

Il a nom Henry Louis de Bourbon.

CLXIII. — Le samedy 22e octobre 1650, le roy, revenant de Bordeaux, arriva à Poictiers [2], d'où il partist le leundy matin pour Chastellerault. Il fust logé avecq sa mère et son frère cheus le lieutenant général [3], et Mlle d'Orléans chés Mr de Vangueuil, où sont déceddés les lieutenantz de Ste-Marthe père et filz, et le cardinal en son mesme logis, chés le président.

---

1. La princesse de Condé arriva à Poitiers sous l'escorte de la compagnie des gardes de son mari, composée d'un capitaine, un lieutenant, un enseigne, un maréchal des logis, quatre exempts, un trompette et soixante gardes. Elle fut forcée, par suite d'une indisposition, de séjourner en cette ville le 19 octobre, bien que ce séjour ne fût pas porté sur l'ordre de route fixé par le roi (Etats de fournitures d'étapes communiqués par M. Beugnet, notaire à Poitiers).

2. Il avait sans doute fait savoir au corps de ville qu'il ne voulait, à son arrivée, aucune réception. Les registres de délibérations sont muets à ce sujet et ne mentionnent même pas l'envoi de députés vers le roi, pour le saluer et prendre ses ordres.

3. Devant la place et près du puits de Saint-Didier. Un soldat tomba par mégarde dans ce puits et s'y noya. Pour éviter à l'avenir de semblables accidents, on en fit fermer l'ouverture sur laquelle on plaça une croix de pierre, mais il fut rouvert cinquante-cinq ans après (Bibl. de Poitiers, mss. de Bobinet, t. II, p. 1315).

CLXIV. — Le premier filz de Mr Gaston duc d'Orléans et de Mme Margueritte de Lorraine, sa seconde femme est nay à Paris, le 17 aoust 1650 [1], pendant le voyage du roy en Guienne; nommé Mr le prince de Valois, déceddé du despuis.

CLXV. — Damoiselle Marie Coustière, mère de Mr Me Hillaire Follet, sr du Bois, conseiller, est déceddée le samedy 14 janvier 1651; enterrée à St-Savin [2].

CLXVI. — Mr Me Jan Liège, conseiller, filz d'André, marchand fermier de Montierneuf et 2 fois juge en chef des consulz, est déceddé dernier janvier 1651 et enterré le landemain à St-Cibart.

CLXVII. — Guy Rat de Salvert, escuier, presbtre, chanoine de la Ste-Chapelle de Bourges, prieur de Lavesré, Loulay, Ste-Margueritte de Mélleran et aultre, est déceddé le 31 janvier 1651, enterré le landemain à Nostre-Dame-la-Petitte avecq ses ayeulx.

CLXVIII. — Le dimanche 5e febvrier 1651, sur les 3 heures après midy, est déceddé Anthoine Rabault, conseiller au présidial, maire et capitaine de Poictiers, lequel fust enterré en cette qualitté de mayre et premier baron de Poictou, aux frais de la Maison de ville en la forme qui s'ensuit [3] :

Premièrement, dès le mardy matin jusque au mercredy midy, le corps fust exposé dens la salle de sa maison, sise entre la Maison de ville et l'église de St-Porchaire, au

---

1. Il y eut à Poitiers, à cette occasion, feux de joie et réjouissances publiques. Le duc d'Orléans en témoigna à la ville toute sa satisfaction (V. App. XXXII).
2. Hilaire Follet, fils de Louis Follet, sieur du Bois, et de lad. Coustière, avait épousé le 1er juin 1643, à Notre-Dame-la-Grande, Anne Le Godelier, fille de Martin Le Godelier, sr du Bourg. et de Magdeleine Sanglier. Il fut inhumé dans l'église des R. P. Minimes, le 7 janvier 1659. (Arch. com. de Poitiers, reg. par. n° 24).
3. Ce récit est conforme à celui consigné sur les registres de la ville (n° 102, p. 174 et s.). On trouvera dans les notes suivantes quelques détails complémentaires.

dessus l'enseigne du Page, sur ung lict paré de deuil et toutte la salle tendue en deuil, touttes fenestre fermées, où on le voyet estandu de son long, tout abillé, botté et espronné, comme à l'ordinaire, les mains joingtes et gantées de blanc et son espée et baudrier soubz le bras gauche. Au coing gauche du pied du lict de parade estoit son casque ; au coing droict, ses gantelets ; et proche, ses esprons dorés ; avecq six cierges ardans autour, deux religieux et aultres presbtres séculiers qui prioient Dieu.

Le mercredy, sur les quatres heures du soir, on mist le corps dens son cerqueuil, puis dens un carrosse tiré par six chevaulx ; on le mena assisté de presbtres dans ledict carrosse, sans chanter, seullement quelques flambeaux allumés devant, dens l'église cathédralle, où il fust posé dens la nef, soubz une chapelle ardente, davant le crusifix soubz lequel on avoit droissé un autel.

Le jeudy 9ᵉ jour, [feste] de Sᵗᵉ-Apoline, par l'ordonnance de ville, touttes les bouticques furent fermées à midy, et on ce rendist environ sur les deux heures après dens lad. église, sçavoir : Mʳ le recteur, eschevins et bourgeois qui furent à la maison du deffunct prandre les parans, le filz aisné estoit mené par le recteur, le cadet par sire Jan Pidoux, seigneur de Malaguet, doyen et plus ancien eschevin, nommé pour parachever l'an de la mairie dud. eu sʳ Rabault ; et ainsy en mesme ordre ce joignirent les juge, consulz, corps et communaulté des marchans, en robe, davant le logis de leur jurisdiction, et tous dessendirent par la ruhe Sᵗ-Paul en lad. église ; et obmettois que davant cette compagnie marchoient Mʳˢ les curés et presbtres des parroisses de la ville, chantant les psaulmes des deffuncts et qui s'estoient tous assemblés à Sᵗ-Porchaire. Cette compagnie arrivant, trouvèrent les six compagnies de la ville, en arme, dens le plan de Sᵗ-Pierre, chascune en son poste, et où estoit mestre de cam Mʳ Lucas, sʳ de Vangueuil, trésorier de France, lieutenant dud. S^{gr} de Malaguet, nostre cappitaine colonel [1].

Et dens l'église estoient M^{rs} du chapitre d'icelle, tenant la droicte, et M^{rs} de St-Hillaire, la gauche; et oultre, les chapitres de Ste-Radegonde, Nostre-Dame-la-Grande et St-Pierre-Pillier. Mr Gaultier, chanoine de la cathédralle et Mr Chasseriau, chanoine de St-Hillaire, faisoient la chape.

Mr Guilloteau, doyen de théologie, chanoine théologal de St-Pierre et grand vicaire de nostre évesque, fist l'office, assisté de Mrs Gille Lesplu, diacre, et François Thomas Descoutz, soubz-diacre, aussy chanoines.

Après l'évangille, le R. P. Lavault, prieur des Jacobins, fist l'oraison funèbre, où il alléga les vertus du deffunct qui est décedd̀é dens le soing de sa patrie, aussy bien que feu son père, aussy nomé Anthoine, qui mourust de peste, l'an 1631, ayant pris ce mal par l'assiduitté qu'il rendoit aux malades, en cette année pestilentielle, dens la profession de médecine où il estoit docteur très fameux, puis releva la charge de maire et fist voir comme la qualitté de premier baron de Poictou luy apartient, et comme tel, un Roger Le Roy, ayant esté desputté en son année de mayrie pour assister aux Estatz à Blois, y prist séance de plus qu'un maire, où son filz peult parvenir au degré de chevallier, ce que les gentilzhommes par lettre du roy ne peuvent obtenir qu'à la troisiesme rasse, et encore que les anfans d'un maire et eschevin partagent

---

[1]. On fit pendant le service plusieurs décharges de mousqueterie. Le s^r de Vangueil ayant été blessé au visage et contraint de se retirer chez lui, une discussion s'éleva pour savoir qui devait prendre le commandement en son absence. Les échevins présents à la cérémonie furent obligés d'intervenir et décidèrent de remettre ce commandement au lieutenant de la deuxième compagnie (Arch. com. de Poitiers, reg. des délib. n° 102, p. 180).

sa succession noblement, ce que les aultres gentilzhommes ne font qu'au second degré [1].

Le servisse finy, on partist de la grande église, marchant davant, les six compagnies de la ville, en arme, chascune en son ordre [2]; puis les jurés de tous les mestiers portoient leurs torches, comme à la Feste-Dieu; ensuitte marchoient tous les religieux, premièrement les FF. de la Charitté, les Capucins, les Minimes, les Cordeliers, les Jacobins, les Augustins et les Carmes; puis touttes les croix des églises collégialles et paroisses; puis tout le clergé, à la manière accoustumée, toujours la cathédralle à droict et St-Hillaire à gauche conjoinctement; puis marchoient les officiers de la ville avecq chascun ung flambeau à la main, garny des armes du deffunct d'un costé et de celle de la ville de l'aultre, comme aussy tous les cierges; ces officiers estoient le serrurier, le charpentier, poudrier, masson, paveur et aultres au nombre de..... ; plus, marchoient six personnes qui portoient les casaques des 4 portiers, et 2 chasse-coquins [3], et chascun un flambeau comme dessus; plus six personnes portant les cazaques des 4 sergentz de maire, du trompette et sergent de la mairesse, avecq six flambeaux comme dessus; plus les 4 portiers et 2 chasse-coquins avecq le cordon de crespe et six flambeaux comme dessus; plus les sergentz de maire avecq des casaques de drap noir et cordons de crespe : l'un portoit la cornette, un le guidon, un l'enseigne, le tout de taffetas verd; puis davant le corps, ung pedan portoit la cotte d'arme de velous

---

1. Pour le titre de « premier baron du Poitou » et les privilèges de noblesse accordés aux maires et échevins de Poitiers, V. Thibaudeau, *Hist. du Poitou*, 1840, t. III, p. 363 et suiv. ; Giry, *Établ. de Rouen*, p. 401 et 404. V. aussi pour cet anoblissement, *Mém. de la Soc. des Antiq. de l'Ouest*, vol. XXXIII, p. 346, et *Bull.* de la même Société, t. II, p. 403.
2. Cet ordre avait été arrêté le 7 février, par les capitaines des six compagnies, réunis en conseil (V. App. XXXIII).
3. Chasse-coquin, bedeau qui chasse les mendiants hors de l'église.

verd ; puis quatre gentilzhommes filz ou petit-filz d'eschevins : le premier, du Chiron [1], portoit les espérons dorés ; le second, Pinotière [2], le gantelet ; le troisiesme, Constant Blanchetière [3], l'espée et le baudrier ; et le quatriesme, Guyon de Vâtre, le eaulme; puis on portoit le corps dens un cercueuil couvert d'un drap de velous noir et croix de satin blanc, porté par des religieux, et les coingz du drap par les deux derniers eschevins audavant, et par la teste par deux antiens médiocres [4].

Après, suivoient les aultres sergentz de maire, avecq. leurs casaques noires et verges, et les bedeaux et massiers de l'universitté au davant du recteur, les parans du deffunct, eschevins et bourgeois, l'espée au costé, et le corps des marchandz, en l'ordre sy-dessus, et un nombre très grand de peuple tant à la suitte que par les ruhes pour voir passer ce convoy, qui fust, par la mesme ruhe de S\t-Paul et les Cordeliers, ce randre dens l'église de S\t-Porchaire où le corps posé davant le grand autel orné de noir et de six cierges ardentz, quatre autour du corps et aultres. On chanta en musicque le *Libera me Domine*, lequel fini, on porta le corps dens la foce faicte au cimetière, proche de ses père et mère, à cause de la peste susdicte ; tous les corps éclésiasticques et laicque furent le conduisre et fust tiré force coups d'escoupetrie [5].

CLXIX. — La Maison de ville donna le manteau à l'image de la Saincte-Vierge qui est à Nostre-Dame-la-Grand, sui-

---

1. Chevalier, s\r du Chiron.
2. Carré, s\r de la Pinotière.
3. Constant, s\r des Blanchetières.
4. René Buignon, s\r de la Toüsche ; François Pidoux, docteur en médecine ; Jean Richeteau, s\r de l'Espinay ; Jean Coulard, s\r du Souci (Arch. com. de Poitiers, reg. des délib. n° 102).
5. L'acte de sépulture du s\r Rabault contraste par sa simplicité avec la pompe de ses obsèques. Il est ainsi conçu : « Le neufviesme jour de febvrier 1651 a esté ensépulturé dans le cimetière de céans, maistre Anthoiene Rabault, mère et capitaine de ceste ville » (Id. reg. par. n° 196).

vant la coustume observée despuis l'an ¹...., que le maire voua de le donner pour luy et tous les maires advenir, en mémoire du signalé miracle des clefz de la ville, trouvées entre les mains du mesme image, qui deschargea ledict s^r maire du soupson que l'on avoit qu'il eust faict venir les Anglois à la Tranchée, le jour de Pasque, pour surprandre la ville, et lesquelz Anglois par premier miracle s'entre-tuèrent, esbouis qu'ilz furent de voir sur les renpartz la Saincte-Vierge, sainct Hillaire et saincte Radegonde ².

Et pour ce que Mrs de Malaguet, doyen et presbtre, et Mayault sont sens femmes, et que Mr Poussineau, troisiesme eschevin, est ataqué de cathare et que sa femme ne le peult quiter, que Mr René Beugnon de la Tousche est veuf, on pria Mlle de Riparfons, femme de Jan Gabriau, cinquiesme eschevin, de voulloir recepvoir la compagnie des eschevines et beourgeoises en son logis au Pillory, ce qu'elle accepta (encore que l'on eust faict perdre la mairie pour la seconde fois à son frère cadet) ; et fust porté led. manteau par la ruhe de la Regreterie à Nostre-Dame, où lad. damoiselle de Riparfons fist les sérémonies de mai-resse, comme plus ansiene eschevine, car combien qu'il y eust des veufves d'eschevins plus ansiens que led. s^r de

---

1. V. ci-dessus, à l'art. CXLIX, la note qui se rapporte à cet usage.
2. On sait qu'en mémoire de ce fait, les statues de ces saints protecteurs furent placées sur chacune des portes de la ville. Celles qui surmontaient en dernier lieu la porte de la Tranchée y avaient été mises le 8 janvier 1665, ainsi que l'atteste la note suivante puisée dans les registres de l'ancienne paroisse de Sainte-Triaise : « *Die jovis octava mensis januarii anno millesimo sexcentesimo sexagesimo quinto, quæ supra civitatis portam a Fossa dictam appositæ sunt imagines beatissimæ virginis Deiparæ, cum filio suo piissimo Jesu, divi Hilarii, divæque Radegundis, a me Francisco Boydin, presbytero nec non rectore Sanctæ-Troëciæ (in quâ paroëciâ sita est dicta porta) per invocationes Altissimi benedictæ sunt, ac deinde ibidem ab earum structore seu fabro collocatæ iisdem die, mense anno supradictis. (Signé) Boydin, rector Sanctæ-Troëciæ* » (Arch. comm. de Poitiers, reg. par. n° 261). Ces trois statues ont été conservées, et se trouvent aujourd'hui dans l'église Saint-Hilaire, où elles ont été transportées en 1837.

Riparfons, elles ne s'y trouvèrent poinct. Et le lendemain, lundy de Pasques, l'image fust porté autour de la ville par lesd. s^rs de Malaguet et Mayault. La compagnie s'assembla chés led. doyen qui leur fist un beau desjeusné; mais comme il est vieil, ne dessendist que jusques à Pont-Joubert et ce retira, et Mr Mayaud ayant demeuré chef, la compagnie, après avoir rendu l'image à Nostre-Dame, ala conduisre et rendre chés luy, avecq les officiers, sergens et trompettes, led. s^r Mayaud.

CLXX. — Henry Louis Chastagner de la Rochepozay, évescque de Poictiers dès l'an 1612, abbé de St-Ciprien lès Poictiers, de Nanteuil-en-Vallée, et de la Cousture ès faulxbourgs du Mans, est deccedé subitement d'apoplexie dens son chasteau espiscopal de Dissay, sur les six heures du soir, le dimanche 30e juillet 1651[1], agé de 73 ans et unze mois, estant nay à Tivolly, proche de Rome (où M^r d'Abin, son père, estoit enbassadeur pour Henry 3e, roy de France et de Poulogne) le 6e septembre 1577[2].

---

1. « ..... Il s'estoit trouvé un peu mal dès le soir auparavant
« et ne dormit point la nuict et ne peut disner. Il mourut dans le
« temps d'un *miserere*, sans cognoissance. Les entrailles dud. sei-
« gneur évesque et sa cervèle sont enterrés en l'église parroissiale de
« Dissay, près le maistre autel, du costé de l'épitre, et y a une tombe
« dessus. Le corps fut porté en la ville de la Rochepozay, le lundy 7
« du mois d'aoust 1651 et enterré en la chapelle de ses ancêtres »
(Arch. com. de Dissay, reg. par.).
2. Comme les châteaux de Chauvigny, Dissay et Angles dépendaient de l'évêché de Poitiers, le gouverneur de la province exhorta les habitants de ces trois villes à conserver leurs châteaux au service du roi, jusqu'à la nomination d'un nouvel évêque. Celui de Dissay était déjà confié à la garde du s^r des Louardières (Arch. com. de Poitiers, reg. des délib. n° 103, p. 111). Malgré ces précautions, le marquis de la Rocheposay, lieutenant pour le roi dans le haut Poitou, s'empara bientôt à son profit des châteaux de Dissay et de Chauvigny, et ne les rendit que par la force des armes, ainsi qu'on le verra ci-après.
Le s^r des Louardières, dont on vient de parler, n'est autre que César Daux, s^r de la Bourdillière, qui avait épousé, le 19 septembre 1641, Louise Gouin, fille d'Antoine Gouin, s^r des Louardières, et de Louise Vergnault, et devint sieur dud. lieu après le décès de son beau-père inhumé dans l'église de Dissay le 24 novembre 1642 (Arch. com. de Dissay, reg. par.).

Et le mardy 8ᵉ aoust, Mʳˢ de Sᵗ-Pierre firent ung grand service pour le repos de son âme, où assistèrent les chapittres de Sᵗᵉ-Radegonde, Nostre-Dame-la-Grand, Sᵗ-Pierre-Puellier, Sᵗ-Hillaire-de-la-Celle, tous les religieux, le recteur, le présidial, le mayre, eschevins et bourgeois, et les juge et consulz et communaulté des marchandz. Vénérable Mathieu Thoreau, sᵍʳ de la Grimodière, doyen, fist l'office, assisté de deux chanoines et deux chapellains, ensemble d'un chanoine hebdomadier, avecq la chappe comme aulmosnier ; Mʳˢ le soubz-chantre et Arsanger, faisoient la chappe ; vénérable Christophle Fauveau, docteur de Sorbonne, chanoine prébendé en lad. église et official, fist l'oraison funèbre [1].

CLXXI. — Le [7] septembre 1651, le roy Louis 14ᵉ a esté faict et déclaré majeur, en son parlement de Paris, en présence de Gaston de France, duc d'Orléans, son oncle. Et Louis de Bourbon, prince de Condé, n'y voullust assister, et incontinant a passé par son chasteau de Mouron en Berry et c'est retiré à Bordeaux en son gouvernement de Guienne ; ce qui nous faict apréander une guerre civile. Dieu nous en préserve.

CLXXII. — Le mercredy 27 septembre 1651, Bonnavanture Dreux, sᵍʳ de la Brémaudière et d'Aigne, envoya d'Aigne quelques serviteurs en sa maison de cette ville, où ilz trouvèrent une vieille servante, qu'on avoit laissée pour la garde, estandue morte, ayant la gorge couppée par des volleurs qui enportèrent ce qu'ilz purent d'or et argent monnoyé et laissèrent la vaisselle d'argent, perles et autres meubles.

CLXXIII. — Le mardy 31 octobre 1651, le roy est arrivé en cette ville par la porte de Pont-Joubert, venant de

---

1. Le chapitre de Saint-Pierre adressa un mandement à tous les curés et autres ecclésiastiques du diocèse, pour leur annoncer la mort de Mgʳ de la Rocheposay et leur prescrire de célébrer un service pour le repos de son âme (Arch. de la Vienne, G. 189).

Bourges [1], assisté de la reyne sa mère, de Phellippe, duc d'Anjou, son frère unicque, Thomas François de Savoye, prince de Carignan et sa femme, l'une des sœurs de feu Mr de Soissons, M^r le duc de Mercueur filz aisné de Mr de Vandosme, et plusieurs aultres seigneurs. Tout le conseil n'estoit composé que de Mr de Chasteauneuf, premier ministre d'Estat, du compte de Brienne et maréchal de Villeroy.

Le roy a logé au logis du lieutenant général, autrefois l'autel de Ste-Souline, proche St-Didier ; il avoit l'appartement du bas, la reyne sellny du dessus et à costé M^r d'Anjou ; les prince et princesse de Carignan chés M^r le président de Gennes, et leurs enfans chés Mr de Villebouin, tout proche ; le duc d'Anville, chés Mr de Ché, conseiller [2].

Au commancement de janvier 1652, Mr Mathieu Mollé, chevallier des ordres du roy, premier président au parlement de Paris et garde des seaux de France, est arrivé en cette ville, logé à l'évesché ; Mr de la Vieuxville, surintandant des finance, chés Mr de la Grimaudière, et M^{rs} les marquis et chevallier, ses anfans, tout contre chés Maxias, nottaire, comme aussy les quatre secrétaires d'Estat, maistres des requestes et tout le reste du conseil.

Du despuis est venue la princesse Pallatin, logée aux Alles.

Plus, le dimanche 28 janvier, est venu à Poictiers le s^r cardinal Mazariny qui avoit sy-davant esté exilé. Le roy

---

1. Sires Jean Gaboriau, Isaac Barbarin et Jean Coulard, pairs et échevins, accompagnés de trois bourgeois, étaient allés de la part du corps de ville jusqu'à Chauvigny pour saluer le roi et prendre ses ordres (Arch. com. de Poitiers, reg. des délib. n° 103, p. 143). On trouve dans ces registres, sur l'entrée du roi à Poitiers, des détails qui ont été reproduits par Thibaudeau (*Hist. du Poitou*, 1840, t. III, p. 313).

2. Les soldats et gens de guerre qui avaient accompagné le roi étaient répandus dans les faubourgs de la ville et aux environs. Ils y firent bon nombre de dégâts qui suscitèrent les plaintes souvent répétées des habitants (Arch. com. de Poitiers, reg. des délib. n° 103). Le régiment des gardes, qui était logé au faubourg de Pont-Joubert, se signala par ses déprédations. Il est à remarquer que, pendant les trois mois qu'il y séjourna, il ne fut célébré aucun mariage dans la paroisse de Sainte-Radegonde (Id., reg. par. n° 245).

fust audavant de luy jusques au bout de deçà du Grand Pont d'Auxance, là où le cardinal dessandist de carosse, fist la révérance au roy et monta à cheval et marcha au costé du roy, jusques à la porte St-Lazare ; et, à l'entrée, le cardinal alloit davant et le roy onsuivant jusques au pallais royal. Led. s^r cardinal alla loger chés Mr de Ché, tout contre le logis du roy, d'où fallust que le duc d'Anville sortist. Au soir, le roy, Monsieur son frère, le cardinal et plusieurs seigneurs soupèrent dens la grande salle du jardin, apellée le pallais Brion, et au sortir de table furent tous saluer la reyne, portant chaicun une feuille de laurier. On dict que quand le cardinal sallua la reyne, ce voullant getter par terre et baiser sa robe, qu'elle le releva et luy présenta la main [1].

Il y a tousjours eu grand nombre d'évesque en ville pendant le séjour du roy, entr'aultres les archevesque de Bordeaux [2], Bourges [3] et celluy de Rouan [4] qui vient prester le serment de fidellitté ; les évesques de Basas [5], de Rodès [6], précepteur du roy, d'Angoulesme [7], de Xaincte [8], St-Brieu [9], St-Malo [10], de Grandquaire [11].

---

1. Le passage du cardinal à Poitiers fut signalé par plusieurs mazarinades dont les trois suivantes sont conservées à la bibliothèque de cette ville, dans la collection Jouyneau-Desloges (vol. 6) : « *La harangue de monsieur le premier président faite au cardinal Mazarin à son arrivée dans la ville de Poictiers* ». — « *Le festin de Mazarin avec les entretiens faits avec son maistre d'hostel, pendant son festin dans la ville de Poictiers, avec l'ordre qu'il veut estre observé dans la ville de Saumur ; par le s^r Euzenat.* » — « *Les dernières résolutions de la reyne prises au conseil du roy, en présence de Sa Majesté, tenu à Poictiers le vingt-troisième janvier mil six cens cinquante-deux.* A Paris, chez Salomon de la Fosse, MDCLII. » — Nous connaissons encore *Les véritez de l'hermite de l'isle d'Oleron présentées au roi à Poictiers*. A Paris, MDCLII », que M. Alfred Richard a bien voulu nous communiquer. — (V. au surplus, Moreau, *Bibliographie des Mazarinades*.)
2. Henri de Béthune. — 3. Anne de Lévis de Ventadour. — 4. François de Harlay. — 5. Samuel Martineau. — 6. Hardouin de Péréfixe. — 7. François de Péricard. — 8. Louis de Bassompierre. — 9. Denis de la Barde. — 10. Ferdinand de Neufville de Villeroy. — 11. Nous ignorons quel est l'évêché désigné par Denesde sous le nom de Grandquaire. Les deux sièges indiqués avant ce dernier étant situés en Bretagne, on pourrait supposer qu'il s'agit de Quimper, dont le titulaire était alors du Louet de Kerguillio.

Pandant le séjour de la cour, la reyne a faict faire deux grandes ouvertures pour donner jour sur l'autel du tumbeau de saincte Radegonde, ensemble la rétable dud. autel ; plus, perser la voûte pour exaler la fumée de la lampe qui est suspendue sur le tumbeau avecq ung beau couronnement de fer [1].

CLXXIV. — La nuict du vendredy 15 au samedy 16 décembre 1651, il a tonné très fort.

CLXXV. — Le jour de la Nostre-Dame, le roy alla faire ses dévotions à Ste-Radegonde et fust ouïr vespres et la prédication de M^r l'abbé de Hiacint, de la maison de Colligny, aux Jacobins ; et le landemain 3e febvrier, Leurs Majestés, le duc d'Anjou, cardinal Masariny et la plus

---

[1]. M. Edouard Fournier, dans son *Roman de Molière*, prétend qu'à l'occasion du séjour de la cour et de l'arrivée de Mazarin à Poitiers, il y eut en cette ville de grandes fêtes, auxquelles Molière et sa troupe vinrent prêter leur concours (V. Jules Loiseleur, *Les points obscurs de la vie de Molière*, p. 150). Nous ne savons à quelle source ce renseignement a été puisé, et nous n'avons rencontré dans nos Archives communales aucun indice de nature à le justifier. Il est vrai de dire qu'à ce moment-là le prévôt de la Maison du roi exerça, concurremment avec le maire, la juridiction de la police, et que c'est de lui qu'auraient pu émaner les ordres ou autorisations nécessaires (V. Arch. com. de Poitiers, reg. des délib. n° 103, p. 196). La présence de Molière dans notre ville, à cette époque, ne nous semble donc pas prouvée, d'autant plus que d'après le *Moliériste* (n° 66, p. 174) il ne serait pas impossible qu'il se fût alors trouvé à Carcassonne.

Nous ignorons, du reste, si Molière est jamais venu à Poitiers, et on en est encore réduit, sur ce point, à de simples conjectures. Seulement, ce que nous pouvons affirmer, c'est qu'il tenta de s'y rendre. Les recherches que nous avons faites dans les registres de l'Hôtel-de-Ville nous ont appris, en effet, que vers la fin de l'année 1649 il demanda à y donner des représentations, mais qu'il se vit refuser l'autorisation qu'il sollicitait. Voici, au surplus, la copie textuelle de la délibération prise à ce sujet par le Conseil de ville :

« Au conseil ordinaire tenu en la Maison commune de la
« ville de Poictiers, le huictième jour de novembre mil six cens
« quarante-neuf.......... Monsieur le maire a proposé qu'il a receu une
« lettre du sieur Morlière, comédien, qui demande permission de
« venir en ville avecq ses compagnons pour y passer ung couple de
« mois, qu'il n'a voullu faire response sans en conférer. A esté
« arresté que M. le maire verra avec M. le lieutenant général pour
« empêcher que lesd. comédiens viennent en ville, attendu la misère
« du temps et chèreté des bledz » (Arch. com. de Poitiers, reg. des
« délib. n° 101, p. 83).

part des seigneurs ouïrent la messe à S¹-Didier, et à l'issue le roy monta à cheval et tous partisrent pour aller coucher à Mirebeau, de là à Loudun et à Saumeur ¹.

CLXXVI. — Anthoine, cardinal Barberin (nepveu du feu pappe Urbain 8) a esté nommé à l'évesché de Poictierz ², et n'en a encore pris pocession en novembre 1653, au deffault de ses bulles que le pappe Inocent X luy refuse, pour ce qu'il est son grand camérier, première charge de Rôme, qui veult résidence. Et de faict led. cardinal est allé à Rôme en callité de grand aulmosnier et enbassadeur de France, et a voullu mener nombre de jeunes pages gentilzhommes de Poictou, conduicz par un aulmosnier, presbtre très savant et pieux jeune homme de Poictiers, nommé F. Urheau, filz de l'advocat, parroisse de S¹-Savin.

S'est desmis vers la S¹-Jan 1657. Le roy en a donné le placet ou billet à M¹ l'abbé de Paluau, frère du maréchal de Cléranbault. On atant les bulles de Rome au commancement de l'année 1658 ³.

1. Quelques jours après le départ du roi (dans la nuit du 27 février), un placard séditieux ayant pour titre : « *Aux bien intentionnez de la ville de Poictiers* », fut affiché aux carrefours et autres endroits de la ville. La perquisition faite chez les libraires et imprimeurs, pour en découvrir les auteurs, démontra que cet imprimé ne pouvait être attribué à l'un d'eux (Arch. com. de Poitiers, reg. des délib. n° 103, p. 236, 242).

2. Le 16 août 1652. La nomination de ce prélat et l'attente de sa venue, qu'on croyait être prochaine, inspirèrent à un poète resté inconnu des « quatrains de resjouissance »; en patois Poitevin, lesquels prirent place dans la dernière édition de la *Gente Poitevin'rie*, donnée en 1660 par Jean Fleuriau, imprimeur à Poitiers. Les beautés de cette ville, les charmes de sa résidence, le caractère franc et loyal de ses habitants, le talent de ses magistrats et de ses hommes de science, sont tour à tour vantés par le chansonnier; mais le cardinal Barberin, n'étant jamais venu prendre possession de son siège, ne put juger par lui-même de toutes les merveilles qu'on lui faisait entrevoir.

3. Elles furent délivrées le 1ᵉʳ avril 1658, et Mᵍʳ Gilbert de Clérambault y est indiqué comme successeur de M. de la Rocheposay, le cardinal Barberin s'étant retiré sans qu'on lui eût accordé ses provisions (Arch. de la Vienne, G. 14). Après avoir obtenu du roi, le 17 octobre de la même année, les lettres patentes qui lui conféraient la pleine et libre jouissance de l'évêché, Mᵍʳ de Clérambault prit possession de son siège par procureur le 4 novembre suivant et personnellement le 15 mars 1659 (Id., G. 14, 166). Renonçant, on ne sait

CLXXVII. — Au caresme 1652, M^{rs} de St-Pierre, le siège espiscopal vacant, ont donné permission de manger du fromage, qui avoit esté interdit despuis l'avénement de feu Mr de la Rocheposay à l'évesché [1].

CLXXVIII. — Le lundy 6e may 1652, sortist de cette ville, par la porte de Pont-Joubert, le jeune duc de Roanès [2], gouverneur de Poictou, avecq sa compagnie, conduisant ung de nos gros canons et une coulvrine, qui luy furent prestées par M^{rs} de cette ville, avecq grandes difficultés; mais on le fist, voïant que s'estoit par les ordres du roy pour aller assiéger les chasteaux de Dissay et Chauvigny, domaines de l'évesché, où le marquis de la Rocheposay avoit mis des gens et les vouloit tenir contre le service du roy pour les princes, en aine de ce que de l'évesché, abbayes et toutte la despouille des bénéfices de son feu oncle, on ne luy en a faict aulcune part [3].

---

pour quel motif, à l'antique cérémonial observé à l'arrivée des évêques, il se rendit à pied et sans aucune solennité à la cathédrale, et s'abstint d'inviter à dîner, suivant l'usage, le corps de ville et les gentilshommes qui l'avaient accompagné jusqu'à sa maison pour le complimenter (l'abbé Auber, *Hist. de la cath.*, t. II, p. 356). Deux jours après, il se rendit à Saint-Hilaire, où il fut reçu avec le cérémonial ordinaire, non comme évêque, mais comme délégué du Saint-Siège venant reconnaître les immunités et privilèges du chapitre (Arch. de la Vienne, G. 546). V., pour le cérémonial, la réception faite en 1564 à M. Charles de Pérusse d'Escars (Rédet, *Documents pour l'histoire de Saint-Hilaire*, t. XV des *Mém. de la Soc. des Antiq. de l'Ouest.*)

1. Cette permission fut accordée en considération de la disette et du prix élevé des denrées, et pour permettre ainsi aux artisans de s'alimenter plus facilement (Arch. com. de Poitiers, reg. des délib. n° 103, p. 221).

2. Arthur Gouffier, duc de Roannez, pair de France, maréchal des camps et armées du roi, mestre de camp d'un régiment de cavalerie, avait été pourvu de la charge de gouverneur et lieutenant général en Poitou, Châtelleraudais et Loudunais, par lettres patentes du 22 août 1651, registrées en Parlement le 6 septembre suivant. Cette charge était vacante par suite des démissions du duc de la Rochefoucauld, qui en était titulaire, et du prince de Marsillac, son fils, qui en avait obtenu la survivance vers le mois d'octobre 1649. (Copie de ces lettres se trouve sur les registres de délibérations du corps de ville, n° 103, p. 99).

3. Le jour même où Denesde mentionnait le départ du gouverneur, le corps de ville recevait avis de la soumission du château de Dissay.

CLXXIX. — A raison des grandz troubles qui ont recommansés à Paris dès l'antrée de l'an 1652, les Parisiens, assistés de M^{rs} les princes, duc d'Orléans, de Condé, Conty, Beaufort, etc., ont pris les armes contre le roy, soubz prétexte du cardinal Mazarin ; et pour demander secours à Dieu, et la paix, aud. Paris ont faict des processions et prières publicques ; et, à leur imitation, M^{rs} de l'église de Poictiers, le siège épiscopal vacant, en ont ordonné estre faict aussy en cette ville, outre les 40 heures qui ce font tous les dimanches ès églises. Premièrement, les jeudy, vandredy et samedy, 4, 5 et 6 juillet, les 40 heures furent à St-Pierre, où, pendant les trois jours, les parroisses et religieux y furent processionnellement faire station chascun à son heure ; à l'issue des vespres, prédications par deux Jésuistes et un Minime, et à la fin ung salut en musicque, et la bénédiction du Saint-Sacrement par M^r le doyen.

Le dimanche 7e, touttes les compagnies ecclésiastiques et laïcq ce randirent à St-Pierre dès les six heures du matin, et la grande messe dicte par M^r le doyen. A la fin, on partit par la porte de Ste-Croix ; les pellerins de St-Jacques marchoient davant, puis les Capucins, les Minimes et aultres religieux, sellon leur ordre. On avoit touttes les banières et les relicques, qui marchoient : premièrement touttes celles des paroisses, puis celles de la Trinitté, puis l'image de saincte Radegonde de Ste-Croix, puis l'image du chapittre, puis les relicques de St-Pierre et de St-Hillaire conjoinctement, puis l'image de Nostre-Dame-la-Grande, puis la portion de la vraie croix qui est gardée à St-Pierre-Puellier, puis celle de Ste-Croix, la

---

Celui de Chauvigny se rendit presque aussitôt. Le roi témoigna à la ville toute sa satisfaction de l'appui qu'elle avait prêté au duc de Roannez, et celui-ci, de son côté, lui fit don de deux petites pièces de canon provenant des châteaux qu'il avait recouvrés (Arch. com. de Poitiers, reg. des délib. n° 103, p. 313, 364 ; n° 104, p. 29. — V. App. XXXIV).

dernière portée par M⁰ Leberthon, chanoine de S⁰ᵉ-Radegonde, tout piedz nudz. Ont fist la première station à S⁰ᵉ-Radegonde, d'où, passant par la ruë du Pigeon-Blanc, ont prist la grande ruhe de Pont-Joubert; on monta à Nostre-Dame faire la seconde station; de là, par la Regretrie, S⁰-Porchaire et les Hautes-Treilles, on monta a S⁰-Hillaire faire la troisiesme station, après laquelle Mʳˢ de lad. église qui avoient tenu le costé gauche, conjoinctement avecq Mʳˢ de S⁰-Pierre qui tenoient le droict, demeurent en leur église; et la procession continua passant davant Saint-Pierre-l'Hostault et par la ruhe de la Traverse, la Grande-Ruhe, au travers le Marché-Vieux, au Grand-Espron, davant les Jacobins, Nostre-Dame-la-Petitte. A S⁰-Paul, à cause que les 40 heures y estoient, on y fist la dernière station, et de là on ce randist à S⁰-Pierre, d'où chascun ce separa. Mʳ le recteur y estoit, Mʳˢ du présidial en très grand nombre, les deux maires, eschevins et bourgeois, le corps des marchandz et casy toutte la ville.

CLXXX. — Sire Jan de Longueuil, maistre appothicaire, est-décedé le mercredy 17 juillet 1652, à unze heures du matin, aagé de 58 ans 8 mois et demy; a esté enterré on cimetière de Nostre-Dame-la-Grande, proche Mʳ Martin, son père, chirurgien.

CLXXXI. — Mʳ Emery de Sauzay, président en l'ellection, décedé le 14 aoust 1652, dans les cloistres, parroisse de Nostre-Dame-la-Grande, néanmoings enterré à Nostre-Dame-la-Petitte.

CLXXXII. — Vénérable Jan Eschinard, abbé de Nostre-Dame, dès environ 1619, est décedé le 21 aoust 1652, et enterré à S⁰-Pierre, où il a donné 400 liv. pour fonder un aniversaire, et 300 liv. pour les frais de son enterrement; et n'a rien donné à Nostre-Dame.

CLXXXIII. — Mᵉ Jan Constant, naguère advocat du roy, est décedé le 24ᵉ aoust 1652; inhumé aux

Jacobins, dans la chapelle ranfoncée proche celle de Ste-Marguerite, proche ses père et mère, frères et nepveus. Son père, Me Jan Constant, aussy advocat du roy avant luy, payr et eschevin, ne décedda que le 27 janvier 1650, agé de 89 ans, et le filz 63 ans dès le 13 juillet dernier.

Led. filz, après avoir esté environ 32 ans advocat du roy, résigna son office à son filz aisné, aussy nommé Jan, qui y fust installé y a environ un an, puis espousa Magdelaine Clabat, fille de Me Anthoine Clabat, s^r de la Maison-Neufve.

CLXXXIV. — Révérend Pierre Rousseau, presbtre, religieux, abbé du Moutier Neuf de cette ville, est déceddé subittement dans son lict, la nuict du lundy 5 au mardy 6, jour des Roys, janvier 1654 [1], et fust trouvé mort le matin dans son abbaye, où il avoit bien souppé le soir, avecq ses nepveus, l'aumosnier et le coadjusteur et autres, avecq leur mère nomée Charlet. Ne fust enterré que le [2]..... dans le balustre de la chapelle Nostre-Dame de son église, par le révérend doyen de St-Hillaire-le-Grand, assisté du chapittre et des religieux.

Le coadjusteur a obtenu ses bulles et entré en pocession de l'abbaye en may [3].

---

1. M. de Chergé, dans un *Mémoire historique sur l'abbaye de Montierneuf* (t. XI des *Mém. de la Soc. des Antiq. de l'Ouest*), reproduit une épitaphe recueillie par lui dans le 67e vol. de D. Fonteneau, d'après laquelle Pierre Rousseau serait mort le 16 février 1654. Il y a là de sa part une erreur évidente. Cette épitaphe se trouve en effet mentionnée deux fois dans le volume qu'il cite, mais elle indique le 6 janvier comme date du décès de l'abbé.
2. Le sept du même mois. « L'enterrement fut faict par M. Irland, « doïen de Saint-Hilaire, aïant sa mitre; et tous Mrs de Saint-Hilaire « y vinrent en corps avec la musique, qui tenoient le costé droict, et « M^rs les religieux dud. Montierneuf et M^rs les curés et leurs « vicaires et chappelains de Poictiers dépendans de Montierneuf « tenoient le costé gauche. Led. s^r doïen officia avec diacre et « soubz-diacre, un assistant chappé avec chantre et soubz-chantre « aussi chappés, avec la musicque » (Arch. com. de Poitiers, reg. par., n° 2)..
3. René Rousseau, clerc du diocèse de Poitiers et prieur d'Aubi-

CLXXXV. — Le mardy 2ᵉ juin 1654, Mʳ Mᵉ Jan Derazes, escuier, sᵍʳ de Verneuil, naguère conseiller au parlement de Bretagne, a esté instalé dans la charge de lieutenant général en la sénéchaussée de Poictou et présidial de Poictiers, à la démission de Mʳ Claude de Tudert, sᵍʳ de la Bournalière, conseiller d'Estat, oncle de celle[1] que led. sʳ Derases doibt espouser ses jours, de par sa mère; car, pour son père, est fille unicque de Mʳ Mᵉ Estienne de Macquenon, escuier, sʳ des Forges, conseiller au présidial et assesseur au conservateur, filz d'une Gabriau ; et le père dud. Derazes, Mʳ Mᵉ François Derases, escuier, sʳ de Ché, aussy conseiller au présidial, filz d'une Gabriau, sœurs germaines de père et de mère.

CLXXXVI. — Le jeudy de la Feste-Dieu, 4 juin 1654, Mʳˢ du présidial ont assisté à la procession en robe rouge, et Mʳ du Soucy, conseiller-clerc, chanoine semy-brébendé dans la cathédralle, a marché avecq le clergé en son rang de chanoine, sa robe rouge soubz son surpelis.

CLXXXVII. — Et le dimanche, dans l'octave, 7ᵉ juin, pour ce que le roy Louis 14 ce faict en ce jour sacrer à Reims, tous les corps éclésiasticques régulliers et séculliers, le présidial, le corps de ville et des marchandz ce sont trouvés dans la nef de la cathédralle, où la messe a estée solemnel-

---

gny, avait été choisi par Pierre Rousseau, son oncle, comme coadjuteur, avec droit à sa survivance, choix que le roi ratifia par brevet du 8 janvier 1653 (Arch. de la Vienne, abb. de Montierneuf, l. 14). D'après le *Gallia Christiana*, il aurait été nommé coadjuteur le 16 novembre de la même année, et aurait pris possession de l'abbaye le 16 juin 1654. Quelque temps après, dom Pierre du Laurens, religieux profès de l'Ordre de Cluny, docteur en théologie de la faculté de Paris de la maison de Sorbonne, prieur du prieuré du collège de Cluny et vicaire général du cardinal Mazarin, abbé, chef et supérieur dud. Ordre, éleva des prétentions sur l'abbaye de Montierneuf ; mais un arrêt, rendu le 15 juin 1655 par le Grand Conseil, maintint René Rousseau dans la possession et jouissance de son bénéfice (Id.).

1. Marie Maquenon, fille d'Etienne Maquenon, éc^r, sʳ des Forges, et de Catherine de Tudert (Beauchet-Filleau, *Dict. des fam. de l'ancien Poitou*).

lement célébrée par M.¹ le doyen, assisté de vénérables Gilles Lesplu, diacre, Jacques Arsangé, soubz-diacre, chanoines prébendé et semy-prébendé, vénérables Phelippe Charlet, chantre et chanoine brébendé,...... Simon, encore soubz-chantre, et...... Roger de Maunay, semy-prébendé, chappés. Et après le *Credo*, vénérable Christophle Fauveau, presbtre, docteur en théologie de Paris, official et encore chanoine prébendé en lad. église, fist la prédication.

Le dimanche 28° juin, par ordre du roy, on chanta dans la grande église, issue de grande messe, le *Te Deum*, en action de grâce du sacre de sa personne. Et le dimanche 5° juillet 1654, les feus de joye furrent faictz au Marché-Vieil, pour le sacre du roy, où les six compagnies de la ville y estoient en armes, qui firent grande escouptrie, et les pièces d'artillerie, sorties de l'arsenac, tirèrent trois fois. Le feu fust mis par les deux maires, Augron, l'antieque, et Pelisson eslu en maire.

Et le 15° dud. mois [de juin], led. s' Fauveau fust mis en pocession de la soubz-chantrie et led. Simon de la prébende dud. Fauveau.

CLXXXVIII. — Le lundy 15 juin 1654, a esté enterré, dans l'église Ste-Oportune, François Dreux, escuier, trésorier et garde-sel au bureau des finances en la généralitté de Poictiers [1], et ses entrailles avoient esté mises aux Augustins dès le 8° avril, qu'il décéda; mais on a gardé le corps enbaumé segretement jusques à présent, pour ce qu'il s'estoit oublié de payer le droict anuel, appelé paulette [2], qui conserve les

---

1. Il avait épousé, le 14 octobre 1635, Catherine Irland, fille de Charles Irland, éc., sieur de Beaumont, conseiller du roi et son lieutenant criminel au présidial de Poitiers (Arch. com. de Poitiers, reg. par., n° 196).

2. Cet impôt avait été établi en 1604, sur la proposition du secrétaire d'Etat Charles Paulet, qui lui donna son nom et en fut le premier fermier. Il consistait à faire payer aux titulaires de charges ou offices de judicature, police et finances, un droit annuel du soixantième du prix d'acquisition de ces charges, plus un huitième à chaque mutation, moyennant quoi ils avaient la faculté, ainsi que

offices, celluy-là estant de conséquance, de quatre vingtz mille livres, à cause du garde-sel.

CLXXXIX. — Au retour de Reimps, le roy prenoit plaisir d'aller disner au siège de Stenay, autrefois pris sur les Espagnolz par le prince de Condé, pour le roy, et maintenant tenu par le gouverneur que led. prince y avoit mis, contre le roy, lequel, grâce à Dieu, l'a contrainct de lui randre au mois d'aoust 1654.

Et de là, le roy a esté en Picardie pour donner ordre que la ville d'Arras feust secourue et empescher de passer les munitions au siège formé davant lad. ville par led. prince de Condé, assisté de l'archeduc Léopol, contre qui il avoit sy bien faict à Lans. Arras dellivré par l'ataque des lignes des ennemis assiégeans, par l'armée du roy, la nuict, sur le matin de la feste St-Louis, 25 aoust; tous les assiégeans mis en desroutte et en fuitte, laissantz tous leurs canons, munitions et grandz meubles, argent et argenterie, qui ont enrichys tous nos soldatz.

Le dimanche 6 septembre 1654 [1], issue de la grande messe, le *Te Deum* a esté chanté, en l'église de Poictierz, où ont assisté tous les corps éclésiastiques, le recteur, présidial et juridiction consullaire, en action de grâce, tant de la réduction de Stenay, que dellivrance d'Arras.

CXC. — Le 4e octobre 1654, vénérable François de Fenieux, gentilhomme Limousin, presbtre, chanoine prébendé et le plus antien en l'église de Poictiers, est décedé

---

leurs veuves, enfants ou héritiers, d'en disposer comme de choses à eux appartenant (*Bull. de la Soc. des Antiq. de l'Ouest*, vol. 7, p. 79.)

1. Les maire et échevins avaient reçu la veille du duc de Roannez, gouverneur du Poitou, communication de deux lettres du roi : l'une annonçant la prise de Stenay et la levée du siège d'Arras, et demandant, à cette occasion, des réjouissances publiques ; l'autre, donnant avis de l'évasion du cardinal de Retz, qui avait été enfermé au château de Nantes, et enjoignant de l'arrêter partout où on pourrait le rencontrer (copie de ces lettres se trouve sur les registres de délibérations du corps de ville, n° 105, p. 63).

dans son logis canonial, le plus proche de lad. église, allant d'icelle à Ste-Croix. Il a esté enterré davant la porte du degré pour monter au jubé. Ayant donné sa démicion au chapittre, qui auroit nommé et mis en pocession, dès le 2⁰ dud. mois, Jacques de Fenieux, son nepveu, aagé de 15 à 16 ans. Led. feu avoit 73 ans, et néanmoins n'avoit encore quitté le deuil anuel de sa mère.

CXCI. — Aussy est décedé à Cissé, le 6⁰ octobre dict an, vénérable François Joubert, presbtre, chanoine prébendé à Nostre-Dame-la-Grande dès le mesme mois d'octobre 1631, for jeune[1].

CXCII. — Le mardy 17⁰ novembre 1654, ont estés eslus aux consulz : en juge, sire Paul Morillon, marchand mercier ; premier consul, sire Louis Guillon, fermier ; consulz, Phelippe Estrelin, maistre pintier, et Hillaire Huguet, marchand de draps.

CXCIII. — Les juge et consulz, sindic, corps et comunauté des marchandz de cette ville, dès le mois d'octobre 1654, présentèrent leur requeste à M^rs les révérens doyen, chanoine et chapitre de Poictierz, le siège espiscopal vacant, aux fins d'optenir permission de faire ériger un autel dans la chapelle retranchée et droissée dans le bastiment que la compagnie commansa de bastir dès l'an 1644 pour l'exercice de la jurisdiction consullaire ; à quoy lesd. s^rs de chapitre optempérant, auroient, en apointant lad. requeste, permis lad. errection, et pour la bénédiction de lad. chapelle et autel, commis et desputté vénérable Jacques Denesde (mon frère), presbtre, chanoine prébendé dud. chapitre.

Et le 30⁰ novembre 1654, led. s^r Denesde, assisté de vénérables Anthoine Dardin, curé de St-Didier, et Lorant Coustière, mon cousin, a procéddé à la bénédiction de lad. chapelle, sur les neuf heures du matin, issue de la prédication,

---

1. Il n'est pas cité dans la généalogie de la famille Joubert, donnée par M. Beauchet-Filleau (*Dict. des fam. de l'anc. Poitou*).

sellon les formes portées dans le rituel, qui sont en substance : que la chapelle soit vague de personnes et meubles, et nue, sans tapiceries aux parois ny ornement à l'autel ; commansant par une oraison davant la porte et principalle entrée et l'antienne *Asperges me*, et en récitant, par les presbtres assistant, le psalme *Miserere mei*, partir et faire la procession au dehors de lad. chapelle, avecq la crois, et deux cierges portés par deux clerez, tout alentour d'icelle, asperger tant en la partie supérieure que vers les fondementz, en répétant tousjours l'antiene *Asperges* ; et retournant, entrant dans lad. chapelle, dire à genous davant l'autel les litanies des saincts et quelques psalmes, et en certain temps asperger l'autel et tout autour du dedans de lad. chapelle. Laquelle bénédiction finie, fust la messe cellebrée de la feste de St-André, apostre, eschoiant en ce jour, par led. s^r Denesde, où assistèrent en robes Mrs Charles Babinet, juge en chef, Jacques Gervais, dernier consul, (sires Pierre Picquau, premier, et René Marselé, second consulz, absantz, aussy bien que sire Pierre Barré, mon beau-père, sindic et plus ansien de la compagnie, pour son indisposition), et la pluspart de tous les confrères aussy en robes, et nombre d'autres personnes.

CXCIV. — Le 7e janvier 1655, nostre St Pére le pappe, Innocent X, est décedé à Romme, sur les......, agé de 84 à 5 ans et de son pontificat le dix ou comancement du unziesme.

Le mardy 2e mars 1655, M^{rs} de St-Pierre, assistés de tous les corps éclésiasticques, séculliers et regulliers, ont faict dans la grande église le servisse solemnel pour le pappe ; néanmoings tous les frais payés par l'esconosmé de l'evesché, auquel le cardinal Anthonio Barberin est seullement nommé.

Et le 22e avril suivant, on a receu nouvelle à Poictiers que le cardinal Fabio Ghizy, de Siène, a esté nommé papé le 7e avril présent mois, et nommé Allexandre septiesme.

CXCV. — En mars 1655, la feste de l'Anuntiation Nostre-Dame, qui est l'incaration du Verbe, s'estant rancontrée au jeudy de la Cène, cette concurance ayant aporté quelque trouble, à cause de la foire au lart, qui tous les ans ce tient au plan de St-Pierre le jeudy absolu, et qu'il faschoit aux habitans de choumer et tenir leurs bouticques fermées le jour de la foire, M^{rs} les doyen, chanoine et chapitre de l'église de Poictiers, le siège espiscopal vacquant, ont ordonné, faict afficher et publier aux prosnes et chèses des prédicateurs, que la solemnité de lad. feste ceroit transferrée au lundy d'après Quasimodo, tant pour l'église que pour le peuble, auxquel ilz interdissent touttes œuvres servilles aud. jour, et permettent le travail aud. jour de la Cène, 25e mars.

Or, est-il que le trouble a esté grand sur les divers advis [1], et que l'on n'a poinct remarqué que la chouse ce fust rancontrée y a très longtemps, car j'ay veu des callandriers despuy 1617 jusques à présent, sans pareille rancontre qui arrivera encore en [1660] [2] qu'il faudra en faire de mesme.

Pour ce qui est du Vandredy-Sainct, cy est rancontré plusieurs fois; or, avant qu'à Poictiers ussent pris l'usage du consille de Trante, et notemment en 1622, le Vendredy-Sainct s'estant rancontré le 25e mars, l'église ne fist que du vandredy, et le peuple ouvrist les bouticques et fist son travail; et pour la feste de l'Incarnation fust remise au lundy de Quasimodo, célébrée par l'église et chommée par le peuple.

---

1. Pour faire cesser toute incertitude à ce sujet, le corps de ville rendit le 2 mars une ordonnance maintenant la foire au jour accoutumé, enjoignant aux marchands d'y porter leurs marchandises et aux bouchers de tenir leurs bancs garnis, sous peine de 100 liv. d'amende, et invitant les capitaines de la ville à fournir, pendant les trois jours de sa durée, deux escouades de leurs compagnies, afin de veiller à la sûreté des marchands (Arch. com. de Poitiers, reg. des délib. n° 105, p. 151). L'année suivante, l'Annonciation étant tombée le jour du Samedi-Saint, il fut interdit aux marchands d'étaler ce jour-là, mais ils purent commencer à le faire dès le mercredi précédent (Id., n° 106, p. 196).

2. V. plus loin à cette date.

— 175 —

Et en 1633, que le Vandredy-Sainct arriva de mesme, on changea ; car, quoyque l'église ne fist que du grand vandredy, le peuple chomma la feste, et le lundy de Quasimodo n'y eust que l'église qui en fist la célébritté, et le peuple travailloit.

Il est meilleur d'avoir retourné à l'ansiéneté, tant à cause de la foire au lart, qu'à cause que, quoyque l'on commande de chommer cette feste dans les derniers jours de la sepmaine saincte, tous les artisans n'en font rien, qui disent estre pressés de besogné pour la feste. Il vaut doncq bien mieux transférer toutte la feste, car leur permettant le travail, on leur oste le subject de pécher en désobéissance.

CXCVI. — Le samedy 22° may 1655, y est deceddé Jacques Degennes, escuier, payr et eschevin, sy-davant conseiller et despuis dix ans président présidial, capitaine de ville, s^{gr} de Verre, le Pallais, le Courtiou, la Papinière, etc., et le landemain enterré à St-Didier.

CXCVII. — Le 28° janvier 1656, Jan Pidoux, escuier, s^r de Malaguet, payr et plus ansien eschevin, capitaine de la collonelle de cette ville, autrefois lieutenant particullier, assesseur au présidial, puis presbtre, soubz-chantre et encore doyen à St-Hillaire, pour très peu de temps, enfin est deceddé et enterré cejourd'huy aux Feuillans, prochet de sa femme, aagé de 81 an. A laissé son filz aisné, nommé Pierre, troisiesme du nom, S^{gr} de Malaguët, et lieutenant général au siège royal de Chastelleraült, et un filz cadet, presbtre, sy-davant jésuitte et maintenant chapelain d'une des grandes chapelles de St-André, en l'abbaye Ste-Croix.

CXCVIII. — Et au mois de février suivant, une femme demeurant proche la cure Ste-Radegonde de cette ville, s'estant renfermée chés elle avecq une chopine de vin

---

1. Cette date trouve sa confirmation dans les anciens registres paroissiaux de la ville (n° 237). C'est donc à tort que M. Beauchet-Filleau place la mort de M. de Gennes avant le 19 février 1648 (Dict. des fam. de l'anc. Poitou).

et quelques sardines, sur les deux heures après midy, et son mary ce randant de son travail sur le soir, trouvant sa porte fermée, apela ses voisins ; lesquelz, ayant faict en sorte de la faire ouvrir, furent estonnés que ne voyant poinct cette femme, regardant dans le fouyer, virent quelques sandres et for peu de bois et une jambe seullement, tout le reste du corps ayant esté consommé sans en pouvoir trouver aulcune aparance, ce qui obligea d'aller quérir la justice, tout le monde extrèmement estonné de ce qu'un corps puissant avoit ainsy esté consommé en sy peu de temps et à cy petit feu ; dont fust faict procès verbal.

CXCIX. — Dès le mois de mars 1656, le grand jubillé fust estably à Poictiers par M^{rs} de St-Pierre-le-Grand, qui l'avoient receu du St Père Allexandre 7e, le siège espiscopal de cette ville vacquant. Tous les corps éclésiasticques et laïques s'assemblèrent dans la nef de St-Pierre où la messe fut cellébrée par.... le dimanche... ; et de là, la procession partist, et montant par la grande ruhe des Minimes, on passa à Nostre-Dame-la-Grande, puis de là on monta par la Regretrie aux Augustins, où la prédication fust faicte par vénérable Christophle Fauveau, presbtre, docteur de Sorbonne, official et soubz-chantre de la grande église. A la fin, la procession vient passer dans une petitte ruhe, derrière le poidz du roy et la boucherie, puis le long des maisons qui regardent dans le Marché-Vieil, et tournèrent au coing et suivirent le long des Grandes-Escolles, vindrent passer davant les Cordeliers et y fisrent une station, puis ce randirent en lad. grand église.

CC. — A la fin de la quinsaine, M^{rs} de St-Hillaire establirent le jubillé dans leur bourg, sans en avoir de mandement du Sainct-Siège ny de M^r le légat, misrent les stations dans leurs trois parroisses, aux Capucins et aux Ursulines, et d'autant que M^{rs} de St-Pierre avoient desjà donné des stations en ses deux couvantz, ilz leur mandèrent qu'ilz ne pouvoient pas ainsy continuer le jubillé, qui a son temps limitté de quinsaine, à quoy les Capucins obéirent et n'exposèrent plus le Sainct-Sacrement ; mais les Ursulines respondirent que deffunct Mr de Poictiers n'ayant pas voullu ce charger de leur conduitte, elle avoient esté commises à selle de Mr l'archevesque de Bordeaux, et que le trésorier de St-Hillaire estant son auditeur en cette ville et son grand vicaire en ce regard, elles ne pouvoient refuser les ordres qui leur estoient prescriptes par son ordre. Lesd. srs de St-Hillaire ce sont faschés pour sela et ne voullurent ensuitte ce trouver à la procession du lundy de Pasques, avecq le reste du clergé, et la firent en particullier aussy bien que selles des Rogations [1].

CCI. — Le roy avoit faict assierger la ville de Valansiene, en Flandre, par les maréchaulx de Turenne et la Ferté Seneterre ; mais ilz ont esté contrainctz de lever le siège par Louis de Bourbon, prince de Condé, qui est dans le party du roy d'Espagne despuis quelques années.

CCII. — Le jour St-Laurant, 10 aoust 1656, Mrs du chapitre, *sede vacante*, ont ordonné des proccessions après vespres pour avoir de la pluye, ce qui s'est faict en touttes les églises collégialles et régullières, dans leurs églises et cloistres, fors les Capucins qui sont venus une fois à Nostre-Dame-la-Grande ; et aux parroisses sont allés chacque jour en chasque église, et le tout à duré jusques a la Nativitté Nostre-Dame, et la pluye fust donnée abondanment à la St-Louis.

CCIII. — Le mardy 5e septembre 1656, Mre Jan Leroy, sy-davant docteur institutaire, fust conduit en pompe par Mrs de l'universitté, en la grande églize de cette ville, en calitté de docteur régent ès-droictz, en la chaise et place

---

1. Le chapitre commença la procession du lundi de Pâques dès neuf heures du matin, en parcourant les lieux accoutumés, et régla l'ordre de celles des Rogations, pour les faire sans sortir du bourg. Il décida en outre de ne plus se rendre aux assemblées qu'il tenait habituellement avec le chapitre de la cathédrale (Arch. de la Vienne, G. 545, reg. p. 173 et 177).

de feu son père aussy nommé Jan et décedé doyen de la faculté, où led. filz a esté nommé par les trois autres docteurs [1], qui sont : Mʳᵉ Jean Filleau, à présent doyen et premier advocat du roy au présidal ; Mʳᵉ François Flave de Haulteserre, de la maison de Salvaizon en Quercy [2], et Mʳᵉ Pierre Gillibert, sʳ de Bonnillet ; et les deux qui disputoient cette chèze contre led. Leroy fils, sont Claude Gaultier, docteur d'Angers, et Jan Umeau, advocat à Poictiers [3].

Lequel Umeau, despuis, a esté nommé en la charge institutaire, par la cour de parlement.

CCIV. — Le dimanche 8ᵉ octobre 1656, Te Deum a esté chanté à Sᵗ-Pierre, pour la prize de Valance et la Capelle, puis de là à quelques jours on fist les feux de joye au Marché-Vieil.

CCV. — Le 14ᵉ novembre 1656, le sʳ du Bourg-Archanbault [4], près Montmorillon, a esté descapitté à la place Nostre-Dame-la-Grande de cette ville, acusé et convaincu de fausse monnoye ; le provost de Montmorillon l'ayant pris, amené à Poictiers et faict juger la compé-

---

1. Le 31 août 1656.
2. Flavien-François de Haulteserre était avocat au Grand Conseil lorsque, le 12 mars 1629, il se maria à Marie Lambert. Un fils, issu de ce mariage le dernier jour de février 1637, fut baptisé dans l'église Saint-Paul, le 17 novembre 1639, sous le nom de Jehan Joseph, et eut pour parrain « Jehan Dadine de Haulteserre, éc., sʳ dud. lieu, conseiller du roi, lieutenant général criminel au siège présidial et ressort de Cahors, en Quercy, son aïeul ! » (Arch. com. de Poitiers, reg. par. n° 179). Flavien François fut inhumé, le 7 septembre 1658, en l'église Saint-Paul, dans une chapelle située sous le clocher et qui lui appartenait (Id., n° 180).
3. Ce dernier, estimant sans doute que, par son mérite, il eût dû l'emporter sur son concurrent, n'accepta pas bénévolement le décret qui conférait au sʳ Leroy le titre de docteur régent. Il y forma opposition et en appela devant le Parlement. La cour, par arrêt du 29 mai 1657, rejeta son appel, mais prenant en considération le talent déployé par lui dans les disputes qu'il avait soutenues, lui adjugea, sans concours préalable, la chaire des Institutes, devenue vacante par suite de la promotion du sʳ Leroy à son nouveau grade (Arch. com. de Poitiers, série P, carton 76).
4. Louis de Blanchard, sʳ du Bourg-Archambault.

tance, pensant le faire juger à Montmorillon, l'accusé a récusé au subject. Le provost, son lieutenant, l'asséceur civil, procureur et advocat du roy sont tous proches parans, ce qui a obligé led. provost de le ramener pour s'assister de M^r du présidial au jugement.[1]

CCVI. — Le.... novembre 1656, Estienne de Macquenon, escuier, s^r des Forges, pair et eschevin, conseiller au présidial et assesseur du conservateur de cette ville, est décédé en sa maison....., proche Bressuire, au grand estonnement de sa patrie, pour ce que s'estoit encore un jeune homme, qui à peine avoit cinquante ans, fort et robuste, bon juge et bon citoyen. Il n'a laissé qu'une fille unicque mariée despuis deux ou trois ans avecq Jan Derazes, escuier, s^{gr} de Verneil, lieutenant général en la sénéchaussée et présidial de Poictiers, très proches parans, puisque François Derazes, s^r de Ché, père dud. lieutenant et led. feu de Macquenon estoient germains, enfans de deux sœurs nommées Gabriau, tantes des Riparfons.

CCVII. — Le jubillé octroïé par nostre Sainct Père Allexandre sept a esté ouvert dans la grande église de Poictiers le dimanche 18e février 1657, où ont assisté tous les corps éclésiasticques et laïcques ; la messe cellébrée par M^r vénérable Gille Lesplu, chanoine prébendé, assisté de Mr Simon aussy prébendé et Mr Roy semy-brébendé, dedans la nef ; la prédication dicte par le R. P. Bernard, jacobin, prédicateur ordinaire de la ville ; pour durer led. jubillé un mois quatre sepmaines, finissant au samedy au

---

1. Quelques années auparavant, le s^r du Bourg-Archambault avait été accusé d'un meurtre commis, le 21 août 1652, sur la personne d'un de ses voisins, le s^r de Chanteloube. Il fut décrété de prise de corps ; et c'est en pénétrant dans son château, le 1er novembre 1653, pour mettre cette sentence à exécution, que le grand prévôt de Poitou y trouva une grande quantité d'instruments destinés à la fabrication de la fausse monnaie (Journal inédit de Maillasson. — V. Notice sur le château du Bourg-Archambault, publiée par M. Nouveau, dans le 3e vol. des *Bull. de la Soc. des Antiq. de l'Ouest*).

soir 17ᵉ mars. Il y a eu cinq stations fixes et permanantes pendant tout le mois, sçavoir : en la cathédralle, les Jacobins, les Jésuittes, l'hospital de Nostre-Dame et l'hospital des frères de la Charitté; et outre en chascune sepmaine, les suivantes :

Première :

Nostre-Dame-la-Grande.   Feuillans.
Sᵗ-Hillaire-de-la-Celle.   Sᵗᵉ-Croix.
Sᵗ-Porchaire.   Les Filles de Nostre-Dame.
Minimes.

Seconde :

Sᵗᵉ-Radegonde.   La Trinitté.
Sᵗ-Didier.   Carmélittes.
Sᵗᵉ-Oportune.   Les Filles de Sᵗᵉ-Catherine.
Augustins.

Troisiesme :

Sᵗ-Michel.   Capucins.
Nostre-Dame-la-Petitte.   Filles du Calvaire.
Sᵗ-Estienne.   Filles de Sᵗ-François.
Cordeliers.

Quatriesme :

Sᵗ-Pierre-Puëllier.   Sᵗ-Savin.
Sᵗ-Cibard.   Les Carmes.
Sᵗ-Germain.   Les Filles de la Visitation.
Sᵗ-Paul.

[1]

CCVIII. — Le 13ᵉ novembre 1657, ont estés eslus : sire François Herbault, juge de rechef; sire Jacques Moreau, Jan Couillaud, Emery la Manche.

CCIX. — Le jour Sᵗ-André, dernier novembre 1657, Mʳˢ de l'église royalle Sᵗ-Hillaire-le-Grand de Poictierz ont

---

1. Il manque, en cet endroit, deux feuillets au manuscrit.

faict une procession solemnelle, de leur église en celle des
R. Ursulines, où ilz ont pris les belles relicques, sçavoir :
l'os du bras [gauche] apellé [humerus] du glorieux sainct
Hillaire, nostre évesque, et un os [radius] aussy entier du
bras de sainct George, premier évesque de Vellay en Auvergne [1]; et retournant sur leurs pás jusques à Nostre-Dame-
la-Chandelière, ont passé par la Traverse, puis par la
Grande-Ruhe, ont entré en la ruhe de la Psalette et de là
soubz le grand porche ; ont entré par la grande porte dans
lad. église, marchant à banière et croix, les Capucins,
Minimes, Cordeliers, Jacobins, Augustins, Carmes, les
parroisses de St-Porchaire et les trois du bourg [2], et messieurs en ordre, avecq chantre, soubz-chantre, assistant
chapés et le baston cantoral. M^r le doyen, chapé, mitré,
assisté de 2 messieurs faisant diacre et soubz-diacre et
son aumosnier, aussi chappé, portoit les relicques soubz un
daix ou poisle, porté par quatre presbtres, vestus de
tunicques. Après marchoient M^r le recteur et M^{rs} du présidial, M^r le maire, eschevins et bourgeois, M^{rs} les juge,
consulz et marchans, tous en corps.

On posa les reliques sur un autel droissé sur le hault
des degrés proche les fons babtismaulx et autour estoient
tous les éclésiasticques, et au bas, dans l'aille du costé du

---

1. Au nombre de ces reliques figurait également une partie du crâne de saint Hilaire, noircie par le feu et à demi brûlée. Toutes les pièces relatives à leur découverte au Puy-en-Velay et à leur translation à Poitiers ont été imprimées en 1657, par les soins du chapitre, dans un petit opuscule devenu fort rare et ayant pour titre : « *Miraculeuse découverte des précieuses reliques de S. Hilaire, évesque de Poictiers, en l'église de S. Georges du Puy-en-Vellay. Avec la concession qui en a été faicte par Monseigneur l'évesque du Puy et chàpitre de ladite église de S. Georges, à l'église de Sainct-Hilaire-le-Grand de Poictiers*. A Poictiers, par Jean Fleuriau, imprimeur ord. du roy et de l'université. Avec permission et privilège. M.DC.LVII ». Nous en connaissons quatre exemplaires, dont l'un est à la bibliothèque de Poitiers, un autre en la possession de M. Bélisaire Ledain, un troisième à la cure de Saint-Hilaire, et le quatrième dans la châsse qui contient les reliques.

2. Notre-Dame-de-la-Chandelière, Saint-Pierre-l'Hospitalier et Sainte-Triaise.

cloistre, les corps laïcques, et la chèse où le R. P. Rousseau, jésuiste, fist une belle prédication [1].

A esté obmis de dire que à cause des diférands qu'ont M[rs] de St-Pierre et M[rs] de St-Hillaire, et qu'il apartenoit de droit auxd. s[rs] de St-Pierre de faire la vérification desd. reliques, ils eurent beaucoup de paine à s'acorder ensemble pour cella, parce que lesd. s[rs] de St-Hillaire ne voulloient point cedder ne porter leursd. reliques dens l'église cathédralle, ne dens l'hostel épiscopal. Néaumoins, après beaucoup de raisons de part et d'autre, fut acordé entre eux qu'elles seroient recogneues dens l'église de St-Porchaire, ce qui fust faict en présance desd. s[rs] St-Hillaire et St-Pierre par des médecins dont je ne say le nom, que de Mr Mauduit, mon beau-frère [2].

CCX. — Le mercredy 16 janvier 1658, messire Jan Umeau, cy-davant docteur institutaire, fust conduit en pompe en la grande église, où il fust installé docteur régent ès droictz, en la place de Mre Pierre Gillibert, s[r] de Bonnillet, décedé le 5e dud. mois [3]. Mais la chèse n'a poinct esté publiée, pour ce que M[rs] du présidial et du corps de ville, ayant reconnu son méritte et capacitté à la dispute de la précédente, avecq les éloges de la cour de parlement, en luy

---

1. Les reliques de saint Hilaire furent renfermées l'année suivante dans une châsse que le chapitre avait fait venir de Paris pour le prix de 3,700 et quelques livres et dont le procès-verbal de réception et de description fut dressé le 30 novembre 1658 (V. App. xxxv). On déposa provisoirement celles de saint Georges dans la cassette qui avait servi à les apporter du Puy (Arch. de la Vienne, G. 546). Le reliquaire de saint Hilaire, après avoir été brisé en partie pendant la révolution, a été restauré en 1869, et est exposé à la vénération des fidèles pendant les jours de grandes solennités (de Chergé, *Guide du voyageur à Poitiers*).

2. Ce dernier alinéa est de la main de Marie Barré, femme d'Antoine Denesde.

3. Il fut inhumé le lendemain dans l'église Sainte-Opportune, « assistans à ses obsèques M[rs] le recteur et docteurs de l'université, avec grand nombre de parens et amys et les escholiers de droict. C'estoit un célèbre docteur et pour cet effect a esté grandement regretté de tout le peuple » (Arch. com. de Poitiers, reg. par. n° 237.)

adjugeant l'institute [1], ont prié M^rs les docteurs de luy adjuger sans autre nouvelles disputes, ce qu'ilz ont faict par leur propre connoissance et expériance [2].

CCXI. — Au mois de juin 1658, la ville de Donquerque a esté prise sur les Espagnolz par les armes du roy de France et des Anglois, lesquelz, suivant la paction faicte entre eux, ont mis garnison moictié Françoise et moictié Angloise, ce qui a donné subjet de permettre l'exercisse de l'hérézie en cette ville, au grand desplaisir des habitans bons catholicque. Et on a chanté le *Te Deum* par toutte la France, mesme à St-Pierre de Poictiers.

CCXII. — Le dimanche 4e aoust 1658, la messe a esté solemnellement cellébrée [3]...... (Le reste de la page est en blanc).

. . . . [4].

---

1. Voy. ci-dessus, art. CCIII, note 3.

2. Le décret de nomination est du 14 janvier 1658 (Arch. com. de Poitiers, série P, carton 76).

3. Ici se termine le journal du marchand ferron. C'est peut-être en traçant ces dernières lignes que celui-ci ressentit les premières atteintes de la maladie qui devait le conduire au tombeau cinq mois plus tard.
La date mise en tête de l'article inachevé indique que Denesde se proposait, sans aucun doute, d'y rappeler les cérémonies et réjouissances publiques qui eurent lieu ce jour-là, à Poitiers, à l'occasion de la guérison du roi, dont la santé venait d'inspirer les plus vives inquiétudes. Il n'eût pas manqué également d'y mentionner les témoignages de gratitude de la reine-mère envers sainte Radegonde, dont elle avait imploré la protection pendant la maladie de son fils. On sait, en effet, qu'en reconnaissance de l'intercession bienfaisante de la sainte, Anne d'Autriche fit placer, au-dessus de son tombeau, une lampe d'argent destinée à brûler nuit et jour, et fonda, en son église, deux messes solennelles qui devaient être célébrées les 29 juin et 13 juillet de chaque année (V. Thibaudeau, *Hist. du Poitou*, anc. édit., t. I, pièces justificatives, n° XXII). Une inscription commémorative de ce don et de cette fondation se trouve placée au haut de l'escalier qui descend au tombeau. Le texte en a été publié par M. de Longuemar dans le tome XXVIII des *Mémoires de la Société des Antiquaires de l'Ouest*, mais des fautes qu'on doit attribuer moins à la lecture qu'à l'impression en ayant rendu certaines parties inintelligibles, nous avons cru devoir reproduire cette inscription de nouveau (V. App. xxxvi).

4. Il manque, en cet endroit, deux feuillets au manuscrit.

CCXIII. — . . . .[1] multitude presque infinie de peuple, ce qui a donné autant de joye et de satisfaction aux catholiques que de confusion aux huguenots, à cause que c'est un personnage de conséquence pour son grand savoir et éloquence. Dieu par sa saincte miséricorde luy fasse la grâce de persévérer au bien, qu'il a sy glorieusement commencé.

CCXIV. — Ce jour, 25 mars 1660, jour de l'Incarnation du Verbe, arrivant le jeudy de la sepmaine saincte, M^r l'évesque, de son octorité, remist la feste de Nostre-Dame pour estre chommée au lundy d'après Quasimodo, tant pour le peuple que pour l'église. M^{rs} du chappitre firent leurs protestations contre led. s^r évesque, attandu que c'estoit à eux de mettre ordre à cella et non à autre, et que led. sieur entreprand tous les jours sur leurs droicts et privillèges [2].

CCXV. — Madame Soché, 3e femme de Mr Souché, mourust en couche le lundy 2 apvril 1660.

CCXVI. — Le dimanche 8 may 1660, passèrent par

---

1. La lacune que nous venons de constater dans l'original nous prive du commencement du journal de Marie Barré, femme Denesde, ainsi que du récit complet de la conversion de Samuel Cottiby, ministre protestant à Poitiers, rapportée, sans aucun doute, dans l'article dont nous ne possédons que la fin. Ce fut, comme on le sait, le 25 mars 1660 que Cottiby fit l'abjuration solennelle de sa croyance dans la cathédrale de Poitiers, en présence, parait-il, de plus de dix mille personnes (V. Dreux-Duradier, *Hist. litt. du Poitou*. — L'abbé Auber, *Hist. de la cathédrale de Poitiers*, t. II, p. 357. — Lièvre, *Hist. des protestants du Poitou*, t. III, p 78.—*Œuvres de Jean Drouhet, apothicaire à Saint-Maixent*, nouv. édit. avec notice et commentaires, par M. A. Richard, p. 147).

2. Mgr de Clérambault étant resté sourd à ces protestations, MM. du chapitre formèrent, le 22 mars, opposition à son ordonnance et en appelèrent comme d'abus devant le Parlement. Le chapitre, entre autres motifs invoqués par lui, prétendait que cette translation de fête était contraire à la pratique et à l'usage du diocèse, et qu'en tout cas elle pouvait se faire seulement pour le clergé et non pour le peuple (Arch. de la Vienne, gr. cart. de Saint-Pierre, t. V, p. 9 à 15). Il oubliait, en parlant ainsi, qu'en 1655, le siège épiscopal étant vacant, il avait, en pareille circonstance, rendu une ordonnance identique à celle de l'évêque (V. plus haut, art. CXCV).

Poictiers mademoiselle de Vallois et mademoiselle sa jeune seur qui alloint en cour au mariage du roy, parce que mademoiselle leur seur aysnée, à qui apartient de droit de porter la queue de la robe à la nouvelle royne le jour de son mariage, ne voulust pas de la princesse de Carignan, qu'on luy a voullu donner pour adjointe, avecq diférance néaumoins luy ayant esté proposé que deux gentilshommes luy porteroint la queue à elle et que ce seroit deux pages qui porteroint celle de la princesse de Carignan. Nonobstant toutes ces raisons, elle n'a voullu le faire ainsy et a demandé mad. damoiselle de Vallois, sa seur, fille de son père, M^r le duc d'Orléans et de la seur de madame la duchesse de Loraine, pour partager cet honneur avecq elle. Elles furent visitées et complimentées par tous les corps considérables de la ville et logèrent aux Trois-Pilliers.

CCXVII. — Le jeudy 2 juin 1660, furent aportées à Mr de Razès, lieutenant général, par un homme incogneu et qui disparust en mesme temps, trois lettres de cachet adroissantes : l'une, à Mr du Soucy [1], conseiller et chanoine à St-Pierre, portant que Sa Magesté n'estant pas satisfaicte des comportements dud. s^r du Soucy, il eust à se retirer à Villefranche, proche Lion, et y demeurer jusques à autre ordre; l'autre, adroissante à Mr N. Pidoux, aussy chanoine, fils de Mr Pidoux, doyen des médecins à Poictiers [2], de la

---

1. Jean Coulard, s^r du Souci.
2. François-Pidoux, s^r de Polié, docteur en médecine à Poitiers, s'était marié, le 28 février 1612, à Catherine Pelisson, qui lui donna plusieurs enfants, dont les suivants furent baptisés en l'église Saint-Savin, savoir : Hilaire, le 15 avril 1619; Charles, le 25 juillet 1621; Nicolas, le 8 décembre 1622; Jean, le 21 septembre 1625; Pierre, le 4 juillet 1628, et François, le 2 octobre 1629 (Arch. com. de Poitiers, reg. par. n° 224). Il mourut doyen des docteurs régents de la faculté de médecine de Poitiers, pair et échevin de la Maison commune, et fut inhumé le 8 septembre 1662 en l'église Saint-Paul, dans la chapelle de la Madeleine, qui lui appartenait (Id. n° 180). Ses biens furent partagés le 24 septembre 1664, devant Marrot et Gauthier, notaires royaux à Poitiers, entre ses cinq enfants : Charles,

mesme substance de l'autre, et ordre de se retirer à Tulles, en Limouzin; l'autre lettre adroissante à mon frère Barré, aussy chanoine, et ordre de se retirer à Guéret, capitalle de la Basse-Marche.

Lesd. trois lettres sont fort précises et portent égallement ordre de partir incontinant, ce qu'ils n'ont faict que le lundy suivant, à cause que M^r l'évesque de Poictiers, qui a obtenu lesd. lettres pour se venger de M^{rs} du chappitre à cause de quelques différands qu'il a avecq eux touchant leurs droicts et privileiges, a faict agir quelques-uns de ses amis et mesme Mr Pelot, intandant pour le roy en Poictou, pour mettre quelque ordre et faire quelque accomodement, ce qui n'ayant eu lieu, Mrs Pidoux et Barré partirent, comme j'ay dit, le lundy au soir et ont esté ensemble jusques à Limoges. Pour Mr du Soucy, a eu son exoine [1] des médecins, à cause de son infirmité qui est sy cogneue que tout le monde de la ville l'auroit signée s'il eust voullu.

M^r le lieutenant leur porta à chescun leur lettre, led. jour après disné, 2 juin 1660.

Ils retournèrent de leur exil un mois après.

CCXVIII. — Au commencement de juillet de l'année 1660, passa par Poictiers......., archevesque de......., en Grèce [2], qui, par permission de M^r l'évesque, cellébra la

---

Nicolas et Pierre ci-dessus nommés ; Marie Pidoux, veuve de Bonaventure Irland, éc., s^r de la Maingouère, juge magistrat au présidial de Poitiers, et Elisabeth Pidoux, épouse de Bonaventure Mayaud, éc., s^r des Groges, aussi juge magistrat au même siège (Notes man. du comte d'Orfeuille).

1. Exoine, excuse valable.
2. Ce prélat, qui avait été dépossédé et chassé par les infidèles, voyageait en sollicitant des aumônes dont le produit l'aidait à vivre. Il reçut entre autres secours : du corps de ville, une pistole et demie (Reg. des délib. n° 110, p. 224); du chapitre de Saint-Hilaire-le-Grand, 20 liv. (Arch. de la Vienne, G. 546, reg. f° 230); de celui de Sainte-Radegonde, deux écus blancs (Id., G. 7, l. 122, reg. f° 105); de celui de Saint-Pierre-le-Puellier, trente sols (Id. G. 7, reg. 180, p. 508). Dans les registres de Sainte-Radegonde, on lui donne le titre d'évêque de « Saint-Morrée, en Gresse ».

saincte messe à la façon des Grecs, en plusieurs églises, comme S¹-Pierre, où il l'a dist la première fois, par permission de M^rs du chappitre, ensuitte aux Jésuittes, Filles de Nostre-Dame, et ailleurs. Sa messe estoit fort longue. Il en disoit de deux sortes, dont la grande duroit deux heures et la petite cinq carts d'heure.

CCXIX. — Le roy, les reynes, M^r d'Anjou, Mademoiselle, M^r le cardinal Mazarin, et leur suitte fort médiocre, arivèrent à Poictiers le [4 juillet] 1660 [1], et en partirent le lendemain au matin, pour aller coucher à Richelieu, où ils furent deux jours. Tous les corps tant laïcques qu'éclésiasticques saluèrent seullement la reine, le roy le voullant ainsy, et dens le logis de la reine-mère, chez M^r le lieutenant général.

Tout ce qui fust faict de remarquable à Poictiers à ce passage du roy, c'est qu'il mist la première pierre au bastiment des dames religieuses Carmellites et fit la fonction de masson avecq une petite truelle d'argent que ces dames avoint faict faire exprès. Mr Cotiby se trouva à cette cérémonie, lequel on fist cognoistre au roy, aux reines et à M^r le cardinal, tous lesquels luy firent beaucoup d'honneur et de caresses et le congratulèrent de son heureuse conversion.

CCXX. — Environ la my-janvier 1661, fut treuvé dens le logis où pand à présent par enseigne « Le Soleil Levant ou Monnoye faict tout [2] », qui fust autrefois au nommé Dutertre,

---

1. Venant de Saint-Jean-de-Luz, où le mariage de Louis XIV avec l'infante Marie-Thérèse d'Autriche avait été célébré le 9 juin précédent. Les députés de la ville de Poitiers, sires Etienne Le Maye, Jacques Augron, René Dupont, pairs et échevins, et Mes Jacques Desanges, Nicolas Filleau et Jehan Lebailly, bourgeois, allèrent jusqu'à Saintes, au-devant du cortège royal. Le roi ayant voulu que les honneurs fussent réservés à la jeune reine, ce fut à elle que le maire adressa sa harangue lors de son arrivée à Poitiers (Arch. com. de Poitiers, reg. des délib. n° 110, p. 110, 123).

2. Près la porte du faubourg Saint-Lazare. Cette auberge, d'après M. l'abbé Auber (*Etude sur les historiens du Poitou*, p. 163), portait, il y a quelques années, pour enseigne « Les Trois Pigeons ». Elle est encore connue aujourd'hui sous ce nom.

et y avoit de son temps pour enseigne « Le Croissant[1] »; le nommé Rocroy, seigneur de lad. maison[2], voullant faire raccomoder le pavé d'une chambre basse, fust, dis-je, treuvé le corps d'un homme, qui fust levé de terre par M[r] le maire et porté à la Maison de ville, où il fut visité par Mrs Umeau et Mauduyt, médecins, Dardin et Jolly, chirurgiens, et raporté par eux qu'il y pouvoit avoir quinze à vingt ans qu'il estoit là enterré, ce qui fust cause qu'on se saisit de la personne dud. Dutertre, qu'on mist prisonnier à lad. Maison de ville; et en cherchant partout dens lad. chambre, a esté treuvé jusques à huict corps enterrés dens lad. chambre, ce qui fust cause qu'on eust monitoires et comquestus pour faire venir les tesmoins qui luy furent confrontés, jusques au nombre de quarante-deux[3], sy bien que se treuvant convaincu de plusieurs autres crimes, comme vols, macquerelages, et homme de grand scandalle, et pour les hommicides desd. corps cy-dessus, quoyque pas un des tesmoins ne dissent pas absollument avoir veu commettre pas un desd. hommicides, néaumoins mesd. s[rs] de ville, treuvant les preuves assés concluantes, il fust, par santance de l'eschevinage[4], condemné à estre traisné sur une claye, despuis la Maison de ville jusques devant la grande porte de Nostre-Dame-la-Grande, et là faire l'amande honorable, la torche au poin, la corde au col, et de là mené

---

1. En quittant l'auberge du Croissant, Dutertre était allé demeurer au « Bœuf couronné », au-dessous des Minimes (Mss. de Bobinet, t. II, p. 1337).

2. Ce dernier demandait au corps de ville, le 11 avril 1661, à être autorisé au résiliement de la vente que Dutertre lui en avait consentie, personne ne voulant plus loger chez lui, ni même approcher de sa maison (Arch. com. de Poitiers, reg. des délib. n° 111, p. 157).

3. Parmi eux se trouvait Jean Fleuriau, imprimeur à Poitiers, qui avait été obligé de passer une nuit à l'hôtellerie du Croissant, n'ayant pu entrer en ville. On tenta, paraît-il, de pénétrer dans sa chambre « pour insulter à sa personne », mais il déjoua ce projet en ouvrant la fenêtre et en arrêtant quelques charretiers qui passaient (Mss. de Bobinet, t. II, p. 1337).

4. Du 9 avril 1661.

devant la maison où il avoit commis lesd. meurtres, pour y faire pareillement amande honorable, et après mené dens la place du Marché-Vieux pour y estre roué de neuf coups de barre, estant pourtant estranglé auparavant. Il fust apellant de lad. santance, et Messieurs déférant à l'apel, le firent mener à Paris par Mr de Moiseaux, comme assesseur au provost, où par arest de la cour.[1], la santance fust confirmée et renvoyé à Poictiers, pour estre exécuté, après toutes fois avoir esté aplicqué à la question ; mais pour quelque intérest qu'on ne sait point, la lascheté fust sy grande ou dens ses conducteurs qui estoient douze, ou de quelque autre part, qu'il fust malheurement tué, en retournant, par on ne sait qui ; mais c'est un de ceux qui le conduisoient, d'un coup de mousqueton dens le cœur, dens un village de Beauce apellé Herbot [2], le dimanche 22 may 1661. On voullust faire croire au peuple qu'il s'estoit tué luy-mesme d'un coup de pistolet, mais personne ne l'a voullu croire, mais au contraire tout le peuple en seut mauvais gré à Mr de Moiseaux. Son malheureux cadavre ariva à Poictiers le mardy 24 may, auquel on fist subir toutes les paines qu'on eust faict s'il eust esté vivant. Le bourreau fist l'amande honorable pour luy. Son corps fust

---

1. Du 17 mai 1661. Aux termes de cet arrêt, Dutertre fut en outre condamné à payer : 10 liv. à titre d'amende ; 100 liv. pour le pain des prisonniers de la Maison-de-Ville ; 100 liv. applicables par moitié aux pauvres de la grande aumônerie et aux pauvres renfermés, et 300 liv. à la fabrique de la paroisse de Saint-Germain, dans laquelle se trouvait le logis du Croissant, pour être converties en une rente destinée à faire dire à perpétuité une messe basse, le 15 de chaque mois, pour le repos des âmes de ceux dont les ossements avaient été retrouvés, et à faire poser, près de l'autel choisi à cet effet, une lame de cuivre indiquant les causes de la fondation de ces messes. De plus, une pyramide en pierre, portant une plaque de cuivre avec l'extrait de la sentence, devait être dressée devant le logis du Croissant (Arch. com. de Poitiers, série N, cart. 48). Cette pyramide, dont l'exécution fut confiée à Jean Sauvage, maître architecte à Poitiers, moyennant 100 liv. (seulement pour la taille), était posée dès le 20 juin suivant (Id.; reg. des délib. n° 111, p. 180).

2. Herbault, entre Blois et Amboise, aujourd'hui chef-lieu de canton du département de Loir-et-Cher.

mis sur une roue devant le moullin de Charuau sur le chemin de Paris.

L'exécution [1] fust faicte le mercredy des Rogations, que Mrs de Nostre-Dame ont toutes les jurisdictions [2], mais ils ceddèrent vollontairement leur droit, pour ce regard, à Mrs de la Maison de ville, avecq lesquels ils en passèrent acte [3].

CCXXI. — Le 29 janvier 1661, jour de samedy, a esté bruslé par la main de l'exécuteur de la haute justice, dens la place de Nostre-Dame-la-Grande, un certain libelle escript contre la conversion de Mr Cottiby, jadis ministre de la religion prétandue réformée, à Poictiers, par le nommé Ingrand, s[r] de la Sicogne. Lad. exécution faicte

---

1. A laquelle assistèrent deux jurés de chaque métier avec leurs robes de taffetas blanc et rouge (Mss. de Bobinet, t. II, p. 1347).

2. L'origine de ce droit est inconnue, aussi serait-il téméraire de prétendre, avec M. Giry (*Etabl. de Rouen*, p. 416), qu'il a pour principe le *Miracle des clefs* (V. le mémoire de M. Lecointre-Dupont sur ce miracle, *Mém. de la Soc. des Antiq. de l'Ouest*, t. XII, p. 218). Cette assertion nous semble, au surplus, contredite par les termes d'un titre conservé aux archives de la Vienne, et dans lequel on voit que le lundi des Rogations, 18 mai 1507, le chapitre, en vertu de son droit de juridiction, se rendit aux différentes portes de la ville, où il se fit simplement représenter les clefs, à l'exception toutefois de celles de la porte Saint-Ladre, qui furent données au prévôt du chapitre pour les porter manifestement à l'église Notre-Dame, les montrer à l'image de la Vierge et les restituer ensuite au portier (V. App. XXXVII). Pourquoi cette exception en faveur des clefs de Saint-Lazare ? Pourquoi celles de la Tranchée n'auraient-elles pas été plutôt l'objet d'une semblable manifestation s'il eût existé quelque rapport entre le miracle des clefs et le droit du chapitre ?
Quoi qu'il en soit, ce droit, qui ne pouvait être exercé que du lundi des Rogations, heure de vêpres, au mercredi suivant à la même heure, apparaît tout au moins vers le milieu du XIIIe siècle ; et, depuis cette époque, on le trouve plusieurs fois confirmé par l'autorité royale. Nous voyons également le chapitre de Notre-Dame en user dans tous ses détails : remise des clefs de la ville; visite de la poissonnerie, ainsi que du pain et des viandes mis en vente sur la place publique; expédition de causes; visite des prisons de l'Hôtel-de-Ville et de celles de la Prévôté; ordonnances de police; condamnation de voleurs au bannissement; réception de notaires et de sergents royaux (Arch. de la Vienne, G. 1097). Ce droit de juridiction fut aboli en 1731 par arrêt du parlement de Paris (Giry, *Etabl. de Rouen*, p. 417).

3. On voit que, pour l'exécution des arrêts criminels entraînant le dernier supplice, le condamné était livré par le chapitre au bras séculier.

en vertu de santance présidialle de Poictiers, sur le raport de M⁽ʳˢ⁾ Maret, Rabereul et le P. de Jumeaux, jésuitte, tous docteurs, nommés d'office; lesquels ont raporté led. libelle estre injurieux à nostre saincte relligion et fort scandaleux contre nostre S⁽ᵗ⁾ Père le pape.

Led. s⁽ʳ⁾ Ingrand désavoua led. libelle par Gardemaut son procureur, crainte de plus grand chastiment.

CCXXII. — Le mercredy 9 mars 1664, mourust à Paris le cardinal Mazarin, premier ministre d'Estat, point du tout regrété, quoyqu'il se soit faict beaucoup de grandes chouses pendant son ministère, comme la paix, le mariage du roy, et les troubles du roïaume pacifiés. Led. s⁽ʳ⁾ Mazarin estoit Italien, natif d'un bourg appellé Mazare, dont il avoit pris le nom de Mazarin, de naissance obscure, fils d'un fermier du comandeur de l'hospital du S⁽ᵗ⁾-Esprit, à Rome, et d'une mère bastarde, fille dud. s⁽ʳ⁾ comendeur, femme au reste fort vertueuse et de bon esprit, et à qui la vie libertine de son fils déplaisoit fort. Son corps fust mis chés les Téatins, à Paris, sens aucune pompe funèbre. On dit que c'est que lesd. religieux Téatins veullent faire bastir une église, premier que de l'enterrer, et qu'il leur a baillé cent milles escus pour cella et dix mille livres de rente.

Il n'y a pas d'aparance que la naissance de cet homme soit si obscure, parce que ses niepces, qu'il a faict venir en France, portoient haut.

CCXXIII. — Le jubilé fust receu à Poictier à la fin du mois de juillet 1661, et comença le dimanche 28 aud. mois de juillet et dura quinze jours, c'est-à-dire jusques au samedy 13 aoust; et le lendemain quatorze, il comença dens les autres villes de la province et à la campagne.

Il comença par la procession du matin à Nostre-Dame, à S⁽ᵗᵉ⁾-Radegonde, et on se rendist à S⁽ᵗ⁾-Pierre d'où on estoit party. M⁽ʳ⁾ de la Barte, chanoine théologal, prescha sur le suget dud. jubilé, qui est la prise de Varadin, au royaume d'Hongrie, prise par le Turc, ennemy des crestiens.

Les stations estoient :

La première sepmaine à :

S‍t-Pierre.	Frères de la Charité.
Nostre-Dame-la-Grande.	Les Ursulines.
S‍te-Croix.	Les Carmélites.
Pauvres enfermés.	S‍t-Hillaire de la Celle.
Hospitalières.	S‍t-Didier.
Nostre-Dame-de-la-Chandelière.	S‍t-Porchaire.
	Les Cordeliers.
S‍t-Savin.	Les Jésuittes.
Les Carmes.	Les Jacobins.
L'Aumosnerie.	

Seconde sepmaine :

S‍t-Pierre.	Les Augustins.
L'Aumosnerie.	Les Minimes.
Pauvres enfermés.	Les religieuses du Calvaire.
Hospitalières.	Les Filles de Nostre-Dame.
Frères de la Charité.	S‍t-Cibard.
S‍te-Radegonde.	Nostre-Dame-la-Petite.
Les Capucins.	Les Filles S‍t-François.

On n'estoit obligé que de viziter l'une de ces églises ou plusieurs à sa vollonté.

.. J'ay mis la station de Nostre-Dame-de-la-Chandelière, dans le bourg de S‍t-Hillaire, parceque M‍rs les grands vicaires, par ordre exprès de M‍r nostre évesque, l'avoient mis dans le petit livret imprimé au subget dud. jubillé et faict aficher la bulle à la porte, comme aux autres églises ; mais lesd. s‍rs de S‍t-Hillaire ne voullurent le soufrir, ne prandre le jubillé de l'évesque, prétandant en estre exempts par leur privilèges, et le mirent dens leur bourg la sempmaine d'après.

CCXXIV. — Mʳ [Louis] Nivard, honneste homme et savant médecin, mourust à Poictiers à la fin du mois de juillet 1664 [1]. Dieu luy fasse miséricorde.

CCXXV. — Et Mʳ Fontenetes, aussy médecin, mourust environ Noël 1664 [2].

CCXXVI. — Le 17 juin 1662, fut pendue à la place la femme du nommé La Barde, sergent, accusée et convaincue d'avoir estranglé led. La Barde, son mary. Néaumoins ne voulust rien confesser quoyqu'on luy donnast la question ordinaire et extraordinaire.

CCXXVII. — Mʳ de Monscles [3], maire et capitaine de la ville, mourust au mois de juin ou juillet 1662 [4], sur la fin de sa mairie, sens estre eschevin. On dit que Mʳˢ de la Maison de ville l'ont déclaré noble, luy et sa postérité, parce qu'il est mort dens le service du roy, estant encore dens l'exercice de sa charge, disant que s'il fust mort estant sorty de mairie, sens estre eschevin, sa postérité n'eust pas esté noble, mais mourant estant encore maire, que c'est sens contredit qu'il est noble luy et les siens. Il fust enterré en maire, avecq les mesmes cérémonies qu'on fist à feu Mʳ Rabaud [5].

---

1. Il fut inhumé le 6 août 1661, dans l'église des Jacobins (Arch. com. de Poitiers, reg. par. n° 180).
2. Dreux-Duradier lui a consacré une notice dans l'*Histoire littéraire du Poitou*. Fontenettes serait mort, d'après lui, au mois d'octobre 1661. Il fut, en effet, inhumé le 29 de ce mois dans l'église des Augustins (Id., n° 196).
3. Pierre Fournier, sʳ de Monscles, président en l'élection de Poitiers.
4. Le corps de ville reçut avis de son décès le 28 juin (Arch. com. de Poitiers, reg. des délib. n° 112, p. 188). La date indiquée par Bobinet, dans la note qui va suivre, n'est donc pas exacte.
5. Les registres de la ville ne donnent aucun détail sur ses obsèques (reg. 112, p. 188). Bobinet les mentionne dans les termes suivants : « Après cette élection (celle de Jean Roy, élu maire), le sʳ
« Fournier, qui étoit en exercice, s'étant échauffé par quelques mouve-
« mens qu'il se donna pour le soulagement des pauvres, après quel-
« ques jours de maladie, mourut le 1ᵉʳ juillet. On lui rendit les der-
« niers devoirs avec les cérémonies ordinaires. Nous le vimes exposé
« trois jours sur un lit de parade, du moins en figure ; porté à la cathé-
« drale accompagné des milices bourgeoises, les tambours, casque,
« cote d'armes, gantelets, éprons, etc., couvers de crêpe ; fut inhumé
« aux Carmes, où ces pièces, drapeau, guidon et étendard furent

CCXXVIII. — En l'année 1662, à cause que le bled a esté fort cher [1] et qu'il y avoit quantité de pauvres qui venoint de la campagne de toutes parts, il fust advisé par M^{rs} du corps de ville que chescun des abitans en particulier, noriroit certain nombre de pauvres, à trois sols par jour ou 20 onces de pain, au choix des abitants, ce qui fust comencé le 20 mars 1662 et dura jusques à la St-Jan-Baptiste ensuivant. Pour parvenir à cella, on depputa par chescune paroisse M^r le curé et quelques-uns des principaux paroissiens, qui furent en toutes les maisons de leur paroisse recepvoir l'offre des particuliers, qui tous furent receubs à leurs offres, quoy que fort modicques, car la plus grande partie des abitants n'avoint qu'un pauvre, chescun, à nourrir. On faict estat qu'il y en avoit sur le point de deux milles norris. Les communautés soulagèrent beaucoup, parce qu'ils ne s'épargnèrent pas. Ce que j'en say est que M^{rs} de St-Pierre en nourrissoint tous les jours 80, et prirent pour cella l'argent de leur manuel, parce qu'ils nourrissoint en commun, et empruntèrent 400 liv. dont ils eurent besoin pour cella. M^{rs} de St-Hillaire en nourrissoint 100 ; M^r l'évesque 100 ; les pères Jésuites 40 ; Mrs de Nostre-Dame 15 ; M^{rs} de Ste-Radegonde 50.

CCXXIX. — Le dimanche 27 aoust 1662, fust faicte procession, de St-Pierre aux Minimes, à cause des rellicques de sainct Honorat ou Honoré, qui furent portées par ces bons pères dens l'église catédralle, sens pompe, et de là raportée processionnellement par lesd. s^{rs} de chappitre dens lad. église des Minimes. Au matin, M^r des Coultaux dist la grande messe et y eust exposition du St-Sacrement.

CCXXX. — Messieurs du corps et communauté des mar-

« suspendus. Le sieur Thomas des Coutaux, chanoine de la cathé-
« drale, en l'absence du s^r évêque, officia. Le P. Couraut, jacobin,
« (désigné par Thibaudeau, *Hist. du Poitou*, 1840, t. III, p. 428, sous
« le nom de Coussaut, prieur des Jacobins) fit l'oraison funèbre »
(Mss. de Bobinet, t. II, p. 1341).

1. Il se vendit jusqu'à 3 liv. le boisseau (Id. p. 1342).

chands ont faict faire des ornements noirs et commencé de faire service pour les deffuncts le... feuvrier 1663, en leur chappelle. Ils l'ont faict cette première fois, pour tous ceux qui sont morts de leur compagnie, et le fairont dores en avant lorsque quelq'un d'eux mourra.

CCXXXI. — En l'année 1663, à l'instance de Marie-Térèse, nostre reine, la feste de St-Joseph a esté chommée, assés mal pourtant, parce que elle ariva le lundi de la sepmaine saincte et que les prédicateurs et curés ne s'entendirent pas; les uns la comendant, les autres non. Les bouticques furent pourtant fermées led. jour 19 mars, mais la plus part des artisans ne laissèrent de travailler. On avoit ordre de la chommer dès l'année 1662, mais on ne s'en aperceut pas parcequ'elle ariva le dimanche.

CCXXXII. — Au mois d'octobre 1663, les eaues ont esté fort grandes à Poictiers. Elles passoint sur le pont de St-Cyprien et entroint en ville jusques au Trois-Verds-Gallands.

CCXXXIII. — Les vendanges de lad. année 1663 ont esté sy mauvaises qu'on n'a presque point ceuilli de vin, tant de pineau que de blanc, et n'est mémoire d'en avoir veu sy peu et de sy mauvais; car, à compasser l'un portant l'autre, il ne s'en est ceuilli que la 9 ou dixiesme partie de l'année précédante, qui néaumoins n'estoit qu'une vinée médiocre. Ce malheur est procedé du grand froid qu'il fist l'hiver 1662, qui gella sy fort les vignes qu'il les fallust presques toutes couper au pied.

La paroisse de Neufville fust encore battue par la grelle le jour de la Pentecoste 1665, et le mal fust sy grand qu'il ne resta pas seullement une feuille de pampre, et je n'ay pas ceuilli, en 80 journaux de vigne, une seau de vin.

CCXXXIV. — Environ la Toussaincts de l'année 1664, a paru au ciel une comette du costé du midy. C'estoit une estoille plus grande que les autres, mais elle n'estoit sy lumineuse, au moins dens les temps que je l'ay veue. Elle avoit la queue fort longue et point chevellue, mais plus tost semblable à la barbe d'un ballay quand il est usé et qu'il comence à se deffaire. Elle n'a point paru embrasée du tout, mais tousjours blafarde. Quelque autre personne qui saura ces chouses, le dirra mieux que moy [1]. Nous l'avons veue icy environ deux mois.

CCXXXV. — Les eaues ont esté grandes au mois de feuvrier 1665, sur la fin.

CCXXXVI. — Le roy a voullu que tous les nobles de son royaume justifiassent de leur noblesse, et, pour cet effet, Mr Colbert en a faict perquisition, comme intendant de cette province, au mois de mars 1665.

CCXXXVII. — Un peu devant, et environ le mois de feuvrier de lad. année, led. sr Colbert, intendant, a travaillé contre les huguenots, afin de faire, suivant l'ordre du roy, desmollir les temples qui ne sont dens l'ecdit de Nantes. Le père Mesnier, jésuite, a eu ordre du roy d'assister led. sr intandant pour lad. démolition, à quoy il ne s'épargne pas.

CCXXXVIII. — Le mardy 24 mars 1665, Mr de la Vieuville, gouverneur de Poictou [2], a faict son entrée à Poictiers,

---

1. On trouve dans le mss. de Bobinet (t. II, p. 1344 *bis*) les détails suivants sur ce météore : « Dès le commencement de décem-
« bre de l'année 1664, il parut une commette qui ne fut bien observée
« que le 18 au matin devant le soleil levant, la queue tournée vers
« l'occident, d'un mouvement assez irrégulier, faisant des jours 13
« degrés, d'autres 27, autre 48, autre 11, autre 2, et le 1er de janvier
« 1665 elle parut sans queue mais chevelue, à deux heures du
« matin, oposée au soleil, aiant fait 8 degrés en 7 heures et demie.
« Le 3 du mois, elle parut au soir la queue tournée vers l'orient, et
« le 4, à 7 heures du soir, elle se trouva dans l'équateur, aiant fait
« 18 degrés depuis la précédente observation, ce qui fit croire à plu-
« sieurs que c'étoit des commettes différentes ; mais comme elle fai-
« soit ordinairement 24 degrés, elle s'avança de manière qu'elle fut
« bientôt vue dans un lieu opposé à celui où elle avoit commencé. »
2. Charles de la Vieuville, duc et pair de France, mestre de camp du régiment de Picardie, lieutenant-général des armées en la province de Champagne, avait été pourvu, par lettres patentes du 12 septembre 1664, registrées en parlement le 24 novembre suivant, de la charge de gouverneur et lieutenant-général en la province de haut et bas Poitou, Châtelleraudais et Loudunais, vacante par la démission du duc de Roannez (Copie de ces lettres se trouve sur les registres des délibérations du corps de ville, n° 115, p. 93).

par la porte de St-Lazare, acompagné de M^{rs} les évesques de Renes et de Senlis, ses frères [1], et de madame sa femme [2], qui a voullu qu'on luy fist les cérémonies accoutumées à l'entrée des gouverneurs, qui furent que les six compagnies de la ville furent au devant jusques à la porte de St-Lazare, ou un peu hors la ville, conduittes par les six capitaines de ville ou leurs lieutenants. On les mist en haye des deux costés de la rue et occupoint tout le chemin qu'il y a despuis lad. porte de St-Lazare jusques à St-Pierre, où led. s^r gouverneur fust mettre pied à terre et fust receu dens l'église, soubs l'orgue, avecq madame sa femme, par M^{rs} du chapitre qui leur présentèrent de l'eaue béniste et leur firent compliment par la bouche de Mr Rabereuil, doyen, qui fist très bien. De là, ils furent dens le cœur, baisèrent le grand autel, se mirent de genoux sur les prie-Dieu qu'on leur avoit préparés, pendant que la musicque chanta le *Te Deum*, puis sortirent de l'église et furent conduits au mesme ordre jusques à leur logis, qui est chés M^r des Saulles aux Halles. Mr de la Mothe de Croustelle [3], maire de la présante année, assisté de la pluspart des eschevins et bourgeois, et des maistres jurés des mestiers, revestus de leurs robes blanche et rouge, le fut haranguer hors ville devant l'enseigne du Croissant. Il passa au travers les compagnies.

Tous les autres corps luy furent faire la révérence à son logis, la pluspart le mesme jour, les autres le lendemain.

L'église de St-Pierre estoit ornée de tapiceries et festons

---

1. M. de la Vieuville n'eut qu'un seul frère, Charles-François, qui fut évêque, et occupait alors le siège de Rennes. L'évêché de Senlis avait pour titulaire Denis Sanguin.
Les régistres de la ville (n° 115, p. 121) commettent également une erreur, en rapportant que le gouverneur du Poitou était accompagné de son frère l'évêque de Nantes, ce dernier se nommant, à cette époque, Gabriel de Beauveau de Rivarennes. Trois autres évêques se trouvaient en même temps à Poitiers ; l'un d'eux, celui de Saint-Malo, était François de Villemontée, autrefois intendant du Poitou (Id.).

2. Françoise-Marie de Vienne, comtesse de Châteauvieux.

3. Godefroy Poussineau, s^r de la Mothe.

de verdure, avecq les armes de la maison royalle, de M⁰ le gouverneur de la ville et de plusieurs autres.

M⁰ˢ de S⁰-Pierre ne sortirent point de leur église, à cause que c'est la chatédralle, mais le conduisirent seullement jusques à la porte.

Tous les canons et autres pièces d'artillerie furent posés en divers lieux de la ville et au dehors, comme à S⁰-Lasare et sur la platte-forme de Tison, et tirèrent presque tout le jour[1].

Le chemin où il passa fust sur la Chaussée, aux Trois-Rois, S⁰-Germain, devant chés M⁰ de Chambonneau, dens la rue des Trois-Cheminées, du Petit-More et de S⁰-Paul, et retourna par lad. rue de S⁰-Paul, Nostre-Dame-la-Pettite, Cordelliers, S⁰-Porchaire et les Augustins.

Il n'avoit avecq luy qu'un carosse et celluy dens lequel il estoit accompagné seulement de M⁰ le provost provincial, son lieutenant et ses archers, et de ses gardes (je dis les gardes de M⁰ le gouverneur), qu'on dit estre au nombre de cent.

CCXXXIX. — Sur la fin de l'année 1664, a esté commencé à establir par des partisants fermiers, ou, pour mieux dire, maltôtiers, des bureaux à sel dens cette province de Poictou, dens des bourgs de certaine distance les uns des autres, comme il leur plaist ; mais enfin ils les mettent ou doivent mettre par leur commission à cinq liéues parisis du païs de gabelle.

Ils amusent présantement le peuple et disent que ce n'est que pour empescher les faux saulniers de transporter le sel d'une province en l'autre ; et despuis 8 ou 10 mois que cella a commencé, le sel n'a encore enchéry. Dieu

---

1. Les grosses pièces d'artillerie avaient été placées près du cimetière Saint-Grégoire, les moyennes sur la place du Marché-Vieux et les petites à la porte Saint-Lazare (Arch. com. de Poitiers, reg. des délib. n° 115, p. 121 et 123).

veille, s'il luy plaist, conserver nostre pauvre Poictou, assés misérable et ruiné d'ailleurs [1].

CCXL. — Au mois de [juin, le 28,] 1665, la moittié de la couverture de la grande salle du pallais, sur le haut, du costé de la chappelle, est tumbée par terre un jour de dimanche, sur le soir, et fist fort grand bruict en tumbant. Il en estoit tumbé quelque pièces de bois quelques jours devant en plain jour, au matin, mais ne bleça ne fist de mal à personne [2].

Toute la justice a esté pour cet accident transférée aux Jacobins, dont il y a eu grand bruict, les Cordelliers prétendant leur apartenir, parceque (disent-ils) lorsqu'on a esté obligé de tenir la justice ailleurs qu'au paillais, on avoit esté chés eux. Mr le lieutenant général estoit fort dens leurs intérêts, mais Mr Barantin, intendant despuis peu de cette province, pacifia le tout, et on est demeuré aux Jacobins.

CCXLI. — Le roy a envoyé sa justice des Grands-Jours

---

1. Le corps de ville s'émut de cette nouvelle mesure, croyant y voir une atteinte portée à l'exemption du droit de gabelle, accordée depuis longtemps à la province de Poitou. Des députés ayant été envoyés à ce sujet vers le roi, celui-ci leur répondit que l'établissement des greniers à sel avait uniquement pour but d'empêcher le faux saunage, et que, loin de vouloir affaiblir les privilèges de leur province, il entendait les maintenir dans toute leur intégrité (Arch. com. de Poitiers, reg. des délib. n° 115, p. 54 et 69).

2. Les devis et marché des réparations s'élevèrent à la somme de 10,000 liv., qui, aux termes d'un arrêt du conseil d'État du roi, rendu le 30 septembre 1666, durent être acquittées, savoir : 4,000 liv. par les officiers du présidial, 3,000 liv. par les propriétaires des greffes du présidial et de la sénéchaussée, et 3,000 liv. par M{es} Jean Delafons, Pierre Vézien, Hilaire Marrot, Jean Mercier, Charles Couppé, Jean Chauvet et Toussaint Chevalier, notaires et garde-notes à Poitiers, ceux-ci devant être maintenus, pour ce fait, dans l'exercice de leur charge dont la suppression avait été ordonnée par arrêt du 31 octobre 1665. Ce droit leur fut confirmé par un autre arrêt, rendu le 24 mars 1667, s'appuyant sur ce que le nombre des notaires de Poitiers, qui était anciennement de trente-deux, avait déjà été réduit à vingt-sept, et qu'en l'abaissant à vingt, ce nombre était devenu tout à fait insuffisant (Arch. com. de Poitiers, D. 86, cart. 11).

en la ville de Clermont, en Auvergne, qui y a demeuré despuis novembre 1665, jusques......[1].

CCXLII. — Mr Barantin, intendant en Poictou, fist prandre prisonnier, par ses gens, le s^r de Monpomery[2], jentilhomme, lequel, par santance présidialle, eust la teste tranchée à la place, après avoir faict amande honorable devant la grande porte de Nostre-Dame-la-Grand, le samedy 23 janvier 1666. Son corps fust mis avecq sa teste, aussytost l'exécution faicte, dens le carosse de Mr Millon, conseiller, et conduict aux Augustins, où il est enterré. Le bourreau luy couppa adroittement la teste d'un seul coup de couttelas, sens le faire mettre sur le billot. Il fust au suplice tousjours couvert, ayant demandé cette grâce à Messieurs.

Il a esté convaincu de concusions, assassinats et autres violences. Sa femme, prisonière à la prévosté plus d'un an avant luy, a esté mise hors de cour sens despans ; son faulconier condempné aux gallères. Son nepveu, qui par malheur se treuva chez luy lorsqu'il fust pris, pour s'estre mis en quelque debvoir de deffendre son oncle, a esté

---

1. Les assises des Grands-Jours durèrent quatre mois, de la fin de septembre 1665 au 30 janvier 1666 (Fléchier, *Mémoires sur les Grands-Jours d'Auvergne*).

2. Le lieutenant du prévôt des maréchaux avait été envoyé, le 11 septembre 1665, avec vingt cavaliers de la compagnie de Genlis, pour investir la maison du s^r de Monpommery, sise presque à moitié chemin entre Poitiers et Limoges, et s'emparer de sa personne ; mais ayant eu avis que celui-ci devait être secouru par trois cents gentilshommes qui s'assemblaient à cet effet, l'intendant partit aussitôt avec le reste de la même compagnie. Il apprit, en arrivant, que le s^r de Monpommery, après s'être défendu pendant deux jours dans une forte tour où il s'était retiré, avait été contraint de se rendre. On conduisit le prisonnier à Poitiers, car on craignait qu'en l'emmenant du côté de Limoges, ses amis ne cherchassent à le délivrer (*Doc. inéd. sur l'hist. de France : Corresp. administ. sous le règne de Louis XIV*, t. II, p. 163).

Ce personnage se rattachait, sans nul doute, à la famille de François Sabourault, s^r de Monpommery, de la paroisse de Mauprevoir, élection de Poitiers, maintenu noble par sentence du 30 août 1667 (Dugast-Matifeux, *État du Poitou sous Louis XIV*).

condempné à servir le roy cinq ans à l'armée, à ses fraix. Un autre vaslet a esté renvoyé absoubs.

Sa maison fust donnée à piller à ceux qui le prindrent [1].

CCXLIII. — La reine-mère, Anne d'Autriche, femme de singulière vertu et d'une bonté sens exemple, mourust à Paris le mercredi 19 janvier 1666. Dieu, par sa saincte miséricorde, luy a sens doutte donné le repos qu'elle a tousjours procuré tant qu'elle a peu, tant au général qu'au particulier.

On a faict son service en plusieurs églises de Poictiers. M^{rs} du présidial commencèrent dens la chapelle du pallais; puis M^{rs} de St-Pierre en leur église. Le père Bitaubé, cordelier, et prédicateur de la ville cette année, fist l'oraison funèbre; M^r l'évesque fist les fraix, sellon la coustume, et Mr Lespelu, chanoine, fist l'office.

Mrs de Nostre-Dame firent leur service deux jours après.

Mr de la Roche-Guion, abbé de Nostre-Dame et grand vicaire, fist l'office à la Trinité, et M. Fauveau, official, fist l'oraison funèbre [2].

CCXLIV. — Le jeudi de la sepmaine saincte, 22 apvril 1666, Mr Charles Bourceau, advocat à Poictiers, fist abjuration d'hérésie entre les mains de Mr Perraud, curé de St-Porchaire, dens lad. église de St-Porchaire, à huict heures du matin, en présance de plusieurs conseillers, advocats et autres personnes. Led. s^r curé fist une fort docte exortation aud. s^r Bourceau, lequel fist aussy sa protestation de vivre et mourir en la vraye foy et religion

---

1. Monpommery, dont le château a été détruit, n'est plus aujourd'hui qu'une ferme de la commune de Payroux, arrondissement de Civray (Rédet, *Diction. topogr. du départ. de la Vienne*).

2. On fit également des prières au collège des Jésuites. Le P. Olivier, rhétoricien, y prononça l'oraison en latin, et on y représenta une tragédie (Mss. de Bobinet, t. II, p. 1349).

Le 31 octobre 1666, le roi fonda à Sainte-Radegonde six messes bassés, par an, pour le repos de l'âme de sa mère, et donna à cet effet au chapitre une somme de 360 liv. (Arch. de la Vienne, G. 7, l. 3).

catolicque, apostolique et Romaine, en les plus beaux termes et le plus élégemment qu'on aye jamais ouy ; ce qui ne surprist personne, parce que c'est un homme qui a peu d'égaux en savoir et capacité. Mais la satisfaction et la joye qu'il tesmoigna d'estre réuny à la saincte église, faict croire à toute la ville que Dieu a voullu la conversion d'un homme de cette conséquence, pour sa gloire et le sallut de plusieurs. Je le souhaitte de tout mon ceur, et je l'espère en la bonté de celluy qui a opéré un sy grand œuvre.

CCXLV. — Le jour de St-Marc arivant le jour de Pasques, en lad. année 1666, on ne fist point abstinence de chair, ne ce jour là ne après ; seullement, on remist la feste et la cérémonie des processions pour l'église au mercredi après Quasymodo.

CCXLVI. — Mlle D'aumalle, petite-fille de Mr de Vendosme et fille de Mr de Nemours, ariva à Poictiers le samedi de la Pentecoste 1666, en partist le lundi ensuivant, pour s'en aller en Portugal épouser le roy. Elle estoit accompagnée de Mme de Vendosme, sa grande-mère, toutes deux logées à la Trinité, et M^r l'embassadeur de Portugal aux Trois-Pilliers [1]. Sa suitte estoit médiocre pour une reine.

CCXLVII. — Le dimanche 25 juillet 1666, fust assassiné, proche la grande allée de Bonivet, Mr Degenes, s^r du Courtiou, par le chevallier de la Jaille, de la maison de la Loge, près Mirbeau, proche parent de Mr de Beaumont, archevesque de Paris. On dit que ce désordre est arrivé à cause d'un desmellé que led. de la Loge a eu avecq le

---

[1]. Il avait été arrêté au conseil de ville que M. le maire assisté de bourgeois et échevins irait les saluer et complimenter, et qu'on offrirait douze douzaines de boites de confitures, dont huit à la future reine et quatre à Mme de Vendôme. Ce présent fut réduit à neuf douzaines de boites, mais on offrit quatre douzaines de bouteilles « d'excellent vin » à M le duc de Vendôme et à quelques autres personnes (Arch. com. de Poitiers, reg. des délib. n° 146, p. 149, 151).

sr Boussay et que led. sr du Courtiou avoit voullu accomoder.

CCXLVIII [1]. — Le mardi 22 apvril 1671, jour de Sto-Oportune, après avoir pleu tout le jour, sur les dix ou onze heures du soir, le torent de Maubernage s'esleva, acourust sy impétueusement despuis le haut de la Cœuille jusques à la fontaine à Naude, qu'il ruina plusieurs maisons du costé gauche en montant, emmena quantité de meubles à des particuliers, abatit beaucoup de murailles, entraisna une si grande quantité de pierres dens les jardins, proche lad. fontaine, qu'on croid qu'ils seront inutilles pour tousjours. Le pis de tout, il y eust une femme et deux enfants noyés. Entre autres choses, l'eau emmena plus de cent pipes de vin. Le nommé Grivet, huislier, y fist grande perte.

CCXLIX. — Le... may 1675, fust baptisée dens l'église de St-Pierre, devant la porte du chappitre, l'une des cloches du petit clocher, par Mr Rogier de Monay, chanoine, qui fist la cérémonie, où assistèrent tous messieurs, avecq la musicque. Mr Denesde, chanoine, fust parrin, et moy maraine. Je la nommé : Jacques-Marie.

CCL. — Mgr Hardouin Fortin de la Hoguete, si-devant évesque de St-Brieu, en Bretagne, a pris possession de l'évesché de Poictiers le 8 septembre 1680 [2]. Il avoit esté

---

1. Dans l'original, en tête de chacune des pages où se trouvent cet article et les suivants, jusqu'à la fin du journal, on lit ces mots : « Au nom de Dieu ».
2. Cette date, qui ne s'accorde pas avec celle donnée par le *Gallia Christiana* (7 septembre), ne se trouve mentionnée ni dans les titres de l'évêché ni dans ceux du chapitre de Saint-Pierre, mais elle est confirmée par Bobinet (t. II, p. 1377). Le nouvel évêque succédait, en vertu des bulles qui lui avaient été accordées le 15 juillet précédent, à Mgr Gilbert de Clérambault, décédé le 4 janvier de la même année et inhumé dans la chapelle des évêques de l'église cathédrale le 27 février suivant. En indiquant ici la date de la mort de ce prélat et le lieu de sa sépulture, nous avons pour but de rectifier une double erreur commise par M. l'abbé Auber (*Hist. de la cathéd.*, t. II, p. 374) : Celui-ci en effet prétend, en premier lieu, que Mgr de Clérambault est décédé le 3 janvier 1680; or, cet événement n'arriva

— 204 —

complimenté par tous les corps de la ville, notemment par Mrs de l'université. Mon fils, le médecin, comme recteur, porta la parolle et fist des mieux à son ordinaire [1].

Mgr nostre évesque a eu le bonheur, à son advénement à l'évesché de Poictiers, que Dieu a touché si puissemment le cœur des hérétiques, que depuis qu'il est évesque jusques à la fin de l'année 1681, que j'escripts cecy, il a receu, luy ou ses missionaires, l'abjuration de l'hérésie de plus de quarante milles personnes, en Poictou. Aussi faut-il advouer qu'il ne s'épargne pas, qu'il va et vient partout où sa présance est nécessaire, avecq un zelle qui n'a presque point d'esgal. Il est aussi bien secondé par Mr Rabe-

---

que le lendemain, comme l'attestent les registres des anniversaires de la cathédrale (Arch. de la Vienne, G. 186) et ceux des délibérations du chapitre de Sainte-Radegonde (Id., G. 7, l. 123). Il suppose, en second lieu, que cet évêque n'a pas été enterré dans son église ; mais le contraire est prouvé par la note suivante qui paraît émaner d'un témoin oculaire et que nous reproduisons en entier à cause des détails inédits qu'elle renferme : « Le quatriesme janvier 1680, « est décédé Mgr Gilbert de Clérambault, évesque de Poitiers, dans « sa maison épiscopalle et a esté inhumé le vingt-septiesme febvrier, « mois suivant, dans une chapelle de son église cathédralle de Saint-« Pierre-le-Grand de Poitiers, où tous les corps se trouvèrent pré-« sents, à la réserve de Mrs de Saint-Hilaire-le-Grand. M. Labarte « [de la Barde], théologal, fit son oraison funèbre et prit pour sa « devise : *Discite a me quia mitis et humilis corde* » (Arch. com. de Ligugé, reg. par. de Mezeaux). Bobinet parle dans le même sens et ajoute que le corps fut embaumé et mis dans un cercueil de plomb, en la chapelle des évêques, jusqu'au jour des obsèques (t. II, p. 1377). Le retard apporté à cette cérémonie vint du refus, que Mgr de Clérambault avait toujours fait, de fournir, selon l'usage, des ornements à la cathédrale, et de la contestation qui s'éleva à ce sujet entre ses héritiers et le chapitre (l'abbé Auber, *Hist. de la cath.* t. II, p. 354 et 359). Son refus s'expliquerait par le défaut, qu'on lui prêtait, d'être avare et de thésauriser, ce que vint, au surplus, mettre au jour l'inventaire fait après son décès, le 22 janvier 1680, par Jean de Razes, conseiller du roi, lieutenant-général en la sénéchaussée et siège présidial de Poitiers. On trouva, en effet, chez lui : huit sacs contenant ensemble huit mille seize louis d'or, quarante-deux sacs contenant mille livres chacun, et plusieurs sacs et bourses renfermant plus de dix mille livres en louis d'or, pistoles d'Espagne, écus d'or, écus blancs, pièces de trente sols, pièces de quatre sols, monnaies étrangères et jetons (Arch. de la Vienne, G{s}. l. 1.)

1. Ce fut seulement le 13 avril 1681 que Mgr Fortin de la Hoguette fit sa première entrée à Saint-Hilaire-le-Grand, où il fut reçu avec le cérémonial accoutumé (Arch. de la Vienne, G. 549).

reul, nostre digne doyen, Mr de Marillac, intendant. Le roy la rapelé et en considérant de son zelle, l'a faict secrétaire d'Estat.

CCLI. — Led. sr de la Hoguete a esté nommé à l'archevesché de Sens et Mr Baglion de Saillant, évesque [de] Tréguier, en Bretagne, a esté à l'évesché de Poictiers, où il est venu environ le mois de juin ou juillet 1686 [1]. Ils n'ont encore point eu leurs bulles, à cause de quelque démeslé qu'ont le pape et le roy.

CCLII. — Le vandredi 26 décembre 1684, jour de St-Estienne, environ une heure après midi, le feu prist dens l'orgues de St-Pierre [2], et s'embraza si fort dens un moment, qu'il fust impossible d'y aporter de remède, et plus de deux mille personnes, dont j'estois du nombre, eusmes la doulleur de voir périr la plus belle et plus excelente pièce de France, de son espèce, à ce que disent tous les gens qui s'y entendent. Le jeu seul, avecq les ornements qui l'accompagnoint, avoit cousté soixante mille francs [3], sens compter le dégast qu'a faict le feu à un grand vitral sur la porte de

---

1. Le 1er août, d'après Bobinet (t. II, p. 1386). Nommé au mois d'avril précédent, il n'obtint ses bulles que le 23 novembre 1693 et prit possession de son siège le 2 mars 1694 (Arch. de la Vienne, G. 14, et grand cartul. de Saint-Pierre, t. V, p. 531). Il avait jusque-là administré le diocèse en qualité de vicaire général, faisant néanmoins toutes les fonctions épiscopales, et le retard mis à la délivrance de ses bulles vint de ce qu'il n'était pas bien en cour de Rome, par suite de la part qu'il avait prise à l'assemblée du clergé de 1682 (Mss. de Bobinet, t. II, p. 1386).

2. Cet orgue, œuvre de Crespin Carrelier, natif de la ville de Laon, en Picardie, et demeurant à Rouen, avait été commencé vers la fin de l'année 1611 et accepté définitivement le 27 avril 1613. Il avait coûté 6,800 liv., non compris les débris des anciennes orgues qui se trouvaient au jubé, abandonnés au sr Carrelier et évalués de trois à quatre cents livres. On s'était d'abord proposé de placer les nouvelles orgues sur le jubé, où étaient les anciennes, mais on pensa qu'il était préférable, pour le service divin et la décoration de l'église, de les mettre au-dessus de la grande porte, dans le buffet de celles qui avaient été détruites en 1562 (Arch. de la Vienne, grand cartul. de Saint-Pierre, t. V, p. 131 et s. — V. aussi l'abbé Auber, Hist. de la cathédrale de Poitiers, t. II, p. 310-312).

3. Cette évaluation excessive montre combien l'imagination était vivement impressionnée par la beauté de l'orgue dont on déplorait la perte.

l'église, dont toutes les vittres sont perdues, et encor un autre petit bastiment au-dessus [1].

Il y avoit quatre-vingt ans que cette pièce incomparable estoit dans le lieu où elle a bruslé. Elle estoit auparavant sur la porte qu'on apelle de St-Michel. C'est un grand mal, car outre que cette pièce estoit sens pareille pour sa bonté et pour sa beauté, ce qui coustoit vingt mil escus, il y a quatre-vingt ans, cousteroit peut-estre bien le double à présant.

CCLIII. — En l'année 1684, par les soins de Mr de Marillac, lors intendant en Poictou, les ponts de cette ville ont esté radoubés. On a taxé pour cella 20 mille livres sur tous habitants, exempts et non exempts, parce que cette chose regardoit toutes sortes de personnes.

Mr de Lamoignon de Bâville est venu intendant, au lieu de Mr de Marillac, au mois de...... 1682.

CCLIV. — Mr Paul Pellerin, esleu à Poictiers, a esté faict eschevin par l'ordre du roy, en considérant des services qu'il a rendus à la conversion des huguenots, au commencement de l'année 1682.

CCLV. — Dens le mesme temps, mes deux gendres, du Breuil et Souchay, se sont faicts bourgeois de la Maison de ville, pour esviter les logements des gens de guerre, dont il a passé plusieurs compagnies en ce temps là par Poictiers. Mr du Breuil a eu la bourgeoisie de Mr de Largeassé [2] pour 340 liv., et Mr Souchay celle de Mr Thoreau Dassay pour 400 liv.

---

1. L'estimation du dommage causé par l'incendie, faite le 29 avril 1684 par Jean Bonnefoy, prêtre, organiste de Saint-Hilaire, et Jacques Baumier, maître potier d'étain, s'éleva à la somme de 30,000 liv. (Arch. de la Vienne, G. 190. — V. l'abbé Auber, *Hist. de la cathédrale de Poitiers*, t. II, p. 368).

2. Un François Tranchet de la Rejasse fut maire de Poitiers en 1666. Un Jean Dutranchet, s^r du Plessis-Largeasse, pair et échevin de la même ville, décéda le 27 juin 1693 et fut inhumé le lendemain en l'église Sainte-Opportune, dans la sépulture de MM. Dreux (Arch. com. de Poitiers, reg. par. n° 242).

CCLVI. — Environ le mois de juin 1682, cinq ou six huguenots nouveaux convertis présentèrent leur requeste à Mr l'intendant pour retourner au presche. Led. sieur les fist tous mettre prisonniers, et fust donné arest contre eux le... juin 1682, par lequel ils sont banis du compté de Poictou, les uns pour cinq ans, les autres pour trois, et de grosses amandes envers le roy, prisonier, etc. ; et un procureur de St-Maixand, catholique, qui avoit dressé leur requeste, aussi bani et interdit de sa charge pour tousjours.

CCLVII. — Mr de la Bouchetrie est mort le [1]... Son fils aisné du second lict luy a succédé en sa charge de advocat du roy au présidial. Sa chaire de docteur est vacante.

Elle est remplie par Mr Chaubier des Bouchetières.

CCLVIII. — Au mois de mars 1684, les eaues ont esté fort grandes à Poictiers, et si grandes, que mon fils le médecin me dit avoir veu un petit garçon qui voulloit y toucher de la main de dessus les murailles de la ville, du costé de St-Ciprien ; et en badinant il tumba dens l'eau et par bonheur il rencontra un arbre, dont il y a plusieurs le long de la muraille. Il eust l'adresse de s'atacher aux branches, où on le fust quérir en bateau. Les eaues passoint par dessus le pont de St-Ciprien.

CCLIX. — Mr Bernardeau [2], gendre de Mr Jardel, a eu la chaire vacante par la mort de Mr Gaultier ; et Mr Chaubier de Mazay a eu les Institutes que Mr Bernardeau avoit.

Mr Stracan a celle de Mr Umeau.

---

1. Jean Filleau, sr de la Boucheterie, est décédé le 18 juillet 1682, et fut inhumé le 20 dans l'église des PP. Carmes (Arch. com. de Poitiers, reg. par. n° 126). M. Beauchet-Filleau commet donc une erreur en donnant le 26 du même mois comme date de sa mort (Dict. des fam. de l'ancien Poitou).

2. Etienne Bernardeau, docteur ès lois, avocat au présidial de Bourges, puis professeur des Institutes en l'université de Poitiers, fils de Claude Bernardeau et de Louise Billon, s'était marié le 6 avril 1682 à Catherine Jardel, fille de Pierre Jardel, avocat au présidial de Poitiers, et de Thérèse Ayrault (Arch. com. de Poitiers, reg. par. n° 60).

CCLX. — Le jour de St-Louis, 25 aoust 1687, la statue du roy Louis 14 a esté pozée dens la place du Marché-Vieux, par le zelle et aux fraix de Mrs du corps et communauté des marchands de cette ville. La cérémonie s'en fist avecq toute la magnifissance possible, tous les corps taschant à l'envy à surpasser les autres. Le feu de joye fust alumé par Mr Foucaud, intendant, Mr Rabereul, maire, et Mr Mauptetit, juge des marchands [1].

Les marchands firent seullement les fraix de la statue et de tout ce qui en despand, qu'on m'a dit qui coustoit le tout... [2]. Mrs du présidial et de la Maison de ville firent les

---

1. Tous les détails de cette fête sont décrits avec soin dans une notice imprimée à Poitiers sous ce titre : « *Relation de ce qui s'est passé à l'érection de la statue du roy dans la ville de Poitiers le vingt-cinquième jour d'aoust* 1687, » et dont M. Foucart a fait l'analyse dans le cinquième volume des *Bulletins de la Société des Antiquaires de l'Ouest*. Cette notice, dont un exemplaire se trouvait joint aux mémoires manuscrits de M. Foucault, intendant du Poitou, a été reproduite, avec ces mémoires, dans la collection des *Documents inédits sur l'histoire de France*. On suppose qu'elle avait été composée par l'intendant, ou sous son inspiration.

Les registres de l'ancienne paroisse de Mezeaux (Arch. com. de Ligugé) nous ont conservé la copie d'un panégyrique de Louis XIV, sous forme de harangue, composé par Jean Debarot père, avocat à Poitiers, sans doute à l'occasion de la même solennité. Nous ignorons si cette pièce a été imprimée, mais comme il est fort possible qu'elle soit inconnue aujourd'hui, nous n'hésitons pas à la publier, d'abord en sa qualité d'œuvre Poitevine, puis comme un des nombreux exemples du style déclamatoire de l'époque, et de l'admiration passionnée, on pourrait dire de l'idolâtrie, dont le Grand Roi était l'objet (V. App., XXXVIII).

Le sr Jean Debarot mourut à l'âge de 74 ans, dans une maison sise à Poitiers, près du « grand logis de l'aumônerie de Saint-Antoine », et fut inhumé, le 2 novembre 1693, dans l'église Sainte-Triaise, auprès de l'autel de Saint-Thibault et à côté de la sépulture de Marie Bergeron, sa femme (Arch. com. de Ligugé, reg. par. de Mezeaux).

2. Cette statue et les quatre Termes placés aux coins du piédestal, et qui en soutenaient l'architrave, étaient en pierre de Richelieu bronzée (D. Fonteneau, t. LXXIV, p. 393).

Le 9 juillet 1790, en conformité d'un décret qui venait d'être rendu par l'Assemblée Nationale, le corps consulaire de Poitiers, sur la proposition de M. Ancelin, juge en chef, décida que « les quatre figures du piédestal, qui paraissent enchaînées et représentent les quatre nations », seraient remplacées par « des guirlandes de fleurs ou quelques autres choses que ce puisse être, pour servir d'ornements » (Copies de délib. du corps consul., commun. par

fraix du feu, canon, peintures et autres ornement dont la place fust embellie. On abatit la poissonnerie, afin que la place fust plus belle [1].

On a mis lad. statue dens le lieu où estoit la croix qu'on mettra dens un autre lieu. Je ne sçay si on a bien faict en cella.

Le *Te Deum* fust chanté à St-Pierre, dont l'église estoit ornée de tapiceries et autres choses, par le soin de Mr du Souci, chanoine. La messe fust cellébrée par Mr Rabereul, doyen, et le sermon fust dit par le P. Chesnon, jésuite. Je m'en estonné aussi bien que tous les autres, parcequ'il y [a] plusieurs chanoines, dens ce chapitre, qui preschent aussi bien que led. P. Chesnon, pour ne rien dire de plus [2].

M. Lecointre-Dupont). Deux ans après, le 18 août 1792, le piédestal était entièrement détruit, ainsi que la statue qui le surmontait (V. *Bull. de la Soc. des Ant. de l'Ouest*, t. V, p. 303).

1. Tous les frais faits pour l'érection de la statue et les réjouissances publiques qui eurent lieu à cette occasion, et les dépenses nécessitées par le rétablissement de la poissonnerie, s'élevèrent à la somme de 2,225 liv. 5 s. (Arch. com. de Poitiers, carton 34).

2. Il y eut, le 27 août, à Sainte-Croix, une cérémonie particulière. L'abbesse, Mme de Navailles, fit dire une messe et chanter un *Te Deum*, en présence de tous les corps de la ville, et le R. P. Dubois, de la Compagnie de Jésus, y prononça le panégyrique du roi. (Le récit de ce qui s'est passé, ce jour-là, à l'abbaye, ainsi que les discours des PP. Dubois et Chesnon, ont été imprimés séparément. On les trouve à la bibliothèque de Poitiers, à la suite de la notice narrative de la fête, dont il est ci-dessus fait mention.)

NOTES CONCERNANT ANTOINE DENESDE

MARIE BARRÉ SA FEMME

ET LEURS PARENTS [1]

CCLXI. — Mon frère Denesde dict sa première messe le xvi⁰ apvril 1613, sur les cinq à six heures du matin, en l'église Nostre-Dame-la-Grand de Poictiers, à l'autel de la paroisse.

Le neufiesme may 1622, sur les sept à huict heures du soir, mon frère Denesde, aumosnier et chanoyne de Nostre-Dame-la-Grand de Poictiers, ariva de Lussay, malade dud. jour, et décedda le quinziesme dud. mois et an, minuict sonnant, jour de la Penthecoste. Led. jour xv⁰, fut enterré en la chapelle de Torsay, en lad. église Nostre-Dame, sur les cinq heures du soir. *Requiesquant in pace. Amen* [2].

CCLXII. — Le..... 1629. . . . . . . [3] son mal s'ogmantant tous les jours ; de sorte que le jeudy suivant, xi⁰ dud. mois, lad. Guisnon est décédée sur les deux heures du matin, et fust enterrée led. jour, en l'église de S¹-Estienne, environ cinq heures du soir. Cas étrange et

---

1. Ces notes, sauf celle qui compose l'art. CCLXI, sont insérées, à leurs dates, dans le journal qui précède. On a cru devoir les publier à part, afin de laisser à ce journal un caractère purement historique.
2. Cet article est dû à Antoine Denesde, notaire royal à Poitiers, et se trouve au milieu des quelques notes personnelles qu'il nous a laissées (V. *Introduction*).
3. A cet endroit de l'original, l'écriture est presque entièrement effacée (V. ci-dessus, la note relative à la lacune qui précède l'art. II).

digne de mémoire, d'aultant que mond. cousin Duamel et sa femme n'ont esté que trois jours en mariage, et sans contantement. Et est à noter que lad. Guisnon est morte de litargie et fust trétée comme malade de la mere.

CCLXIII. — Le mardy 11ᵉ jour de septembre 1629, sur les unze heures du matin, est tombé un catarre sur la cousine Florance Duamel, sur la moitié du corps, duquel costé elle ne se peult ayder.

CCLXIV. — Le 21 janvier 1630, sire Aimable Leblan, marchant, a espousé Catherine Coustière, ma cousine.

CCLXV. — Le 10ᵉ jour de febvrier 1630, Mᵉ Jean Desmier, sʳ de Villefollet, a fiansé Marie Denesde, ma sœur, et le landemain, 11ᵉ jour, furent espousés dens l'église de Nostre-Dame-la-Grand, par messire Michel [Deschamps], curé de lad. paroisse.

CCLXVI. — Le landemain 12ᵉ jour, jour du mardy gras, Jan Duplex, orfèvre, a esté espousé avec Susanne de Marnef, jadis de la religion prétandue réformée. Elle fist sa première profession (et abjuration à l'hérésie) en nostre logis, et receut absolution par Mʳ Haran, curé de Nostre-Dame-la-Petitte.

Lad. de Marnef a acouché d'une fille on commancement du mois de décembre 1631, en la ville de Chastellerault, où elle est décéddée le jour de Noël ensuivant.

Led. Duplex a espousé Fleurance Mervache le 11ᵉ [1].

CCLXVII. — Le jeudy 14ᵉ novembre 1630, entre trois et quatre du matin, est née Marie Desmier, fille de Mᵉ Jean Desmier et Marie Denesde, ma sœur; feut baptisée led. jour, en l'église Sᵗᵉ-Oportune, par Mʳ Dardin, curé, et feut pairin sire Paul Coustière, mon grand-père, et damoiselle Marie Humeau, femme de M. de Boisrenou, mairene.

---

1. Le 11 mai 1632, à Saint-Didier. Il fut enterré dans le cimetière de cette paroisse le 15 septembre 1664 (Arch. com. de Poitiers, reg. par. nᵒˢ 74 et 78).

Le vandredy, 5ᵉ mars, 1632, entre dix et xi heures du soir, est acouchée, ma sœur, d'un filz qui fust babtisé par messire Jullien Dardin. Fust son pairin Mᵉ. François Coustière, mon oncle ; l'a nommé François ; et Louise Coustière, ma mère, mairaine.

Le dimanche 30ᵉ aoust 1633, sur les 4 heures du soir, est née Catherine Desmier, babtisée le landemain à Sᵗᵉ-Oportune par le vicaire. Je fus son pairin, et damoiselle Catherine Texier, sa mairaine, femme de Mʳ. des Bouchetières, conseiller [1].

Le vandredy [28] octobre 1635, est nay Jean Desmier, babtisé à Sᵗᵉ-Oportune le......; son perrain, sire Bertrand de la Piere, marchant, et sa merraine, Marie Barré, ma femme.

Le dimanche 26ᵉ avril 1637, sur les 4 heures du matin, est décedé au chasteau de Vasles, Mᵉ Jean Desmier, sʳ de Villefollet, mary de ma sœur unique, lequel n'a maladé que 4 jours. Nous le fismes amener le mesme jour, et fust enterré le landemain en l'église de Nostre-Dame-la-Grand de Poictiers, dens la chapelle de Sᵗ-Clair. A laissé mad. sœur grosse, avec les 4 enfans cy-dessus.

Le mardy 11ᵉ aoust 1637, sur les huict heures du soir, ma sœur, vefve de Mᵉ Jean Desmier, sʳ de Villefollet, a acouché d'un enfant posthume, lequel a esté babtisé le landemain en l'église Sᵗᵉ-Oportune, par Mʳᵉ Louis Levasseur, docteur en théologie, curé de lad. église. Son pairin a esté mon frère, Jacques Denesde, presbtre, chanoine prébandé de Nostre-Dame-la-Grand, qui l'a nommé Jacques, et sa mairenne, damoiselle Marie Citois, fille de noble Mᵉ Mathieu Citois, conseiller du roy et eslu à Poictiers [2].

---

1. Charles Vidard, sʳ des Bouchetières, conseiller du roi, juge-magistrat au présidial de Poitiers (V. plus loin, une note relative à sa famille).
2. Ce dernier mourut doyen de l'élection, et fut inhumé, le 12 février 1655, dans l'église Saint-Michel, entre le grand autel et celui de Notre-Dame (Arch. com. de Poitiers, reg. par. n° 169).

Dès le 12ᵉ aoust 1639, Marie Denesde, ma sœur, vefve de Mᵉ Jan Desmier, sʳ de Villefoullet, convolla en seconde nopces et fust espoussée avecq Mᵉ Estienne Doriou, procureur du roy en l'ellection de cette ville, et ce, on chasteau de Vasle, apartenant à l'abbesse de Sᵗᵉ-Croix, dont mad. sœur estoit fermière ; et firent leurd. mariage, sans en advertir ma mère ny aulcuns de nous.

Led. sʳ Doriou estoit vef de dame Marie Rozet, de laquelle il avoit trois enfans : Louis, Marie et Jeanne ; lad. Marie, de l'aage de 17 ans ; Louis, de l'eage de cinq ; et Janne, de l'aage de deux ans aprochant ; et mad. sœur en avoit cinq : François, Jan, Jacques, Marie et Catherine ; de l'eage mantionné ès feuilletz 5 et 8, faisant en tout le nombre de huict.

Le mercredy, huictiesme jour d'aoust 1640, à six heures du soir, ma sœur a acouché d'une fille, laquelle a estée ondoyée par la matrosne (au refus de tous les prebstres), à cause qu'ils ont voullu différer les aultres cérémonnies du babtesme et imposition de nom.

Nota qu'il n'est pas véritable que lad. fille fust ondoyée par la matrosne, ains le fust, par le soing de sa norice, par le curé de Légugé.

Le 28ᵉ octobre 1640, lad. fille fust portée à Sᵗ-Paul de Poictiers, où furent faictes les cérémonies du babtesme, par le curé de lad. esglise, et luy fust donné le nom de Françoise par frère Ambrois Depérriers, comandeur, chevalier et recepveur de l'ordre de Sᵗ-Jan-de-Jéruzalem, on prieuré d'Acquitaine, et sa marraine damoiselle Françoise....., vefve du sʳ Leliepvre de Villegay, mère du conseiller.

Le... septembre 1643, ma sœur a acouché d'un filz, nommé Estienne, lequel est décéddé de picotte le ... juillet 1648.

Le mardy 27 octobre 1648, après 2 heures sonnées après midy, led. sʳ Doriou est décéddé, en sa demeure, au logis du recepveur de Malte, jouxte le grand prieuré d'Acquittaine, parroisse de S¹-Paul de cette ville, après avoir souffert de grandes doulleurs despuis la S¹-Bartelmy, pour la rétantion d'urine, causée par obstructions, dont les médecins n'ont peu connoistre la calitté. A esté inhumé dens l'église de S¹-Paul, ès fosses de ses père et mère, dens l'allée entre les chapelles des Bouchetz et Lambertz [1]; et par ung accident extraordinaire, M⁰ René Doriou, procureur au présidial, son frère puisné de 6 ans, enterré avecq luy en mesmes fosse, avecq une seulle messe et obsecque.

Led. M⁰ René avoit esté mal avecq M⁰ Estienne, son frère, et n'avoient peu s'entendre pour partager les domaines paternelz, jusques à 2 heures avant la fin d'Estienne, lequel ne pouvant signer, fist signer Marie, sa fille ainée, pour luy, et led. René, avecq deux nottaires. Leur accort fust clos. Estienne mort, nous mismes l'ordre pour les obsèques. René prinst le papier et la plume, comance le mémoire des parans et amis; et ne songeoit pas qu'il le dressoit pour luy-mesme, non plus que le reste de la compagnie, ny moy qui le parachevay de plus des trois cars. Le mémoire escrit, il fust question d'aller advertir le père directeur de la congrégation, pour donner ordre que cette compagnié rendist les derniers debvoirs au deffunct, qui en estoit, et de plus, M⁰ le président en l'ellection, pour mander son corps à la mesme fin. Pour ce faire, led. René y voullust aller, avecq M⁰ Jean Pouguet, procureur, beau-frère dud. feu Estienne, à cause de leurs premières femmes, avecq moy, et encore ce joignist avecq nous M⁰...... Thiréau, aussy procureur, second mary de la vefve d'un Doriou, oncle des dessus dictz. Nous parlasmes donc au P. Lestradre, directeur de la congrégation, avecq une petitte conférance pieuse, assés divertissante, où tous cinq

---

1. Proche la chapelle Saint-Louis (Arch. com. de Poitiers, reg. par. n° 180).

estions joyeux sellon nostre ennuy. De là, pour aller chés M. de Sausay, président aux esleus, nous passâmes vers la Lamprois, tirant vers les Grandes-Escolles, entre lesquelles et le canton S¹-François, led. René se trouva mal de foi blesse. On le porta chés s. d. tante Doriou, femme de Tireau, où, après s'estre confessé et prins quelques rémèdes, il expira environ la minuict; à mon grand estonnement, moy, qui, des ¾, avois tousjours cheminé avecq luy et me plegnois de ce qu'il alloit trop viste pour moy.

CCLXVIII. — Le lundy dernier, jour de juing 1631, messire François Coustière, mon oncle, fust receu chanoine à S¹-Pierre, sur la résignation que luy en avoict faict (entre les mains du chapittre) messire Louis Coustière, son oncle; lequel Louys décéda le jeudy ensuivant 3ᵉ juillet, sur les huict heures du matin; lequel jour fust enterré en lad. église, davant la chapelle S¹-Louis.

Le mercredy premyer jour d'octobre 1631, est décédé messire Pierre Coustière, chanoine et grand archidiacre en lad. église de Poictiers.

CCLXIX. — Le mardy 14ᵉ septembre 1632, sur les neuf heures du soir, trespassa sire Paul Coustière, marchant ferron, mon aïeul; et le landemain, fust enterré dens l'église Nostre-Dame-la-Grand, en la chappelle de S¹-Clair, dicte de Sept-Heures, *Requiescant in pace, Amen*, proche les corps de

M. François Coustière, presbtre, son filz;

M. Anthoine Denesdé, notaire royal, son gendre, mon père, inhumé en juin 1624.

Vénérable Jacques Denesdé, presbtre, chanoine et aulmosnier de Nostre-Dame, frère unicque dud. Anthoine, mon père, inhumé led. Jacques le 15 may 1622.

Et pour les deux femmes dud. Paul Coustière, Marie Chamois et Susanne de Marnef, et Jan Coustière, advocat, son filz aisné, décedé sans hoirs, sont enterrés au cimetière, derrière la porte tirant vers le vitral de lad. chapelle de St-Clair ; auquel lieu j'ay faict mettre mon filz aisné, anonimé, et aussy Anthoine, Louis et Françoise, mes enfans.

CCLXX. — Le lundy de Pasques 1637, j'ay esté nommé fabriqueur de la paroisse Nostre-Dame-la-Grande.

CCLXXI. — Le vandredy 6e mars 1637, Marie Barré, ma femme, a receu le sacrement de confirmation par Mgr Henry Louis Chastagner de la Rocheposay, évesque de Poictiers, en la chapelle de sa maison espiscopalle.

CCLXXII. — Le jour de la Pantecoste, dernier de may 1637, sur les six heures du matin, est deceddé d'une apoplexie Me Jean Gayault-Texier, advocat, mary de feu dame Catherine Coustière, sœur de ma mère, lequel a esté enterré le mesme jour à St-Savin, dens la chapelle de Genouillac à présent ocupée par les Barraultz, et a laissé d̄e mad. tante, deux filles : l'une, nommée Catherine, mariée à Mr Me Charles Vidard, escuier, sr des Bouchetières, conseiller au présidial, et l'aultre, nommée Anne, religieuse aux Sables.

CCLXXIII. — Au mois d'aoust 1637, et le jeudy 20e jour, sur les deux heures du matin, est deceddé Me Jacques Guesdon, vef de dame Ciprienne Chamois, ma grandtante, qui decedda le ... novembre dernier subitement. Sont tous deux enterrés en l'église de Nostre-Dame-dela-Chandelière, auprès de Me Louis Bastonneau, vivant notaire royal, premier mary de lad. Chamois.

Le vandredy 28e aoust 1637, Estienne Guesdon, seul fils dud. Jacques, a esté émancipé par le sénéchal de St-Hillaire, par l'advis de ses parrans et du consantement du procureur de la cour, lesquelz me nommèrent son curateur aux causes.

CCLXXIV. — Au mois de may 1638, je fus malade de fiebvre continue, qui ne me quitta qu'au quatorsiesme jour.

CCLXXV. — Le lundy 4e febvrier 1646, Me Pierre

Thomas, procureur au siège présidial de cette ville, filz de Me Anthoine, aussy procureur, et de dame Geneviefve Jarry, a espousé dame Renée Barré, sœur germaine de ma femme, en l'église Nostre-Dame-la-Grande, par vénérable Nicollas Matté, curé. Et le contract receu par F. Martin, nottaire royal, le jour préceddent, par lequel mon beau-père a donné pour dot à sa fille cinq mille livres, l'a vestue honorablement et donné trousseau.

Mardy 9 avril 1647, entre six et sept du soir, acouchée d'une fille, Geneviefve ; perrin, Mre F. Barré, prieur, et merraine, dame Geneviefve Jarry, mère dud. Thomas.

En aoust 1648, elle a acouché d'une fille, nommée Renée par Mre François Thomas, prieur-curé de St-Sauvant, frère dud. Thomas, et dame Renée Pommeraye, nostre belle-mère ; laquelle fille a estée enterrée à St-Didier le 5 septembre dict an.

Mercredy 27e avril 1650, ... heure du matin, elle a acouché d'une fille, nommée Hellène par Thomas, sr des Brousses, frère jumeau dud. Thomas, et Hellène Barré, nostre sœur.

Le 28 may 1651, Pentecoste, elle a acouché d'un filz, nommé Pierre par sire Pierre Barré, son grand-père, et sa marraine dame Geneviefve Thomas, sœur du père.

Le jeudy, octave de la Feste-Dieu, 6e juin 1652, ma sœur Thomas a acouché d'un filz, sur une heure du matin, babtisé sur le soir, à St-Didier par Mre Anthoine Dardin, curé. Je fus parain, et la maraine dame Geneviève Thomas, fille de feu Mr Jan Thomas, procureur, sr de Mazay, et de Janne Jarry. Nous le nomasme Anthoine.

CCLXXVI. — Le mercredy des Rogations, 25 may 1650, est déceddée, et enterrée à St-Cibart, dame Margueritte Coustière, vefve de Me Jacques Girard, procureur, l'une des sœurs de feu sire Paul Coustière, père de ma mère, et beaucoup plus aagée que luy, qui décedda dès septembre 1632. Aussy avoit-elle pour le moings 89 ou 90 ans.

CCLXXVII. — Le dimanche 11e febvrier 1652, contract de mariage a esté signé, dens la salle du grand prieuré d'Acquittaine, entre Me Jacques Contant, procureur au siége présidial, natif de Chastellerault, et Marie Desmier, ma niepce, par Bourbeau, nottaire royal ; et furent espousés dens la chapelle dud. prieuré, le landemain lundy gras, par vénérable Mre Rouhault, curé de St-Paul.

De ce mariage, en mars 1653, est née une fille, nomée Marie par sa grand-mère, ma sœur, et vénérable... Contant, chanoine de Chastellerault.

Le 10e juin 1654, est nay un filz, babtisé le 13 à St-Cibard, et nommé Jacques par mon frère le chanoine, son grand-oncle, et la mère dud. Contant.

Louise...

Le 18e janvier 1658, est née une fille, babtisée à Ste-Oportune par vénérable Estienne Guerry, docteur et curé. Je fus parrain, et marraine dame Anne Contan, sœur du père. Fus nommée Anne Marie.

CCLXXVIII. — Je n'ay poinct mis icy ma grande maladie, qui commansa le matin du premier jour d'aoust 1652, par une indisposition de luette, qui d'abord m'enpescha de manger du tout rien de solide, comme le pain, viande, fruict, etc. ; et ne passoit que le liquide, bouillons, eau et vin, et ne m'advisay d'avoir recours au bouillon que le 2e jour vers le soir ; et ne reconnus poinct avoir de fiebvre que vers le 13e, qui ce reigla, après huict ou dix jours, en quarte, sans m'enpescher d'aller par ville ny à la campagne ; très débille jusques au 11e octobre, que je m'aliotay de fièvre continue jusques à la fin du mois que je m'en relevay, mais avecq la quarte qui ne passa qu'en janvier, et retombay en mars jusques à Pasques et ne me peus remettre qu'en aoust.

CCLXXIX. — Le 30 novembre 1654, dame Renée Pommeraye, mère de ma femme, arriva chés elle sur le soir blessée et indisposée, un bras desmis de la chutte qu'elle fist ses jours, proche de Faye-la-Basse, de dessus son cheval, retournant de la maison noble de la Barboire, lieu de sa naissance, en la parroisse de la Pommeraye-sur-Saivre, où elle avoit assoupi et terminé les différans qu'elle, M° Louis Pommeraye, nottaire royal en cette ville, son frère d'une testée, Léon de la Cour, esc^r, s^r de la Tousche-Billette et de Bissée, et damoiselle Renée Pommeraye, sa femme, seulle de sa testée, avoient contre Me Léon Vexiau, s^r des Brelutières, donnataire, et ses nepveus, faisant la troisiesme testée dans la succession de deffunct Léon Pommeraye, s^r dud. lieu de la Barboire, oncle des parties, et perrin desd. Léon Vexiau et Renée Pommeraye, ma belle-mère ; par lequel accort, led. s^r des Brelutières a eu pour son don cinq mille livres et intérêtz ; et tous les meubles, argent et domaines estimés et partagés, chascun lot en a eu (tout quitte de frais funéraires, légatz, menues debtes, francz-fiefz des domaines nobles, et la grosse debte de la Porte Moreau, héritier de la femme dud. feu s^r de la Barboire) la somme de 5,333 livres tournois, que led. s^r Pommeraye, nottaire, a aporté en argent, fors la somme de 2...., dont il a aporté obligation du s^r du Sancy, nepveu dud. Vexiau, pour la moictié de la mestairie de Beude, eschue au partage desd. Pommeraye, pour 26... livres, led. du Sancy ayant payé le parsus comptant.

Led. Léon Vexiau n'a que deux filles, l'une mariée à Me Lemaire, s^r de...., conseiller au siège royal de Fontenay, et l'autre avecq Me Jacques Augron, s^r de la Saisinière, conseiller au présidial de Poictierz et mayre d'icelle l'année précédente.

CCLXXX. — Le lundy gras 8e febvrier 1655, sur les sept heures du soir, contract de mariage a esté faict, arresté et signé entre : messire André Mauduyt, docteur en médecine de l'universitté de Monpellier, fils de François Mauduyt, conseiller du roy et son procureur en l'ellection de Richelieu, et advocat en parlement et au siège ducal dud. Richelieu, et de dame Marie Tettereau, d'une part, et damoiselle Hellène Barré, sœur germaine et fillolle de ma femme, lesquelz ont estés espousés, le landemain matin sur les cinq heures, en l'église Nostre-Dame-la-Grande, par M° Charles Quinet, curé et chanoine d'icelle.

Le mardy 8° juin ond. an, led. s¹ Mauduyt, ayant ravy touttes les facultés de l'université, le présidial, les mayre, pairs, eschevins et bourgeois de cette ville et le reste du peuple qui a assisté aux disputtes de ses thèzes, fust receu et agrégé en la faculté de médecine et en l'universitté de cette ville, avec élloges et applaudissement.

Le mardy 28° décembre dict an 1655, jour des Inocents, à 2 heures 3 cars du matin, est nay dud. mariage un filz, babtisé à Nostre-Dame-la-Grand par led. s¹ Quinet. Son parrin, sire Pierre Barré, père de l'accouchée ; sa maraine, Marie Barré, ma femme ; lesquelz l'ont nommé André, du nom du père.

Le mercredy 21 mars 1657, elle a acouché d'une fille, Marie. Son parrain, vénérable François Barré, chanoine, et sa maraine, M°° Barré, sa grande-mère.

Le mardy 16° avril 1658, un filz, baptisé le 17. J'ay esté parrain et ma sœur Thomas [maraine]. Nous l'avons nommé Anthoine François.

CCLXXXI. — Damoiselle Catherine Texier, ma cousine unique germaine, femme de M° M° Charles Vidard, esc., s¹ des Bouchetières, conseiller et juge magistrat au siège présidial de cette ville, est décédée, en couche de son seisiesme enfant[1], le dimanche de la my-caresme, 7° mars 1655, aâgée de 36 ans moings trois jours, car je là vis

---

[1]. Sur ces seize enfants, dix furent baptisés en l'église Saint-Didier, savoir : une fille, le 26 mars 1637 ; Pierre, le 26 août 1638 ; Charlotte, le 5 septembre 1639 ; Angélique, le 4 mars 1641 ; Geneviève, le 10 décembre 1645 ; une fille, le 30 novembre 1647 ; Jacquette, le 12 mars 1649 ; Charles, le 5 mars 1650 ; Antoine, le 18 février 1651 ; François-Xavier, le 19 février 1655 (Arch. com. de Poitiers, reg. par. n°° 74, 75, 76).

naistre le mesme dimanche, lequel en l'an 1649 ce rancontra le 10e. mars.

Elle a esté enterrée en l'église de St-Didier dans la sépulture des ayeulx de son mary, auquel elle a laissé neuf enfantz vivantz. Elle estoit fille de feu Me Jan Gayault-Texier, advocat, et de dame Catherine Coustière, sœur unicque de ma mère.

Nota qu'encore que je l'ay nommée mon unicque germaine, elle a pourtant une sœur, Anne, religieuse, aux Sables, qui est à présent mon unicque germaine.

Elles ont aussy un frère, mais il ne m'est rien, pour ce qu'il est venu de Janne Barrault, seconde femme dud. sr Texier, leur père.

Mr des Bouchetières mourust le dimanche 22 feuvrier 1660, est enterré à St-Didier.

CCLXXXII. — Le mardy 25 janvier 1656, sire François Barré, marchand, frère de ma femme, a espouzé dame Françoise Pellerin, fille de Me Nicollas Pellerin, procureur au présidial, et de dame Anne Fouasseau, par vénérable Jan Esmereau, prieur-curé de Mazeuil, en la chapelle du prieuré de St-Denis, par permission de Mrs de St-Pierre, le siège épiscopal vacquant, néanmoings les 3 bans sollemnellement publiés à Nostre-Dame-la-Grand et à St-Michel, leurs parroisses.

Le 15 novembre dict an, un quart devant unze heures du soir, lad. Pellerin a acouché d'une fille, nommée Marie, le landemain, par sa grande-mère Barré et son grand-père Pellerin, sur les fons de Nostre-Dame-la-Grand.

CCLXXXIII. — Me George Duhamel, procureur, cousin germain de feu mon père, est décédé en la parroisse de Nostre-Dame-la-Petitte le samedy des Rameaux, 16 d'avril 1656, sur les six heures du soir, et le landemain, enterré à St-Cibart, proche son père et sa mère, ma grande tante.

CCLXXXIV. — Le 13e juillet 1656, mon frère, chanoine, a permutté, à l'ordinaire, avecq vénérable Jan Audebert, presbtre, s^r de la Guillonnière, chanoine prébandé de Nostre-Dame-la-Grande, sçavoir que mon frère s'est desmis purement et seimplement de la cure de St-Jan de Marnes, en laquelle led. s^r Audébert a esté nommé par M^r Fr. Thomas, chanoine prébandé à St-Pierre, lors en sepmaine de chappe ; et mond. frère nommé par led. s^r Thomas en la cure de St-Pierre d'Aulnay et Ste-Magdelaine de la Villedieu, son annexe, sur la démission pure et seimple dud. s^r Audebert ; lesd. deux cures dans ce diocèse et despandant du chapitre de Poictiers. Mon frère prinst pocession le 9e aoust suivant.

CCLXXXV. — Mes frères Barré partirent de Poictiers le 9 aoust 1661 pour aller à Clermon à la profession de mon fils aisné, qu'il fist le 18 dud. mois. Dieu luy fasse la grâce que ce soit pour sa gloire. Il estoit party de Poictiers un an devant, le jour de St-Jacques, au mois de juillet, et avoit pris l'habit de l'ordre des Bénédictins réformés le 16 aoust 1660.

CCLXXXVI. — Mr Mauduyt, mon beau-frère, a esté griefvement malade deux fois dans l'esté de l'année 1662.

Mme Thomas, ma sœur, a esté aussy fort mallade dens le mesme temps.

Mr Barré, chanoine, a esté tout de mesme mallade au mesme temps, aussy bien que Mme Barré, ma belle-seur, qui le fust plus longtemps que pas un des autres.

Ma fille aysnée le fust aussy beaucoup au mesme temps et la première de tous.

CCLXXXVII. — Mme Denesdé, ma belle-mère, femme de vertu et d'un jugement très solide, mourust le lundi 19 fcuvrier 1663. Dieu, par sa bonté et miséricorde, luy donne paix.

MARIAGE D'ANTOINE DENESDE
ET DE MARIE BARRÉ
ET NOTES CONCERNANT LEURS ENFANTS

Jesus † *Maria.*

CCLXXXVIII. — Le dimanche, 14° janvier 1635, j'ay fiancé et le landemain lundy, à cinq heures du matin, espousé en l'église Nostre-Dame-la-Grande de Poictiers, Marie Barré, fille de sire Pierre Barré[2], marchand de draps de sois, et dame Renée Pommeraye[3]; la célébration du

---

1. Les notes antérieures à 1659 sont toutes de la main d'Antoine Denesde, les autres sont dues à Marie Barré.

2. « Tiré du pappier babtistère de Nostre-Dame de Mirebeau : Le 13 aoust 1593 fust babtisé Pierre, filz de M° Yve Barré, s' du Fougeray, advocat, et dame Anne-Marie Béraudin. Le perrain M° Pierre Gazil, s' de Messay, lieutenant du sénéchal dud. lieu ; la merraine.....

« Mon père est décédé le jeudy 13 juillet 1662, aagé de 69 ans, en sa maison de Paché, mort tout à faict surprenante et extraordinaire, veu qu'il s'estoit levé au point du jour pour quelque nessessité, il se recoucha sens estre mallade que de sa foiblesse ordinaire, causée par l'incomodité de ses gouttes, et que, moins d'un quart d'heure après, ma mère, ne l'oyant point respirer, se leva, fust à son lict, où elle le treuva mort en la mesme posture qu'elle l'avoit laissé un quart d'heure devant, sens avoir seullement remué un doit. Dieu, par sa saincte miséricorde, l'aura mis en son repos, parce qu'il s'estoit confessé le jour qu'il s'en fust d'icy et qu'il n'avoit party du lict depuis, avecq une passience admirable et toute extraordinaire à son naturel un peu prompt mais tout à faict bon et obligeant.

« Ma mère mourut le dimanche 8 apvril 1674, à huict heures du matin. Dieu luy fasse miséricorde par sa bonté. »
(Note de l'auteur du journal.)

3. « Aultres enfans de M' Barré (Pierre) :
« François, l'aisné, nasquist le vendredy 4 septembre 1620, babtisé à St-Didier. Son parrain fust F. François Rousset, oncle de M°° Barré, religieux chanoine de St-Augustin en l'abbaye d'Oir-

sainct sacrement de mariage faicte par missire Louis Audinet l'ainé, presbtre, chanoine et curé recteur de lad. église.

Le contract, receu par Bourbeau, nottaire, led. jour 14e janvier 1635.

Signé : Anthoine Denesde, filz de feu Anthoine Denesde, nottaire royal à Poictiers, et Louise Coustière.

Je suis pay le 31 mars 1641.

Marie Barré, née le 20e avril 1619 et baptisée à St-Didier, et moy à Ste-Oportune. Son pairin, Mre Anthoine Jacquet, docteur médecin; sa mairenne, dame Hellène Barré, sa tante.

De nostre mariage sont issus :

« vault, prieur de St-Porchaire; et sa marraine damoiselle Catherine
« Piccault, femme pour lors de Mr Me Joseph Bérodin, conseiller au
« présidial, assesseur au conservateur, et despuis femme de Mr Depa-
« vier de la Citardie. Son parrain l'a faict prieur de St-Porchaire
« en juin 1642. Il a permutté son prieuré et receu chanoine prébendé
« en la grande église en octobre 1652.

« Renée nasquist le vendredy 20 mars 1626. Son parrain sire Paul
« Pavin, sr de la Fuye, sa marraine dame Marthe Parant, tante dud.
« Pavin, vefve de sire Clément Mignot, vivant marchand à Poictiers.
« Elle a esté mariée à Me Pierre Thomas, procureur, le 4 febvrier 1646.

« Aultre François est nay le 16 aoust 1627. Son parrain Me François
« Le Maye, conseiller en la cour des aydes à Paris, sr de la Couran-
« dière; sa marraine Jeanne Garnier, fille de l'appoticaire et despuis
« femme de Me Emery Sabourin, advocat. Il a espousé Françoise
« Pellerin, fille du procureur, le... janvier 1656.

« Hellène, le 17 mars 1630. Son parrain Me Toussaint Vexiau, sr de
« la Passutière; sa marraine Marie Barré, sa sœur aisnée. Elle a
« esté mariée avecq Me André Mauduit, docteur médecin, le 9
« febvrier 1655. » (Note de l'auteur du journal.)

1. André Denesde, docteur en médecine, fils d'Antoine Denesde

Le mardi, 23ᵉ décembre 1636, Marie Barré, ma femme, un quart devant six heures du matin, acoucha d'un filz, lequel n'a heu que bien peu de vie, et a néanmoins esté babtisé par Magdelaine Pellion, matronne, à cause du danger où elle le voyoit. Sur les xi heures du matin, led. enfant a esté enterré on cimetière de lad. parroisse, par Mʳ Audinet, curé, dans la sépulture des Coustières, estant davant le vitral de la chapelle de Sᵗ-Clair, dicte de Sept-Heures.

Madᵉ femme ce trouva mal dès le samedy au soir et travailla fort dès le dimanche matin jusques à son acouchement, et vient l'enfant en double. ——

J'ay payé à Mʳ le curé, tant pour ces droictz que des presbtres qui ont assisté, 50 s.

Au sacristain, pour les clas, 20 s.

A Chapeau-Blanc, coustre de la paroisse, 16 s.

CCLXXXIX. — Le jeudy 22ᵉ mars 1640, mad. femme a acouché d'une fille, sur les sept heures du soir, laquelle a estée babtisée, en l'église de Sᵗ-Estienne de cette ville, par Mʳᵉ Claude Gendre, curé recteur d'icelle, aumosnier et chanoine de l'église Nostre-Dame-la-Grande, le landemain à six heures du soir. Son payrin a esté sire Pierre Barré, son grand-père, et dame Louise Coustière, ma mère, sa mairene, lesquelz l'ont nommée Marie.

Lad. fille a esté donnée à norir à Jeanne Garnier, femme d'André Nérisson, laboureur, demeurant à Fié-Clairet, en la mestairie de Mʳ Irland, lieutenant criminel, pour luy en payer par chascun an, la somme de 45 livᵣ, 3 aulnes de

et de Marie Barré, fit, le 24 mars 1699, enregistrer ses armoiries comme il suit : « d'argent, à trois fleurs de gueules, tigées et feuillées de sinople, et un chef d'azur chargé de trois étoiles d'or » (*Armorial général du Poitou*, dressé par Charles d'Hozier, en vertu de l'édit de 1696). La seule différence qu'elles présentent avec celles que nous reproduisons, dans l'écu de droite, consiste dans la suppression du croissant.

sarge ou 3 liv., et ung chappeau, à commancer le 25ᵉ mars 1640, que lad. Jeanne est venue céahs [1].

Le 22 décembre, ma femme a faict marché à Françoise Poutier, femme de François Lheulier, masson, pour venir hosrir nostred. fille en nostre maison, pour luy en bailler, par chascun an, la somme de 36 liv., deux aulnes de sarge de deux estaings, à faire des brassières, et 4 aulnes de grosse sarge de deux laines, le tout gris, et une peire de soulliers.

CCXC. — Le mardy 7ᵉ avril 1643, ma femme accoucha, midy sonnant, d'un filz, lequel fust babtisé à S‐Estienne, led. jour à cinq heures du soir, par Mʳ Gendre, curé susdict. Son perrain est mon frère missire Jacques Denesde, presbtre, chanoine en l'église de Poictierz, et sa merrdine, dame Renée Pommeraye, femme de sire Pierre Barré, père et mère de ma femme, et l'ont nommé Jacques.
Aussytost que le peuple que j'avois heu à disner et souper, le lundy de Pasques, 6ᵉ jour, comme premier consul, fust sorti de céans à xɪ heures du soir, elle ce trouva mal et ne pust reposer jusques à son acouchement.
Led. Jacques a esté mis en norisse en la mestairie noble de Frécontant, apartenant à ma mère, sise au Breuil l'Abbesse, parroisse de Nostre-Dame de Mignalou, pour estre nory par Louise Chabassié, femme d'Annet Hillairet, mestayers, pour leur estre payé, par an, la somme de 36 liv., plus, une fois payé, 4 aulnes de sarge de deux laines, une peire de souliers et un chapeau à Annet.
A Pasques de l'année 1645, qui estoit le 16 avril, lad. Louise Chabassier a rendu mond. filz Jacques.
Le vandredy 15 décembre 1651, mond. filz Jacques a receu le sacrement de confirmation dens la chappelle de

---

[1] Nous avons supprimé ici et dans la suite, comme ne présentant aucun intérêt, les mentions de paiement des frais de nourrices.

l'aumosnerie Nostre-Dame-la-Grande, par les mains d'illustre et révérend père en Dieu Samuel Martineau, de la maison de Turé, près Chastelleraud, évesque de Basas.

Le samedy 23ᵉ dud. mois et an, led. Jacques receust des mains dud. seigneur évesque, dens la grande église de cette ville, par la permission de Mrs du chapitre, le siège épiscopal vaccant, l'ordre de tonsure, et ce au grand autel et cœur, où led. seigneur conféra tous les aultres ordres, tant mineure que majeures, à quantité de personnes. Ses secrétaires sont les ordinaires du chapitre et siège épiscopal, les srs Fromaget et Michelet, de qui j'avois retiré lettre de dimissoires du 11ᵉ dud. mois, signées : Charlet, *cantor*. Et, aultant en a esté faictz pour mes nepveux Jan et Jacques Desmiers, tant de la confirmation que tonsure.

Il est relligieux bénédictin et a faict son novitiat à Clermon en Auvergne, avecq l'édification de tous les relligieux, et fist profession le 18 aoust 1664, aagé de 18 ans trois mois.

Il a chanté sa première messe le 24 mars 1668, dens l'église de l'abbaye de Nouaillé, où il avoit faict son cours en théologie soubs le père Dom François du Vivier, de Paris, très docte théologien, très religieux et excelent homme en toutes façons. Il y eust grande cérémonie à cette messe, sçavoir : grande musicque, prédication par Mr Johanne de Stᵉ-Anne, et plus de 80 personnes disnèrent dens l'abbaye ced. jour.

Et fust faict, pour la première fois, prieur du monastère de Nouaillé par le chapitre général de la congrégation de St-Maur, tenu à St-Benoist-sur-Loire l'an 1678, et enseigna la théologie dens ce mesme monastère de Nouaillé, estant prieur, après avoir enseigné un autre cours de théologie au monastère de la Chaize-Dieu, en Auvergne, et deux cours de philosophie en l'abbaye de Sᵗ-Alire de Clermont, lieu de sa proffession. Le père Dom Jacques-Merle, qui a une afection aveugle pour son prieur, me l'a faict ainsi escripre. C'est sur sa bonne foy que je l'insère icy, et je le croy bien, parce que c'est un homme sincère, le meilleur que j'aye conneu et auquel j'ay d'extrêmes obligations.

Après avoir esté trois ans prieur à Nouaillé, il a esté abbé de St-Sulpice de Bourges.

CCXCI. — Le mardy 24e jour de may 1644, entre midy et une heure, ma femme acoucha d'un filz, qui fust babtisé le landemain 25e may, à deux heures après midy, en l'église St-Estienne, par led. s^r Gendre, curé. Son perrain, Me Louis Denesde, s^r de Frécontant, mon frère, et sa mairene, dame Renée Barré, sœur de ma femme, lesquelz l'ont nommé Anthoine Louis.

Led. Anthoine Louis a esté mis en norice au village du Reseoux, parroisse de Marigné, près Vivousne, pour estre norry par Martine Barbot, nostre première servante, femme de Pierre Robin, texier en toille, pour leur estre payé, par chascun an, la somme de trente six livres, et une fois payée, une peire de soulliers et de vieilles bottes au lieu de chapeau.

Le dernier jour de juin 1646, j'ay retiré mond. fils de norice.

Led. Anthoine Louis est décédé le jeudy 11e may 1651, environ midy, et enterré led. jour, à 7 heures du soir, on cimetière de Nostre-Dame-la-Grand, proche son frère aisné.

J'ay payé à M^r le curé, pour luy, 40 s.

Pour les 4 chapelins qui ont porté le corps, 50 s.

Pour deux aultres chapelins, 17 s. 6 d.

A Mr Moricet, sacristain, pour les deux clas à St-Pierre, 10 s.; 10 s. pour l'ouverture de la fosse, et 10 s. pour osté et remis une tumbe, cy, en tout, 30 s.

A Claude Laurancin, nostre coustre, pour le port de la croix, rangé l'autel et fermé la fosse, 15 s.

A Caillas, pour le coffre, xl s.

Plus, 5 liv. 1|4 de cire blanche.

CCXCII. — Le vendredy 24ᵉ novembre 1645, ma femme a acouché d'un filz, à trois quars après minuict, au matin dud. jour, lequel a esté babtisé le mesme jour, à trois heures après midy, en l'église S¹-Estienne, par Mᵉ Jean Bourbeau, mon cousin, chanoine de Nostre-Dame, à présent curé de lad. parroisse. Son parain, vénérable F. François Rousset, presbtre, chanoine régullier de S¹-Augustin en l'abbaye d'Oinvault, sy-davant prieur de S¹-Porchaire de cette ville, aagé de 78 ans, oncle de la mère de ma femme ; sa maraine, dame Marie Denesde, ma sœur, femme de Mᵉ Estiene Doriou, procureur du roy en l'ellection de Poictierz, auparavant vefve de Mᵉ Jan Desmier, sʳ de Villefollet ; lesquelz l'ont nommé François.

Le mesme jour, j'ay donné mond. filz, pour le norrir, à Jeanne Norry, femme de Jean Bretolleau, bourdier de ma mère à Neufville, pour en payer, par an, 36 liv.

Ilz ont randu led. François le lundy de Pasques, 13 avril 1648.

Il est aux Pères de l'Oratoire à Paris, où il a dit sa première messe le lundi des Rameaux, 19 avryl 1674.

Mon fils François retourna de Paris le ...aoust 1677, comme je croy, à mon instance, luy ayant demendé plusieurs fois, par mes letres, à quoy il sembloit ne voulloir point entendre, se treuvant bien chés les Pères de l'Oratoire qui le caressoint parcequ'il leur estoit utile, enseignant la philosophie. Il enseignoit à Provins quand il a quitté ces Messieurs. Dieu sens doubte le récompensera de sa pietté, de ce qu'il a bien voullu se priver d'une vie qu'il treuvoit fort à son gré, pour satisfaire sa mère. Aussitost qu'il fust à Poictiers, Mʳˢ de S¹-Pierre le nomèrent, luy absant, à la cure de S¹-Martin-de-Sanzay, vacante par la mort de Mʳ Métaïer, dernier curé. Mʳ Dubreuil fust prandre possession pour luy et faire les autres choses nessessaires.

Son oncle Denesde luy a résigné sa prébande et sa chapelle de Ste-Croix, environ Pasques 1679, en cour de Rome. Il n'a point encor pris possession. Il a permuté sa cure pour la chapelle St-Morice *allias* des Petits-Aigneaux, déservie dens l'église d'Angers.

Il a pris possession de la chapelle de Ste-Croix le... novembre 1681. Dieu veuille que ce soit pour sa gloire et que, s'aquitant bien de tous ses debvoirs, il fasse valloir les tallents de son esprit à l'édification de son prochain. Je parle ainsi parcequ'il presche fort bien, compose ses pièces fort justes, et, s'il avoit un peu plus de voix qu'il n'en a, il seroit asseurément pour remplir les premières chaires.

Il a traité de ses deux chapelles, pour l'archidiaconé de Thouars, avecq Mr Maisondieu, le... mars 1683.

Je ne sçay par quel motif M^{rs} de St-Pierre refusèrent de recepvoir mon fils dens la prébende de son oncle Denesde, qui s'en estoit desmis entre les mains du chapitre, mais seullement le reçurent dans une semy-prébende et donnèrent l'entière à Mr Pidoux, qui la garda peu, ayant esté tué ; ce qui despleut si fort à mon frère Barré, qu'il le nomma à M^{rs} du chapitre un peu devant que de mourir, qui le receurent dans la prébende entière de son oncle Barré ; et Mr Varin, par la démission de mon fils, fust receu dens la semy-prébende. Led. s^r Varin, ainsi qu'il avoit esté stipulé, donna la cure de Mazière à François Barré, fils de mon frère le marchand.

Nota que mon fils est fort obligé de prier Dieu pour le repos de ses deux oncles, qui se sont démis en sa faveur de ce qu'ils avoient ; et encor son oncle Barré luy avoit procuré la cure de Sanzay, qui luy a donné l'entrée à l'église et le moyen de se faire archidiacre.

CCXCIII. — Le lundy 25e febvrier 1647, ma femme a acouché d'une fille, à mydy et demy, laquelle a estée babtisée led. jour, à St-Estienne, par vénérable Mre Jean Bourbeau, curé et chanoine. Son parain, Mre François Barré, prieur de St-Porchaire de cette ville, frère aisné de ma femme, et la maraine Catherine Desmier, seconde fille de ma sœur, qui l'ont nommée Catherine.

Laquelle fille nous avons envoïée le landemain à Neufville, pour estre norrie par lad. Jeanne, femme dud. Bretolleau, au mèsme prix que François, qui est, par an, 36 liv., et, une fois payée, de la sarge à faire brassières.

Le mardy 3e septembre 1647, lad. Catherine est deceddée. Sa mère est allée la faire enterrer soubz le ballet davant la grande porte de l'église de Neufville.

CCXCIV. — Le samedy 15e aoust 1648, entre six et sept heures du matin, ma femme a acouché d'une fille, laquelle a estée babtisée le landemain, à 2 heures après midy, par mon cousin Bourbeau, curé de St-Estienne. Son parin Me Estienne Doriou, procureur du roy en l'ellection de cette ville, mon beau-frère, et sa maraine Hellène Barré, sœur et filleulle de ma femme, qui l'ont nommée Hellène.

Laquelle a estée donnée à norir à lad. Martine Barbot, qui a nori Anthoine Louis, pour le mesme prix, cy 36 liv. et une peire de souliers.

Mad. fille Helleine a épousé le [7] octobre 1665, en l'église de Nostre-Dame-la-Grande, Me Pierre Chartier, sr du Breuil.

Le 10e novembre 1649, lad. Barbot m'a retourné mad. fille, après luy avoir faict prendre longtemps du mauvais laict.

Led. jour, après 6 heures du soir, ma femme a donné sa fille Hellène à Françoise Poutier, qui a nosry nostre fille aynée, pour achever de norir selle-cy.

Le 15 may 1650, lad. Poutier a rendu nostred. fille.

Mad. fille du Breuil accoucha de deux enfants masles le 4e jour d'octobre 1666, lesquels furent baptisés à Nostre-Dame par Mr Clémenceau, curé ; l'un desd. enfants nommé Pierre par Mr de Courtantré son parrain, et moy la marraine, mourust 3 ou 4 jours après ; et François se porte bien, Dieu mercy. Mon frère Barré, chanoine, est son parrain, et ma fille Radegonde Marie, sa marraine. Led. François mourust agé de cinq ou six mois.

Ma fille du Breuil acoucha d'une fille le dimanche 4 mars 1668, qui fust babtisée à Nostre-Dame, et nommée Marie Helleine par Mme Giraud, sa maraine, et Mr Denesde, chanoine, son parrain.

Pierre Raimond, né le 4 mars 1669.

Marguerite, née le 4 mars 1670.

André, né le dernier apvril 1673. Mon fils André, parrin, et Nanette Souchay, marreine.

Caterine, née le [18 avril 1674]. Mr Souchay fils et Mme de Courtantré, parrin et marreine.

Antoine, nay le 5 aoust 1676. Son frère aisné et sa seur aisnée, parrain et mareine.

Benoist, nay le [29] mars 1680. Son frère André et sa seur Margot sont parrain et marraine.

CCXCV. — Le vendredi 8e avril 1650, un peu après cinq heures du matin, ma femme accoucha d'une fille, laquelle, à cinq heures du soir, fust babtisée à Nostre-Dame-la-Grande par Mre René Treisin, presbtre, faisant les fonctions curialles en nostred. parroisse, où n'y a eu curé depuis le décedz de Mr Mathé. Son parain, sire François Barré, marchand, frère cadet de ma femme, et la mairene, Marie Denesde, nostre fille aisné. Ilz l'ont nommée, à cause du jour de Nostre-Dame-de-Pitié, Radegonde Marie.

Led. jour on a donné cette fille à norir à Françoise Poutier, desnommée de l'aultre part, moyennant 36 liv., par an, et une chartée de bois.

Lad. Poutier a rendu ma fille, ne la pouvant achever de nosrir, le 8e décembre.

Led. jour 8e décembre 1650, nous avons donné nostred. fille Radegonde Marie, pour l'achever de nosrir, à Janne Venault, femme de Jacques.... dict Jarrousse, pour le mesme prix qu'avoit la Poutier en argent, et, au lieu de bois, une peyre de souliers.

« Et le 29 ou 30 septembre 1651, ayant destrie lad: fille, on l'a donnée en pension chés M. Caillas, menusier, et Perrine......, sa femme, pour leur en payer en argent jusques à Pasques 1652, qui est six mois, 24 livres.

Le dernier jour d'apvril 1673, elle a épousé dens l'église de Nostre-Dame-la-Grande, à une heure après minuict, sire Claude Souché, marchand. Dieu les bénisse et leur fasse la grâce de le bien servir.

Elle acoucha de son fils Réné le [2] may 1674. M. Souchay parrin et moy marene.

Elle a acouché d'un fils le [13] septembre 1675, baptisé à Nostre-Dame, et nommé Jacques par M. Denesde, chanoine; et Mme Degenes, ses parrin et mareine.

Anne Sapho, née le [3 novembre 1676]: Mon fils André et Nanette Souchay, parrain et marraine.

CCXCVI. — Le dimanche premier octobre 1651, ma femme a acouché, à une heure après midy, d'une fille, laquelle a esté babtisée, à cinq hueures dud. jour, par vénérable Charles Quinet, chanoine et curé de Nostre-Dame-la-Grande. Son perrain Jacques Dénesde, mon filz aisné, sa maraine Françoise Doriou, ma niepce, qui l'ont nommée Françoise.

Elle est décedée dès le mardy 3e octobre, n'ayant jamais peu prendre de noriture. Enterrée au cimetière de Nostre-Dame-la-Grande, proche ses frères.

J'ay payé à Mr le curé, pour luy et deux presbtres, 50 s. Il m'a dict que s'estoit trop.

A Mr Moricet, sacristain, pour les clas et ouverture de la fosse, 15 s.

Au coustre de la parroisse, 15 s.

CCXCVII. — Le dimanche 18e avril 1655, ma femme a acouché d'une fille, à une heure après midy. Elle fust babtisée le landemain, à trois heures aussy après midy, par vénérable Charles Quinet, curé et chanoine de Nostre-Dame-la-Grande. Son perrin Me Pierre Thomas, procureur au siège présidial, mon beau-frère, sa maraine dame Marguerite Baunay, femme de M⁰ Hillaire Bourbeau, nottaire royal, mon cousin. Ils l'ont nommée Margueritte.

Led. jour 19 avril, on a donné cette fille à norir à Ozanne Hillairet, fille de Collas et femme de Jan Deschamps, du vilage du Breuil-l'Abbesse, auxquelz on doibt donner en argent, par an, 40 liv., et, une fois payée, demye aulne d'estamet et un de mes vieux chapeaux.

Le dimanche 25ᵉ février 1657, j'ay retiré et aporté ma fille Margueritte.

Le 9ᵉ jour de may 1689, mad. fille Margueritte a espousé Mʳᵉ Jacques de Monjon, escuier, sʳ de Castelnau, Fleuré, etc. Ils ont espousé dens l'église de Mignallou, par dispance de Mᵍʳ l'évesque, Mʳ de Montjon l'ayant souhaité parce qu'il n'y avoit que trois ou quatre mois qu'il estoit veuf. Ce fust mon filz l'archidiacre qui les espousa ; sa seur luy a grande obligation pour les bons ofices qu'il luy a rendus dens cette occasion. Le bon Dieu, par sa miséricorde, les bénisse tous ; que tout ce qu'ils fairont soit pour sa gloire, pour leur salut et l'édification du prochain.

CCXCVIII. — Le 2ᵉ février 1658, sur les quatre heures après midy, la procession et l'image de Nostre-Dame passant davant ma maison, moy y assistant proche l'image, ma femme, ayant souffert le mal despuis le matin, enfanta d'un filz, lequel fust babtisé à Nostre-Dame-la-Grande, le landemain dimanche, 3ᵉ jour du mois, par vénérable Charles Quinet, chanoine et curé. Il fust nommé André par Mʳᵉ André Mauduyt, docteur régent en médecine, et dame Marie Desmier, ma niepce, femme de Mᵉ Jacques Contant, procureur au présidial.

Mond. filz André a esté donné à norir à Nollette Bernard, femme d'Anthoine d'Aigne, maréchal, du bourg d'Yteuil, pour leur payer, par an, 36 liv., et, une fois, une peire de manche d'estamet et un de mes chapeaux, deux boisseaux fromment.

Le 27 feuvrier 1660, ils m'ont randu mond. fils.

Il a esté en pension chés M^r le curé de Nouaillé, fort jeune, et quand il en sortist il ne savoit guères que lirre et escripre un peu. Mr Mauduit eust la bonté de le prandre chés luy à cent francs de pension, un escu par mois au précepteur Jousselin, et un juste d'or [1] à la servente. Il y a faict toutes ses classes jusques en philosophie qu'il revient chés nous, où il estudia soubs le père Moreau qui voullust qu'il fist un acte particulier, dont il s'aquita bien. Il m'en cousta pour les deux actes 150 liv. du moins. Ensuitte, il fit semblant d'aller au droit et en théologie, mais il ne fit ny l'un ny l'autre. Un an après avoir achevé sa philosophie, qui fust en 1677, il partist environ la Toussaints pour aller estudier en médecine à Paris, et, de là, prandre le bonnet de docteur à Monpellier, d'où il est revenu environ Noël 1679, pour se faire agréger à l'université et au corps de médecine, ce qui fust faict, pour le dernier acte, le....

Je veux croire, pour ma satisfaction, qu'on ne m'a pas flatté, quand on m'a dit qu'il avoit faict merveilles et satisfaict tout le monde. J'en ay de la joyé, comme on doit croire, parcequ'il est mon fils et que je l'aime, mais, en vérité, encor plus pour l'intérêt de son oncle et son parrain Mr Mauduit, qui aura la bonté de le faire valloir, et j'aurois un déplaisir bien grand s'il dégénéroit de la bonne opinion qu'il a donné de luy et s'il n'estoit tel que son oncle veut faire croire. Dieu luy veuille rendre toutes les bontés qu'il a eu et aura pour luy.

Le 23 juin 1680, mond. fils a esté nommé recteur de l'université. J'espère qu'il faira son debvoir et qu'il s'aquitera avecq honneur de cet employ. Et au mois de mars 1682, il a esté choisi par M^r l'abbé Dargenson, par le consantement de toutes les dames de la Miséricorde,

---

1. Un juste d'or devait être un juste-au-corps garni de passements faits avec des fils d'or.

pour estre le médecin des pauvres de cette ville, qu'il visite tous les jours, par leur ordre, avecq une exactitude qui mérite asseurément la recognaissance que led. s'abbé, comme directeur de cette congrégation, luy a promis, sens qu'il aye pourtant jamais rien demendé, luy estant assés de récompense de l'honneur qu'on luy a faict et de plus le service qu'il rend à Dieu dens la personne des pauvres, s'aquitant aussi bien de son employ qu'il me semble, et que j'espère qu'il continuera.

Mond. fils médecin a espousé, le 5 may 1685 (contract receu par Berton et Mercier, qui a la minute, notaires du marquisat de Bellabre), damoiselle Anne Codet, fille de M' Martial Codet, maistre de la forge de la Gastevine, et de damoiselle Janne Alliaud, ses père et mère. Je n'ay point assisté aux épousailles, à cause de mon aage de 66 ans. Il n'y a esté, de ma part, que mon fils l'archidiacre porteur de ma procuration. Il a faict toutes les cérémonies des fiançailles et espousailles dens l'église paroissialle de Nesmé. M' du Breuil, mon gendre, et ma fille Margot ont esté avecq leurs frères aux nopces, dont ils retournèrent tous ensemble, avecq la mariée, le 9° jour dud. mois de may 1685.

M' Codet a marié sa fille sellon la coutume de Poictou. J'espère avoir toute la satisfaction que je puis attandre de ce mariage, parce que ma belle-fille est bien conditionnée et de bonne meurs et que ses parants sont fort honnestes et que je suis persuadée de leur probité, depuis plus de 40 ans. Dieu soit loué.

Le dimanche, dernier juin 1686, ma belle fille acoucha, à quatre heures après midi, d'une fille qui fut baptisée à S¹-Paul deux ou trois jours après. M' Codet, son grand père, est son parrain, et moy sa marrene, qui l'ay nommée Anne Marie Victoire, parce que son père l'a voullu.

Le dimanche 15 juin 1687, environ huict heures du soir, mad. fille a acouché d'un fils, qui fust baptisé le mercredi suivant, dens l'église de S‍t-Savin, par M‍r Maret, curé, et fust nommé François André, par mon fils, l'archidiacre, son parrain. M‍elle Codet, sa grande-mère, fust mareine.

Le mardi, 2 mai 1690, mad. belle-fille a acouché d'un fils qui fust babtisé, dens l'église de S‍t-Savin, par M‍r Maret, curé, et nommé Jacques par M‍r de Fenieux, chanoine, son parain et ma fille de Montjon, sa mareine.

CCXCIX. — Le 22 juillet 1664, Marie Denesde, ma fille aynée, a espousé, à une heure après minuit, en l'église de Nostre-Dame-la-Grande, en la chappelle de la paroisse, M‍e Jan Giraud, s‍r de Comblé, greffier des insinuations ecclésiastiques, fils de M‍e Jan Giraud, greffier de la cour consullaire, et de dame Marie Burtel, sa femme.

Le jeudi 16 apvril 1665, mad. fille, à onze heures du matin, a acouché d'un fils, qui fust baptisé led. jour, en l'église de Nostre-Dame-la-Grand, par M‍r Clémenceau, curé. Son parrain fust M‍e Pierre Chartier, s‍r du Breuil, qui l'a nommé Jan, et moy, la marraine. Dieu le bénisse. M‍me Giraud, sa grand mère, l'a mis en norrice proche Vivousne.

Mad. fille Giraud est décédée le jeudi 16 septembre 1665, agée de 25 ans six mois. Dieu luy face paix.

Led. enfant mourust le... mars 1668. Est enterré à Nostre-Dame, dens la chapelle de S‍t-Clair [1].

---

1. Dans l'original, en tête de chacune des neuf dernières pages de ces notes de famille, on lit ces mots : « Au nom de Dieu ».

LISTE DES JUGES ET CONSULS

DES MARCHANDS DE POITIERS

(1566-1789)

Ensuict la liste de ceux qui ont passé en charge de juges et consulz à Poictiers, despuis la création de leur juridiction, faicte par Charles IX⁰, roy de France, l'an 1566 [1].

Premièrement.

Sire Paulin Girard, juge.

Sire Pierre Pidoux, s^r de Malaguet, marchand de draps de soye, premier consul, despuis maire de Poictiers en l'an 1575 et trésorier de France.

Jean Demarnef, libraire, secon consul.

Pierre Maillard.

Lesquelz prestèrent le serment en la court de parlement à Paris le 20ᵉ aoust 1566, et furent installés à Poictiers le premier octobre dict an.

Du despuis, pour leur commoditté, ilz ont demandé à la court la permission de faire le serment davant le s^r lieutenant général, ce qu'ilz ont tousjours praticqué despuis.

---

1. L'édit de création a été donné à Saint-Maur-des-Fossés au mois de mai 1566, et registré en Parlement le 28 juin suivant. Nous en connaissons quelques impressions : l'une faite à Niort, en 1595, par Thomas Portau, et les autres mises à la suite de plusieurs éditions de la Coutume du Poitou.
En comparant cet édit à celui qui avait établi, six mois auparavant, une juridiction consulaire à Niort, et que M. Breuillac-Laydet a reproduit dans son travail sur cette juridiction, on remarque, dans leur rédaction et leurs dispositions, certaines différences qui sont à l'avantage de Poitiers, et que justifiait au surplus l'importance plus grande de cette dernière ville.

1567
à } . . . . [1]
1573.
1574. — Sires : Jean du Bois.
      Babtiste Jolly.
      Pierre Moudurier.
      [2] marchand de drap de soye.
1575. — Sires : René Arnoul, qui fust maire l'an [1580].
      Jean Rollan.
      Pierre Rouger l'ainé.
      Mathurin Ollivier.
1576. — Sires : Guillaume de la Huproye, appotiquaire.
      Pierre Rouger, fils de Guillaume.
      Louis de la Croix.
      Jean Augris.
1577. — Sires : Jan Robineau.
      Phelippes Lambert.
      Jean Allexandre.
      Louis Barron.
1578. — Sires : Joachim Chevallier, marchand de draps de soye.
      Melchior Maurat.
      Pierre Augris.
      Blaise Noël.
1579. — Sires : Estienne Gautreau.
      Nicollas du Lac.
      Jan Daviau.
      Jan Cailler.
1580. — Sires : Florantin du Ruau, marchand de draps de soye, qui fust maire à Poictiers l'an [1586].

---

1. Les noms des juges et consuls élus pendant cette période ne sont pas indiqués.
2. Ce nom parait avoir été lacéré intentionnellement dans le manuscrit.

                    Jan Clément.
                    Léger Delage.
                  - Jan Chessé.
1581. — Sires : Jullien Barbillon.
                    Pierre Rouger.
                    Jean Picquot.
                    Claude Rabineau.
1582. — Sires : Pierre Rouger, filz de Guillaume.
                    François Augron.
                    Jean Pellisson.
                    Jean de la Coussaye.
1583. — Sires : Sébastien Tousalin.
                    Guillaume Bouchet.
                    Jullien Barbillon.
                    Nicollas Courtois.
1584. — Sires : Phelippes Lambert.
                    Nicollas Brossard.
                    Aymé Davy.
                    Ollivier Trouvé.
1585. — Sires : Louis Chevallier, frère de Joachim.
                    Pierre Augris.
                    Phillippe Bouin, hoste de S\^t-Michel.
                    Pergent Cailleteau.
1586. — Sires : Babtiste Jolly.
                    Simon Bertault.
                    Jacques Escottière.
                    Nicollas Pelloquin.
1587. — Sires : Pierre Rouger.
                    Claude Rabineau.
                    Brice Graffard.
                    Coste Arnault.
1588. — Sires : Jan Pellisson.
                    René Fouré.
                    Richard Rouger.
                    Pierre Herbault.

1589. — Sires : Jullien Barbillon.
Guillaume Fillas, messager de Paris.
Paul Hillairet.
David Frappier.
1590. — Sires : Louis de la Croix.
Nicollas Peloquin.
Pierre Germais.
François Massard, marchand de poisson de Rochelle, père de François qui fust maire à Poictiers l'an 1632.
1591. — Sires : Ollivier Trouvé.
Estienne Contancin, mégissier.
Louis Massé, esguilletier.
Hiérosme Guillon.
1592. — Sires : Jan de la Coussaye.
Jan Escottière.
François Guillochau.
Jean Peyrault.
1593. — Sires : Jan Clément.
Estienne Le Maye d'Esminière, père d'Estienne qui a esté mayre à Poictiers l'an 1638.
Pierre Poictevin.
André Cytois.
1594. — Sires : Paul Hillairet.
François Carré, appotiquaire, père de François maire à Poictiers l'an 1639.
Jan Lepvrault.
Jullien Robert.
1595. — Sires : Pergent Cailleteau.
David Frappier.
Hillaire Constant.
Jean Allexandre.
1596. — Sires : Babtiste Jolly.
Hillaire Coustière, recepveur de St-Pierre.

— 242 —

Anthoine Le Vasseur, chapelier.
Jacques Collin, drapier.
1597. — Sires : Led. Richard Rouger.
Gaspart de Sausay.
Jacques Tubert.
Anthoine de Mauvoisin.
1598. — Sires : Pierre Rouger le jeune.
Pierre Audebert.
Hellie Pain.
Jean Bobin.
1599. — Sires : André Citois.
Clément Mignot, drapier, père de la
femme d'Estienne Le Maye maire l'an
1638.
Paul Coustière, ferron.
Pierre Jousseaume, boulanger.
1600. — Sires : Led. Gaspart de Sausay.
Fortuné Fradin.
Jan Travezaye.
Louis de la Court.
1601. — Sires : Paul Hillairet.
Guy Pépin.
Thomas Garnier, appotiquaire.
Daniel Cytois.
1602. — Sires : Estienne Le Maye, s^r Desminière (décedé
le 19 octobre).
François Pitan, drapier.
Jacques Bobinet.
Daniel Pain, chaussetier drapier.
1603. — Sires : Coste Arnault, drapier.
Jean Turpault.
Jean de la Court.
René Gobert, mercier.
1604. — Sires : Hillaire Coustière, recepveur de St-Pierre
(décedé le... février 1627).

Jacques Bourgeois, ferron (décedé le
22 février 1644).
Jean Cornouaille.
Guillaume de Marnef.
1605. — Sires : Estienne Coûtancin.
Pierre Cocquin, boulanger.
René Rouger, pelletier, fils de Richard.
Jean Robert.
1606. — Sires : François Massard, poissonnier, père de
François maire à Poictiers l'an 1632.
René Moreau, chapelier.
Pierre de Marnef, libraire.
Jacques Regnault, orphèvre.
1607. — Sires : François Carré, appotiquaire, sy-devant
nommé.
Jacques Collin, drapier, aussy nommé.
Jacques Lecler, orphèvre.
Jan Clabat, draps de sois.
1608. — Sires : Clément Mignot, susdict.
Paul Coustière, ferron, susdict.
Jan Garnier, appotiquaire (décedé le
27ᵉ mai 1642).
Daniel Joubert.
1609. — Sires : Anthoine Le Vasseur, chapelier.
Jean Tranchant.
Jacques Proust, ferron.
Pierre Foucqueteau, appotiquaire.
1610. — Sires : Thomas Garnier, appotiquaire.
Jacques Lecler, orphèvre.
Jan Bret, drapier.
François Lucas, libraire.
1611. — Sires : Coste Arnault, susdict.
Daniel Pain, susdict.
Louis Pignou, drapier.
Louis Citois.

1612. — Sires : Jacques Collin, drapier (déceddé le 6ᵉ
septembre 1627).
Jean Cornouaille, chandelier, fermier.
René Bonneau, drapier.
René Mervache, orphèvre.
1613. — Sires : Guy Pépin.
Jacques Proust, ferron.
Jan Coustière, son gendre, drap de sois.
Jacques Ingrand, drap de sois.
1614. — Sires : François Pitan, drapier.
François Lucas, libraire, susdict.
René Contancin, drap de sois, filz d'Es-
tienne.
Mathieu Perrotin.
1615. — Sires : Jan Tranchant, susdict.
René Rouger, filz de Richard.
Pierre Guillon, fermier (déceddé en
Chastellerault).
François Boisateau, chapelier.
1616. — Sires : Jan Cornouaille, susdict (déceddé le 1ᵉʳ
febvrier 1641).
Jan Garnier, appotiquaire, frère de Tho-
mas (déceddé le 27 mai 1642).
François Moreau, chapelier, frère de
René.
André Liègé, fermier, père de Liège
conseiller.
1617. — Sires : Jacques Collin, de rechef juge (déceddé
le 6ᵉ septembre 1627).
Pierre Foucqueteau, appotiquaire.
Jacques Laurenceau, mercier.
Simon Penot, taneur (décedde le...1650).
1618. — Sires : René Moreau, chapelier.
Jean Coustière, susdict, fils d'Hillaire.
Pierre Laurenceau, taneur.

Pierre Barbarin, drapier.
1619. — Sires : François Pitin, de rechef juge.
André Liège, susdict.
Pierre Moine, chapelier (décéddé le 4
aoust 1644).
Samuel Coustière, ferron, nepveu d'Hillaire et Paul.
1620. — Sires : Paul Coustière, ferron, susdict, mon aïeul
maternel (décéddé le 19 septembre
1632).
René Contancin, filz d'Estienne.
Pierre Lambert, chapelier, filz de Phelippes.
Jacques Gigon, draps de sois.
1621. — Sires : René Rouger, filz de Richard (décédé à
la Robinière le 9 septembre 1646).
Pierre Guillon, fermier, susdict (décéddé
le 29 septembre 1651, aagé de 94 ans,
enterré à St-Germain).
René Le Vasseur, chapelier, filz d'Anthoine.
Bertrand de la Piere.
1622. — Sires : Jean Cornouaille, de rechef juge, sindic
(décéddé le 1er febvrier 1641).
Jacques Laurenceau, mercier, susdict
(décéddé le .. octobre 1624).
Pierre Barré, draps de sois.
Jacques Laurenceau, taneur, filz de
Pierre (décéddé le 8 febvrier 1641).
1623. — Sires : André Liège, susdict.
Pierre Laurenceau, taneur.
Nicollas Roux, chandelier (décéddé en
mai 1631, estant premier consul).
René Jarry, appotiquaire (décéddé le 21
avril 1654).

TOME XV.   16

1624. — Sires : René Moreau, de rechef juge.
Pierre Lambert, susdict.
Jean Vallanson, drapier (décédé le 12 may 1641).
Jacques Collin, filz de Jacques.

1625. — Sires : Jean Coustière, susdict, filz d'Hillaire (déceddé à Jaulnay le mardi 17 septembre 1641, enterré à Nostre-Dame-la-Petitte).
Pierre Barré, susdict.
André Armand, drap de sois.
Louis de la Vergne, poissonnier (déceddé le 8ᵉ juillet 1653 ; gist à Sᵗ-Porchaire).

1626. — Sires : Jacques Lecler, orphèvre, susdict.
Bertrand de la Piere, susdict.
Jean Roux, mercier, frère de Nicollas (déceddé en 1631).
Pierre Jousseaume, boulanger (déceddé le 5ᵉ aoust 1642).

1627. — Sires : Pierre Lambert, chapelier, susdict, sindic
24 sept.   en 1641 (déceddé en novembre 1652).
René Le Vasseur, fils d'Anthoine.
Pierre de Sausay, draps de sois, fils de Gaspart.
Michel de Mortemer, fermier.

1628. — Sires : André Liège, de rechef juge.
19 sept.   Samuel Coustière, ferron.
Pierre Thomas, chapelier.
André de Henault, fermier et recepveur du grand prieuré d'Acquitaine.

1629. — Sires : Pierre Barré, susdict, sindic en 1652.
11 sept.   Pierre Moine, susdict (décédé le 4 aoust 1641).
Jean Barré.
André Trouvé, tinturier.

1630. — Sires : Bertrand de la Piere, susdict.
13 sept.   Nicollas Roux, susdict (deceddé en may
       1631).
       Estienne Teytault, cabaretier (deceddé
       le 1 mars 1642).
       Ollivier Moricet, recepveur de St-Hillaire
       (deceddé en 1655).
1631. — Sires : René Le Vasseur, filz d'Anthoine.
.. nov.   André Armand, susdict.
       Pierre Crujon, draps de sois.
       Hiérosme Garnier, facteur des messa-
       geries de Paris.
       Les premiers qui furent eslus en no-
       vembre à cause de la contagion.
1632. — Sires : Samuel Coustière, ferron, susdict.
.. nov.   Pierre de Sausay, susdict, filz de Gaspart.
       François Herbault, draps de sois.
       Jan de Longueil, appotiquaire (deceddé
       le 17 juillet 1652, gist on cimetière de
       Nostre-Dame, proche son père ; la com-
       pagnie menoit les parans, mais deux
       appotiquaires portoient les 2 cornières
       de davant et 2 consulz les derrières).
1633. — Sires : René Rouger, de rechef juge.
16 nov.   Pierre Tomas, chapelier, susdict.
       Aymable Leblanc, draps de sois.
       Achilles Le Let, appotiquaire (deceddé en
       1656).
1634. — Sires : Pierre Lambert, de rechef juge.
21 nov.   Jacques Laurenceau, taneur, filz de
       Pierre.
       Thomas Rouger, drapier.
       Charles Babinet, drapier mercier.
1635. — Sires : André Armand, susdict.
20 nov.   Jacques Collin, susdict, filz de Jacques.

Jacques Roset, poissonnier.
Et moy, Anthoine Denesde, ferron.

1636. — Sires : Pierre Barré, de rechef juge.
18 nov.
Estienne Teytault, cabaretier, susdict (décedé en 1642).
François Bobinet, taneur, filz de Jacques (décedé le 14 febvrier 1647).
Nicollas Dassier, mercier (décedé le 15 juillet 1644).

1637. — Sires : Pierre de Sauzay, susdict, filz de Gaspart (décedé le 25 novembre 1646, à 2 heures après minuit).
17 nov.
Hiérosme Garnier, facteur, susdict.
Jan Babinet, drapier, frère de Charles.
Louis Cornouaille, mercier, filz de Jan.

1638. — Sires : Pierre Thomas, chapelier, susdict (décedé le neuf septembre 1643).
16 nov.
Michel de Mortemer, fermier, susdict.
Jean Robin, marchand de bois.
Jean Duplex, orphèvre.

1639. — Sires : Jacques Laurenceau, filz de Pierre, taneur, recepveur de Ste-Radegonde (décedé le 8 febvrier 1641).
15 nov.
Charles Babinet, susdict.
Adrien Chenier.
Estienne Rondault, marchand de drogues et merceries (décedé le 2 janvier 1647).

1640. — Sires : Hiérosme Garnier, susdict.
déc.
Aymable Leblanc, susdict.
Gilles Hélie.
Anthoine Pineau, taneur.

1641. — Sires : Michel de Morthomer, susdict (décedé le 17 mai 1653, enterré à St-Cibard).
15 nov.
François Herbault, susdict.

Nicollas Roux, filz de l'aultre Nicollas, mercier.
Paul Morillon, mercier.

1642. — Sires : Jacques Collin, susdict.
18 nov. Anthoine Denesde, susdict. *Ego sum.*
Jan Bobinet, taneur, filz de Jacques et frère de Fransois.
René Herpin, orphèvre.

1643. — Sires : Charles Babinet, susdict.
17 nov. Louis Cornouaille, susdict.
Jacques Bourgeois, ferron, filz de l'aultre Jacques (décéddé le 3 aoust 1651).
Jean Seyve, tinturier.
Le bastiment a esté commensé le 4ᵉ avril 1644.

1644. — Sires : François Herbault, susdict.
22 nov. Jean Babinet, susdict.
Jean de la Haye, orphèvre.
Louis de la Vergne, filz de l'aultre Louis.

1645. — Sires : Anthoine Denesde, qui suis.
21 nov. Jean Robin, susdict.
René Souchay, drappier.
Pierre Picquaict, tinturier.

1646. — Sires : Louis Cornouaille, susdict.
20 nov. Jacques Roset, susdict.
Louis Guillon, filz de Pierre, fermier.
Honnoré Jallais, drap de sois.

1647. — Sires : Jean Babinet, susdict.
19 nov. Adrien Chenier, susdict.
Jacob Rozet, ferron, filz de Jacques.
René Chaigneau, drappier.
Ont commancé à tenir l'audiance dens la salle neufve, le mardy 20ᵉ octobre 1648.

1648. — Sires : Bertrand de la Piere, de rechef.
17 nov. Nicollas Roux, susdict.
Louis Soudais, marchand de mollue.
Michel Depardieu, drapier (décedé, en son année, le 22 octobre 1649).

En installant lesd. s^{rs} nous montasmes tous en robe dans l'audiance, avecq résollution d'en faire tous les ans de mesme.

En lad. année, environ le mois de mars 1649, M^r d'Aumont de Chape monta en la jurisdiction consullaire, ung jour de cour, où M^r le juge luy cedda sa place, et oubltre nous montasmes environ 25 avecq nos robes.

1649. — Sires : Jean Robin, susdict.
16 nov. Paul Morillon, susdict.
Guillaume Bossé, drapier (décedé à Paris, en son année).
Jacques Moreau, mersier grossier.

1650. — Sires : Jacques Rozet, susdict.
15 nov. Jan Bobinet, susdict, taneur.
Michel Babinet, drapier.
Mathieu de Courtantré, cierger.

1651. — Sires : Adrien Chenier, susdict.
14 nov. Jan Cesve, susdict.
Pierre Robert, tapissier.
Mathieu Devaud, mercier (décedé le 24 aoust 1652, enterré au cimetière de Nostre-Dame-la-Grand).

1652. — Sires : Nicollas Roux, susdict.
12 nov. René Souchay, susdict.
Anthoine Thevenet, drappier, filz de Me Louis, fameux advocat du présidial, lequel, n'ayant que deux enfans, en

voullust faire un marchant, et l'aisné
advocat.

Thomas Bouzier, maistre couroïeur.

Il n'estoit poinct encore entré dans la jurisdiction un homme de sy ville condition.

1653. — Sires : Charles Babinet, de rechef.
18 nov. Pierre Picquet, susdict.
René Marzelé, marchand de bois.
Jacques Gervais, hoste du Chesne-Vert.
N'ont peu estre instalés le mardy 1er décembre, à cause que led. Babinet estoit en foire, ains remis.....
Le 30 novembre 1654, la chapelle a esté béniste et dédiée à St Louis, roy, par vénérable Jacques Denesde, presbtre, chanoine prébendé en l'église de Poictiers, par commission et desputation du Chapittre, le siège espiscopal vacant.

1654. — Sires : Paul Morillon, susdict.
17 nov. Louis Guillon, susdict.
Phelippe Estrelin, maistre pintier.
Hillaire Huguet, drapier.
N'ont peu estre installés que le vandredy 11e décembre, pour certaines causes.

1655. — Sires : Jan Bobinet, taneur, susdict.
16 nov. Louis de la Vergne filz.
Jan Brault, marchand de draps et merceries.
René Lambert, chapelier, filz de Pierre, sindic.

1656. — Sires : René Souchay, susdict.
14 nov. Jacob Rozet, susdict.

		François Barré, filz de Pierre, sindic.
		Guillaume Herbault, filz de François.
1657.	— Sires :	François Herbault, de rechef.
13 nov.		Jacques Moreau, susdict.
		Jan Couillaud, taneur.
		Emery de la Manche, droguiste [1].
1658 à 1677.		
1678.	— Sires :	François Riché.
		Hillaire Hellié.
		Jean Audinet.
		Jean Girard.
1679.	— Sires :	Antoine Mondon.
		Nicollas Roux.
		Nicollas Lecoq.
		Gabriel Chollois.
1680.	— Sires :	Pierre Lauranceau.
		Florant Bion.
		Félix Fournier.
		Jean Dubois.
1681 à 1685.		

---

1. Ici se termine la liste laissée par Denesde. Nous avons pensé qu'il ne serait pas sans intérêt de la continuer, et nous donnons le résultat des recherches que nous avons faites dans ce but, tout en regrettant qu'elles soient restées infructueuses pour les années 1658 à 1677 et 1681 à 1685. Les noms que nous publions nous ont été fournis par les registres de plumitifs d'audience de la juridiction consulaire, ainsi que par des procès-verbaux d'élections et des actes de prestation de serment provenant de cette juridiction, le tout déposé aujourd'hui au greffe du tribunal de commerce de Poitiers. Nous avons également consulté la précieuse collection de l'*Almanach du Poitou*, que possède M. Barbier, conseiller honoraire à la cour d'appel de cette ville, et qu'il a mise obligeamment à notre disposition ; et nous avons pu, à l'aide de ce recueil, indiquer pour un grand nombre de juges et consuls la nature du commerce exercé par chacun d'eux.

1. Dans une liste des marchands qui devaient concourir à l'élec-

1686. — Sires : René Maupetit.
12 nov. Estienne Augereau.
Germain Angot.
François Quintard.

1687. — Sires : Hillaire Hélye.
18 nov. Charle Pierre Sacher.
René Mignen.
Pierre Guignard.

1688. — Sires : Estienne Augereau.
16 nov. Claude Souchay.
Gabriel Bernardeau.
Charle Grillaud.

1689. — Sires : Pierre Laurenceau.
15 nov. Jean Audinet.
Jean Pellisseau.
Michel Babinet.

1690. — Sires : Louis Bourgeois.
14 nov. Jean Girard.
Georges Audinet.
Jean Delaunay.

1691. — Sires : Charles Pierre Sacher.
13 nov. Mathurin Delaunay.
Anthoine Pallu.
René Julliot.

1692. — Sires : Claude Souchay.
18 nov. Gabriel Chollois.
Gabriel Bernardeau.
Charle Hoissy.

---

tion des juges et consuls pour l'année 1698, se trouvent par rang d'ancienneté les noms des juges entrés en charge avant cette époque. Or, comme le nom de René Maupetit, juge en 1686, est précédé de ceux de François Barré, Daniel Bonniot, Jean de la Haye et Joseph Thevenet, il est évident que ces quatre derniers ont exercé leurs fonctions de 1681 à 1685, temps pendant lequel la composition de la cour consulaire ne nous est pas connue.

1693. — Sires : Mathurin Delaunay.
17 nov. Phœlix Fournier.
Sébastien Gillet.
Jean de la Haye le jeune.

1694. — Sires : Hillaire Hélye.
16 nov. Jean Dubois.
Jean Delaunay le jeune.
Hillaire Grivet.

1695. — Sires : Jean Audinet.
15 nov. René Perret.
Jacque Dureau.
. . . . Riche.

1696. — Sires : Gabriel Chollois.
13 nov. Pierre Babaud.
François Quintard.
Jacque de la Manche.

1697. — Sires : Phœlix Fournier.
12 nov. Jean Fleuriau.
Jacque Bironnet.
Pierre Pellevrault.

1698. — Sires : Anthoine Decressac.
18 nov. Joseph Joyeux.
René Bellot.
Durant Paulmier.

1699. — Sires : René de la Haye.
17 nov. François Denivenne.
Antoine Mondon.
Jean Riche.

1700. — Sires : René Péret.
16 nov. Charle Hoissy.
Gabriel Denivenne.
Pierre Pellisson.

1701. — Sires : Pierre Babault.
15 nov. François Quintard.
René Cottiby.

		Jean-Baptiste Martin.
1702.	— Sires :	Jean Fleuriau.
14 nov.		René Mignin.
		Jean Petit.
		Jacques Rigommier.
1703.	— Sires :	Joseph Joyeux.
13 nov.		Georges Audinet.
		René Sacher.
		Jacques Glatigny.
1704.	— Sires :	François Denivenne.
18 nov.		Michel Babinet.
		Jacques Audinet.
		Henry Paillé.
1705.	— Sires :	François Quintard.
. . . .		Jacques de la Manche.
		Jacques Bironnet.
		Jean Riche [1].
1706.	— Sires :	René Mignen.
16 nov.		Jacques de la Manche.
		Pierre Pellevrault.
		Jean Petit.
1707.	— Sires :	Jean Dubois.
15 nov.		Jean Delaunay.
		Jacques Faucon.
		Louis Laurance.

---

1. Ils prêtèrent serment le 17 novembre entre les mains du lieutenant général de la sénéchaussée, devant lequel se présentèrent également, le lendemain, sires Charles Hoissy, Jacques Dureau, Samuel Denivenne et Jean Poullain, qui se prétendaient les véritables élus (Minutes du greffe de la cour consul.). En présence de cette compétition, et sur la requête des s[rs] François Denivenne et Michel Babinet, juge et premier consul alors en exercice, M. Doujat, intendant du Poitou, nomma, pour exercer la juridiction jusqu'à ce que le différend ait été résolu par le roi, les s[rs] de la Haye l'aîné, Thevenet, Decressac et de la Haye le jeune, comme étant les plus anciens membres du corps consulaire. Trois mois après, intervint un arrêt, qui confirma l'élection des s[rs] Quintard, de la Manche, Bironnet et Riche, et ceux-ci tinrent leur première audience le 16 mars 1706 (Reg. des plumitifs d'audience de la cour consul.).

1708. — Sires : René de la Haye.
13 nov. Anthoine Pallu.
Jacques Rigoumier.
Jacques Audinet.

1709. — Sires : George Audinet.
12 nov. René Julliot.
Jacques Laurandeau.
Pierre Dupond.

1710. — Sires : Anthoine Pallu de la Barrière.
18 nov. François Riche.
Izac Dupond.
François Barbier.

1711. — Sires : René Julliot.
17 nov. René Bellot.
Jean-Baptiste Martin.
Pierre Dupond.

1712. — Sires : François Riche.
15 nov. François Mondon.
Gédéon Bobin.
André Sacher.

1713. — Sires : René Bellot.
14 nov. Jean Riche.
François Lesné.
Joseph Hélie.

1714. — Sires : François Mondon.
13 nov. Jean-Baptiste Martin.
Gédéon Bobin.
Martin Morillon.

1715. — Sires : Jean Riche.
12 nov. René Souché.
Gabriel Chaulois.
Louis Chollet des Aages.

1716. — Sires : Michel Babinet.
17 nov. Jacques Audinet.
Germain Chaulois.

Mignen-Planier.

1717. — Sires : Jacques Dureau-Dutour, marchand de
16 nov.　　　　　　drap de soye.
　　　　　　　　　Jean Petit, id.
　　　　　　　　　Martin Morillon, id.
　　　　　　　　　Louis Chollet des Aages, marchand
　　　　　　　　　　orfèvre.
1718. — Sires : Jean René Souchay.
15 nov.　　　　　　Jacques Glatigny-Longchamps.
　　　　　　　　　François Dupond.
　　　　　　　　　Jacques Dupond.
1719. — Sires : Jean Petit, marchand de draps.
14 nov.　　　　　　Henry Paillé, marchand épicier.
　　　　　　　　　Charles Pallu de la Barrière, marchand
　　　　　　　　　　de draps de soye.
　　　　　　　　　Pierre Guilminet, marchand épicier.
1720. — Sires : Jacques Glatigny de Longchamps.
12 nov.　　　　　　Jacques Faulcon.
　　　　　　　　　Louis Chollet des Aages.
　　　　　　　　　Jacques Dupont.
1721. — Sires : Jacques Audinet.
18 nov.　　　　　　Louis Laurence.
　　　　　　　　　Charles Pallu.
　　　　　　　　　Michel Babinet le jeune.
1722. — Sires : Jacques Faulcon.
16 nov.　　　　　　Jacques Laurendeau.
　　　　　　　　　Claude Bezeau.
　　　　　　　　　Jacques Brucelle.
1723. — Sires : Louis Laurence.
16 nov.　　　　　　Pierre Dupond.
　　　　　　　　　Georges de Marsay.
　　　　　　　　　Jean Lattier.
1724. — Sires : Jacques Laurendeau, marchand épicier.
14 nov.　　　　　　François Barbier, marchand de draps de
　　　　　　　　　　soye.

Germain Chollois, marchand enjoliveur.

Pierre Guilleminet, marchand mercier.

1725. — Sires : Pierre Dupond.
13 nov. André Sacher.
Michel Babinet.
Pierre Coullaud.

1726. — Sires : Jean Martin.
12 nov. François Lesné.
Jean Babault.
Berthellemy Gauffreau.

1727. — Sires : André Sacher.
18 nov. Martin Morillon.
Georges Demarsais.
Jean Lattier.

1728. — Sires : François Lainé, marchand de draps de
16 nov. soye.
Gabriel Chaulois, id.
Claude Bezeau, marchand épicier.
Philippe Audinet-Peintière, marchand.

1729. — Sires : Martin Morillon du Bellay, marchand de
15 nov. draps de soye.
Louis Cholet des Aages, orfèvre.
Jacques Bruxelles, marchand épicier.
Pierre Coulaud, marchand de draps de
soye.

1730. — Sires : Louis Laurence, marchand de draps de
14 nov. soie.
Germain Chollois, id.
Jean Babaud, id.
René Delaunay, id.

1731. — Sires : Gabriel Cholois le jeune, marchand de
13 nov, draps de soie.
Jean François Mignen-Planier, id.

— 259 —

      Jean Jacques Mathieu Glatigny de
       Longchamps, marchand épicier.
      Joseph Gillet, id.

1732. — Sires : Louis Cholet des Aages, marchand
18 nov.   orphèvre.
      François Dupont la Caille, marchand.
      Georges de Marçays, marchand épicier.
      Jean Faulcon le jeune, marchand li-
       braire.

1733. — Sires : François Mignen-Planier.
17 nov.   Jacques Dupont.
      Louis Delaunay.
      Pierre Pelisson.

1734. — Sires : François Dupont, marchand.
16 nov.   Charles Pallu de la Barrière, marchand
       de draps.
      René Delaunay, id.
      Joseph Louis Gillet, marchand épicier.

1735. — Sires : Jacques Dupont, marchand épicier.
15 nov.   Pierre Guilleminet, id.
      Pierre Demauge, marchand orphèvre.
      Jacques Audinet, marchand épicier.

1736. — Sires : Charles Pallu de la Barrière, marchand
13 nov.   de draps de soye.
      Michel Babinet, id.
      Jean Faulcon le jeune, marchand libraire.
      Sylvestre Dureau du Tour, marchand
       de draps.

1737. — Sires : Pierre Paul Guilleminet, marchand épi-
12 nov.   cier.
      Claude Bezeau, id.
      Philippes Audinet-Peintière, marchand.
      Jean Jacques Mathieu Glatigny de Long-
       champs, marchand épicier.

1738. — Sires : Michel Babinet, marchand de draps de
18 nov. soye.
Jacques Bruxelles, marchand épicier.
Barthélemy Gauffreau, marchand de draps de soye.
Pierre Demauge, marchand orfèvre.
1739. — Sires : Claude Bezeau, marchand épicier.
17 nov. Georges de Marsais, id.
Pierre Pelisson, marchand.
Guillaume Crossard, marchand-épicier.
1740. — Sires : Jacques Bruxelles, marchand épicier.
15 nov. Jean Lattier, id.
Jacques Audinet, id.
Louis Laurence le jeune, marchand de draps et soye[1].
1741. — Sires : Georges Demarçays, marchand épicier.
14 nov. Pierre Coulaud, marchand de draps et soye.
Jean Michel des Aages, id.
François Portier, id.
1742. — Sires : Jean Lattier, marchand épicier.
13 nov. Jean-Baptiste Babaud, marchand de draps et soye.
Georges Demarçais, marchand épicier.
Félix Faulcon, marchand libraire.
1743. — Sires : Pierre Coulaud, marchand de draps et
12 nov. soye.
Barthélemy Gauffreau, id.
André Sacher, marchand de fer.
Joseph Robin, marchand de draps et soye.

---

1. Il est à remarquer qu'à partir de 1740 l'indication de « marchand de draps de soye » fait place à celle de « marchand de draps et soye ».

1744. — Sires : Jean-Baptiste Babaud, marchand de
17 nov. draps et soye.
Philippe Audinet-Peintière, marchand.
Pierre Demauge, marchand orfèvre.
Guillaume Crossard, marchand épicier.
1745. — Sires : Barthélemy Gauffreau, marchand de
16 nov. draps et soye.
René Delaunay, id.
Pierre Morillon du Bellay, id.
Jacques Pierre Malteste, marchand pelletier.
1746. — Sires : Philippe Audinet, marchand.
15 nov. J.-J. M. Glatigny de Longchamp, marchand de fer.
Jean Pierre Guilleminet fils, marchand épicier.
Joachim Riche, marchand de draps et soye.
1747. — Sires : René Delaunay, marchand de draps.
14 nov. Louis Gillet.
François Olivien Barbier, marchand de draps et soye.
Antoine René Gazil, id.
1748. — Sires : J.-J. Glatigny de Longchamps, marchand
12 nov. épicier.
François Mignen-Planier.
Nicolas de la Garde, marchand épicier.
Pierre Catherine Coulaud fils, marchand de draps et soye.
1749. — Sires : Joseph Gillet, marchand.
18 nov. Jean Faulcon l'aîné, marchand libraire.
Antoine Dousamy, marchand épicier.
François Chauveau, marchand de fer.
1750. — Sires : Jacques Brucelles, marchand épicier.
17 nov. Pierre Demauge, marchand orfèvre.

TOME XV. 17

François Thoreau, marchand enjoliveur.
Jean Segris, marchand de draps et soye.

1751. — Sires : Jean Faulcon l'aîné, imprimeur ordi-
16 nov. naire du roi.
Jacques Audinet, marchand.
Jean Michel, marchand de draps et soye.
François Portier, id.

1752. — Sires : Pierre Demauge, orfèvre.
14 nov. René Delaunay, marchand de draps et
soye.
Jacques Dupont, marchand épicier.
Pierre Vincent Testas, marchand enjoliveur.

1753. — Sires : Jacques Audinet.
13 nov. Guillaume Crossard, marchand épicier.
Georges de Marsais, id.
Félix Faulcon, marchand libraire.

1754 — Sires : Mignen-Planier.
. . . . Louis Laurence, marchand de draps et
soye.
Joseph Robin, id.
Catherine Coulaud.

1755. — Sires : Guillaume Crossard, marchand épicier.
18 nov. Jean Michel des Aages, marchand de
draps et soye.
Pierre Morillon du Bellay, id.
Louis Robert de Beauchamp, marchand
de bois.

1756. — Sires : Louis Laurence fils, marchand de draps
16 nov. et soye.
François Portier, id.
Antoine René Gasil, id.
Nicolas de la Garde, marchand épicier.

1757. — Sires : Jean Michel des Aages.
15 nov. Georges Demarsais.

— 263 —

     Pierre Jacques Malteste.
     Olivier Barbier.
1758. — Sires : François Portier, marchand de draps et
. . . .   soye.
     Félix Faulcon, marchand libraire.
     Paul Isaac de Bessé, marchand de draps
      et soye.
     François René Bellot, marchand de fer.
1759. — Sires : Georges de Marsais.
. . . .   Pierre Morillon du Bellay.
     Pierre Guilleminet.
     Joachim Riche.
1760. — Sires : Félix Faulcon, marchand libraire.
18 nov.   Jacques Pierre Malteste, marchand pel-
      letier.
     Antoine Dousamy, marchand épicier.
     Jean Daniel Fretté-Nerbonneau, mar-
      chand de draps et soye.
1761. — Sires : Pierre Morillon du Bellay, marchand de
17 nov.   draps et soye.
     Pierre Guilleminet, marchand épicier.
     Jean Segris, marchand de draps et soye.
     Bernard Boriac, marchand droguiste.
1762. — Sires : Pierre Malteste, marchand pelletier.
16 nov.   Joachim Riche, marchand drapier.
     Jacques Dupont, marchand épicier.
     Joseph René Delaunay fils, marchand
      drapier.
1763. — Sires : Pierre Guilleminet, marchand épicier.
15 nov.   François Olivier Barbier, marchand de
      draps et soye.
     Pierre Vincent Testas.
     Louis Robert de Beauchamp.
1764. — Sires : Joachim Riche.
13 nov.   Antoine René Gazil.

Paul Izaac de Bessé.
André Fayolle fils.

1765. — Sires : François Olivier Barbier.
12 nov. Jean Segris.
François Coulaud.
Claude Pavie.

1766. — Sires : René Antoine Gazil.
18 nov. Jacques Dupont.
Pierre René Cremière.
Paul Malteste fils.

1767. — Sires : Jean Segris.
17 nov. Pierre Vincent Testas.
François René Blot.
Marie Joseph Chaboisseau.

1768. — Sires : Jacques Dupont.
15 nov. Louis Robert de Beauchamp.
Fretté-Nerbonneau.
Bernard Boriac.

1769. — Sires : Pierre Vincent Testas.
13 nov. Paul Isaac de Bessé.
Joseph Delaunay.
Jean Laurent Portier fils.

1770. — Sires : Louis Robert de Beauchamp.
13 nov. François René Bellot.
André Fayolle.
François Coullaud.

1771. — Sires : Paul Isaac de Bessé.
12 nov. Fretté-Nerbonneau.
Claude Joseph Pavie.
René Cremière.

1772. — Sires : François René Bellot.
17 nov. Bernard Boriac.
Jean Anne Carry.
Louis Jean Joseph Laurence fils.

1773. — Sires : Jean Daniel Fretté-Nerbonneau.
10 nov. Joseph Delaunay le jeune.
Paul Malteste.
Jean Laurent Portier fils.

1774. — Sires : Louis Laurence père.
15 nov. André Fayolle.
René Cremière.
Jean Anne Carry.

1775. — Sires : J. Félix Faulcon.
14 nov. François Coulaud.
Joachim Riche.
Jean Segris.

1776. — Sires : Bernard Bouriat.
14 nov. Pierre Morillon du Bellay.
Pierre Thérèse Plisson.
Louis Braud.

1777, — Sires : Joseph Delaunay le jeune.
18 nov. Claude Joseph Pavie.
..... Minoret père.
..... Ancelin.

1778. Sires : André Fayolle.
16 nov. René Cremière.
Jean Blaize Segris.
François Denis Chandesris.

1779. — Sires : François Coullaud.
14 nov. Paul Malteste.
François Barbier.
Claude Jean Bompierre.

1780. — Sires : Pierre René Cremière.
13 nov. Jean Laurent Portier.
Joseph Laurence.
Louis Mantin.

1781. — Sires : Paul Malteste.
12 nov. Jean Anne Carry.
Jacques Dupont.

		Pierre Thérèze Pelisson.
1782.	— Sires :	Laurent Portier.
12 nov.		Jean Segris père.
		André Fayolle.
		Pierre Ancelin.
1783.	— Sires :	Jean Anne Carry.
18 nov.		Louis Joseph Laurence fils.
		Louis Alexandre Gazil.
		Vincent Bernard Minoret [1].
1784.	— Sires :	Pierre Morillon du Bellay.
16 nov.		Pierre Thérèze Plisson.
		Jean Blaize Segris.
		Jean Thomas Michel Chandesris.
1785.	— Sires :	Louis Jean Joseph Laurence fils.
15 nov.		Charles Minoret père.
		François Barbier le jeune.
		Louis Nerbonneau.
1786.	— Sires :	Pierre Thérèze Plisson.
14 nov.		André Fayolle.

---

1. Au mois de novembre 1782, en l'absence du lieutenant général de la sénéchaussée et malgré les protestations du lieutenant criminel, qui voulait se substituer à ce dernier, les nouveaux élus, pour se conformer à l'édit de création de leur juridiction, allèrent prêter serment devant le grand sénéchal de Poitou, Marc-Antoine Beufvier, marquis des Palignies. Mais, en 1783, celui-ci, par ce motif que la terre où il résidait était située en Anjou et que ses infirmités l'empêchaient de se déplacer, refusa, quoique l'année précédente il se fût trouvé dans les mêmes conditions, de recevoir le serment de ceux qui venaient d'être désignés pour entrer en charge. Ils durent donc, pour accomplir cet acte devant le lieutenant général, attendre jusqu'au 14 mai 1784, ce qui obligea les juge et consuls alors en exercice de continuer leurs fonctions jusqu'à cette époque (Copies de procès-verbaux de délib. du corps consulaire, commun. par M. Lecointre-Dupont). Pour éviter le retour de semblables difficultés, on résolut de se pourvoir devant le Conseil du roi, afin d'obtenir que le serment des juge et consuls entrants fût à l'avenir reçu par les juge et consuls sortants, ainsi que cela se pratiquait déjà dans plusieurs juridictions consulaires. Cette demande fut favorablement accueillie par le roi, qui, le 18 août 1787, accordait à cet effet des lettres patentes qui furent registrées en Parlement le 3 septembre suivant et en la cour consulaire de Poitiers le 18 du même mois (Arch. de la jurid. cons.).

Jean Laurent Portier.
Claude Jean Bompierre.

1787. — Sires : Charles Minoret père.
13 nov. Pierre Ancelin.
Louis Alexandre Gazil.
Jacques François Farant.

1788. — Sires : Joseph Delaunay.
18 nov. Jean Blaise Segris.
Vincent Minoret fils.
Henry Barthélemy Mauzé.

1789. — Sires : Pierre Ancelin.
17 nov. François Barbier-Faulcon.
Jean Joachim Riche.
Jean Joseph Pavie [1].

---

1. Ils restèrent en fonctions jusqu'au mois de mai 1791, époque où furent installés et prêtèrent serment le président et les quatre juges qui venaient d'être élus pour composer le tribunal de commerce établi à Poitiers, au lieu et place de la juridiction consulaire, par décret de l'Assemblée nationale du 1er décembre 1790, sanctionné par le roi le 10 du même mois (Copies de proc.-verb. de délib. du corps consul., comm. par M. Lecointre-Dupont).

APPENDICE

I

Sédition populaire survenue à Poitiers à l'occasion de la cherté du blé (Arch. com. de Poitiers, reg. des délib. n° 80, p. 238 et s.).

Mai 1630.

Au conseil ordinaire tenu en la Maison commune de la ville de Poictiers le vingt-septiesme jour de may mil six cents trente.

. . . . Monsieur le maire a proposé que sur les pleintes qui luy ont esté faictes despuis dix ou douse jours et qui augmentent de jour à autre, de la cherté du blet qui est en ceste ville et du peu qu'il y en a à la campagne, il avoit obligé quelques particuliers, habitans de ceste ville, de faire ouverture de leurs greniers pour en vendre au peuple à prix raisonnable, ce qui auroit esté faict samedy dernier ; mais les pleintes et le tumulte croissant, et aïant apris que les meuniers de ceste ville avoient achepté la plus grande partie du blet, lequel ils gardoient sans l'exposer en vente, il les auroit mandé le jour d'hier en son logis pour les obliger de fournir le minage de blet les jours de marché jusques à la S¹-Jean prochaine, au prix qui sera arresté cejourd'huy au présent conseil, ce qu'ils luy auroient promis faire ; à quoi il auroit faict obliger cinq ou six des plus moïennez desdictz meusniers, et, pour y mettre ordre, leur auroit permis de s'assembler cejourd'huy dans les cloistres des Cordeliers pour commencer demain jour de marché.

De quoy monsieur le maire a esté remercié par le conseil

et prié de tenir la main à l'exécution de ceste proposition, et pour le prix du blet, il a été arresté par ledict conseil, sçavoir : le boiceau de fromment à vingt solz, celuy de métail à dix-huict solz, et celuy de segle à seize solz tournois; et, en cas que lesdictz meusniers ne puissent entièrement effectuer leurs promesses, monsieur le maire est prié de sçavoir en quelles maisons de ceste ville il y a du blet plus que leur provision et le faire vendre à mesme prix, sans exception d'aucunes personnes ne de leurs qualitez ; lequel règlement sera présentement faict entendre à quantité de populace qui remplist à présent la court de l'Hostel de ville pour ce subject.

Au Mois et Cent tenu le vingt-septiesme jour de may mil six cents trente.

. . . . Sur ce qui a esté remonstré par monsieur le maire que la populace qui estoit assemblée ce matin dans l'Hostel de ville sur le subject de la disette et cherté du blet s'estoit joincte à l'instant, à l'issue du conseil ordinère, avec autre grand nombre de gens de mesme estoffe, faisant jusques à quatre ou cinq mil personnes, presque tous geux et fainéans, auxquels faisant entendre le résultat du conseil pour avoir du blet et pain à suffisance et remédier à la nécessité publique, se seroient voulu jetter sur luy, et, ne pouvans l'aborder de près, l'avoient grandement offencé de parolles injurieuses et sédicieuses, taschant d'esmouvoir davantage le peuple, et luy jettoient force pierres, qui fist que ledict sieur maire, appréhendant plus grand scandalle qui feust arrivé indubitablement, se retira dans la salle du palais pour prendre advis de messieurs du présidial qui tenoient lors la cour ordinaire, pour remédier à un tel scandalle, qui arrestèrent que deux de messieurs les eschevins iroient présentement dans la place publique où se vend le pain, pour le faire débiter à prix raisonnable à tous ceux qui en voudront avoir, ce qui feust exécuté. Néantmoins la sédition ne cessant point, ains au contraire s'augmentant, s'estant mesmes jettez sur les boulangers qui avoient apporté du pain au marché et leur ravissant par forse et sans païer, et d'autres estant allez aux maisons de quelques meusniers des plus riches et moyenez pour entrer de force dans leurs maisons et les piller et tuer lesdictz meusniers, il estoit à creindre qu'il n'arrivast plus grand inconvénient qu'on pouvoit mesmes conjecturer, sur ce que nuls des artisans et gens de métier qui estoient à leurs bouticques ne faisoient aucun senblant de s'opposer à la violence de ceste populace dont partie a des espées et hallebardes, mesmes les femmes, c'est pourquoy mondict sieur le maire a faict assembler ce Mois et Cent, affin de remédier aux inconvéniens qui peuvent arriver, et donner un bon ordre à la police affin d'oster le subject de pleinte et chastier les plus coupables et autheurs de ceste sédition et s'assurer de la ville pour le service du roy et bien public.

A l'instant sont entrez Mrs Guy Chevalier et Jean Chevalier, conseillers juges-magistratz, et bourgeois de ladicte Maison commune, qui ont faict pleinte des violences qui leur ont despuis une heure esté faictes sur le subject que, s'estans saisis d'une femme qu'ils avoient veue avec nombre d'autres femmes et quelques hommes dans la ruhe, criants tous : volons une telle maison où il y a quantité de blet, courons au cartier de St-Sulpicien, s'estant mesmes jettez sur un meusnier qui menoit du blet au moulin pour moudre, l'auroient voulcu mener en prison, dont ils feurent empeschez par autres femmes et quelques artisans qui leur ostèrent par force leur prisonnier et blaissèrent mesmes l'un des dicts s^{rs} Chevalier, dont ils protestent se pourvoir par justice en temps et lieu. L'affaire bien concidérée et mise en délibération, le corps de ville, appréhendant de plus grands inconvénients, a ordonné et arresté que monsieur le maire ira par la ville avec quelques-uns de messieurs les eschevins et quelques honestes gens habitans de la ville, avec armes deffencives et offencives, pour se saisir des séditieux, s'ils en trouvent par les ruhes, pour en faire faire la justice ; enjoint aux boulangers de cuire du pin à suffisance pour tenir leurs bouticques garnies et en envoïer au marché public, suivant leurs status ; comme aussi est enjoint aux meusniers de mener du blet au minage les jours de marché à suffisance pour fournir la ville, sur peine aux uns et aux autres d'amende arbitraire et de descheoir de leurs maitrises ; deffences à toutes personnes de leur mesfaire ne mesdire, ne de leur oster et ravir par force leur marchandise, sur peine de la vie, laquelle marchandise ils vendront aux prix qui a esté arresté cejourd'huy au conseil ordinaire, et non plus.

II

LA PESTE A POITIERS.

(Arch. de la Vienne, H 4, 1. 19. — Arch. com. de Poitiers, reg. des délib. n° 78, p. 221, 227, 244, 251, 270, 275 ; n° 79, p. 8, 12, 13, 16, 21, 27, 44, 56, 67, 75, 85, 104, 199 ; n° 80, p. 12, 111, 118, 143, 146, 148, 158, 163, 169, 172, 223, 229, 232 ; n° 81, p. 11, 33, 41, 46, 52, 54, 73, 88, 130, 145, 177, 185, 187, 196 ; n° 82, p. 35, 37, 41, 45, 49, 54, 64, 84, 88, 97, 154, 193 ; n° 83, p. 32, 45, 59, 126.)

1628-1632.

La peste commença à sévir à Poitiers au mois d'avril 1628, pour ne disparaître que vers la fin de 1632 ; mais comme, pendant ces cinq années, elle n'exerça pas ses ravages d'une façon continue, on peut diviser sa durée en trois périodes que nous allons parcourir aussi sommairement que possible, en analysant les nombreuses décisions prises, à l'occasion du fléau, tant par le corps de ville et le Mois et Cent que par le conseil spécial créé sous le nom de « Conseil des pestiférés ».

Première période (avril à septembre 1628). — 7 avril, la peste s'étant déclarée dans le faubourg Saint-Saturnin, le corps de ville se réunit afin de prendre les mesures sanitaires propres à la combattre, et dans le but d'organiser les secours et les soins à donner aux malades : il décide que les rues seront soigneusement nettoyées, que les mendiants et vagabonds devront sortir de la ville sous peine de punitions corporelles, et que des gardiens seront mis aux portes pour les empêcher d'y rentrer ; il arrête en même temps la composition du personnel que peut rendre nécessaire le développement de la contagion : prévôt de la santé, chirurgien, prêtre, corbeaux, femme de service, apothicaire, boulanger, serrurier pour mettre des cadenas aux portes des maisons infectées, concierge et gardien de l'hôpital ; — 19 avril, un état de la nature et de la quantité des aliments à donner chaque jour aux personnes enfermées dans le faubourg atteint est dressé par les médecins assemblés à cet effet (V. ci-après, a) ; — 15 mai, le fléau s'étant avancé dans la ville, l'hôpital des pestiférés, situé hors la porte de Rochereuil, sera ouvert et mis aussitôt en état de recevoir les malades ; — les « officiers de la santé » sont choisis et le montant de leurs gages est fixé (V. ci-après, b) ; — 22 mai, un conseil spécial, composé de douze délégués du corps de ville et de douze délégués des chapitres ecclésiastiques de Poitiers, est formé sous le nom de « Conseil des pestiférés » ; il se réunira les jeudis de chaque semaine pour aviser à tout ce que les circonstances exigeront ; — 25 mai, comme il est indispensable de se procurer des ressources, une collecte sera faite dans toute la ville, et on lèvera en outre chaque mois sur les habitants une taxe de 450 liv., à laquelle les laïques devront contribuer pour les deux tiers et le clergé pour l'autre tiers ; — 2 juin, les mesures les plus sévères sont prises pour empêcher la contagion de se propager : les malades qui se font traiter dans leurs maisons y seront dorénavant « cadenacqués », avec défense expresse d'en sortir ; quant aux chirurgiens et autres personnes qui les soignent, ils pourront circuler librement dans la ville, mais à la condition de tenir à la main une baguette blanche, afin qu'on puisse les reconnaître et les éviter ; — 8 juin, messieurs du Grand Conseil, alors à Poitiers, promettent, sur la demande qui leur en est faite, d'appliquer à l'hôpital des pestiférés les amendes qu'ils prononceront ; — les pères Capucins sont autorisés à se rendre à cet hôpital pour y prodiguer leurs soins ; les Jésuites, qui s'étaient également offerts, sont remerciés et excusés ; — 3 juillet, les habitants sont soumis à une nouvelle taxe, fixée à 1,200 liv., à laquelle ils contribueront dans la même proportion que celle indiquée plus haut ; — 15 juillet, deux femmes, demeurant devant les Minimes dans une maison atteinte, s'étant promenées dans la ville malgré les défenses faites, il leur est enjoint de rester en leur demeure, « sous peine d'être mises au carcan pour vingt-quatre « heures et puis chassées hors la ville et mises en quelques roches « ou heuttes qu'on faira faire à leurs fraitz et despens » ; — 17 juillet, le logis de la Barre [1], sis au-dessus de Lessart, paroisse de Buxerolles, sera mis en état de recevoir les malades en voie de guérison ; — il est remédié à certains abus qui s'étaient introduits dans le service de l'hôpital, tant à l'égard de la nourriture que des soins et médicaments donnés aux malades ; — un habitant de la ville ayant demandé à être reçu maître chandelier, sans être astreint aux expériences, chefs-d'œuvre et formalités ordinaires, mais en s'obligeant à donner à l'hôpital 60 liv. tournois, les jurés du métier seront assemblés chez le maire pour être consultés à ce sujet ; — 24 juillet, deux docteurs en médecine, un apothicaire et un chirurgien, chargés de faire connaître l'état des malades de l'hôpital, se sont transportés « proche dud. hôpital, la « rivière entre deux, d'où ils auroient appris par la bouche du « chirurgien dud. hôpital qu'ils étoient très bien fournis de leurs « nécessitez et qu'il y avoit 15 à 16 malades de guéris qu'il con- « venoit de transporter ailleurs pour les purifier du mauvais « air » : le logis de la Barre sera, à cet effet, garni le plus tôt possible des objets nécessaires, ce que le manque d'argent n'a pas encore permis de faire ; et comme les taxes se lèvent difficile- ment, les personnes même les plus riches se refusant de les payer, bien que la plus forte part contributive ne s'élève qu'à 4 liv., les habitants seront contraints de les acquitter par toutes voies dues et raisonnables ; — 14 août, une nouvelle collecte, fixée à 800 liv., est imposée à la ville ; — 28 août, l'hôpital ne renfermant plus que huit malades, on congédie le prévôt de la santé, trois corbeaux, le valet de chirurgien et le serrurier ; — les personnes guéries qui se sont retirées chez elles ayant enlevé de l'hôpital les lits qu'elles y avaient fait transporter précédemment, ce qui

---

1. La ville l'avait acquis le 7 février 1613, par voie d'échange, du s[r] Daniel Bonnyot, marchand boucher à Poitiers (Arch. com. de Poitiers, cart. 55).

constitue un grand danger pour les habitants, il est interdit d'emporter avec soi aucun meuble, sous peine de fortes amendes et d'être chassé de la ville ; — 4 septembre, les quelques malades qui se trouvent encore à l'hôpital, étant hors de péril, seront conduits à la Barre.

Deuxième période (novembre 1629 à novembre 1630). — 1629 : 29 novembre, la peste, malgré les précautions prises pour en empêcher le retour [1], vient de faire son apparition dans le faubourg Montbernage ; des mesures identiques à celles de l'année précédente sont édictées tant au point de vue sanitaire que pour se procurer des ressources. — 1630 : 22 janvier, le maire, dans l'espoir que la contagion serait atténuée par la saison d'hiver, y avait remédié de son mieux et « sans beaucoup de bruit » avec le procureur de la police ; mais, devant les progrès qu'elle fait chaque jour, il réunit le Mois et Cent, qui décide : que l'hôpital sera ouvert aussitôt qu'on aura recueilli l'argent nécessaire ; que les habitants seront soumis aux mêmes taxes que précédemment, et qu'un conseil composé de six échevins et six bourgeois se réunira tous les jeudis pour prendre telles mesures qu'il croira utiles ; — 28 janvier, l'évêque de Poitiers ayant informé le maire que le clergé de son diocèse était prêt à contribuer pour un tiers dans les charges imposées à la ville, on le suppliera de vouloir bien, sans s'arrêter à cette proportion, fournir chaque mois avec ses ecclésiastiques une aussi forte somme qu'il leur sera possible ; — 25 février, le nombre des malades s'est considérablement accru, et l'hôpital, ouvert au commencement du mois, en renferme une grande quantité ; mais comme quelques-uns d'entre eux sont hors de danger, et qu'on ne saurait les transporter à la Barre, où plusieurs personnes se sont réfugiées pour éviter la contagion, on prendra à location la borderie de feu M. Vincent, proche l'hôpital, dans laquelle ils pourront se

---

1. On avait fait défense à tous habitants de Poitiers d'entrer en communication avec ceux de Mirebeau et des environs, où la peste sévissait avec violence, et il fut interdit aux maîtres boulangers de fréquenter les marchés de cette dernière ville et d'y acheter des grains, sous peine de confiscation et d'amende (25 septembre 1628). On avait mis plus tard deux gardiens à chaque porte de la ville, pour s'opposer à l'entrée des mendiants et vagabonds et à celle des personnes venant des lieux atteints (23 juillet 1629). On prit aussi le soin, dans l'intervalle, de faire creuser un puits à la Barre, pour éviter à l'avenir les effets préjudiciables que le manque d'eau avait causés.

retirer ; en outre, comme il est indispensable de leur fournir des linceuls et des mantes, et que les regrattiers n'en ont plus, ceux qu'ils possédaient ayant été envoyés dans les autres villes atteintes au moment où la peste s'était éloignée de Poitiers, on leur donnera, vu le besoin pressant, les linges et toiles destinés à l'aumônerie de Notre-Dame et hôpital Saint-Thomas, et qui se trouvent dans les coffres de réserve ; — Jean Thevenet, chirurgien de l'hôpital des pestiférés, ne pouvant, par suite de maladie, continuer son service, est remplacé, sur sa demande, par Pierre Thevenet, son frère ; — Mgr l'évêque s'étant offert de faire cesser les prédications et autres assemblées qui se font dans les églises, le maire ira le voir pour le remercier et s'entendre avec lui à ce sujet ; — 29 avril au 10 juin, le nombre des malades ne diminue pas ; les taxes sont toujours levées difficilement, et on se voit contraint d'obliger les habitants à les acquitter par toutes voies de droit ; — 22 juillet, le mal contagieux s'est fortement accru depuis deux jours ; huit ou neuf maisons viennent d'être frappées dans les rues de la Poire-Cuite et du Puits-Cyprès, mais quelques habitants ayant refusé d'ouvrir leurs portes pour qu'on emmène les malades à l'hôpital et s'y étant même opposés en armes, procès-verbal sera dressé envers les contrevenants, qui dès à présent sont condamnés à l'amende que le maire jugera à propos de leur infliger ; — 5 août, le nommé Besnard, dit le Sergent-Sans-Pitié, a été condamné pour ce fait à 150 liv. d'amende ; — chacun sera tenu à l'avenir de signaler les personnes qui se trouveront atteintes dans la maison qu'il habite ; — 2 septembre, par suite des nouveaux progrès que fait la contagion, Charles Boynet, pair et échevin, propose de suivre l'exemple de plusieurs villes de la province et des provinces voisines, « qui avoient eu
« recours aux prières et oraisons, et particulièrement avoient
« invocqué l'assistance de saint Goussault, au nom duquel y avoit
« une église fondée dans la Touraine, paroisse de Mur, près
« Leigny-les-Bois, en laquelle les habitans desd. villes avoient
« faict des veux et offrandes et envoyé quelques-uns d'entre eux
« en procession, dont ils avoient resenti de grands effaitz et
« assistances, la contagion aïant cessé aussitost » ; il est alors convenu que le maire écrira à quelques-unes de ces villes, pour connaître les vœux qui ont été faits et les formes observées pour

l'invocation du saint ; — 15 novembre, le mal, après s'être atténué progressivement, a complètement disparu ; mais comme il convient de prendre des mesures propres à en éviter le retour, les mendiants étrangers et les vagabonds seront recherchés avec soin pour être chassés de la ville, et on mettra à chaque porte quatre intendants pour s'opposer à l'entrée des personnes venant des lieux atteints ; — les portes de Rochereuil et de Pont-Joubert, la première du côté de l'hôpital et l'autre appelée des Gallois, seront fermées jusqu'à nouvel ordre [1].

Troisième période (avril 1631 à la fin de 1632). — 1631 : 28 avril, la peste s'étant déclarée de nouveau et ayant fait de rapides progrès, l'hôpital est ouvert pour la troisième fois et une collecte est ordonnée pour subvenir aux premières dépenses ; — comme les réunions d'individus ont pour effet de propager la maladie, et que les mendiants et les malades se portent en foule au palais, messieurs du présidial seront priés de ne plus tenir d'audiences publiques ; on demandera aussi aux docteurs de l'université et au recteur des Jésuites de vouloir bien fermer leurs écoles et collège ; — 2 juin, Pierre Arnaudet est nommé chirurgien de l'hôpital à la place de Thevenet, qui vient d'être frappé du fléau ; Cochet, chirurgien, sera envoyé pour soigner ce dernier ainsi que son garçon et le P. Garasse également atteints ; — 25 juillet, une nouvelle proposition relative au pèlerinage de saint Goussault est faite par René Brochard ; — un grand nombre d'habitants et la plupart des gens de qualité s'étant enfuis pour éviter la contagion, et ce, au grand préjudice du service du roi au moment où se répandent des bruits de guerre civile, il est arrêté que si un des bourgeois venait à mourir dans la ville pendant la durée du fléau, sa place serait conservée à ses héritiers, pour y nommer telle personne de qualité requise que bon leur semblerait, laquelle serait alors reçue par tout le corps de ville sans autre formalité ; — 28 juillet, le mal augmente toujours ; — les personnes qui habitent les maisons infectées circulant dans la ville sans avoir à la main une verge blanche, et des croix à la chaux mises sur ces mêmes maisons ayant été effacées, toutes les défenses faites précédem-

---

1. La porte de Rochereuil fut rouverte le 20 janvier 1631, mais les habitants du faubourg durent alors fournir des gardiens à cette porte pour empêcher les gueux d'entrer en ville.

ment à ce sujet sont renouvelées ; — 29 juillet, les ressources ordinaires ne suffisant plus, les taxes seront doublées ; — 4 août, M. Chevalier, chanoine de la cathédrale, le prieur des Augustins et M. Jean Jarno, bourgeois, doivent partir le lendemain pour aller invoquer saint Goussault et lui porter en offrande un calice d'argent doré aux armes de la ville (V. ci-après, c) ; — 11 août, le puits de l'hôpital est tari ; on louera un bateau pour aller chercher de l'eau à la fontaine de Tabouleau ou autres fontaines voisines ; — 25 août, le corps de ville fait un nouveau règlement pour le service de l'hôpital, à l'effet de remédier aux abus et aux désordres qui s'y étaient introduits, et pour rappeler aux officiers, auxquels ce service est confié, les devoirs de leur charge (V. ci-après, d) ; — Jean Thevenet, chirurgien de l'aumônerie Notre-Dame et hôpital Saint-Thomas, et son garçon, qui, frappés de peste, s'étaient retirés dans cette aumônerie, au grand danger des personnes qui s'y trouvaient enfermées, ont été transportés à l'hôpital des pestiférés, où ils sont morts vingt-quatre heures après ; — 1er septembre, Pierre Thevenet, chirurgien, atteint du fléau à plusieurs reprises, est autorisé à quitter l'hôpital pendant le temps nécessaire au rétablissement de ses forces ; — Cochet, aussi chirurgien de l'hôpital, à cause des blasphèmes et insolences qu'il ne cesse de proférer, sera chassé dud. lieu et déclaré indigne de jouir des privilèges attribués aux chirurgiens qui soignent les pestiférés ; — 3 novembre, la contagion commence à s'atténuer, et pour éviter d'en être affligé de nouveau, le corps de ville rend une ordonnance renfermant les instructions les plus minutieuses sur la manière de désinfecter les logements, meubles et hardes des pestiférés (V. ci-après, e) ; — 24 novembre, le maire a reçu des lettres du cardinal de Richelieu, qui envoie copie de l'arrêt du Conseil privé du roi, accordant à la ville la somme de 15,000 liv., pour être levée sur la généralité de Poitiers avec les crues des tailles de l'année suivante (V. ci-après, f) ; — 1632 : 8 mars, le corps des marchands ayant refusé, sans en donner les motifs, de faire cette année la recette pour les pestiférés, comme il l'avait fait si dignement et si charitablement l'année précédente, les juge et consuls sont chargés de l'assembler pour le prier de nommer quelques-uns d'entre eux à cet effet, ou, s'il ne voulait pas y consentir, d'indiquer la cause de ce refus ; — 24 mai, les gueux, mendiants et gens sans aveu, qui, depuis que la peste paraît avoir cessé, sont venus en grand nombre des lieux infectés et sont entrés dans la ville, devront en sortir dans les vingt-quatre heures, sous peine d'être battus de verges ; — 25 août, la contagion a repris dans cinq ou six maisons ; les malades qui n'ont aucun moyen de se nourrir et soigner devront se retirer dans des « roches » et cabanes sises hors la ville et qui ont déjà servi aux pestiférés, jusqu'à ce qu'on ouvre l'hôpital, si toutefois le développement de la maladie rend cette mesure nécessaire ; quant à ceux qui ont la facilité de se traiter chez eux, ils pourront rester dans leurs maisons, mais les portes en seront « cadenacquées » ; — 13 septembre, la maladie paraît s'accroître; aussi, comme il est urgent de se procurer des ressources, les receveurs des tailles seront priés de vouloir bien faire des avances sur les 15,000 liv. accordées à la ville. — 1633 : 10 janvier, de grandes difficultés s'étaient élevées au sujet du paiement de ces 15,000 liv., mais par suite d'arrangements pris avec M. de Lauzon, receveur général de la province, on ne tardera pas à recevoir cette somme.

A partir de cette dernière époque, jusqu'à 1638, les registres de délibérations du corps de ville ne portent plus aucune trace de mesures relatives à la peste ; le fléau aurait donc disparu vers la fin de l'année 1632. Six ans plus tard, il devait faire à Poitiers une nouvelle mais courte apparition, ainsi qu'on l'a vu dans le journal qui précède (art. XLVIII et LIV).

a.

Etat de la nature et de la quantité des aliments à donner chaque jour aux personnes enfermées dans le faubourg Saint-Saturnin (Arch. de la Vienne, H 4, l. 19, copie).

19 avril 1628.

Mémoire du pain, vin, viandes et autres commoditez qu'il convient fournir par jour aux mallades et autres enfermez dans le fauxbourg de Sainct-Saturnin lez cette ville de Poictiers, sellon l'ordre qui en a esté arresté par messieurs les médecins assemblez pour cet effect en l'hostel de monsieur le mayre, le dixneufviesme jour d'apvril mil six cens vingt-huict.

Premièrement, aux deux pères confesseurs, qui seront logez séparément des autres malades, leur convient fournir par jour :

Pain.	quatre livres.
Vin.	deux potz.
Beuf.	une livre et demie.
Mouton.	un colet ou hault costé.

Pour le soir :

Un membre de mouton ou quartier d'aigneau, ou deux poulletz.

Pour un homme sain, fault par jour :

Bœuf.	une livre.
Pain.	deux livres.
Vin.	une pinte.

Le semblable pour une femme saine.

Pour les hommes, femmes ou enffans malades, à deux personnes, les fault fournir par jour :

Pain blanc.	une livre et demye.
Mouton et veau.	une livre ou une pièce.
Poullaille.	un quartier d'une.
Lard.	demye-livre.
Œufz frais.	deux.

Pour les enffans sains :

Pain.	une livre et demie.
Bœuf.	demie-livre.

Pour les hommes et femmes qui sont en santé, les fault fournir par jour aux jours maigres :

OEufz. . . . . demye-douzaine.
Beurre. . . . . un quarteron.

Aux enffans sains :

OEufz. . . . . , . . deux.
Beurre. . : . . . . un quarteron.

b.

Liste des « officiers de la santé », avec les gages alloués à chacun d'eux (Arch. de la Vienne, H 4, l. 19, copie).

Mai 1628.

Officiers de la santé, lesquels, oultre leurs gaiges, sont nourriz :

Deux pères capucins.
Pareau, chirurgien (mort le vi^e aougst). LX liv.
Thevenet, chirurgien. . . . . . LX liv.
Jean Charrault, serviteur des chirurgiens. . . . . IX liv.
René Pérusseau, gardien. . . . . VIII liv.
La vefve Boistard, gouvernante. . . VIII liv.
Corbeaux
{ Mitault. . . . . . . VIII liv.
  Jean Brunet. . . . . VIII liv.
  Jean Tressiau. . . . VIII liv.
  Casteble. . . . . . VIII liv. }

Officiers qui ne sont nourris :

Jean Belin, prévost de la santé. . . XV liv.
Liphard Barillet, serrurier . . . . XII liv.
Fulgent Bault, consierge de la Barre. . VIII liv.

Somme : II^c XII liv. par mois.

C.

Pèlerinage à saint Goussault pour faire cesser la peste (Arch. com. de Poitiers, reg des délib. n° 82, p. 45).

Août 1631.

Au conseil ordinaire tenu en la Maison commune de la ville de Poictiers le 4 aoust 1631.

. . . . Monsieur le maire a proposé que, suivant la résolution du corps de ville du 25 juillet dernier, monsieur le révérend évesque avoit mandé à messieurs du clergé de faire prières en chascune église pour divertir le mal contagieux, et qu'ils députassent quelques-uns d'entre eux pour aller en voyage à saint Goussault pour invocquer son assistance pour cest effaict, ce qui avoit esté exécuté par eux, qui avoient nommé Mr Chevalier, chanoine en l'église catédralle, pour partir demain avec le P. prieur des Augustins de ceste ville et Me Jean Jarno, bourgeois, choisy et prié par monsieur le maire pour faire ledict veu et pèlerinage, qui portoient pour offrande un calice d'argent doré, fort beau, de la valeur de quarante escus, où estoient gravées les armes de la ville et escript autour : *Votum civitatis Pictaviencis*, auquel contribuoient pour un tiers messieurs du clergé. A esté ordonné que tous les habitans de ceste ville seront exortez par les curez de prier Dieu pour le salut public, affin qu'il luy plaise, par les suffrages et mérites de saint Goussault, vouloir divertir et oster le mal contagieux de ceste ville et province, et que la somme de 80 livres sera païée par le recepveur des deniers communs pour les deux tiers du prix de calice.

d.

Ordonnance du corps de ville, portant règlement pour l'hôpital des pestiférés (Arch. com. de Poitiers, reg. des délib. n° 82, p. 54 et s.).

25 août 1631.

Au conseil ordinaire tenu en la Maison commune de la ville de Poictiers le 25 aoust 1631.

. . . . Monsieur le maire a représenté et faict voir un procès-verbal qu'il a faict sur les pleintes et rapportz faictz au conseil précédent par maistre Gabriel Girard, bourgeois et controlleur des hospitaux, en datte ledict procès-verbal des 18 et 19mes de ce mois; et un rapport des maistres chirurgiens jurez de ceste ville sur la qualité et condition des ungens que fournist Pierre Cosseau, maistre apoticqaire à l'hospital, en datte du 20 dudict mois, et a représenté les grands désordres qui sont dans l'hospital desdictz pestiférez, causez par les officiers d'iceluy, pour le manque qu'ils font en l'exercice de leurs charges, comme : les chirurgiens, pour ne se rendre assidus à traicter et penser les malades dudict hospital, et, au lieu de ce faire, vont et viennent par la ville et fauxbourgs par recréation ou pour penser quelques malades qui les désirent et appellent, et exigent de l'argent des malades qui sont dans l'hospital; les corbeaux, qui coumettent aussi de grandes exactions sur ceux qu'il faust porter à l'hospital ou enterrer dans les cymetières de la ville, et détournent les vivres et autres comoditez qui sont envoyées pour les malades, jouent à jeux deffendus et blasphèment le sainct nom de Dieu et font autres choses indécentes qui requièrent qu'on y apporte un bon ordre, avec peines rigoureuses contre ceux qui y contreviendront.

La matière mise en délibération et lecture faicte dudict procès-verbal faict par monsieur le maire et attestation desdictz chirurgiens, a esté par ledict conseil arresté et ordonné, pour obvier et remédier aux désordres cy-dessus et régler lesdictz officiers sur le devoir de leurs charges :

Que très expresses inhibitions et deffences sont faictes auxdictz chirurgiens qui sont résidens audict hospital et destinez pour penser et médicamenter les malades y retenus, d'entrer et venir en ladicte ville, pour quelque cause et occasion que ce soit, sans permission de monsieur le maire, et après, et non plustôt, que tous les malades dudict hospital auront esté pensez et médicamentez, ce qu'ils seront tenuz faire deux fois par chascun jour aux heures qu'ils le doivent estre, et de n'exiger aucuns deniers, cédulles, obligations, ne autres choses, de ceux qui sont malades audict hospital ; le tout sur peine, en cas de contravention, d'estre privez de leurs gages et des privilèges de maîtrise à eux accordez en considération du service qu'ils doivent rendre audict hospital, et d'estre chassez à perpétuité de la ville, voires de punition corporelle si elle y eschoit.

Et quand aux corbeaux, il leur est aussi très expressément deffendu de venir en ville, que ce ne soit par commendement de monsieur le maire pour emmener des malades contagiez et enterrer les corps de ceux qui seront mors de contagion en ladicte ville et fauxbourgs, et pour l'exécution des ordonnances et mandemens de l'Hostel de ville ; et de ne prendre ne demander aucuns émolumens, ne choses quelconcques des corps quils enterront des pauvres décédez et des pauvres malades qu'ils porteront à l'hospital ; et, pour les gens moyenez, se contenteront de huict cars d'escus au plus pour l'enterrement des corps contagiez en leurs paroisses ou pour les porter malades à l'hospital, laquelle somme de huict cars d'escus le conseil leur a taxé et arbitré, avec inhibitions très expresses de ne prendre ou exiger aucuns meubles ne autres choses quelconcques dans les maisons où ils auront commandement d'aller, si ce ne sont les litz, linceuls et couvertes où seront gisans lesdictz malades de contagion, pour les porter à l'hospital, tous lesquels meubles ils ne pourront divertir à autre usage ne employer à leur profit particulier, non plus que les autres meubles dudict hospital.

Leur est aussi deffendu de ne divertir aucune part ne portion des vivres et autres choses qui seront envoyées à l'hospital, ains se contenteront de ce qui leur sera donné pour leur nourriture par le père confesseur y résidant ou autre aïant ceste charge et intendence, le tout sur peine, en cas de contravention auxdictes deffenses, d'estre privez de leurs charges et gages et mesme harquebusez par les habitans de la ville.

Comme aussi leur est deffendu de ne blasphémer le nom de Dieu, et leur est commandé de porter honneur et respec et obéissance aux pères confesseurs qui sont ou seront mis cy-après dans ledict hospital, sur les mesmes peines.

Et pour ce qui est desdictz pères confesseurs qui sont de présent et seront mis à l'advenir dans ledict hospital, ledict conseil les prie et exorte et, en tant que besoing est ou seroit, leur enjouinct de faire une actuelle résidence audict hospital, pour y assister les malades y retenus, sans se divertir pour venir en ville ne aux fauxbourgs d'icelle pour confesser ou communier aucuns malades contagieux de la ville et fauxbourgs, attandu qu'il y a d'autres pères confesseurs establis en ladicte ville pour conférer les saincts sacrements, affin que chascun d'eux facent leurs charges où ils seront ordonnez, sans confusion.

Enjouinct ledict conseil à tous ceux qui sont ou seront cy-après dans ledict hospital, de porter tout respec, honneur et obéissance auxdictz pères confesseurs, et se régler en ce qui concernera leur santé et garison par l'advis desdictz chirurgiens, affin que chascun soit retenu en son devoir, sur peine, en cas de contravention, d'estre chastiez corporellement.

Et sera la présente ordonnance et réglement exécuté nonobstant oppositions ou appellations quelconcques et sans préjudice d'icelles, et pour obvier aux très grands inconvéniens qui pourroient arriver et à la ruine totalle de la ville pour les contraventions à icelles.

Et, à ce que nul n'en prétende cause d'ignorance, sera la présente ordonnance leue, publiée et affichée aux cantons et carrefours de ceste ville par le huche et trompette d'icelle et envoyée dans l'hospital pour y estre leue et observée entièrement.

e.

Ordonnance du corps de ville pour nettoyer les rues et désinfecter les logements, meubles et hardes des pestiférés (Arch. com. de Poitiers, reg. des délib. n° 82, p. 88 et s.).

3 novembre 1631.

Au conseil ordinaire tenu en la Maison commune de la ville de Poictiers le 3 novembre 1631.

. . . . Monsieur le maire a demandé advis pour avoir des moïens pour faire cesser entièrement le mal contagieux qui, grâces à Dieu, commence à diminuer, et empescher qu'il ne nous afflige de rechef. Sur quoy ledict conseil a jugé nécessaire de mundifier la ville des boues et autres inmundices qui y abondent et purger les maisons où y a heu du mal contagieux et netoyer les meubles, vestemens et autres hardes qui y sont, estans aux personnes infectées ; et, pour y parvenir, a esté ordonné que chascun habitant faira netoyer la rue, chascun devant le logis où il demeure, et qu'il sera estably deux tomberreaux pour oster lesdictes saletez et inmundices, qui seront païez aux fraitz du public, jusques à ce qu'autrement en ayt esté ordonné à l'advenir.

Sera pris et choisy par ceux qui auront besoing que leurs logis soient netoyez telles personnes capables qu'ils aviseront, pour aller dans leurs maisons pour les purger de tous inmundices et netoyer les meubles et hardes qui s'y trouverront, qu'ils paieront, lesquels seront conduitz et gouvernez par autres deux habitans qui auront l'intendence sur eux pour voir s'ils auront suffisenment netoyé lesdictz logis et meubles et observé l'ordre qui leur sera prescript, qui est :

Premièrement, que tous meubles et ustencilles tant de bois que autres quelconcques seront ostez hors des chambres et lieux que l'on veult netoyer et mis à l'aer tant que faire se pourra, puis avec ballais et houssouères on ostera touttes saletez, aragnées et autres inmundices qui sont dans lesdictz lieux, qui seront portées hors la ville et bruslées, faisant par après du feu où y aura cheminées, puis en tous les endroitz du logis on faira mourir chaux vifve avec vinaigre et on blanchira de chaux tous les parois et planchers.

Les meubles de bois qui auront esté exposez à l'aer, comme dict est, premier que d'estre remis et posez aux lieux d'où ils ont esté ostez, seront entièrement lavez avec lessive faicte exprès, où l'on mettra de bonnes herbes aromaticques comme saulge, roumarin, origan, marjolaine, serpoulet, laurier, fenouïl, teing, hysoppe, racines de socher, flambes communes et autres ; estant essuiez et secs seront de rechef lavez en senblable lessive, et estant secs seront reserrez en leurs lieux et chambres.

Touttes autres sortes de meubles et hardes non de soye seront eschaudez dans senblable lessive et relavez plusieurs fois, et quand au linge, il sera mis deux fois en lessive, et les meubles et vestemens de soye seront battus à l'aer avec vergettes et espoussettes, secouées et estandues au vent et au soleil lorsqu'il faira beau et le temps serein.

Les tapisseries, mantes de lictz, ciels et rideaux et autres meubles de leine seront passez au moulin foulon.

Les lictz seront dessouillez, les matelatz deffaictz,

pour la laine et bourre estre eschaudées et, estant séchées, battues à l'aer, et la plume changée et bien netoyée ; les coestilz, toilles et futeines, blanchis et mis deux fois en lessive.

La vaisselle d'estain, cuivre et argent sera lavée en lessive bouillante et passée ensuitte par le sable ; les vittres, fourbies et netoyées par le charbon pillé ou par le sable.

Puis les chambres, greniers, salles et allées et cours desdictz logis seront raclées et bien balliées, et les inmundices bruslées hors la ville ; ce faict, on parfumera lesdictz logis avec escouppeaux de bois de geniefvre mis sur la brèse au milieu desdictes chambres dans vaisseaux convenables. On tirera quelques coups d'arquebus pour purger l'aer.

Que désormais nul ne sortira de l'hospital pour aller à la Barre, que le jour précédent ses habitz n'aient esté eschaudez en lessive, ce qu'il exécutera aussi de rechef lorsqu'il sortira de la Barre.

Deffences sont faictes très expresses de transporter aucunes hardes infectées de l'hospital ou autre maison, que premièrement elles n'aient esté netoyées selon l'ordre cydessus, sur peine d'amende arbitraire et punition corporelle et confiscation desdictes hardes.

Qu'il sera publié à son de trompe et cry public et affiché par les cantons et carrefours de ceste ville que tous mandians estrangers, vagabons et gens sans adveu aient à vuider la ville dedans 24 heures, sur peine du fouet, et deffendu à touttes personnes tant de la ville que des fauxbourgs de retirer lesdictz geux et mandians estrangers, tant de jour que de nuit, sur peine d'amende arbitraire, et, pour la seconde fois, d'estre punis corporellement et leurs meubles bruslez dans la ruhe à la porte de leurs logis.

Enjouinct aux voysins, lorsqu'il sera venu à leur cougnoissance, d'en donner incontinent advis à monsieur le maire, sur peine, à ceux qui ne déclareront lesdictz logemens, de grosses amendes.

Deffences sont faictes à tous sergens royaux et autres de faire aucuns encans ne vante de meubles exécutez dans ceste ville, de six mois, sur peine d'amende et de confiscation desdictz meubles, ne d'en amener en ville qu'ils auront exécutez aux champs, ains les pourront vendre à la porte des églises et paroisses de ceux à qui apartiendront les meubles exécutez ; et à tous regrattiers et revandeux de meubles est faict deffence de vendre ne étaller aucuns meubles ne en porter par la ville ès maisons des habitans dedans ledict temps de six mois, sur peine de confiscation desdictz meubles et amende arbitraire.

Sera la présente ordonnance leue, publiée et affichée par les cantons et carrefours et aux portes de ceste ville, pour estre cougneue à un chascun et observée à la rigueur pour le bien et salut commun.

ƒ

Lettre de M. de la Vrillière, secrétaire d'État, aux maire, échevins, pairs et bourgeois de Poitiers, relativement à la levée d'une somme de quinze mille livres qui leur avait été accordée par le roi (Arch. com. de Poitiers, carton 8, C. 75, origin.).

20 octobre 1631.

Messieurs, ayant représenté au roy l'extrémité en laquelle la contagion et la famine ont réduict vostre ville, Sa Majesté, portée de sa bonté ordinaire, vous a fort volontiers acordé la levée de quinze mil livres, dont vous la suppliez par voz lettres du xxviiie aoust, pour employer aux nécessitez des mallades qui sont dans voz hospitaux. Mais d'autant que c'est une affaire de finances, qui doibt estre rapportée au conseil de la direction, et qu'il est nécessaire qu'un arrest dud. conseil précedde l'expédition des lettres d'assiette, j'ay informé monsieur des Noyers de l'intention de Sa Majesté, lequel s'est chargé d'en faire son raport ; il sera très à propos que vous donniez ordre à quelqu'un des vostres de l'en solliciter et de me rapporter led. arrest, affin que je fasse expédier ensuitte la commission de lad. levée.

Quand à la permission que vous demandez de prendre quelques bois inutiles dans les foretz du domaine de Sa Majesté pour en faire des huttes et mettre à couvert ceux qui sont afligez de la maladie contagieuse, Sad. Majesté a creu que lad. somme de quinze mil livres, bien mesnagée, pourra sufire pour cet effect et pour subvenir aux nécessitez susdictes. Et partant, n'ayant rien à vous dire davantage sur ce sujet, je finiray ces lignes pour vous asseurer que je suis, Messieurs, vostre très affectionné serviteur. La Vrillière. De Fontainebleau le xxme d'octobre 1631.

Suscription : A Messieurs, Messieurs les maire et eschevins, pairs et bourgeois de la ville de Poictiers.

III

Harangue du maire de Poitiers au président Seguier, lors de son arrivée en cette ville pour la tenue des Grands-Jours (Arch. com. de Poitiers, reg. des délib. n° 85, p. 237).

Septembre 1634.

Monseigneur, messieurs les maire, eschevins et bourgeois, représentans les corps et tous les estaz de la ville de Poictiers, viennent vous rendre leurs devoirs et les vœuz de leurs très humbles services, pour vous protester que nos cœurs, pleins de fidélité et d'amour envers Sa Majesté, ont esté ravis de resjouissance aux nouvelles de vostre arrivée en ce païs, assurez que vous y aportez l'authorité pour fortifier ses bons subjectz et destruire les ennemis de sa gloire. Ce n'estoit pas sans mistère qu'on placeoit les sièges des juges à l'opposite du soleil pour montrer qu'ils doivent despartir esgallement la justice, comme cet astre faict sa lumière, et descouvrir à son imitation les choses plus obscures. Nous sçavons que vous fairés la justice à tout le monde ; les gens de bien la désirent pour faire esclater la réputation de leur vertu, et les meschans, bourelez de l'horreur de leurs crimes, l'appréhendent, certains que l'œuil tousjours ouvert de ceste souveraine puissance pénétrera les plus secrettes malices de leurs consciences. Autrefois que les peuples, secouant le joug de leur devoir, s'estoient dispensez des lois et emporté aux insollences, lesquelles par le refus de l'obéissance faisoient cesser l'ordre des commandemens, ils trambloient de fraïeur au premier bruit d'une semblable commission, estimans dans l'altération de leurs jugemens et la dépravation de leurs mœurs que les premiers changemens les menassoient du supplice ou de la servitude ; mais à présent que la France ne réclame que la bonté du roy, et particulièrement la ville de Poictiers qui seulle luy est aujourd'huy redevable de la conservation de ses privilèges, et à la faveur de ce grand et sage ministre que tout le monde révère comme la puissance tutailère de cet Estat, nous rechercherons tout notre poingt d'honneur et les preuves autenticques de nostre noblesse dans les effaictz de la fidélité et du service que nous devons à Sa Majesté, de laquelle aussi nous ozons nous promettre tous les biens que des subjectz très obéissans et très affectionnez peuvent espérer du plus magnanime et du plus juste monarque de la terre ; et ceste province, toutte désollée par la compassion de ses propres misères, attant de vous ceste consollation qu'elle vera protéger les inocens, punir les criminels, maintenir les vœufves et les orfelins et deffendre les pauvres de l'oppression des plus puissans, et la voix commune vous comblera de bénédictions extraordinaires, si le ressentiment des nécessitez publicques vous touche pour y contribuer quelque soulagement. L'empereur Tybère aïant conduict ses légions en Allemagne, un prince du païs voyant son camp si bien dressé et ses bataillons si bien posez, surpris d'un

entousiasme soudain, passe la rivière d'Elb et vogue de
son camp en celuy de l'empereur, désirant voir sa face,
laquelle aïant longuement contemplée, eslevant sa voix
par admiration, dict ces motz : c'est apprezent que je vois
le dieu duquel j'ay tant oüy parler. Monseigneur, nous n'a-
vons pas moins de subject d'estre ravis par l'esclat de ce
glorieux appareil, à la révérence d'une si grande authorité,
pour vous honorer d'un très profond respec et publier
que nous avons veu ce puissant génie dont les vertuz sous-
tiennent l'honneur et l'intégrité de la justice, pouvant
dire avec vérité, d'une si auguste compagnie, ce qu'on
disoit du plus grand sénat du monde, qu'autant de conseillers ce sont autant de roys et autant de testes dignes de
gouverner des empires. A cela, Monseigneur, nous vous
adjoustons nos très humbles supplications qu'il vous plaise
nous maintenir dans les privilèges et les franchises que les
services de nos pères nous ont acquitz et recevoir les
submissions de nostre très humble obéissance.

IV

Harangue du maire de Poitiers au président Seguier, lors de son
départ de cette ville après la session des Grands-Jours (Arch. com.
de Poitiers, reg. des délib. n° 85, p. 243).

Janvier 1635.

Monseigneur, puisque vostre arrivée a produit en nos
cœurs des réjouissances et des acclamations de joye, il est
raisonnable que vostre despart y exciste des regrets et des
larmes. Nous venons vous en tesmougner nos resentimens
et vous assurer que nous espérons ceste consollation de nos
déplaisirs, que vostre présence et l'authorité de la Cour
auront faict si forte impression sur les esprits, qu'un chascun
désormais voudra s'abstenir de ce que les loys réprouvent
et conserver inviolables la mémoire et l'amour des obligations que les hommes doivent à leur patrie et les subjectz

au service de leur prince, affin que la postérité, dans l'admiration de vostre justice, soit contraincte d'advouer que les crimes mesmes ont tiré quelque gloire de la qualité de leurs juges et que la douceur de vos procédures, réglée par les raisons de vostre prudence ordinaire, a esté plus advantageuse pour maintenir le respec de la dignité royalle et porter une salutaire correction parmi les peuples que la plus grande cévérité de ceux qui vous ont précédé dans vos charges. Les provinces de vostre ressort justifieront ceste vérité, et si l'insolence des criminels et l'amour du bien public vous ont faict faire des exemples, ils se trouverront semblables à ces grands coups de foudre qui estonnent tout le monde et ne frappent que peu de personnes. Nous vous demourons extrêmement redevables, et ceste ville, glorieuse de vostre sesjour, publiera l'équité de vos arretz et l'antiquité de ses privilèges. Moyse avoit deux bagues qui avoient deux pierres dont une faisoit oublier et l'autre souvenir ; nous prions ce grand législateur de vous inspirer les mesmes qualitez, de sorte que vous puissiés oublier nos deffaux et vous souvenir que nos intentions ont esté et seront tousjours de vous rendre le respec, l'obéissance et les services que nous vous devons, avec ceste très humble supplication qu'il vous plaise nous vouloir continuer l'honneur de vostre bienveillance et la faveur de vostre protection.

V

Lettre de M. de Villemontée, intendant de Poitou, au cardinal de Richelieu, au sujet de l'élection de Pierre Guion, sr de Vâtre, comme maire de Poitiers (Arch. com. de Poitiers, carton 5, B. 34, copie).

3 juillet 1635.

Monseigneur, j'ay pris la hardiesse, estant à Poictiers, de rendre compte à vostre Éminence de ce qui s'estoit passé à la brigue de la mairie et comme j'avois esté obligé d'agir de l'authorité que le roy m'a comise, pour remédier au désordre exité par les sieurs Constant, Payraut et du Temple, eschevins, La Cousaye, maire de l'année passée, et celuy de la présente nommé Robion, lesquels, nobstant mes deffences fondez sur les ordonnances et arrêts du Conseil donnez expressément pour Poictiers, firent passer outre à l'élection après que cinquente des plus entiens tant eschevins que bourgois eurent déclaré qu'ilz estoient résolus d'obéir à mes deffences et se fussent retirez de l'Ostel de ville, et bien qu'il n'en fust resté que quarante deux, sçavoir huit eschevins et trente quatre bourgois. Vostre Éminence aura bien jugé la conséquence de ceste entreprise et y aura fait pourvoir selon son bon plaisir ; mais j'ay estimé qu'elle n'auret pour désagréable que je lui envoyasse copie d'une lettre que je viens de recepvoir de la part de celuy qui a esté eslu, nommé de Vâtre, jendre de Constant, qui me donne advis de sa promotion pour me tesmougner le mespris qui a esté fait de mon ordonnance, et par dérision me cotte les formes et les arrets à cause que j'y avois fondé mes deffences. J'estime, Monseigneur, que vous jugerez ce...... plus injurieux que le premier et qu'il vous plaise le faire chastier pour l'honneur de ma charge et en continuant en mon endroit les faveurs de vostre Éminence ; et que je suis, Monseigneur, etc.

On me mande de Poictiers que tous les honestes gens de la ville et mesme le menu peuple sont fort scandalizé de l'entreprise de ces gens là et préviennent la justice du roy par leurs suffrages. A la Rochelle, ce 3 juillet 1635. De Villemontée.

VI

Lettre du roi aux maire, échevins et bourgeois de Poitiers, leur enjoignant de procéder à une nouvelle élection du maire de cette ville, celle du s^r de Vâtre ayant été annulée (Arch. com. de Poitiers, carton 5, B. 34, copie).

28 juillet 1635.

De par le roy. Très chers et bien amez, ayans, par l'arrest

de nostre conseil d'Estat du 25ᵉ de ce mois, cassé l'élection qui a esté faite de Mᵉ Pierre Guion, sʳ de Vâtre, pour la charge de maire en nostre ville de Poictiers, et ordonné qu'il sera procédé à une nouvelle élection d'autre que dud. de Vâtre, nous avons bien voulu vous faire ceste letre, par laquelle nous vous mandons et très expressément enjoignons de vous conformer à nostre intention portée par ledit arrest, procédant à cette nouvelle élection par les formes accoustumées et avec la liberté entière des suffrages conformément aud. arrest, à l'exécution duquel nous avons mandé au sʳ de Villemontée, conseiller en nostre conseil d'Estat et intendant de la justice par delà, de tenir la main. N'y faites donc faute de vostre part, car tel est nostre plaisir. Donné à Chantilly le 28ᵉ juillet 1635. Signé : Louis, et plus bas, Servien. Et en la suscription : A nos très chers et bien amez les maire, eschevins et bourgeois de nostre ville de Poictiers.

VII

Lettre de M. Servien, secrétaire d'État, à M. Constant, avocat du roi à Poitiers, l'invitant à cesser toute cabale au sujet de l'élection du maire de cette ville (D. Fonteneau, t. LXXIV, p. 661, copie).

13 août 1635.

Monsieur, les résolutions pleines de modération qui ont esté ci-devant prises au conseil du roi, pour terminer les différends qui se sont rencontrez en l'élection du maire de Poictiers, m'avoient fait croire que tout le monde se conformeroit de bon cœur à l'exécution de l'arrest qui a esté envoïé sur les lieux, mais ayant apris que les interestz particuliers empeschoint la réunion des esprits et l'accomplissement des volontez de Sa Majesté, je ne puis différer de vous advertir que l'on vous croid icy l'autheur de ces divisions. A la vérité, je me suis estonné qu'un homme sage comme vous, qui a passé son âge dans les charges publiques de la justice, veille aujourd'huy paroistre le chef d'une cabale contraire aux intentions du roy et faire des brigues dans une ville publiquement pour offenser des personnes puissantes que vous auriez plus d'adventage de servir et respecter, et en la bonne volonté desquelles vous debvriez plustost mettre vostre espérance qu'aux résistances inutiles que vous pouvez apporter aux ordres qui ont esté envoïez par delà. Je ne sçay comme vous pensez estre assez puissant pour démesler une affaire de ceste importance, où le nom, l'auctorité et le service de Sa Majesté se trouvent joinctz aux intérestz des plus puissantes personnes du royaume, qui, sans l'extrême modération et justice dont ilz font profession, n'auroient que trop de moïens de réprimer à vostre désadvantage les entreprises ouvertes que vous faites contr'eux, avant qu'y emploïer une seconde fois l'auctorité du roy, ce qui ne pourroit pas estre avec tant de retenue que la première. J'ay creu vous debvoir advertir du péril auquel vous mettez, la raison ne pouvant permettre qu'un particulier se rende ouvertement chef de party dans une ville et s'oppose directement aux volontez de son maistre. Le soin que j'ay tousjours pris d'assister ceux qui, par de longs services dans les charges, peuvent avoir bien mérité du public, m'oblige de vous donner cest advis duquel je vous prie de proffiter et de vous désister des voyes que vous avez tenues jusques icy, que l'on ne pourroit pas endurer plus longtemps. J'attendrai, s'il vous plaist, vostre responce de quelque bon effect du conseil que je vous donne, et demeureray, Monsieur, vostre très affectionné serviteur. Servien. A Paris, ce 13 aoust 1635. Et en sa suscription : A Monsieur, Monsieur Constant, à Poictiers.

VIII

Lettre du roi aux maire, pairs, échevins et bourgeois de Poitiers, leur enjoignant de faire bonne garde aux portes de la ville (Arch. com. de Poitiers, reg. des délib. n° 87, p. 115).

16 janvier 1637.

A noz très chers et bien amez les maire, pairs, eschevins et bourgeois de nostre ville de Poictiers.

De par le roy. Très chers et bien amez, sur les advis qui nous ont esté donnez de quelque desseing préjudiciable au repos de nostre ville de Poictiers et à nostre service, nous vous ordonnons et enjoignons, par ceste lettre, que vous ayez à faire garde aux portes de nostredicte ville et à empescher que l'on n'y entreprenne ou praticque aucune chose contre nostre service, voulans bien mesmes vous dire qu'en cas que sy nostre très cher et très amé frère le duc d'Orléans ou quelq'un de sa part venoit à se présenter à nostredicte ville, nostre intention est que vous luy en refusiez l'entrée s'il n'a passeport de nous, contresigné de l'un de nos secrétaires d'Estat, sur peine de désobéissance, et ce jusques à ce que vous receviez autre ordre de nostre part ; et nous assurans que vous satisferés à ce qui est en cela de vostre devoir, nous ne vous fairons celle-cy plus expresse. Sy n'y faictes faulte, car tel est nostre plaisir. Donné à S*t*-Germain-en-Laye le xvi janvier 1637. Ainsi signé : Louis, et plus bas, Sublet.

IX

Lettre du roi au maire de Poitiers, lui témoignant toute sa satisfaction pour le zèle qu'il emploie à son service (Arch. com. de Poitiers, reg. des délib. n° 87, p. 129).

5 février 1637.

A nostre cher et bien amé le maire de nostre ville de Poictiers.

De par le roy. Cher et bien amé, les eschevins et bourgeois de nostre ville de Poictiers ont avec vous tesmougné tant de bonne disposition à nous rendre preuve de leur obéissance et fidélité dans les occasions présentes, que nous avons voulu leur faire sçavoir la satisfaction entière qui nous en demeure [1]; et parceque nous sommes aussi bien informez de la passion avec laquelle vous vous employez à tout ce qui despend de vostre charge et de vos souings particuliers pour ce qui regarde le bien de nostre service, nous avons voulu vous assurer que nous conserverons le souvenir de vos services pour vous en recougnoistre en ce qui se pourra présenter pour vostre advantage. Donné à Orléans le cinquiesme febvrier 1637. Signé: Louis, et plus bas, Sublet.

X

Lettre de M. des Noyers, secrétaire d'État, au maire de Poitiers, approuvant les mesures que celui-ci avait prises envers les religionnaires (Arch. com. de Poitiers, reg. des délib. n° 87, p. 130).

5 février 1637.

A Monsieur, Monsieur de Vâtre, maire de Poictiers.

Monsieur, j'ay receu la lettre dont vous avés chargé le sieur de Lespine et celle que vous m'avés escripte au xxvIII^{me}, qui me confirme tousjours l'affection que les habitans de Poictiers ont, avec vous, à leur devoir, dont je vous assure que j'ay donné particulière cougnoissance au roy et que je l'ay faict aussi entendre à monseigneur le cardinal, en sorte que vous pouvez croire certainement que Sa Majesté en est très contente, ainsi qu'elle leur tesmougne et à vous par ses lettres, ce qui m'empeschera de vous en

---

[1]. La lettre que le roi leur écrivait à cet effet est du 5 février 1637 (Arch. com. de Poitiers, reg. des délib. n° 87, p. 130).

dire davantage. Quant à ce que vous me marquez que les habitans de ladicte ville qui font profession de la religion prétendue réformée réveillent leur prétention de se mesler de la garde, je vous assure que, s'ils en font parler ici, on ne changera rien au règlement de 1623 dont vous m'avés envoyé coppie, et, accause que nous sommes à présent eslougnez de monsieur le chancellier, il n'y a point de danger que vous l'informiez aussi de l'estat de cest affaire, affin qu'il ne s'y face rien au préjudice des antiens règlemens, vous priant au surplus de vous assurer que je rendré tous les offices qui despendront de moy à ceux de ladicte ville et à vous en particulier, estant, Monsieur, vostre bien humble et très affectionné serviteur. Des Noyers. A Orléans, le v febvrier 1637.

XI

Lettre du roi aux maire, pairs, échevins et bourgeois de Poitiers, pour faire cesser toutes les gardes extraordinaires (Arch. com. de Poitiers, reg. des délib. n° 87, p. 139).

8 février 1637.

A nos très chers et bien amez les maire, pairs, eschevins et bourgeois de nostre ville de Poictiers.

De par le roy. Très chers et bien amez, après que nostre très cher et très amé frère, le duc d'Orléans, nous a donné toutes les assurances possibles de son affection et zèle au bien de cest Estat, et qu'il est venu nous les confirmer en personne et nous rendre ses devoirs en ceste ville, voyant qu'il n'y a, grâces à Dieu, aucun subject de creindre que le repos de nos provinces puisse estre troublé, nous avons bien voulu vous faire part de la joye que nous en recevons, et vous dire par ceste lettre que vous ayez à cesser touttes les gardes extraordinaires que nous vous avions commandées ou que vous aviez eu ordre de faire sur le subject de la séparation de nostredict frère d'avec nous, vous assurans que nous avons eu satisfaction parfaicte de la passion constante que vous avés tesmougnée pour nostre service en ces occasions, sur quoy nous ne vous fairons la présente plus longue. Donné à Orléans le huictiesme febvrier mil six cent trente sept. Signé : Louis, et plus bas, Sublet.

XII

Lettre du roi aux maire, pairs, échevins et bourgeois de Poitiers, au sujet d'un différend qui existait entre eux et les officiers de la sénéchaussée, pour raison de préséance (Arch. com. de Poitiers, reg. des délib. n° 87, p. 160).

31 mars 1637.

A nos très chers et bien amez les maire, pairs, eschevins et bourgeois de nostre ville de Poictiers.

De par le roy. Très chers et bien amez, aïant esté advertis du différent qui est survenu entre vous et les lieutenant général et officiers en la séneschaulsée et siège présidial de Poictiers, pour le rang aux cérémonies de l'enterrement du feu sieur de St-Georges, vivant gouverneur de ladicte ville, qui a esté cause que de part et d'autre vous ne vous y estes pas trouvez, et voulant éviter qu'il n'arive sur ce subject aucune altération entre vous, nous vous faisons ceste lettre pour vous dire que nostre intention est que vous vous absteniez de vous trouver à la cérémonie qui se doit faire pour les funérailles dudict sieur de St-Georges après les quarante jours de son enterrement, ainsi que nous mandons auxdictz officiers du présidial de faire de leur costé, nous réservant de régler cy-après vostre rang avec eux en pareilles occasions, après que nous aurons esté particulièrement informez des raisons de part et d'autre sur ce subject ; cependant nous ne vous en fairons celle-cy plus expresse. Si n'y faictes faulte, car tel est nostre plaisir. Donné à St-Germain-en-Laye le xxxime mars 1637. Signé : Louis, et plus bas, Sublet.

XIII

Lettre du roi aux maire, pairs, échevins et habitants de Poitiers, leur annonçant la nomination de M. de Puygarreau comme gouverneur de cette ville (Arch. com. de Poitiers, cart. 8, C. 94, orig.).

17 avril 1637.

De par le roy. Très chers et bien amez, ayantz pourveu le s^r de Puigarault de la charge de gouverneur et nostre lieutenant en nostre ville de Poictiers, vaccante par le décedz du s^r de St-Georges, et s'en allant pour en prendre possession, nous avons bien voulu l'accompagner de cette lettre, par laquelle nous vous mandons et très expressément enjoignons que vous ayez à le recognoistre et à luy rendre les honneurs, respectz et obéissance qui luy sont deubz en lad. qualité, vous employant en toutes les choses qui regardent nostre service et la conservation de nostredicte ville, suivant les ordres que vous en recevrez de luy, vous asseurant que nous luy avons particulièrement recommandé de vous considérer en toutes occasions comme noz bons fidelz et zélez subjectz méritent. Ne faictes donc faulte de satisfaire à la présente, car tel est nostre plaisir. Donné à Versailles le xviie avril 1637. Louis. *Et plus bas :* Sublet.

Suscription : A nos très chers et bien amez les maire, pairs, eschevins et habitans de nostre ville de Poictiers.

XIV

Lettre du roi aux maire et échevins de Poitiers, leur enjoignant de reconnaître l'autorité de M. de Puygarreau, gouverneur de cette ville (Arch. com. de Poitiers, carton 8, C. 95, orig.).

15 décembre 1637.

De par le roy. Très chers et bien amez, comme les subjectz sont tenus de n'estre pas moins soigneux de rendre leurs debvoirs à leurs gouverneurs en toutes les occasions qui s'en offrent, mesme dans les moindres, qu'à satisfaire aux choses les plus essencielles et considérables de leur obéissance, nous ne pouvons aprendre que vous négligiez de rendre compte au s^r de Puygarrault, gouverneur de nostre ville de Poictiers, des actions publicques qui s'y font, dont il luy apartient de donner les ordres et commandements quand il y est présent, sans vous faire sçavoir que nostre intention est qu'en tout ce qui concerne le public de ladicte ville, la conservation d'icelle soubz nostre obéissance et le bien et advantage de nostre service, nous n'entendons que vous entrepreniez de faire aucune chose qu'après en avoir eu son aprobation et ses ordres lorsqu'il sera présent dans la ville ou dans le voisinage, luy rendant les mesmes honneurs et obéissance que ses prédécesseurs ont receu de vous en lad. charge, dont nous avons eu satisfaction jusqu'icy. A quoi sçachant bien que ses soins pour le contentement et bénéfice du général et des particuliers de lad. ville vous convieront assez, et nous asseurant que vous vous conformerez volontiers à ce qui est en cela de nostre intention, nous ne vous en ferons celle-cy plus expresse ny plus longue. Si n'y faictes faute, car tel est nostre plaisir. Donné à St-Germain-en-Laye le xve décembre 1637. LOUIS. *Et plus bas* : SUBLET.

Suscription : A nos très chers et bien amez les maire et eschevins de Poictiers.

XV

Lettre de M. de Villemontée, intendant de Poitou, au maire de Poitiers, au sujet d'une taxe pour les gens de guerre (Arch. com. de Poitiers, reg. des délib. n° 88, p. 175).

19 avril 1638.

A Monsieur, Monsieur de Montjon, maire de Poictiers.

Monsieur, vous sçaurés de Mrs de Chambonneau et Vangeuille que le commissaire Biou nous a confessé, par son interrogatoire, l'exaction qui a esté faicte sur la ville de Poictiers de la somme de six mil livres, oultre les vingt mil de sa taxe. Ledict commissaire prend son excuse sur son subdélégué, et que, despuis qu'il a esté adverti de ceste friponnerie, son intention a esté en tenir compte à la ville, et mesmes qu'il en a expédié une quittance ; quoy qu'il en soit les habitans en sont quittes, et partant ne reste plus à païer de la taxe que quatorse mil qu'il fault fournir promptement pour faire sortir les gens de guerre qui ruinent la province. J'estime pour cest effaict qu'il fault emprunter de l'argent et examiner les moyens de le renbourcer avant que résoudre la capitation en forme de taille dans un grand peuple composé de quantité de pauvres artisans, et c'est le dernier refuge qui ne vous peut manquer après avoir tanté les autres voyes, auxquelles si je puis contribuer je le feré d'aussi bon cœur comme je suis, Monsieur, vostre bien humble et très affectionné serviteur. De Villemontée. De Niort, ce 19 avril 1638.

XVI

Lettre du roi aux officiers de l'Hôtel-de-Ville et aux habitants de Poitiers, annonçant la naissance du dauphin et ordonnant des réjouissances publiques (Arch. com. de Poitiers, carton 8, C. 100, orig.).

5 septembre 1638.

De par le roy. Chers et bien amez, ayant plu à Dieu de combler une infinité de grâces et de bénédictions qu'il a respandues, depuis nostre advénement à la couronne, sur nostre personne et sur nostre Estat, par la naissance d'un fils que sa divine bonté a accordé à nos vœux, à ceux de tous nos subjects et alliez, et nous pouvons dire de tous les autres qui ayment le repos et la tranquillité publique de l'Europe, nous nous recognoissons si estroittement obligez de luy en rendre nos actions de grâces et de convier nos peuples à en tesmoigner la recognoissance envers sa providence et les ressentimens de joye que nous sçavons assurément qu'ils en auront avec nous, qu'au mesme temps que cette grâce nous arrive et que nous commançons à nous acquitter nous-mesmes de nostre debvoir, nous avons bien voulu vous envoyer en diligence cette dépesche, que nous vous faisons exprès, pour vous donner part d'une si grande et heureuse nouvelle, afin que vous ayez à en rendre vos actions de grâces à Dieu, à assister au *Te Deum* que nous avons ordonné estre solennellement chanté en vostre église, comme en toutes les autres de nostre royaume, et qu'après vous faciés faire des feux de joye et donniés toutes autres sortes de démonstrations d'une resjouissance et satisfaction véritable et publique. Si n'y faictes faute, car tel est nostre plaisir. Donné à St-Germain-en-Laye le cinquiesme septembre 1638. Louis. *Et plus bas* : Bouthillier.

Suscription : A nos chers les officiers et habitans de nostre ville de Poictiers.

XVII

Lettre de M. de Villemontée, intendant de Poitou, au maire de Poitiers, au sujet d'une demande faite par le corps de ville pour être autorisé à la création de nouvelles charges d'échevins ou à la fabrication de douzains ou autres menues monnaies, afin de s'acquitter d'un emprunt auquel la ville avait été taxée (Arch. com. de Poitiers, reg. des délib. n° 90, p. 42).

21 août 1639.

A Monsieur, Monsieur de la Pinotière, maire de Poictiers.

Monsieur, aïant veu par vostre lettre, par le rapport de Mrs Rigoumier et Chastonneau, députez de vostre Corps, et par les résultas de vos assemblées, qui sont entre leurs mains, les considérations qui vous portent à changer les expédiens qui avoient si-devant esté pris pour le paiement de l'emprunt et de la subsistance, j'ay beaucoup de regret de ne pouvoir m'employer ouvertement envers messeigneurs du Conseil pour obtenir l'effaict des propositions nouvelles, non que je manque d'affection ne de volonté de servir la ville comme je l'ay faict de très bon cœur par le passé, mais aïant donné parolle à mesditz seigneurs du prompt paiement moyenant la modération de l'emprunt qui estoit taxé à deux cens mil livres, après avoir attandu dix mois depuis l'arrest de réduction, je n'aurois sans doute aucune créance pour faire aprouver ce changement; d'ailleurs la création des eschevins n'est pas facile à obtenir, et je me souviens qu'oultre la multiplication des nobles dans un païs chargé de tailles, mesdictz seigneurs du Conseil m'ont souvent répliqué que le roy en pouvoit faire tel nombre qu'il luy plairoit, sans leur donner la qualité d'eschevins de Poictiers et sans que le consentement des habitans y soit nécessaire, qui, en ce faisant, ne donneroient rien du leur, et bien moins dans la fabrications des dousains et d'autre menue monnoye. Vous ne devés pas aussi douter que le bruit du tumulte arrivé n'aie passé jusques à mesdictz seigneurs du Conseil et jusques au roy mesmes, tellement que Sa Majesté aura peine de donner audience à un peuple qui a pris les armes pour demander grâce, quoyque les dictz sieurs Rigoumier et de Chastonneau ne manquent pas d'excuser autant qu'ils peuvent ce mauvais bruit ; et je souhaicte de bon cœur qu'il soit tout autre qu'il ne court dans les provinces voisines, car encore que je ne puisse quand à présent appuïer les propositions nouvelles, je ne lairé d'escrire à la court pour sonder quelle impression a esté donnée à Sa Majesté et à mesdictz seigneurs de son Conseil, et en quelle disposition ils peuvent estre, dont je ne manqueré de vous donner advis ; et si je puis contribuer au bien et soulagement de la ville, je m'y employray de mesme affection que je suis, Monsieur, vostre bien humble et très affectionné serviteur. De Villemontée. De la Rochelle, le 21 aoust 1639.

XVIII

Epitaphe de Charlotte Flandrine de Nassau, abbesse de Sainte-Croix, décédée le 10 avril 1640 (D. Fonteneau, t. LVI, p. 111).

1652.

Cy gît très illustre et très religieuse princesse madame Charlotte Flandrine de Nassau, très pieuse abbesse du royal monastère de céans, laquelle rendit son âme à Dieu et son corps à la terre le x avril 1640, agée de 63 ans, ornée de toutes sortes de vertus et non moins éclatante par la sainteté de ses actions que par la grandeur de sa naissance, laissant d'aussi merveilleux exemples de sa piété et de son humilité aux cloistres que de son extrême charité au monde, aïant donné sa vie entière à la religion et son cœur à Jésus, qui inspira très haute et très illustre dame madame Diane Françoise d'Albret, autant héritière de ses religieuses vertus que de sa dignité d'abbesse, de lui ériger ce monument l'an 1652.

XIX

Lettre du cardinal de Richelieu à M. de Villemontée, intendant de Poitou, lui exprimant la satisfaction du roi pour le zèle mis par la ville de Poitiers à l'acquittement des taxes auxquelles elle avait été soumise, et pour la prudence et l'adresse que lui-même avait déployées dans cette circonstance (Arch. com. de Poitiers, reg. des délib. n° 91, p. 23).

8 juillet 1640.

A Monsieur, Monsieur de Villemontée, conseiller du roy en ses conseils et intendant de la justice et police en Poictou, Aunix et autres provinces.

Monsieur, j'ay esté extrêmement aise d'aprendre par vostre lettre que Messieurs de la ville de Poictiers se sont mis en devoir de contenter le roy au subject des taxes faictes sur eux et qu'ils soient en la disposition, pour le service de Sa Majesté, qu'ils doivent estre. Bien que j'aye toujours attandu cela de leur affection et de leur zèle, il est certain néantmoins que vostre prudence et vostre adresse n'ont pas peu contribué à réduire ces esprits en la bonne assiette en laquelle ils sont maintenant. Je vous prie de les assurer de ma part que je leur en sçay beaucoup de gré en mon particulier, et que j'auray tousjours en singulière recommendation leurs intérés auprès du roy. J'ay escript à messieurs du Conseil pour la suppression du présidial de Fontenay, ainsi qu'ils le peuvent désirer, et je ne doutte nullement qu'ils ne reçoivent contentement en cest affaire; ce m'en serait beaucoup de rencontrer des occasions de vous servir proportionnées au désir que j'en ay et l'affection avec laquelle je suis, Monsieur, vostre très affectionné à vous rendre service. Armand de Richelieu. D'Amiens, ce 8 juillet 1640.

XX

Lettre de M. de Parabère, gouverneur du Poitou, au maire de Poitiers, au sujet du passage en cette ville de l'ambassadeur du roi de Portugal (Arch. com. de Poitiers, carton 8, C. 106, orig.).

7 mars 1644.

Monsieur, l'embassadeur du roy de Portugal, estant arrivé à la Rochelle, doit bientost passer dans cette province pour aller à la cour, de quoy je vous ay voulu donner advis affin que vous luy fassiés préparer un logis à Poictiers, pour le loger et sa suite, et que vous le receviés avec tout l'honneur et toute la civilité que mérite l'embassadeur d'un roy qui a l'obligation de sa coronne aux armes de Sa Majesté qui ont réduict l'Espaigne au point de ne luy en pouvoir empêcher la pocession; et lors qu'il partira de Poictiers, vous luy fairés donner un carrosse pour le mener jusques à Chastellereau, où j'escris à M^r le viscomte de Paumi de se trouver, et moy je m'en vay à St-Maixent où je le traitteray à l'imitation de monsieur le grand prieur qui l'a receu et traitté fort splendidement à la Rochelle. Je m'asseure qu'en vostre particulier vous y fairés tout ce qui dépendra de vous, ce que je veux attandre du zèle que vous avez tousjours tesmoigné pour le service de Sa Majesté, auquel me remettant je vous suplie de croire que je suis avec passion, Monsieur, vostre plus affectionné serviteur. PARABÈRE. A la Mothe-St-Héray, ce 7 mars 1641.

Suscription : A Monsieur, Monsieur Audebert, maire et capitaine de la ville de Poictiers.

XXI

Lettre du roi aux maire, pairs, échevins et bourgeois de Poitiers, annonçant la mort de Louis XIII (Arch. com. de Poitiers, reg. des délib. n° 94, p. 172).

14 mai 1643.

A nos très chers et bien amez les maire, pairs, eschevins et bourgeois de nostre ville de Poictiers.

De par le roy. Très chers et bien amez, les advis que vous avés eu de la longue et fascheuse maladie du roy nostre très honoré seigneur et père, que Dieu ait en sa gloire, vous en auront assés faict appréhender une mauvaise issue ; maintenant nous vous donnons advis, avec une extrême douleur, que se trouvant atténué de son mal des veilles et travaux continuels qu'il a pris pour le bien de son Estat pendant tout son règne, les remèdes humains n'ont peu le garantir et Dieu l'a cejourd'huy retiré au ciel, en luy donnant une fin digne de sa très pieuse vie, n'y aïant aucun acte de parfaict chrestien et d'homme du tout résigné à la volonté divine qu'il n'aye faict et réitéré à diverses fois jusques au dernier souspir ; et bien que nous espérions de la très sage conduicte de la reine, nostre très honorée dame et mère régente en nostre royaulme durant nostre minorité, que le changement n'aportera aucune altération dans cest Estat et que nous nous tenions très assurez de vostre fidélité et affection à nostre service, néantmoins nous avons bien voulu vous ordonner, comme nous faisons très expressément par ceste lettre, d'empescher en ce qui dépendra de vous que sur cest accidant il ne passe aucune faction, entreprise ny mouvement contre nostre service, et si cela arrivoit, en donner incontinent advis au gouverneur ou nostre lieutenent général en la province, et à nous, si besoing est, pour y remédier par nostre aucthorité; vous exortant de redoubler vos affections pour nostre service et de demourer dans l'union et la concorde les uns avec les autres, nécessaires pour le repos et pour le bien conmun de nos peuples, avec assurance qu'en nous rendant les effaictz accoustumez de vostre zèle et fidélité, vous recepvrés toutte sorte de bon et favorable traictement de nous, n'aïant rien plus à cœur que vostre bien, repos et soulagement; sur quoy nous ne vous faifons la présente plus longue ny plus expresse. Donné à St-Germain-en-Laye le xiiime may 1643. Signé : Louis, et plus bas, Le Tellier.

XXII

Lettre d'Anne d'Autriche, régente, aux maire, pairs, échevins et bourgeois de Poitiers, au sujet de la mort de Louis XIII (Arch. com. de Poitiers, reg. des délib. n° 94, p. 173).

18 mai 1643.

A nos très chers et bien amez les maire, pairs, eschevins et bourgeois de la ville de Poictiers.

De par la royne régente. Très chers et bien amez, ceste lettre n'est que pour acompagner celle que le roy, nostre très honoré sieur et filz, vous escript sur la perte que luy et nous avons faicte avec l'Estat en la personne du feu roy, nostre très honoré seigneur, dont l'affliction nous est si grande et si sensible, que, si l'amour de nos très chers et très amez enfans et l'obligation de satisfaire aux souings de la régence de ce royaulme ne nous faisoient surmonter nos propres sentimens, il nous seroit impossible de divertir nostre esprit d'une si extrême douleur et de l'applicquer aux affaires publicques ; mais comme Dieu a permis ce funeste accident, nous espérons de sa bonté qu'il nous donnera des forces pour le supporter et qu'il nous assistera de sorte, pour la conduicte et administration de ce royaulme, que chascun recougnoistra que nous n'obmettrons rien de ce qui sera possible pour la grandeur et la gloire de ceste couronne et pour le repos et soulagement des peuples qui y sont soubzmis, ce que nous avons bien voulu vous faire entendre et vous mander, conformément à ce que nostredict sieur et filz vous escript, que vous aïez à maintenir l'union entre vous et à vous employer de sorte, en tout ce qui regardera son service et vostre conservation, que rien n'y puisse apporter d'altération dans cette occurrence ; et nous assurans que vous en fairez tout bon devoir, vous fairés aussi estat de nostre affection particulière vers vous. Donné à Paris le xviiime may 1643. Signé : Anne, et plus bas, Le Tellier.

XXIII

Statuts de la congrégation de saint Charles Borromée (Arch. de la Vienne, couvents de femmes, l. 62, orig.).

10 janvier 1646.

Reigles et statuts de la congrégation de sainct Charles Boromée, érigée en l'ausmônerie de Nostre-Dame de Poictiers par monseigneur l'illustrissime évesque de Poictiers.

Henry Loys Chasteigner de la Rocheposay, par permission divine et du Sainct-Siège apostolique, évesque de Poictiers, à tous fidelles crestiens, salut. Nostre charge nous obligeant à faire praticquer par noz diocésains les œuvres de charité envers les pauvres et particulièrement en ceste ville de Poictiers comme la première de celles de nostre diocèse, nous avons aggréé la très humble prière qui nous a esté faicte par quelques-uns des habitans d'icelle, tendante à ce qu'il nous pleust ériger en titre de congrégation, soubz l'invocation de sainct Charles Boromée, une dévotion publicque qui a desjà esté praticquée despuis quelques années en l'ausmônerye de Nostre-Dame de ceste dicte ville, pour accompagner les corps des pauvres décédés en ladicte ausmônerye au lieu de leur sépultures, soubz les reigles cy-après insérées, lesquelles nous ont esté de leur part représantées. A ces causes, nous avons, de nostre puissance épiscopale, érigé et érigeons en tiltre de congrégation, en l'églize de l'ausmônerie de Nostre-Dame de Poictiers, soubz le nom de sainct Charles Boromée, la compagnie des fidelles chrestiens de l'un et de l'aultre sexe, qui voudront accompagner les corps des pauvres deccédez en ladicte ausmônerie au lieu de leurs sépultures, avecq quarante jours d'indulgence à chaicune foys qu'ilz accompagneront lesdictz corps, ensemble aux jours et feste de sainct Charles Boromée et dimanche de la Sexagésime de chaicun an, visitant l'églize de ladicte ausmônerie ; et à cet effect avons homologué les reigles et statutz cy-après transcriptz, qui seront publiées par les curez et vicaires de ceste ville ès prosnes de leurs messes parochialles, et exorteront leurs paroissiens d'embrasser ceste saincte dévotion. Donné en nostre palais épiscopal le dixiesme jour du mois de janvier l'an mil six cens quarante-six. Henry Loys, évesque de Poictiers. Par mond. seigneur : Michellet.

S'ensuivent lesdictes reigles :

I. — Le principal but de ceulx qui entreront en la congrégation de sainct Charles Boromée, en l'ausmônerie de Nostre-Dame de Poictiers, sera de servir et honorer Dieu en la personne de sez membres, qui sont les pauvres de son hostel, à l'exemple de ce grand prélat sainct Charles Boromée, les pieuses actions duquel les confrères tascheront d'imiter convenablement, à leurs estat et condition, et pour cet effect seront soigneux de visiter ladicte églize de Nostre-Dame de l'ausmônerie au jour de sa feste, que l'églize célèbre le quatryesme jour de novembre, et faire quelques ausmônes aux pauvres dudict lieu selon leur pouvoir et dévotion.

II. — La praticque des bonnes œuvres et charitables envers les pauvres sera continuée jusques à leurs tombeaux, et pour cet effect les confrères de ceste congrégation seront soigneux de se rendre en l'églize de ladicte ausmônerie lorsque quelque pauvre sera décédé et d'assister aux obsèques qui s'y feront, et de conduire les corps jusques au lieu où ilz seront enterrez.

III. — Et d'aultant que nous avons esté advertys que la pluspart des curez et vicaires de cette ville, portez de charité, assistent auxdictz enterrementz des pauvres de lad. ausmônerie avecq leurs surpelis, nous les exhortons de continuer en une sy saincte et pieuze action, auxquelz nous avons accordé pour chaicune foys, comme aux aultres confrères, quarante jours de pardon.

IV. — Et affin que chaicun puisse estre adverty du décedz qui arrivera de quelque pauvre en ladicte ausmônerye, nous permettons de faire sonner la cloche de ladicte ausmônerie une demye-heure devant que l'on commance les obsèques et prières pour le deffunct, et que, par le son de quelque aultre clochette, advis public en soit donné dans les principaux carreffours de ceste ville, avecq indiction de l'heure à laquelle lesd. obsèques seront remises.

V. — Les confrères ne seront tenus à aultre debvoir, sans touttefoys que l'obmission les puisse obliger à aulcun pesché mortel ou véniel, que de se rendre soigneux d'assister aux obsèques des pauvres de ladicte ausmônerye, et, durant la conduicte qu'ils feront de leurs corps jusques au lieu de leurs sépultures, de prier Dieu pour le salut de leurs âmes; à l'effect de quoy ceulx qui sçavent lire réciteront le *De profundis* avecq le *Pater* et *Ave*, et ceux qui ne sçavent lire diront trois *Pater* et *Ave*, qu'ils présenteront à la saincte Trinité pour le repos de l'âme du pauvre décédé.

VI. — Quand les confrères entendront sonner la cloche de l'ausmônerie en la forme que l'on acoustumé de sonner les agonies, ilz prieront Dieu pour le pauvre qui sera agonizant, soit en leurs maisons particulières ou dans la plus proche églize, à leur commodité, si ilz ne peuvent aller jusques en l'églize de ladicte ausmônerie, ce qui deppendera de leurs choix et ellection.

VII. — Lesdictz confrères se resouviendront de visiter, au moings deux foys l'an, l'églize et les pauvres de ladicte ausmônerie, et d'y faire leurs prières de charitez, sçavoir : à la feste dudict sainct Charles Boromée, quatryesme du mois de novembre, et au jour que eschoira le dimanche de la Sexagésime, qui est le deuxiesme dimanche devant le jour des Cendres, auquel jour de dimanche de la Sexagésime de ceste présente année se fera l'establissement public de ladicte congrégation.

VIII. — Ceulx et celles qui voudront ensevelir les corps des pauvres de ladicte ausmônerie, ou qui fourniront de linge et suaire pour cet usage, gangneront quarante jours d'indulgence, que nous leurs avons accordées pour chaicune foys.

IX. — Il y aura un registre pour recepvoir les noms de ceulx qui voudront entrer en ladicte congrégation, lequel demeurera par devers le chappellain de lad. ausmônerie qui sera soigneux d'y inscripre ceux qui se présenteront pour y estre reçus.

Et sy quelques personnes dévotes voulent moyenner pareille érection d'une semblable congrégation ès églizes ou chappelles des ausmôneries des aultres villes de nostre diocèse, nous leurs en baillerons la licence et permission au bas de la requeste qu'ils nous présenteront à cet effect, et coppie collationée des présentes reigles et statuts leurs sera délivrée par-ledict chappellain, de luy signée, après avoir veu la permission que nous en aurons donnée par escript. Donné et faict en nostre pallays épiscopal à Poictiers le dixiesme jour du mois de janvier l'an mil six cent quarante-six. HENRY LOYS, ÉVESQUE DE POICTIERS. Par mondit seigneur : MICHELLET.

XXIV

Lettre du roi aux maire, pairs, échevins et bourgeois de Poitiers, leur donnant avis de la nomination de M. d'Argenson, comme intendant de Poitou (Arch. com. de Poitiers, carton 8, C. 113, orig.).

28 avril 1644.

De par le roy. Très chers et bien amez, ayantz appelé près de nous le s^r de Villemontée qui avoit l'intendance de la justice et finances en nos provinces et pays de Poictou, Xainctonge et Angoumois, Aunix et isles adjacentes, qu'il a longuement exercée à nostre satisfaction, pour l'employer ailleurs à nostre service, nous avons choisy le s^r d'Argenson, conseiller ordinaire en nos conseils, pour remplir lad. intendance, comme ayant toutes les bonnes qualitez requises pour s'acquitter dignement d'un si important employ ; et nous avons bien voulu l'accompagner de cette lettre, par l'advis de la royne régente nostre très honorée dame et mère, par laquelle nous vous mandons de luy déférer ce qui est deub à ladicte charge et de le considérer en toutes occasions comme une personne en laquelle nous avons une particulière confiance. A quoy nous asseurans que vous satisferez, nous ne vous ferons celle-cy plus longue ny plus expresse. Si n'y faictes faulte, car tel est nostre plaisir. Donné à Paris le xxviiie avril 1644. Louis. *Et plus bas :* Le Tellier.

Suscription : A nos très chers et bien amez les maire, pairs, échevins et bourgeois de nostre ville de Poictiers [1].

XXV

Lettre du roi aux maire, pairs, échevins, bourgeois et habitants de Poitiers, pour leur annoncer l'envoi du marquis d'Aumont en Poitou afin de combattre les factions qui paraissaient vouloir s'élever dans la province (Arch. com. de Poitiers, reg. des délib. n° 95, p. 103).

30 décembre 1643.

De par le roy. Très chers et bien amez, les preuves que vous avés données au feu roy, nostre très honoré seigneur et père, dans les mouvemans arrivez durant son règne, de vostre fidélité et affection inviolables à nostre service, et les assurances que vous nous en avés renouvellées depuis peu, font que nous ne doutons aucunement que, sur les émotions que quelques factieux veullent susciter dans nostre province de Poictou, vous ne nous rendiés le mesme devoir de bons et fidelles subjects ; mais comme il est à propos, principalement dans la ville capitalle de la province, que chascun se trouve uny dans une mesme affection pour nostre service à la conservation de son repos et qu'aucun ne se laisse surprendre à la malice et aux artifices de ceux qui voudroient former des caballes pour jetter les autres dans la confusion et la désobéissance, nous avons bien voulu, par l'advis de la reine régente nostre très honorée dame et mère, vous faire sçavoir par ceste lettre comme nous envoyons le sieur marquis d'Aumont, avec un corps de

---

1. Cette lettre était livrée à l'impression, lorsque M. Alfred Barbier la reproduisait, de son côté, dans une *Notice biographique sur René de Voyer d'Argenson*, l'intendant de Poitou dont on vient de parler.

trouppes de cavallerie et d'infantrie, pour estouffer les mouvemens en leur naissance et se porter où le mal paroistra, affin d'y remédier avec la diligence et l'authorité nécessaires ; à quoy nous sommes bien marris, avec la reine nostredicte dame et mère, d'estre obligez d'employer la force, sçachant assés combien il est difficile de garantir les bons et les inocens de la foulle et des incomoditez que les meschans séditieux attirent sur eux, et nous avons désiré vous exorter de veiller à vostre conservation, mesmes de faire garde s'il est besoing et s'il vous est ainsi ordonné de nostre part par ledit sieur d'Aumont, et de l'assister de tout ce qui despendra de vous pour l'effaict de nos volontez et de nos ordres ; et, nous remettans à luy de ce que nous pourrions vous ordonner plus particulièrement sur ce subject, nous vous assurrons que nous vous sçaurons autant de gré des tesmougnages d'affection et fidélité que vous continuerez à nous donner sur ces occasions, que nous fairons sentir sévèrement nostre indignation contre ceux qui s'eslougneront de leur devoir ; sur quoy nous ne vous fairons la présente plus longue ny plus expresse. N'y faictes donc faulte, car tel est nostre plaisir. Donné à Paris le xxxe décembre 1643. Signé : Louis, et plus bas, Le Tellier. Et à la subscription il y a : A nos très chers et bien amez les maire, pairs, eschevins, bourgeois et habitans de nostre ville de Poictiers. Cachettée des armes du roy, du petit cachet.

XXVI

Lettre du roi aux maire, échevins et habitants de Poitiers, pour le passage en cette ville de D. Francisco de Mello, plénipotentiaire du roi d'Espagne au traité de Munster (Arch. com. de Poitiers, carton 8, C. 117, orig.).

6 octobre 1644.

De par le roy. Très chers et bien amez, voulant tesmoigner au s[r] D. Francisco de Melos, marquis de la Tour de

Laguna, cy-devant nommé par le roy d'Espagne pour estre l'un de ses plénipotentiaires au traité de la paix générale à Munster, le soing que nous prenons de le faire assister en son passage, s'en retournant de Flandres en Espagne suivant les passeports que nous lui en avons faict expédier, nous avons envoyé au devant de luy jusques à Péronne le sʳ Duplessis Bezançon, maréchal de bataille en nos armées, pour le recevoir et l'accompagner. Et désirant qu'il soit partout bien receu et traité comme il convient à une personne de sa condition et naissance, nous vous escrivons la présente, par l'avis de la reyne régente nostre très honorée dame et mère, pour vous dire que vous aïez à recevoir led. sʳ D. Francisco de Melos et à luy rendre tous les honneurs et civillitez convenables, luy donnant toutes assistances et commoditez qui luy pourront estre nécessaires pour son voïage et de ceux de sa suite et équipage, ainsi que led. sʳ du Plessis vous le fera plus particulièrement entendre de nostre part. Sy n'y faictes faute, car tel est nostre plaisir. Donné à Fontainebleau le vıᵉ octobre 1644. Louis. *Et plus bas :* DE LOMÉNIE.

Suscription : A nos très chers et bien amez les maire, eschevins et habitants de nostre ville de Poictiers.

XXVII

Lettre du roi aux maire, pairs, échevins et bourgeois de Poitiers, leur défendant de reconnaître à l'avenir comme gouverneur du Poitou le prince de Marsillac, qui venait d'entrer dans le parti de la Fronde (Arch. com. de Poitiers, reg. des délib. n° 100, p. 164).

13 janvier 1649.

De par le roy. Très chers et bien amez, estant bien informez que le prince de Marcillac, que nous avons honoré de la charge de gouverneur de nostre province de Poictou, s'est tellement oublyé, qu'au préjudice du debvoir de sa charge et de son service, outre celluy de sa naissance, il a pris party contre nostre service, nous avons bien voullu par l'advis de la royne régente, nostre très honorée dame et mère, vous le faire sçavoir par ceste lettre et vous deffendre très expressément de recougnoistre led. prince de Marcillac en la quallité de gouverneur de Poictou et de luy obéyr en quoy que ce puisse estre, vous recommandant de veiller et vous employer sy soigneusement pour le repos et la tranquillité de nostre ville de Poictiers, qu'il ne s'y passe rien qui puisse préjudicyer au général des habitans d'ycelle et à nostre service ; et nous assurans que vous continurez à nous donner en ces occasions des preuves de la fidellité et affection que vous nous avez tousjours tesmoigné, nous ne vous en ferons ceste lettre plus longue ny plus expresse. N'y faictes donc faulte, car tel est nostre plaisir. Donné à Sⁱ-Germain-en-Laye le xiii janvyer 1649. Signé : Louis, et plus bas, Le Tellier. Et au dos est escript : A nos très chers et bien amez les maire, pairs, eschevins et bourgeois de nostre ville de Poictiers.

XXVIII

Lettre d'Anne d'Autriche aux prieur, chanoines et chapitre de l'église Sainte-Radegonde de Poitiers, leur témoignant toute sa satisfaction des prières et cérémonies faites pour sa réception et celle de son fils dans la congrégation du tombeau de la sainte (Arch. de la Vienne, G. 7, l. 3, orig.).

5 janvier 1650.

Très chers et bien amez, nous avons veu avec plaisir la relation des prières et cérémonies qui ont esté faictes en vostre église, à nostre réception en la congrégation de saincte Radegonde, et appris que vous avez arresté dans vostre chappitre qu'on célébreroit tous les mercredis de l'année, à perpétuité, une messe à nostre intention sur le tombeau de cette grande saincte ; et comme ce tesmoignage de vos affections nous est sensible au dernier poinct, nous n'avons pas voulu différer daventage à vous en faire paroistre nostre ressentiment et vous asseurer, comme nous faisons par ces lignes, que nous en conserverons vivement le souvenir, et qu'il ne se présentera jamais d'occasion de vous donner des marques solides de nostre bonne volonté, que nous ne le fassions de très bon cœur. Cependant nous prions Dieu qu'il vous ayt, très chers et bien amez, en sa saincte garde. Escrit à Paris le v° janvier 1650[1]. ANNE. *Et plus bas* : DE LIONNE.

Suscription : A nos très chers et bien amez les prieur, chanoines et chappitre de l'église royale et collégiale de Ste-Radegonde de Poictiers.

XXIX

Lettre d'Anne d'Autriche aux prieur, chanoines et chapitre de l'église Sainte-Radegonde de Poitiers, pour faire entrer le dauphin dans la congrégation du tombeau de cette sainte (Arch. de la Vienne, G. 7, l. 3, orig.).

13 juillet 1662.

Très chers et bien amez, la tendre amitié que nous avons pour nostre petit-filz le daufin nous a faict prendre résolution de le faire admettre et recevoir dans la congrégation du tombeau de saincte Radegonde, érigée à Poictiers, affin que, par l'intercession de cette saincte, il puisse obtenir du ciel les grâces qui luy sont nécessaires ; et comme nous avons confiance en la personne du s^r Filleau, premier advocat du roy, nostre très honoré sieur et filz, au siège présidial dud. lieu, nous luy avons ordonné de vous rendre celle-cy avec la figure de nostredict petit-fils qu'il vous portera de nostre part, et de vous convier d'assister et ayder

---

1. C'est par erreur que, dans une des notes de l'article CLVI du journal qui précède, on a donné à cette lettre la date du 2 janvier 1650.

à la cérémonie et prières qui y seront faictes par le sieur évesque de Poictiers, auquel nous escrivons pour cet effect, ce que nous nous promettons de vostre zèle et de la piété de tout vostre chapitre. Nous prions Dieu, en cette attente, vous avoir, très chers et bien amez, en sa saincte et digne garde. Escrit à Sainct-Germain-en-Laye le treiziesme juillet 1662. ANNE. *Et plus bas :* DE FIEUBET.

Suscription : A noz très chers et bien amez les prieur, chanoines et chapitre de l'église Ste-Radegonde de Poictiers.

XXX

Communication au Mois et Cent de la ville de Poitiers de lettres du roi et de M. Le Tellier, portant défense de reconnaître M. de Marsillac comme gouverneur de la province et de lui rendre les honneurs qui lui étaient dus en cette qualité (Arch. com. de Poitiers, reg. des délib. n° 101, p. 155).

2 mars 1650.

Au Mois et Cent tenu en la Maison commune de la ville de Poictiers le deuxiesme mars mil six cens cinquante, à une heure de relevée.

. . . . Monsieur le maire a proposé que lundy dernier monsieur le marquis de la Rocheposay, lieutenant de roy en Poictou, luy mit entre les mains une lettre que le roy luy escript, du treiziesme febvrier dernier, sur le subject de la déclaration du roy contre monsieur le prince de Marsillac, qui a esté publyée au présidial, et à ce que on n'aye plus à recougnoistre ledict sieur de Marsillac pour gouverneur de la province, laquelle lettre ledict sieur marquis l'a chargé de faire voir à ceste Maison, qui est le subject pour lequel il a faict advertir le Mois, et aussy pour comuniquer une lettre qu'il a receue de monsieur Le Tellier, secrettaire de la province, sur le subject de l'advis que monsieur le maire luy avoit donné que monsieur le prince de Marsillac avoit passé par ceste ville, auquel on avoit randu les debvoirs à luy dhus et accoustumez, mais que c'estoit auparavant la déclaration de Sa Majesté contre luy randue, lequel dict sieur Le Tellier mande qu'il l'a faict sçavoir à la royne qui l'a trouvé bon, mais que pour l'advenir il fault cesser jusques à ce que ledict sieur de Marsillac se soit randu auprès de Sa Majesté, ce qu'estant, il croit qu'il aura contentement. Desquelles deux lettres a esté présentement faict lecture et arresté que pour celle dudict sieur marquis elle luy sera randue comme luy estant les ordres du roy baillez, et a esté monsieur le maire pryé d'assurer ledict sieur marquis des obéissances de ceste Maison de ville de Poictiers pour le service du roy ; et pour ce qui est de la lettre dudict sieur Le Tellier, qu'elle sera par luy conservée, et a esté remercyé de ses soings et peynes et pryé de continuer.

XXXI

Lettre du roi aux maire, échevins et habitants de Poitiers, pour faire soigneusement garder les portes de la ville (Arch. com. de Poitiers, reg. des délib. n° 101, p. 177).

9 avril 1650.

De par le roy. Très chers et bien amez, sur l'advis qui nous a esté donné que le prince de Marsillac a assemblé des gentilzhommes et autres personnes en nombre considérable en nostre province de Poictou, à dessein de troubler le repos de nostre Estat, nous avons bien voullu vous faire ceste lettre, de l'advis de la reyne régente nostre très honorée dame et mère, par laquelle nous vous mandons et ordonnons très expressément de faire soigneusement garde aux portes de nostre ville de Poictiers, et de n'y recepvoir aulcuns gens de guerre sans ordre exprès signé de nous et contresigné par l'un de nos secrétaires d'Estat, en sorte qu'il n'y puisse arriver aulcune surprise ; et ne doubtant pas que vous ne vous employez à l'exécution qui est en cela de nostre intention avec tout le soing et la vigilance que l'importance de la chose le requiert, nous ne vous en ferons la présente plus longue ny plus expresse. N'y faictes donc faulte, car tel est nostre plaisir. Donné à Dijon le ix⁰ avril 1650. Signé : Louis, et plus bas, Le Tellier. Et au dos est escript : A nos très chers et bien amez les maire, eschevins et habitans de nostre ville de Poictiers.

XXXII

Lettre du duc d'Orléans aux maire et échevins de Poitiers, pour les remercier des témoignages de joie qu'ils avaient manifestés lors de la naissance de son fils (Arch. com. de Poitiers, reg. des délib. n° 102, p. 78).

31 août 1650.

Messieurs, je n'ay jamais doubté que vous n'eussiez toute l'affection possible pour nos inthérestz, et les tesmoignages de joye que vous m'avez randuz sur l'heureuse naissance de mon filz ne font que me confirmer dans les impressions que j'en avois conceues. Vous ne sçauriez rien faire qui me soit plus agréable que de continuer dans les sentimens que vous me faictes paroistre, et il ne se présentera jamais occasion de vous tesmoigner la part que je prendz à l'advantage de vostre ville, que vous n'ayez tous subject de croire que je suis, Messieurs, vostre bien bon amy. Gaston. A Paris, le dernier jour d'aoust 1650. Et au dos : A Messieurs les maire et eschevins de la ville de Poictiers.

XXXIII

Ordre de service des six compagnies de la ville de Poitiers, pour les obsèques du maire, M. Rabault (Arch. com. de Poitiers, carton 43, copie).

7 février 1651.

Au conseil des cappitaines teneu cejourd'huy, septiesme du moys de febvrier mil six cent cinquente-ung, cheuz

Mr de Mallaguet, premier capitaine et plus antien, faisant la charge de maire à cause du décedz de feu Mr Rabault, maire de ceste ville, a esté résoleu : que les six compagnies de ceste ville assisteroyent en armes aux obsecques du feu sieur maire, armez de mousquetz, fusilz et picques, dont ilz seront advertys par les sergentz et par les tembours quy batteront demain par les quartiers sur les troys heures après midy; que jeudy, jour des obsecques, les compagnies s'assembleront à midy en leurs quartiers, dont elles dessendront à une heure au plan de St-Pierre et prendront leurs places qui leurs auront estés marqués par Mr de Vangeuille, lieutenant de la première compagnye, quy les fera diffiler lorsque l'on voudra enlever le corps de l'églize de St-Pierre, compagnie par compagnye, dont celle de Mr Mayaud, dernier capitaine, deffilera la première et les autres conséqutifvement jusques à ladicte première compagnye dudict s^r de Mallaguet, quy deffilera la dernière pour estré la plus proche du corps ; passeront lesdictes compagnyes devant l'églize de St-Porchère et irront prendre leur poste dans le Marché-Viel, et la compagnie de Mr Mayaud, qui arrivera la première dans ledict Marché-Vieux, irra prandre son poste tout à hauteur dudict Marché-Vieux, vers le Saulmon, pour lesser la place des aultres quy y arriveront, en sorte que la compagnie dudict s^r de Mallaguet demeure la plus proche de l'églize de St-Porchère ; et lorsque l'on mestra le corps en terre et que ledict s^r de Vengeuille les fera marcher et diffiler, les compagnies feront leur salus en passant devant le cimetière et tireront tous en l'er du costé de la meuraille du cimetière, affin qu'il n'en puisse arriver aulcun inconvénient. Et autant des présentes seront envoyées aux chefz de chacune desdictes six compagnies, ausquelz et à tous ceux quy y assisteront en armes il est enjoinct d'obéir audict s^r de Vengeuille. Faict audict conseil les jour et an que dessus. Ainsy signé : Jehan Pidoux, plus entien pair et eschevin.

XXXIV

Lettre du roi au maire de Poitiers, pour le remercier, ainsi que les échevins et habitants de la ville, d'avoir assisté le duc de Roannez lors de la reprise des châteaux de Dissay, Chauvigny et Angles (Arch. com. de Poitiers, reg. des délib. n° 103, p. 365).

13 juin 1652.

De par le roy. Cher et bien amé, ayant sceu, par nostre très cher et bien amé cousin le duc de Rouannez, l'assistance que vous luy avez rendue avecq nos bons et fidelles subjects les eschevins et habittans de nostre ville de Poictiers, pour chasser comme il a faict des chasteaux de Dissay, Chauvigny et d'Angle, en nostre province de Poictou, ceulx qui s'y estoyent saisis contre nostre service, et avecq combien de zelle et d'affection vous vous estes portez en ceste occasion, ainsy que vous faictes en touttes celles qui s'offrent de par delà, dont nous avons sceu diverses preuves, nous avons bien voullu vous faire ceste lettre pour vous tesmoigner le gré que nous vous en sçavons et vous assurer que nous serons très aises qu'il s'offre occasion de vous en recognoistre par quelques effectz advantageux de vostre bonne vollonté, vous portant de continuer dans ce mesme debvoir dans les occurances présentes ; ce qu'attendant de vostre bonne conduitte et affection, nous ne vous ferons la présente plus longue ny plus expresse. N'y faictes doncq faulte, car tel est nostre plaisir. Donné à Melun ce XIII juin 1652. Et au dos est escript : A nostre très cher et bien amé le sieur de la Cour Chauvau, cappittaine et maire de nostre ville de Poictiers [1].

---

1. Une autre lettre, ayant le même objet et portant aussi la date du 13 juin 1652, fut adressée par le roi aux maire, échevins et habitants de Poitiers (Arch. com. de Poitiers, reg. des délib. n° 103, p. 364).

XXXV

Acte de réception et de description du reliquaire destiné à recevoir les reliques de saint Hilaire, apportées du Puy en Velay (Arch. de la Vienne, G. 546, folio 123).

2 décembre 1658.

Mʳ Maisondieu a raporté, suivant l'ordre à luy cy-devant donné à Paris, il avoit faict achapt d'ung reliquaire pour coloquer les prétieuses reliques du glorieux sainct Hilaire, patron de ceste eglise, aporté du Puy en Vellay ; lequel reliquaire il a mis sur le tablier, en bon et dheu estat ; le corps duquel est de cristal de roche enchassé en hebainne en forme de cassette, soubstenu par seize collonnes de mesme cristal touttes canellée, avec la frize et chappiteaux des coullonnes d'argent vermeil doré, ayant aux fronctispise ung soleil susporté par deux anges et aux mesme estage sur les quatres cornières quatres figurures des quatres docteurs de l'église, et aus bas étages, sur la corniches du pied d'estal d'ébainne monté sur six poumettes d'argent vermeil doré, y a six figureures dont celles des quatres coings représentes les quatres annimaux de l'apochalipse et les deux du milieu celles de Vallens et Ursasius, fauteurs de l'hérésie d'Arius, aultresfoys vaincus par le grand sainct Hilaire, touttes lesquelles figurures sont d'argent vermeil doré ; le prix du tout se montant la somme de trois mil sept cents tant de livres. Le chappitre a remercié ledit sʳ Maisondieu et agré le marché par luy faict, et ordonne que lad. somme par luy employé aud. achapt luy sera alloué sur l'argent qu'il a cy-devant touché du chappitre à Paris, prie Mʳ Eschasseriau de faire serrer led. reliquaire dans la fenestre du costé de l'évangille, joignant le tabernacle du grand autel, et y mettre au préalable avec la dessence requise lesd. reliques de sainct Hilaire, sçavoir : la partie du crasne dans le corps du soleil estànt au hault dud. reliquaire et le bien closres entres les deux losanges de cristal, et ranger l'os du bras sur le couesinet donné par M*r* le trésorier, dans le corps dudict reliquaire, avec les parties des estoffes entienne et le tafetars blanc où estoient enveloppé les reliques; prie aussy M*r* Eschasseriau de faire ajuster la pettite caissette dans laquelle ont esté aporté lesd. reliques pour y laisser celles de sainct Georges, jusque à ce que il y aist ung aultre reliquaire, et sepandant faire posser lad. cassette dans la fenestre de l'aultre costé, joignant led. tabernacle.

XXXVI

Inscription de l'église Sainte-Radegonde de Poitiers, relatant le don d'une lampe d'argent et la fondation de deux messes dans cette église par Anne d'Autriche.

13 septembre 1658.

D. O. M.

ANNA AVSTRIACA GALLIÆ ET NAVARRÆ REGINA
MEMOR REDDITÆ SALVTIS FILIO KARISSIMO,
LVDOVICO XIIII REGI CHRISTIANISSIMO, (QUEM
APVD GEROSIACVM [1] NAVALE, ANNO 1658
FEBRIENTEM, DIVÆ RADEGVNDIS PATROCINIO
MOERENS ADDIXERAT) LAMPADEM ARGENTEAM
DIV NOCTVQVE INEXTINGVIBILEM TVMVLO
TANTÆ LIBERATRICIS APPENDIT, DUASQVE IN HAC
REGIA ECCLESIA MISSAS DE PROPRIO D.
RADEGVNDIS IN ÆTERNVM SOLEMNI RITV
SINGVLIS DIEBVS XXIX. JVNII. ET XIII. JVLII.
CELEBRANDAS DOTE PRÆSTITA, CONSTITVIT,
SVOQVE NOMINE REGIVM (QVI TVNC ERIT)
IN SENATV PICTAVIENSI PROTOPATRONVM

---

1. Pour *Gesoriacum*, Boulogne.

HISCE VOTIVIS MISTERIIS ADESSE IVSSIT
CÆTERAQVE PERAGI VOLVIT QVÆ AVTOGRAPHO
DIEI XIII. SEPTEMBRIS ANN. 1658 CONTINENTVR.[1]

XXXVII

Procès-verbal de remise des clefs de la ville de Poitiers au chapitre de Notre-Dame-la-Grande, en vertu de son droit de juridiction pendant les Rogations (Arch. de la Vienne, G. 1097, expéd. orig., parch.).

18 mai 1507.

Aujourduy, lundi des Rogacions, xviiie jour de may l'an mil cincq cens et sept, environ l'eure de troys heures après digner, M^r le prévost de Nostre-Dame avec ses sergens, et M^{rs} les chanoines de lad. église avec leurs séneschal, avocat et procureur, machicotz, vicaires, presbtres et collège de lad. église, sont allez de lad. église tous ensemblement jusques à la porte de Pont-à-Joubert, où illec Jehan Moreau, portier de lad. porte, a mis entre les mains de maistre Guillaume Jousbert, aumosnier de lad. église et le plus ancien desd. chanoines, les clefz de lad. porte pour M^r le maire de la ville de Poictiers, lesquelles led. aulmosnier luy a rendues pour les bailler aud. maire et les garder durant les troys jours des Rogacions de par mesd. seigneurs les abbé, chanoines et chappitre de lad. église Nostre-Dame-la-Grant, comme aïant la totalle garde, charge et administracion de la justice et jurisdicion durant lesd. troys jours; lequel Moreau les a prins et promis faire les choses susdictes. Et de lad. porte, tous les dessusd. sont allez à la porte Sainct-Cyprien, où Françoys Esbaudy, portier de lad. porte, a aussi présenté et baillé lesd. clefz aud. aulmosnier ; et de lad. porte à la porte de la Tranchée, où André

---

1. Au bas de cette inscription se trouvent, reproduites trois fois, les lettres A et L enlacées et surmontées d'une couronne royale.

Vynyn a semblablement baillé les clefz de lad. porte aud. aumosnier ; et d'illec à la porte de Rochereul, où Jehanne Rousselette, femme de Jehan Fouilleuze, portier de lad. porte, a baillé et mis entre les mains dud. aulmosnier les clefz d'icelle; toutes lesquelles clefz ont esté rendues par led. aumosnier à chascun desd. portiers, pour en faire et o la charge que aud. Moreau. Et de lad. porte de Rochereul sont tous les dessusd. allez à la porte de Sainct-Ladre, où Yquaire Rousselet, portier de lad. porte, a présenté aud. aulmosnier les clefz des portes dud. lieu, lesquelles led. aumosnier a prinses et baillées aud. prévost qui les a portées magnifestement jusques en lad. église Nostre-Dame et icelles présentées à l'ymage de lad. dame, et par après les rendit aud. Rousselet, portier susdict, pour de par mesd. seigneurs les bailler aud. maire pour en faire de par eux pendant lesd. Rogacions bonne et seure garde, lequel Rousselet les a prinses à lad. charge. Dont a esté octroyé acte à mesd. seigneurs.

Led. jour, environ six heures devers le soir, M^r le prévost de Nostre-Dame, accompaigné de ses sergens, de Me Françoys Rety, chanoine de lad. église, Gabriel de la Rivière, procureur, et de plusieurs presbtres et suppostz de lad. église, sont allez ès prisons du palays et fait faire ouverture des prisons par Bertrand Benoist, concierge, esquelles ont esté trouvez : Yvonnet Boiceau, pour excès supposez avoir esté faitz à Symonne Bourrue, comme il a dit ; François Estoré, pour excès faitz à la personne de Jehan de Monserrand ; Jean Cadary, pour partie formée faicte par Lucas Gaultier ; Françoys de la Cousdre, pour la despence faicte esd. prisons ; Mathurine Coydonne, femme de Gillet Ferré, accusée de robice ; tous lesquels led. prévost a baillé en garde aud. Benoist, pour en faire bonne et seure garde durant les Rogacions, et inhibicion et deffense de non les despescher desd. prisons durant iceulx sans le congé, auctorité et permission de Messieurs de Nostre-

Dame ou de leur sénéschal. Fait les jour et an susdicts.
M. TAFFORIN, pour registre.

XXXVIII

Panégyrique de Louis XIV, sous forme de harangue, composé par Jean Debarot, avocat à Poitiers, à l'occasion de l'érection de la statue du roi sur la place du Marché-Vieil (Arch. com. de Ligugé, reg. par. de Mezeaux).

1687.

« In regis effigiem pro stemmate habentem disticum :

« Crescat in immensum regis spectabile nomen
« Ipse micat mundo dum micat ille polo. »

Au roy. Harangue :

Sire, après avoir exprimé par ces deux vers latins tout ce que l'esprit le plus relevé sçauroit jamais dire en plusieurs volumes de la grandeur de Votre Majesté, quels éloges luy pourois-je donner après cela, qui fussent dignes d'elle, et après que tant de personnes éloquentes en notre langue, presque accablées comme moi sous le poids de vos lauriers et de vos palmes, vous ont érigé un trône jusque dans le ciel, avec bien plus de pompe et de magnificence que ne faisoient les anciens pour leurs divinités ?

A peine, Sire, commancé-je d'entrer dans la carrière où vous vous êtes signalé par tant de beaux exploits et par la grandeur de votre courage, que, tout d'un coup éblouy de l'éclat qui vous environe, je me trouve réduit à garder le silence, pour ne vous regarder que comme le plus grand de ces prodiges qui surprenent d'abord sans laisser presque la liberté de faire aucune réflextion.

C'est en vain, Sire, que je vous suis dans toutes vos marches sur la terre et sur la mer, où vous formés des tonneres et lancés des foudres : vous emportés avec tant de rapidité tout ce qui s'oppose à votre passage, qu'aussitost vous échapés à mes yeux.

C'est en vain que je m'atacherois à faire icy le récit de toutes vos actions royalles : la matière en est si belle et si riche que je ne sçaurois la soutenir comme il faut, et je me sans d'autant plus stérille et moins propre à faire ici votre éloge, qu'il y a une infinité de choses à dire de Votre Majesté, dont la moindre surpasse la capacité du génie le plus fort et le plus élevé.

Comme il n'apartient, Sire, qu'au soleil de tirer de son fond et de produire lui seul la lumière qui l'environne, vous n'avés besoing que de vous-même pour faire cognoitre à toute la terre ce que vous êtes.

Quand on chercheroit partout un plus grand monarque que vous, on feroit une course fort inutile et on reviendroit toujours vous prendre pour justifier l'éloge renfermé dans la devise qui porte que vous valés vous seul tous les monarques de la terre : *Nec pluribus impar*.

Car il n'en est point, Sire, qui ayent une grandeur d'âme comme la vôtre, qui ayent autant de générosité, de prudence et de douceur que vous en avés, et qui ayent sceu comme vous les accorder ensemble, durant la guerre et dans la paix, par les mouvements d'une piété extraordinaire et dans une égalité d'esprit achevée. Vous portez, Sire, vous seul, le nom de grand, sans vous vanter jamais de l'être. Vous avés, sans craindre le danger, une prudence extrême à l'éviter quand il faut et l'affronter quand il s'agist de sauver et deffendre l'Etat contre les attaques de nos ennemis. Vous avés une bonté et une clémence de père envers vos sujets, avec un air de majesté qui l'accompagne toujours, et vous faites un si juste dicernement des choses dans tous les vastes desseins que vous formés, que encore que vous tentiez toujours, dit un bel esprit de ce ciècle, ce qu'il y a de plus difficile, on ne vous voit jamais entreprendre rien d'impossible, et vous n'abandonnés rien au hasard de tout ce qui peut être conduit par la vertu et par la sagesse.

Faudroit-il, Sire, raporter icy en détail votre exactitude à faire observer les reigles de la guerre dans la conduite des armées, votre prudence et votre addresse à assiéger des places, votre force et votre habileté à prendre des villes, votre intrépidité à passer les rivières les plus larges et les plus dangereuses, votre hardiesse à attaquer l'ennemy, la gloire qui vous accompagnoit partout jusque dans vos retraites où vous n'avés cessé de combattre que pour prendre de plus justes mesures et pour vous asseurer mieux de la victoire ?

Faudroit-il, Sire, toucher dans cet endroit ce qu'il y a de plus beau et de plus éclatant dans votre histoire ? Faudroit-il vous dire que dans ces temps heureux, au lieu de punir les calvinistes et de leur déclarer la guerre, comme faisoint vos prédécesseurs, vous avés, par une conduite également douce et juste, par des édits très pieux et par un zèle infiny d'accroistre la religion catholique, anéanti à vos pieds le calvinisme qui avoit ravagé presque toute la France avec le fer, avec l'avarice et la cruauté des étrangers partisans de l'hérésie que nos François calvinistes avoient appellés à leurs secours ?

Pourquoi, Sire, vous redire toutes ces choses-là : les hommes illustres de ce temps les ont déjà si bien écrittes en toutes sortes de langues; ils en ont parlé avec éloge dans le secret et en public; ils les ont fait graver sur le marbre et sur le bronze. Vous sçavés, Sire, que les poëtes François les plus fins et les plus délicats n'ont rien exprimé dans leurs vers sur votre sujet, qui ne soit grand et divin tout ensemble ; que les historiens avec un stile plus grand et le plus libre ont donné l'étendue à tout le beau jour qu'ils pouvoient donner aux endroicts de votre vie les plus éclatants ; qu'enfin l'académie de Paris, dévouée à l'immortalité sous votre règne, les a relevés d'une manière si noble, si pure et si fleurie, qu'à peine vos descendants pourront-ils croire ce qu'elle en a dit : encore, avec céla, elle ne s'est jamais picquée d'avoir donné le moindre éclat à vos faits héroyques, puisqu'elle même a été contrainte autrefois d'avouer en votre présence qu'elle ne pouvoit plus soutenir la grandeur et l'éclat qui leur est naturel, que vous l'avés épuisée et qu'elle aimoit mieux révérer par son silence ce qu'elle ne pouvoit ny égaler ny relever par ses discours. C'est donc, Sire, avec plus de justice et pour ne me point éloigner des sentimens de l'académie, après par mon distique latin avoir exprimé tout ce qu'on sçauroit jamais dire d'éclatant en plusieurs volumes de la grandeur de Votre Majesté, que me voyant réduit à n'en pouvoir dire davantage, je regarderai toutes vos actions royales avec étonnement et avec un profond respect, pour vous donner par là les marques les plus asseurées, comme à mon roy et à mon souverain, de ma fidélité et de ma soumission à tous vos ordres. J. Debaro, le père, autheur du distique latin et de l'harangue Françoise.

EXTRAITS

DE L'OBITUAIRE DE SAINTE-OPPORTUNE DE POITIERS
(1366-1631)

DES REGISTRES PAROISSIAUX DE CETTE VILLE
(1539-1790)

ET DU JOURNAL DE PIERRE CHARMETEAU
MAÎTRE PERRUQUIER
(1731-1767)

NOTE PRÉLIMINAIRE

Lors de la préparation du tome XV de la Société des Archives, il avait été arrêté que la matière serait uniquement fournie par les journaux de MM. de Brilhac et Denesde, particuliers à la ville de Poitiers. Ceux-ci ne s'étant pas trouvés suffisants pour composer tout un volume, on a cru devoir combler la lacune par la reproduction de documents similaires, c'est-à-dire par des récits d'événements émanés de contemporains et ayant, comme les journaux, un caractère absolu d'authenticité. Tout le monde sait que les anciens registres paroissiaux sont parfois une mine précieuse de renseignements en dehors même de leur objet spécial, et que les curés chargés de les tenir ont souvent inscrit à leur date le récit de faits dont ils venaient d'être témoins. Généralement ces faits ont un rapport étroit avec le caractère de ceux qui les relèvent ; mais néanmoins l'histoire locale, les mœurs, les sciences naturelles y trouvent toujours à glaner. Nous avons donc demandé aux registres de l'état civil de Poitiers de compléter ou même de confirmer les renseignements fournis par MM. de Brilhac et Denesde. Les extraits ont été faits avec soin par M. Bricauld de Verneuil, à qui l'on doit la mise en ordre de ces registres (*V. Inventaire des archives de la ville de Poitiers antérieures à 1790*, p. 328 à 340), assisté de MM. de la Bouralière et Bonvallet.

Un des registres du dépôt municipal a un caractère particulier : c'est un obituaire dressé par Mathurin Dardin, curé de Sainte-Opportune, sur des documents allant du 13 août 1366 au 17 juin 1599, aujourd'hui disparus, et continué par lui du 2 février 1600 au 9 septembre 1631, date de sa mort. On lui a emprunté quelques faits qui se sont passés à l'occasion de la sépulture de personnes notables.

On a aussi pris quelques notes dans le journal de Pierre Charmeteau, maître perruquier à Poitiers, dont un extrait, exécuté par M. Bonsergent, fait partie des collections de la Société des Antiquaires de l'Ouest. Les mentions généralement brèves de ce journal, qui commence le 10 avril 1731 et se termine au 25 juin 1767, sont pour la plupart dénuées d'intérêt, et, pour l'état civil qui est leur objet principal, font double emploi avec les registres des paroisses. Le manuscrit compte 29 pages in-4°, et, en dehors des notes qu'on lui a empruntées, ne contient que deux longs articles, l'un consacré au fils de l'auteur, Pierre-Honoré Charmeteau, décédé comme pilote à bord d'un navire de la compagnie des Indes le 28 novembre 1754, l'autre à Geneviève Charmeteau, sa sœur, servante des pauvres, décédée à l'Hôtel-Dieu de Poitiers le 14 mars 1761, à l'âge de 71 ans.

EXTRAITS DE DIVERS DOCUMENTS

RELATIFS A LA VILLE DE POITIERS

1335.

En l'an mil trois cents trente cinq, ou un peu auparavant ou après, fust basti une chapelle, et en l'an mil trois cents cinquante en estoit chapellain messire Jehan Bérangier, lequel mourut le 18 d'aougst 1366 et fut enterré en ladicte chapelle (Reg. 237, Sainte-Opportune).

1425.

Le vingt-septiesme de septembre mil quatre cents vingt-cinq, fut enterré messire Jehan Merici par le curé de Sainct-Sibard en lad. chapelle. Aud. Jehan Merici, chapellain, succeda messire Jehan Lamberty, que luy donna le révérend abbé de Montierneuf. Ce Lamberty estoit docteur en théologie en l'université de Paris, et, de son temps, fut institué l'université de Poictiers, de laquelle il fust le premier recteur, qui fut le premier de feuvrier mil quatre cents trente-un, et en fut longtemps chapellain (Reg. 237, Sainte-Opportune).

1444.

Le vingtiesme de novembre mil quatre cents quarante-quatre, fut enterrée Jacquette Barbe, fille de monsieur Barbe, advocat du roy, où il y eust grande contestation avec le curé et chapitre de Nostre-Dame-la-Grand, comme en pareil cas, il avoit heu avec le curé de Sainct-Sibart qui prétendoit à luy appartenir à faire l'office et pour ce à la diligence dud. s^r Barbe, advocat du roy, et d'aultres de lad. paroisse de Saincte-Opportune. Lad. chapelle de Saincte-Opportune fut érigée en paroisse avec le consentement du curé de Sainct-Sibart et du curé et chapitre de Nostre-Dame-la-Grand, et ce estant chapelain Pierre Mamoris, sans toutefois préjudicier en rien aux escoles de la théologie et faculté d'icelle, où il est dit que nul ne peult estre curé de Saincte-Opportune qui ne soit docteur ou licentié en théologie, car il luy convient présider aux actes qui se font en l'escole appelée Sorbonnique, comme il est porté par les bules et concordats. Et ladicte chapelle ainsy érigée en cure fut augmentée de bastiment, ainsy comme il est porté dans le livre rentier (Reg. 237, Sainte-Opportune).

1458.

Le unsiesme de feuvrier mil quatre cents cinquante et huict, honorable maistre Jehan Barbe, advocat du roy en Poictou, fut enterré en sa chapelle ou caveau d'icelle, qui est en l'église de Saincte-Opportune, fondée de sainct Christofle, en présence d'honorable compagnée, y assistant M^r le recteur de l'université, messieurs le lieutenant de Poictou, les maire, eschevins et bourgeois de la ville. C'est luy qui le premier feit ériger la chapelle de Saincte-Opportune en paroisse, y contribuant de ses biens. Il a donné à lad. église ses treilles et beaucoup de rentes ; plus a donné des ornements, chappe et chasssuble de drap d'or, ensemble le cimetière qui estoit partie de son jardin et feit croistre et augmenter l'église despuys le crucifix jusques à la porte, et par sa diligence la feit consacrer le sixiesme de may de l'an mil quatre cents quarante-six, estant curé Pierre Mamoris, docteur en théologie. Il a fondé la chapelle de Sainct-Christofle où il est enterré ;

et quelque temps après fut enterrée Guillemette Omaline, sa femme. — M. Dardin, curé de Saincte-Opportune (Reg. 237, Sainte-Opportune).

1473.

Le dousiesme de juin mil quatre cents soixante-treze, fut enterrée en l'église Mme de Périgné, vefve de feu Mr Jamin, qui a fondé le festiage de la Magdelaine, ainsy qu'il est porté par son testament (Reg. 237, Sainte-Opportune).

1477.

Le vingt-neuviesme de may l'an mil quatre cent soixante et dix-sept, honorable Me Pierre Laisdet, conservateur des privilèges royaux de l'université de Poictiers, docteur ès-droicts, fut enterré en l'église de Saincte-Opportune au devant de l'autier de Nostre-Dame, à main dextre du grand autel, auquel autel de Nostre-Dame il a fondé une chapelle que vulgairement on nomme la chapelle des Pichenins. Assistèrent à ses obsèques M^r le recteur de l'université avec tous messieurs les docteurs et toute la justice. C'estoit un homme de bien et bon justicier (Reg. 237, Sainte-Opportune).

1485.

Le dixziesme de feuvrier mil quatre cents quatre vingts-cinq, fut enterré, dans le cœur de l'église de Saincte-Opportune, vénérable André de la Vastine, presbtre, qui a fondé le salut que on dict tous les soirs (Reg. 237, Sainte-Opportune).

1497.

Le vingtiesme d'avril mil quatre cents quatre vingts dix-sept, dame Catherine Guérie, femme de Me Raoul de la Vastine, docteur en médecine, fut enterrée en l'église, au pied du grand autel au costé senestre. Lad. dame

Guérie a fondé les vespres de dimanche (Reg. 237, Sainte-Opportune).

1498.

Le vingt-cinquiesme de may mil quatre cents quatre vingts dix-huit, honorable Mr Me Nicolas Royrant, lieutenant général en Poictou, fut enterré en l'église au pied du grand autel, au costé droit ; et y assista à l'enterrement Mr le recteur avec toute l'université, ensemble messieurs du siège. Il a fondé les festiages de l'octave de l'Assomption de Nostre-Dame et le jour de sainct Nicolas, et, par chascun mois, une messe le vendredy (Reg. 237, Sainte-Opportune).

1506.

Le vingt-deuxiesme de mars mil cinq cents six, fut enterré dans l'église Jehan Noüel, aultrement *Johannes de Natalitiis*, licentié, qui demeuroit dans les escoles de théologie. Il fault noter que tout docteur, licentié, bachelier et escolier en théologie, demeurant dans les escoles de théologie, ne doivent aulcun droit de sépulture aux paroissiens, estants enterrez dans l'église, d'aultant que lad. église de Saincte-Opportune estoit aultrefois la chapelle du collège de la théologie, donnée par le révérend père en Dieu, Estienne, abbé de Monstierneuf, et pour ce les parents dud. Jehan Noüel ne paièrent aulcun droit de la fosse dud. Noüel (Reg. 237, Sainte-Opportune).

1514.

Le 14 du mois d'aougst mil cinq cents quatorze, révérend père messire Martin Orgeis ou *de Orgiis*, évesque d'Esbron, fut enterré dans l'église à l'autel de la chapelle de Nostre-Dame et y a une tumbe sur laquelle est escript en latin : *Martinus presul Ebroïcensis vixit terdenos et lustra trecenta et obiit in Domino.* Il estoit docteur et doïen de la faculté de théologie. Par cet escript, il est montré qu'il mourut l'an trentièsme et néanmoins il se trouve par les registres de la théologie qu'il est mort en ceste année (Reg. 237, Sainte-Opportune).

1522.

Le dix-huictiesme de may mil six cents vingt-deux, honorable Mr Joachim Tudart, sg^r de la Bournalière, fut enterré dans l'église, et ce en sa chapelle qu'il a faict construire et doter, où il y a un cavreau (Reg. 237, Sainte-Opportune).

1523.

L'an mil cinq cents vingt-trois, le dixiesme jour de juin, honorable Me Maturin Roigne, conservateur de l'université de Poitiers, fut enterré en sa chapelle dans l'église de Saincte-Opportune, laquelle il avoit faict construire et bastir. A ses obsèques assistèrent M^r le recteur de l'université et tous les docteurs, ensemble MM^{rs} les lieutenant et officiers du roy et y eust une honorable compagnée (Reg. 237, Sainte-Opportune).

1527.

Le quinsiesme d'avril mil cinq cents vingt-sept, fut enterré en l'église Me Jacques Bugnon, procureur, qui a fondé le festiage de sainct Jacques et de sainct Philippes. Il estoit seigneur de Belletières (Reg. 237, Sainte-Opportune).

1530.

Le dixiesme de may mil cinq cents trente, honorable Me Jehan Blucheau, procureur, fut enterré en sa chapelle, en l'église de céans, laquelle il a fondé de sainct Jehan et de saincte Marguerite (Reg. 237, Sainct Opportune).

1538.

Le quinziesme d'avril mil cinq cents trente et huict, a

esté enterrée dans l'église dame Jehanne Rideau, vefve de feu M⁰ André Chaillé, advocat; elle a fondé le festiage de l'invention de saincte Croix. Il y eust une belle compagnée (Reg. 237, Sainte-Opportune).

1554.

Le dix-huictiesme de novembre mil cinq cents cinquante-quatre, honorable M⁰ Maturin de Consais, sg⁰ de la Bardonnière, fut enterré en l'église et sépultures des s⁰⁰ de Consais, au costé dextre du grand autel. Il a légué le pain et le vin de la saincte communion aux festes de Pasques (Reg. 237, Sainte-Opportune).

1555.

Le vingtiesme de juin mil cinq cents cinquante et cinq, vénérable messire Martin Bretonneau, vicaire de l'église de Saincte-Opportune, curé de Lamairé et de ses annexes, a esté enterré au cimetière, par son testament, parce que ses parents y avoient esté enterrés. Il a fondé les vespres des samedis de toute l'année (Reg. 237, Sainte-Opportune).

1569.

Le 22 de juillet mil cinq cents soixante-neuf, la ville de Poictiers fut assiégée par Gaspard de Colligni, admiral, le chef des huguenots, durant lequel siège mourust plusieurs hommes d'honneur et de qualitez. Dedans la ville, pour la défence, estoit monseigneur Henry de Lorenne, seigneur de Guise, et plusieurs aultres. Et moururent en la paroisse, entre autres, monseigneur Donoux en la maison de monsieur Charlet et fut enterré dans Nostre-Dame ; et le 18 d'aougst mourut dans la maison de M⁰ Jehan Collas, maistre chirurgien, Eneguillerme, gentilhomme Italiain, et fut enterré au couvent des Jacobins en une chapelle où il y a un caveau, et en la maison de monsieur

Duval, le seigneur de la Renaudière, gentilhomme et capitaine, et fut enterré dans l'église de Nostre-Dame. C'estoit la sépulture de tous les nobles gentilshommes qui moururent durant le siège, qui dura jusques au huictiesme de septembre, auquel jour ils levèrent le siège. En reconnoissance d'une si grande grâce que Dieu avoit fait à la ville, tous les ans le septiesme dud. moys de septembre on faict une solennelle procession en tout le circuit de la ville, et à la fin d'icelle une prédication affin de rendre grâce à Dieu de la délivrance dud. siège (Reg. 237, Sainte-Opportune).

1584.

Le troisiesme may mil cinq cents quatre vingts et quatre, fut sacrée, béniste et batisée une cloche à l'honneur monsieur sainct Jacques, par l'authorité et permission de monsieur l'évesque de ceste ville, à la présentation et nomination de nobles Mre Pierre Rogier, s^r de Mégné, conseiller et magistrat de lad. ville, et de Jan Maignen, s^r d'Aillé et de dame Jehanne Guyvreau, dame de Malaguet, vefve de feu noble Pierre Pidoux, vivant trésorier général de France et eschevin dud. Poitiers; pour estre lad. cloche portée en la chapelle de monsieur sainct Jacques, de nouveau rédifiée près la porte de la Tranchée de ceste ville et hors icelle où elle estoyt entiennement. ROGIER, MAIGNEN (Reg. 70, Saint-Didier).

1588.

Le deuxiesme d'aoust mil cinq cents quatre vingts-huict, a esté faict procession généralle, où tout le clergé a marché, et au soir feut faict feu de joye où quinze coups de canon feurent tirés; le tout en tesmonage de joye de la réunion faicte entre le roy nostre sire et messieurs les prinsses. GORCE, curé (Reg. 150, Saint-Jean-Baptiste).

1589.

Aujourd'huy seiziesme juin mil cinq cents quatre-vingts-neuf, a esté faict profession de foy pour maintenir l'union que le roy avoit jurée et faicte jurer. Dieu, par sa saincte grâce, nous veuille estre fabvorable (Reg. 150, Saint-Jean-Baptiste).

1591.

Le quatriesme jour du mois de mars mil cinq cents quatre-vingts-onze, feut mis à bas le chasteau de ceste ville de Poictiers, entre deux et trois apprès mydy : sçavoir le costé devers la ville, avant-garde qui ne feut rédiffié (Reg. 150, Saint-Jean-Baptiste).

1592.

L'an mil cinq cens quattre vingtz douze,
De septembre le ving et huy,
A dix heures avant midy,
Entra dans Poictiers unne rouze
Nommée le conste de Briçacq
Qui les meschantz mettra à sacq,
Huguenot et faulx chatolicques,
Et nous rendra tous passiphiques,
Invocant le nom du haut Dieu
Qui ha le pouvoir en tout lieu.
 Gorce, curé (Reg. 150, Saint-Jean-Baptiste).

1593.

Le huictiesme juillet l'an mil quattre vingtz traise,
Les ennemis de Dieu et sa religion
Nous ayant assiégé, par leur embition,
Panssois gaigner la vill' et nous mettre en malaise.
Ilz furent bien trompés ; car aussi chault que braize,
Baptus et repoussés ilz furent promptement.

De leurs chefz demeurés, à leur grand destrimen,
Qu'or supplient plutost de les mettre à leur aise.
La Tranchée le sçay, les gens de bien aussi ;
Prions Dieu que le tout bientost puisse estre ainsi
Au crestiens

(Reg. 150, Saint-Jean-Baptiste).

1596.

Le vingt-deuxiesme janvier de l'année mil cinq cent quatre vingt seize, sur le jour couché, je nasquis, et le dimanche vingt sixiesme janvier de l'année mil six cent vingt je célébray ma première messe dans le cimetière de Parsçay en Touraine, près la ville de l'Isle-Bouchard, et le jour et feste de S¹-Michel, vingt-neufiesme septembre de l'année mil six cent vingt-cinq, je fus receu vicaire perpétuel de l'abbaye de la Celle de ceste ville de Poictiers, et nasquit au port de Mougon, distant d'un demy-quard lieue du bourg dudict Parsçay en Touraine cy-dessus ; et ay fait tout ce que dessus le vingt sixiesme de janvier mil six cent cinquante un. Et furent mes père et mère Mathurin de la Porte, marchant, et Françoise Trouillet. DE LA PORTE, vicaire de la Celle (Reg. 121, Saint-Hilaire-de-la-Celle).

1598.

Le dimanche huictiesme du moys de mars mil cinq cents quatre-vingts dix-huict, fut boeniste unne cloche de céans dedans, laquelle avoyt esté faicte refondre par noble et vénérable Olivier de la Fontaine, soubz-doyen de l'église de Poictiers, et la bénist vénérable M⁰ Jehan Moreau, official et chanoyne de lad. église de Poictiers, et furent parrain discrette et vénérable personne M⁰ Mathurin Chasgneau, doyen de l'église de Poictiers, et marrine.... E. JAQUET, curé (Reg. 151, Saint-Jean-Baptiste).

Le dixhuictiesme de juing mil cinq cents quatre vingts dix-huit, fut publié la paix et reconsiliation antre hault et puissant prince Henry de Borbon, par la grâce de Dieu roy de France et de Navarre, et Philippes d'Autriche, roy des Hespaignes. Et led. jour aussi fust mis la pierre des fonz à mettre l'eau benoiste pour baptizer les petiz enfans (Reg. 150, Saint-Jean-Baptiste).

1600.

Le deuxiesme de feuvrier, jour de la Purification, mil six cents, fut enterré dans l'église de céans, sous le crucifix, au costé senestre, vénérable messire Sébastiain Benesteau, docteur et doïen de la faculté de saincte théologie de l'université de ceste ville de Poictiers et le plus anciain tant des docteurs que de tous les officiers et suppôts de lad. église, prieur de Chapelle-Baston, chanoine théologal de Sainct-Juniain et le plus anciain de ladicte église de Sainct-Juniain. Il fut enterré en presbtre et docteur : premièrement vestu des habits sacerdotaux et par dessus lesd. habit et chasuble, vestu de la chappe de docteur, en teste un bonnet quarré avec une flocque d'or. Monsieur le recteur et tous messieurs de l'université et tous les escoliers des collèges, mesmement monsieur le principal de Puygarreau avec tous messieurs ses régents et escoliers qui firent nombre d'épitaphes tant en grec, latin que françoys, assistèrent à ses obsèques, lesquelles furent faictes par vénérable Maturin Dardin, docteur en théologie et son successeur en lad. cure de Saincte-Opportune, qui feit l'oraison funèbre, en laquelle il dit la doctrine, vertu, religion et dévotion dud. feu Benesteau. *Requiescat in pace. Amen* (Reg. 237, Sainte-Opportune).

1602.

Le vingt-huictiesme du moys d'aoust mil six cents deux, la fouldre tumba sur le petit clocher de Sainct-Pierre, qui brusla la poincte et fit tumber la croix d'en hault (Reg. 151, Saint-Jean-Baptiste).

1607.

Les fons baptismaux de la Celle de Poictiers furent faicts, construits et bénis en febvrier mil six cent sept, révérend père en Dieu messire Francoys d'Anlezy, abbé, et frère Pierre Boutault, vicaire perpétuel. DE LA PORTE. (Reg. 122, Saint-Hilaire-de-la-Celle).

1622.

Le sixiesme de mars mil six cents vingt-deux, a esté enterrée dans l'église, en la chapelle et cavreau des s^{rs} Barbes et Gilleberts, dame Jacquette Soteau, vefve de deffunct honorable maistre Jehan Gillebert, s^{or} de Bonnillet, laquelle, après avoir receu dévotieusement les saincts sacrements de saincte église, elle rendit son âme à Dieu. Elle estoit très bonne catholicque ; elle fonda les vespres du cuaresme estre dictes tous les jours, au matin vespres et au soir complies (Reg. 237, Sainte-Opportune).

1628.

Le vingtiesme d'aougst mil six cents vingt-huit, fut enterrée au cimetière, devant le clocher, Simonne Poupaud, vefve de feu maistre Laurent Girard, maistre texier en toile. Elle a fondé deux festiages, sçavoyr : le jour de sainct Laurent et le jour de sainct Simon et sainct Jude (Reg. 237, Sainte-Opportune).

Le premier novembre mil six cent vingt-huict, sur les quatre heures du soir, a esté chanté le *Te Deum laudamus* en réjouissance de la réduction de la ville de la Rochelle en l'obéissance du roy Louys treziesme, roy de France et de Navarre, dans l'église de Sainct-Pierre-le-Grand de Poictiers, où touttes les paroisses de lad. ville, chappittres et couvens sont venus processionnellement, M^{rs} le recteur et M^{rs} du grand conseil du roy, M^{rs} les maire, pairs, eschevins et bourgeois de lad. ville, M^{rs} du présidial tous en corps ; et Mʳ l'évesque de Poictiers, Henry-Louis Chasteignier de la Roche-de-Pozay a faict l'office et y avoit dix-sept parties de musique en quatre cœurs (Reg. 224, Saint-Savin).

1631.

Le septiesme d'avril mil six cents trente-un, a esté ensépulturée en l'église, et ce en la chapelle des Tudarts, dame Suzanne Gerbon, demeurant cheux Mʳ de la Charoulière. Elle a fondé trois festiages, à sçavoir : le festiage de Nostre-Dame-de-Pitié, le festiage de Nostre-Dame-du-Rosaire, et un anniversaire pour le jour de son obit (Reg. 237, Sainte-Opportune).

1639.

Le samedy vingt-troysiesme d'apvril, vigille de Pasques, mil six cent trante et neuf, séant au Sᵗ-Siège apostolic Urbain huictiesme, et à Poictiers au siège épiscopal Henry-Loys Chastegner de la Roche-pozay, régnant en France Loys trezième du nom, les fons baptismaux de ceste église paroissialle de monsieur sainct Estienne dudit Poictiers ont estés construits, édifiés et bénis pour la première foys, par la permission dudit seigneur évesque, par messire Claude Gendre, presbtre, aumosnier chanoine de l'église collégialle de Nostre-Dame-la-Grande de ceste ville, et curé recteur de laditte paroisse de Sainct-Estienne ; et ont esté lesdits fons construits et édifiés aux fraiz dudit Gendre, estants pour lors fabriqueurs : sires David Elye, maistre appoticquaire, et Jacques Renault, maistre orphebvre. GENDRE, curé de Sainct-Estienne (Reg. 93, Saint-Etienne).

1642.

Le vandredy dix-huictiesme juillet mil six cents quarante-deux, entre unze heures et midy, la croix du cimetière a esté faict tomber par terre par la baraude (Reg. 260, Sainte-Triaise).

Aujourd'huy, vingt et cinquiesme jour de juilliet mil six cent quarante et deux, à neuf heures du matin, nous, Pierre Rousseau, abbé de l'abaye de St-Jehan de Montierneuf de ceste ville de Poictiers, estant en l'église abatiale de lad. abbaye, ce sont comparus en leurs personnes : messire François Lavaille, presbtre, vicaire perpétuel de la paroisse dud. St-Jehan, deservie en la chappelle de lad. paroisse et ce au dedans de lad. église abatiale, de Monjon, Magaud, J. Cornuau, Garnier, Grégoire, Poupeau receveur, Marot fabricqueur, Pouvreau, V. Micheau, Guérin, Navière, Morel, David, Bonniot fabricqueur, faisant tant pour eux que pour leurs successeurs, vicaires, procureurs, fabricqueurs, manans et habitans de lad. paroisse, lesquels nous ont dict et remonstré que, n'i aïant en leurd. paroisse aucuns fons baptismaux, ils auroient, dès le dernier jour de febvrier de la présante année, obtenu permission de monsieur le révérandissime évesque dud. Poictiers de pouvoir avoir en leurd. chappelle des fons baptismaux, pourveu que ce fust de nostre consentement; humblemant requérant icelui, et pour obvier aux abus, inconvéniens et aux preuves par tesmoins que l'on est souvent contrainct de faire en justice touchant la naissance des enfans, desquels les curés et vicaires sont obligés de tenir registre des baptesmes, chascun d'iceux en leurs paroisses pour y avoir recours et en délivrer extraïctz à ceux qui les en requièrent, suivant les ordonnances royaux, et à ceste fin, ils nous ont représanté lad. permission obtenue aux termes qui s'ensuivent: Nous permettons ce que dessus pourveu que monsieur l'abé de Montierneuf y consente. Donné à Dissay ce dernier jour de febvrier mil six cent quarante-deux. Signé : Henri-Loys, évesque de Poictiers. Veu laquelle, nous, abbé susdict, désirant de tout nostre pouvoir contribuer au soulagement desd. habitants et manans de lad. paroisse, avons de nostre franche volonté, consenti et consentons, en tant que pouvons et devons, que lesd. vicaire perpétuel, procureurs, fabricqueurs, manans et habitans d'icelle paroisse, aient dès à présent et puissent avoir à perpétuité en leurd. chappelle des fons baptismaux pour baptiser et administrer le saint sacrement de baptesme suivant et au désir des constitutions ecclésiasticques et ordonnances royaux, sans toutefois troubler ny empescher le service divin journellement célébré en nostred. église abbatiale. En tesmoin de quoy avons signé ces présentes et à icelles faict apposer nostre scel, et ordonnons qu'elles seront registrées au papier scribat de nostred. abbaye par le scribe d'icelle, auquel donnons pouvoir d'en délivrer aux exposants requérant telles grosses qu'ils désireront, de luy signées et scellées du scel ordinaire de lad. abbaye; comme aussi disons que lad. permission dud. révérendissime évesque sera registrée au papier baptismal et délivrée avec ces présantes par led. scribe; et pour signer ces présantes et en délivrer grosses à qui il appartiendra et icelles sceller du scel de nos armes, avons commis messire Pierre Magaud, presbtre, notaire apostolicque, l'ung des habitans de Montierneuf. Pierre Rousseau, abbé de Montierneuf (Reg. 1, Montierneuf).

Je, dom Thimoléon Debourgaud, presbtre, sacristain de l'abbaye de Sainct-Jehan-l'Evangéliste de Montierneuf de ceste ville de Poictiers, veu la permission de monseigneur le révérendissime évesque de Poictiers, ensemble le consentement de monsieur le révérend abbé de Montierneuf aux curé ou viquaire perpétuel, procureurs, fabriqueurs, manans et habitans de ladite paroisse de Montierneuf, d'avoir des fonts baptismaux pour y administrer le sainct sacrement de baptesme à l'advenir aux enfans de ladicte paroisse de Montierneuf, consents pareillement à la bonne volonté de monsieur le révérend abbé de Montierneuf, le tout sans préjudice de mes autres droits. Faict et passé au chapitre de l'abbaye de St-Jehan de Montierneuf de cette ville de Poictiers, le septiesme aoust mil six cent quarante et deux. Debourgaud, sacristain (Reg. 1, Montierneuf).

1643.

Le huitiesme jour de janvier mil six cent quarante et trois, l'église de Sainct-Jean-l'Évangéliste de Montierneuf tomba par terre ; le révérand mess. Pierre Rousseau abbé pour lors et Françoys Lavaille, curé de Montierneuf (Reg. 1, Montierneuf).

Les fontz baptismaux, faicts en l'année mil six cent quarante-trois, ont estés bénitz par moy, Brossay, vicquaire-desputé par monseigneur. BROSSAY (Reg. 215, Saint-Saturnin).

1645.

Le vingt et un du mois de juillet de l'an mil six cens quarante cinq, décéda vénérable Mre Claude Gendre, chanoine et aumosnier de l'église de Nostre-Dame et curé de céans, en très bonne estime de tout le peuple qui le regréte extrêmement par sa bonne vie exemplère et mesme d'en le douté de saincteté. Il est enterré céans devant la porte de la sacristie. Il a fondé par an trois messes en trois jours, du jour de son obit et les deux suivants. Il a légué pour cella dix livres de rente, savoir : cent sols pour le curé, quatre livres pour la fabrice et vingt sols pour le coustre. *Requiescat in pace.* Bourbeau, nottaire, a passé le testament (Reg. 93, Saint-Etienne).

1648.

Le vingtiesme du mois de febvrier mil six cens quarante-huict, j'ay enterré sire Charle Debourg, marchand, dans le coing du parvis du costé du cimetière. On vouloit y faire porter deux cierges aux enfans de cœur, la croix du chapitre, mais je n'ay voulu aller lever le corps. Après l'enterrement, les enfans de cœur qui avoient porté quatre flambeaux les emportèrent dans la psallette, par commandement de Mr René Depoys, mon frère, maistre de la psallette; mais après luy avoir demandé, il me dit qu'il les avoit serrez pour me les conserver et me les rendit devant tous les chapellains, messieurs le soubz-chantre et Cacaud. Il ne fault rien permettre d'ynnovations à ces gens-là (Reg. 245, Sainte-Radegonde).

Je, dom Thimoléon Debourgaud, presbtre, sacristain de l'abbaye de Sainct-Jean-l'Évangéliste de Montierneuf de ceste ville de Poictiers, permets, avec le consantement de monsieur le révérend abbé de Montierneuf, de mettre et poser en le clocher de lad. abbaye une cloche de la paroisse, appartenant aux curé, fabricqueurs et habitans de lad. paroisse de Montierneuf. Faict ce neufiesme jour d'apvril mil six cent quarante et huict. DEBOURGAUD, sacristain (Reg. 1, Montierneuf).

Inscription de la cloche : *Hoc campanum vetustate attritum in honorem Deiparæ Virginis Mariæ olim extra muros, rectore magistro Godofredo Depoys, fabricatoribus Jacobo Mauroy et Joanne Jallet, consecratum anno Domini millesimo sexcentesimo quadragesimo octavo, rectoris et parrochianorum beneficio, die vero februario octavo.*

Le fondeur nommé M° Jean Cherpentier a donné quittance aux fabriqueurs, qui est au coffre de la fabrice. Pendant ce temps, le chapitre a faict appeler le curé devant l'official pour ce voir faire deffance de ne bénir plus les chandelles et les rameaux. Je ne sçay qui en arrivera. J'espère en faire mention en son temps et lieu (Reg. 245, Sainte-Radegonde.)

1649.

Le dix-huictiesme mars mil six cens quarante-neuf, sur le midy, Vincent Porcheron, fils de la Delacroix, estant sur la porte de sa boutique, donna un coup de fusil dans la teste de madame Perrine, femme de Mr Jacques Berronneau, qu'il tua toutte roide, sans parler ny mouvoir; elle estoit niepce de madame Granvillain, chez laquelle

elle avoit esté mariée. Elle fut enterrée le lendemain 19e mars, à onze heures, led. Porcheron aagé de 15 à 16 ans, comme on disoit. Dieu lui fasse paix (Reg. 245, Sainte-Radegonde).

Le sixiesme mai mil six cens quarante-neuf, feste de sainct Jan-Porte-Latine, se sont assemblés les imprimeurs de ceste ville en ceste église pour y continuer leurs assemblées et on pris pour leur feste la Sainct-Jan-Porte-Latine qu'ils solenisent en ceste église et y donne le pain bénit et font dire une messe led. jour et le lendemain en font dire une autre pour le repos de l'âme de leurs confrères.

En marge on lit ce qui suit :

Ont lesd. librères prins une autre église pour faire leur solemnité, atendu que l'église de céans n'est fondée de sainct Jan-l'Evangéliste (Reg. 161, Saint-Jean-Baptiste).

1651.

Despuis la Toussainctz mil six cent cinquante et un, je n'ay faict mariages, car le roy et la reyne estant à Poictiers, et les faubourgs estant plains de soldats des gardes ont ruyné tout, jusques à couper les arbres fruictiers par pied. Ils ont esté en Poictiers trois mois cincq jours.

Pendant lequel temps, le roy et la royne ont faict faire ces deux ouvertures au tombeau et construire cest autel ; et ce qui est fascheux pour la parroisse, c'est cest ouverture de dessoubs la voulte pour esvaporer la fumée de la lampe. Dieu veuille qu'elle n'incommode pas, car de s'opposer aux volontez d'un roy et royne de France, il n'y avoit point d'apparance (Reg. 245, Sainte-Radegonde).

1654.

Le vingt-sixiesme juillet mil six cents cinquante-quatre, Mre Estienne Guerry prist possession de la cure de Saincte-Opportune, sur la résignation de Mr Hélie Maret, curé de

Saint-Savin, en ceste ville, qui l'avoit eue par résignation de M^r Le Vasseur (Reg. 241, Sainte-Opportune).

1655.

Le dix-neufiesme janvier mil six cent cinquante-cinq, Mre Pierre Barrault, procureur à la police de cette ville, nous a présenté une petite fille naissante qu'il a dict avoir esté exposée hyer au soir, sur les dix heures, sur la boutique de Laurand Caillas, maistre menuisier, par personnes incongnues, lequel s^r Barrault nous a dict avoir esté trouvé en son sein un petit paquet de sel qui a esté mis pour donner advis que lad. fille n'a esté baptisée (Reg. 93, Saint-Etienne).

1656.

L'an de nostre Seigneur mil six cent cinquante-six et le premier jour de may, j'ay, curé soubsigné, béni la seconde cloche de céans, laquelle pèse quatre cents moins deux livres et laquelle a esté nommée Marie par les dénommés cy-après, en qualité de parain et de mareine : Mre Charles de Loson, escuïer, s^r de la Gontrie, grand maistre et réformateur des eaux et forest de Guyenne et de Poictou, et dame Charlotte Chasteigner de Sainct-Georges, qui ont cy-après signé et les témoings. CHARLES DE LAUSON, CHARLOTE CHASTEGNER, R. CLERGEAULT, prestre et vicaire de Sainct-Paul, ROUHAULT, curé de Sainct-Paul (Reg. 179, Saint-Paul).

1661.

Le sabmedy dix-neuf febvrier mil six cent soixante-un, j'ay faict planter sept petits noyers dans le cimetière de la Celle, pour l'huyle en provenant, si Dieu permet comme je le souhaitte, estre employée à brusler jour et nuict, s'ils en produisent autant qu'il en faut, devant le St-Sacrement dans l'église de la Celle, dans la lampe que j'y ay faict mettre et me rescommande aux prières de ceux qui auront soing de bien mesnager ceste affaire. DE LA PORTE (Reg. 124, Saint-Hilaire-de-la-Celle).

Le septième jour de septembre mil six cent soixante-un, j'avois oublié d'escrire l'acte d'un petit enfant appartenant à M' Mourault, escuier, s' du Pin Chreuil, qui décéda en la paroisse de Nostre-Dame-l'Ancienne, le cadavre conduit par M' Royer, curé et promoteur de l'oficialité, et a esté enteré le susdict enfant en le cavreau de M'³ les Moureaux, en l'église de Nostre-Dame-la-Petite, au mois de septembre mil six cent soixante et un, et ledit s' du Pin n'a rien payé pour l'ouverture du cavreau à la fabrique, tant pour son deffunct père que de son fils à cause que M'ˢ les Moureaux sont fondateurs de cette chapelle anciennement nommée Nostre-Dame-de-Pitié, car leurs armes se remarquent en le vitral de ladicte chapelle, en la clef de la voûte et mesme en la giroite du clocher, et toutes ces remarques en font voir l'exemption, mais aussy il fault inférer qu'ils sont obligés à tout l'entretien de ladicte chapelle comme à entretenir la couverture et la voûte avec le vitral et tout ce qui y appartient. J'ay trouvé par titres, qui sont en le thrésor de la cure, que les cent sols, desquels jouissent les fabriqueurs, de rente sont pour dix messes qui ne sont pas célébrées à cause de la rétention ou usurpation de ladicte rente; et quant aux vingt sols dus à M. le curé à raison de ses assistances à trois grandes messes en l'église des Jacobins, le jour de feste des Sᵗˢ Fabien et Sébastien, ayant le s' curé d'appresant assisté aux Jacobins à tel jour et remarqué la discontinuation de telles messes, s'est contenté pour l'acquit de sa conscience et par règlement du service de son église par deffunct monseigneur de Poictiers, Henry-Louis Chasteigner de la Rocheposay, le quatorzième décembre mil six cent quarante-neuf, d'en célébrer une en l'église de Nostre-Dame-la-Petite, de quoy néanmoins il a adverti et fait advertir madame de Morlot en ce que les Jacobins ne satisfaisoient à ce qu'ils s'estoient obligés ni faict reigler ce légat, en cas qu'il fut trop modique, à monseigneur de Poictiers, mais se contentent de faire ce que bon leur semble, lequel procédé est contre l'honneur de Dieu, contre la fidélité deue aux fondateurs et contre le respect et honneur dus aux parants. Tout ce que dessus j'ay signé pour véritable, à Poictiers, ce dousiesme septembre mil six cent soixante un. GARNIER, curé de Notre-Dame-la-Petite (Reg. 41, Notre-Dame-la-Petite).

1663.

Ego Carolus Manevy, presbiter hujusce urbis et diocesis, die decima mensis maii anno Domini millesimo sexcentesimo sexagesimo tertio, dum Lutetiæ Parisiorum negotiorum causa agerem, hujusce parochialis ecclesiæ Beatæ Mariæ minoris Pictaviensis possessionem per procuratorem ad id specialiter constitutum adeptus sum, cum dictam ecclesiam prius scilicet ex die duodecima mensis novembris ultimo elapsi in curia Romana permutationis causa obtinuissem, in cujus rei fidem hic subscripsi post reditum meum. C. MANEVY, doctor theologus in universitate Pictaviensi et hujusce ecclesiæ rector licet immeritus (Reg. 39, Notre-Dame-la-Petite).

1666.

Le dousiesme jour de febvrier mil six cent soixante et six, est décédée Mme la duchesse de Mortemart au doyenné et feust enterrée aux Filles de Ste-Catherine.

Nota : depuis, vers l'an 1785, la maison de Ste-Catherine étant devenue caserne de soldats, le corps de la dame duchesse de Mortemart a été transféré chés les RR. PP. Cordeliers, au tombeau de la famille (Reg. 163, Saint-Jean-Baptiste).

Le dix-septiesme juin mil six cent soixante-six, a esté par moy, curé de Ste-Opportune, ce requérant Mre Nicolas Filleau, s^r des Ageois, et par permission de monseigneur l'évesque de Poictiers, procédé à la bénédiction d'une chapelle, par luy construitte et fondée de trois messes par semaine, sçavoir est : les jours de mardy, jeudy et samedy, dans une espace du fonds de la cure à costé gauche du grand autel, vis-à-vis de celle de Mrs de Thudert, à laquelle il a légué la somme de cent livres par chascun an, laquelle a estée dédiée soubz le titre ou invocation de Nostre-Dame-de-Pitié, par moy susdit curé; assisté de M^{rs} les prestres habituez en ma paroisse et plusieurs autres. GUERRY, curé de Saincte-Opportune.

La fondation est assoupie. Le s^r des Billettes a donné cinq cent livres à la cure pour éteindre lad. fondation et celle qu'il avoit fait ; lesdites cinq cent livres données sans aucune charge aux s^{rs} curez (Reg. 241, Sainte-Opportune).

1667.

Le deuxyesme jour de janvier mil six cent soixante-sept, Mathurin Collon a été receu sacristain de Saincte-Opportune par acte passé par Chauvet et Touton, notaires (Reg. 241, Sainte-Opportune).

1669.

En l'année mil six cent soixante-neuf, a été acheté un soleil d'argent pour servir à exposer le Sainct-Sacrement, aux dépens des paroissiens de Ste-Opportune, pour servir à la paroisse, qui a couté quatre-vingt-cinq livres ; et ce, par les soins de Mathurin Collon, sacristain, qui donna l'étuy, lequel coûta quatre livres (Reg. 241, Sainte-Opportune).

1670.

En l'année mil six cens soixante et dix, Mathurin Collon, sacristain de Ste-Opportune, fit faire une petite armoire pour serrer les calices et autres vaisseaux sacrez, et fit mettre sur lad. armoire un vieux tableau de bois où il y a un crucifix (Reg. 241, Sainte-Opportune).

1675.

Procez-verbal des reliques des saincts Modeste, Benoist, Célestin et Placide, martyrs, apportées de Rome et déposées en l'église de Sainte-Opportune dans les deux ailes du tabernacle de lad. église où elles se voient à présent, et ce par messire Louis de la Coussaye, escuier, approuvé le tout par monseigneur Gilbert de Clérambault, pour lors évêque de Poictiers. S'ensuit :

Gilbert de Clérambault, par la grâce de Dieu et du Saint-Siège, évêque de Poitiers, à tous ceux qui ces présantes verront, salut et bénédiction. Sçavoir faisons que le jeudy onziesme juillet mil six cent soixante et quinze, seroit comparu en nostre hostel épiscopal, environ les dix heures du matin, Louys de la Coussaye, escuyer, s^r de Fougeray et Grange, lequel nous auroit présenté deux boëtes de lames fort minces, couvertes de papier marbré, l'une de la longueur d'environ un pied, de la hauteur et largeur d'environ une palme, l'autre de la longueur d'un demy-pied et quelques doigts, de la largeur d'environ quatre doigts et de la longeur de trois ou environ, icelles boëtes liées : de ruban rouge, sçavoir la plus grande ; la plus petite liée de ruban jaune ; icelles deux boëtes scellées de cire rouge d'Espagne, à la manière de sceller à Rome les boëstes esquelles on enveloppe les sainctes reliques pour les envoyer dans les provinces ; les rubans desdites couppez en quelques endroits pour avoir frayé dans la longeur du port ; et nous a présenté led. s^r de la Coussaye les lettres authentiques de certificat de la vérité desdites reliques par F. R. Joseph *Ensavius Aquilanus ordinis Eremitarum Sancti Augustini, Dei apostolicæ sedis gratia episcopus Porphyriensis, sacrarii apostolici præfectus et pontificii solii episcopus assistens,* scellées icelles lettres de cire rouge couverte du papier du sceau dudit évesque, et signée au bas : *Damianus Censius secretarius*, en date de Rome, de l'hostel dudit évesque, le trantiesme du mois de janvier, l'an du jubilé mil six cent soixante et quinze ; l'autre du premier febvrier de lad. année du jubilé. Et ayant ouvert la première, la plus grande desdites boëtes, avons vu en icelle, enveloppées de coton, plusieurs parcelles de divers ossemens cariez et moisis et sur le long d'iceux avons vu escrit en un billet en lettre romaine : *Sanctæ Redemptæ martyris,* que nous avons estimé estre une partie du crâne ; avons vu et considéré un autre os de la longeur d'environ demy-pied et de la grosseur d'un doigt commun, que nous avons estimé estre une partie de l'os du bras en la partie procédante du coude jusqu'à la main avec une inscription en mesme lettre: *Sancti Illuminati martyris;* avons remarqué en la mesme boëste un autre os froissé et disjoinct en plusieurs lieux de la longeur d'environ demy-pied que nous avons estimé estre une partie des procédans de l'épaule et descendant au coude avec l'inscription en mesme caractère : *Sancti Placidi martyris;* avons remarqué dans la mesme boëste une autre partie d'os de la longeur d'environ une palme que nous avons jugé estre une partie d'os du haut du bras joignant à l'épaule. Et étoient toutes les parties desdits os cariées et moisies pour leur antiquité et estoit inscript en mesme caractère sur lesdits os : *Sancti Valentini martyris.*

Et ayant faict ouverture de l'autre boëste, qui est la plus petite, avons vu en icelle et trouvé quatre parties d'os, l'une de la longeur d'environ demy-pied que nous avons jugé estre partie de l'os postérieur scitué en la jambe, avec l'inscription en mesme caractère Romain : *Sancti Modesti martyris;* avons vu une autre partie d'os de la longeur d'environ demy-pied de figure plate à une des parties et un peu à prendre en l'autre avec l'inscription : *Sancti Benedicti martyris;* avons vu une autre partie d'os que nous avons remarqué estre de la coste, de figure en arc, de la longeur de moins de demi-pied, que nous avons jugé estre une partie de la coste la plus proche des vertèbres du col avec l'inscription en mesme caractère : *Sancti Celestini martyris;* avons aussi vû une partie d'os de la longeur d'environ trois doigts, de la largeur de deux ou moins, que nous avons estimé estre une des parties de l'os nommé ischion, avec l'inscription en mesme caractère : *Sancti Placidi martyris.*

Et nous a requis ledit s^r de la Coussaye luy vouloir permettre de déposer en l'église paroissiale de Sainte-Opportune de cette ville de Poitiers les reliques mises et enfermées en la petite boëste, et celles de la grande en l'église ou oratoire des religieuses Filles de Notre-Dame de la mesme ville ; ce qui luy a été par nous permis et accordé. Nous ayant de plus supplié ledit s^r de la Coussaye de luy permettre d'en prendre quelque parcelle de toutes lesdites reliques pour les déposer en des reliquaires particuliers, ayant esgard à sa piété, luy en avons volontiers donné et distribué, icelles mises chascune dans un papier blanc que nous avons fait inscrire du titre trouvé inséré à Rome par l'un de nos secrétaires ; toutes lesquelles choses et chascune d'icelles nous certifions estre véritable. Fait à Poitiers en notre palais épiscopal, les jour et an que dessus, et avons fait deffences audit s^r de la Coussaye d'en distribuer à d'autres soubs peine des censures ecclésiastiques. Signé : GILBERT DE CLÉRAMBAULT, évesque de Poitiers.

La petite boëste icy mentionnée avec le coton et fragmens des saintes reliques est dans le daume du tabernacle de Ste-Opportune, avec le procès-verbal et la bule de Rome, le tout renfermé dans ladite boëste pour être décemment conservé (Reg. 241, Sainte-Opportune).

1676.

En l'année mil six cent soixante et seize, a esté donné

à l'église de Ste-Opportune une chasuble de brocard à fleurs de diverses couleurs par Me Jean Chauvet, nottaire royal en cette ville, à l'intention de sa deffuncte femme Jeanne Desanges (Reg. 241, Sainte-Opportune).

1678.

Le vingt-huictiesme may mil six cent soixante et dix-huict, a esté posé sur le grand autel de Ste-Opportune un tabernacle, avec les ailes à côté où sont les reliques des saincts Benoist, Modeste, Célestin, Placide, martyrs, lesdites reliques approuvées de monseigneur l'évesque Gilbert de Clérambault, qui furent apportées de Rome avec une bulle par Mre Louis de la Coussaye, escuier; les fragmens desd. reliques sont dans tous les autels de l'église de Ste-Opportune. Ledit tabernacle a coûté deux cent trante livres.

La balustrade fut refaite la même année, le tabernacle et la balustrade par les soins de messire Adriain Gaultier, vicaire pour lors de Ste-Opportune, et de Mathurin Collon, sacristain, qui en prirent le soin entièrement (Reg. 240, Sainte-Opportune).

En l'an mil six cent soixante et dix-huict, ont esté fait trois chasubles, une rouge à la croix blanche de moire d'argent, une blanche, et une verte, par les soins et charité de mademoiselle Maisondieu, à l'usage de l'église de Saincte-Opportune (Reg. 241, Sainte-Opportune).

1679.

En l'année mil six cent soixante et dix-neuf, a été fait une armoire pour y mettre les chasubles, qui est dans la chapelle de Notre-Dame-de-Pitié, proche la sacristie; et, en la mesme année, a été fait un évié pour laver les mains aux prêtres dans la sacristie par les soins de Mathurin Collon, sacristain de l'église de Ste-Opportune (Reg. 241, Sainte-Opportune).

1680.

En l'année mil six cents quatre-vingt, Mathurin Collon, sacristain de Ste-Opportune, acheta la lampe de cuivre unie qui est devant le Sainct-Sacrement, qui y doit estre ardante jour et nuict, fondée par François Brulon, sacristain de Ste-Opportune. Ledit Brulon donna 15 liv. de rante pour cela, assignées les 15 liv. sur une maison au coin de la rue de Paille, appellée la maison des Trois Testes de Veau. Que le sacristain ayt soin de tenir la lampe allumée, le fondateur l'en prie (Reg. 241, Sainte-Opportune).

1681.

En l'année mil six cent quatre vingt-un, a été faict une bannière à l'église de Ste-Opportune, pour servir au service divin aux processions qui ont accoustumé de se faire, et ce par les soins de messire Adriain Gaultier, prêtre, vicaire, et de Mathurin Collon, sacristain de lad. paroisse de Ste-Opportune (Reg. 241, Sainte-Opportune).

1683.

Le dix-neufviesme décembre mil six cent quatre-vingt-trois, est né, a esté baptisé dans la chapelle du château de Versailles, Philippe de Bourbon, deuxiesme fils de Mgr le dauphin et de Mme la dauphine Anne-Christine-Victoire de Bavière.

Fut nommé roi d'Espagne en 1700, le 24 décembre (Reg. 165, Saint-Jean-Baptiste).

1684.

Le sixiesme jour d'octobre mil six cent quatre-vingt-quatre, a esté baptizée Catherine fille de Me René Luccas, maistre chirurgien en ceste ville, et de Louise Anne Charière.

Je luy ay délivré son extrait baptistaire. Elle a un logis

devant les Minimes, paroisse de St-Savin, où on arreste l'image de la saincte [Vierge] pour luy faire présent de poires de chrétien, le lundi de Pasques, en faisant la procession autour de la ville en mémoire de la délivrance miraculeuse de la ville, en action de grâces [pour] Nostre-Dame de Bonne Délivrance (Reg. 165, Saint-Jean-Baptiste).

En l'année mil six cent quatre-vingt-quatre, a été démoly le jubé de Ste-Opportune, et des bois et aix qu'on en a tiré en a été faict un placquard dans la chapelle de St-Jean-Baptiste, proche le clocher, pour y mettre les ornements (Reg. 241, Sainte-Opportune).

1685.

En l'année mil six cent quatre-vingt-cinq, Mathurin Collon, sacristain, fit faire à ses frais un étuy de cuivre, qui a couté quatre livres, pour loger et placer le reliquaire de la vraye croix de Ste-Opportune, dans lequel reliquaire il y a plusieurs prétieuses reliques et dévotes : Premièrement il y a, au milieu, de la vraye croix où Notre-Seigneur a souffert mort et passion ; de plus il y a un os de la machouère de saincte Opportune ; de plus il y a un petit os de sainct Porchaire, abbé de Sainct-Hilaire de Poitiers ; de plus il y a des os des sainct Modeste, sainct Placide, sainct Benoist, sainct Célestin, martyrs, approuvez par monseigneur de Clérambault, évesque de Poitiers, qui en a permis la vénération au peuple ; de plus, il y a du Sainct Suaire Notre-Seigneur, de la creiche de Béthéléem où Notre-Seigneur fut mis par la saincte Vierge ; il y a de la colonne où Notre-Seigneur fut attaché et flagellé, du linge que la saincte Vierge enveloppa Notre-Seigneur le jour de la Purification, lorsqu'elle le présenta au grand prêtre Siméon ; le tout dans la croix couverte de lame d'argent, fort ancienne, et il y a de petits écripts à chaque relique, escripts en lettres gotique fort ancienne. Celuy qui a écrit cecy a vu le tout. On prête cette relique aux femmes qui sont en train d'enfanter; il opère des merveilles. On l'expose dans l'église de Ste-Opportune les premiers vendredys des mois pour estre adorée du peuple qui y a grande dévotion, ce qui est d'ancienne tradition. Ce fût par le zèle d'un bon curé de Ste-Opportune de Poitiers qui escrivit au s^r curé de Ste-Opportune de Paris qu'il luy plust luy accorder des reliques de saincte Opportune, ce qui fut fait; il luy en envoya avec les autres reliques y mentionnées. Il y a bien près de deux cent ans d'abort que la chapelle de Ste-Opportune fut érigée en paroisse et même on a vû autrefois qu'il y avait à la paroisse de Ste-Opportune une confrairie de la Vraye Croix à cause dudit reliquaire et d'une chapelle qui est bastie sous le nom de la chapelle de la Croix, fondée par Mr de Tudert (Reg. 241, Sainte-Opportune).

1689.

En l'année mil six cens quatre-vingt-neuf, Mathurin Collon, sacristain de Ste-Opportune, fit faire à ses frais une porte à bareaux au cimetière, qui couta six livres (Reg. 241, Sainte-Opportune.)

1699.

Le dix-huityème jour de febvrier mil six cent quatre-vingt-dix-neuf, a esté inhumé dans l'église le corps de Mre Jean Trender, escuyer, anglois de nation. Cet homme illustre a reçu tous les sacremens dans une parfaite connoiscence, les ayant demendé luy-même aveq instance par un juste pressentiment de sa mort. Il a terminé une belle vie par une belle fin. Il estoit un des premiers de sa nation auprès du roy d'Angleterre, son maistre, ayant eu pour luy le controlle général de ses finances dans le royaulme d'Irlande et d'autres charges considérables en cour, mais après que son prince a esté chassé et dépouillé de ses Estats, il ayma mieux le suivre en France, quitter tous ses biens, sa patrye et sa famille, que de manquer de fidélité à Jésus-Christ, à l'église catholique Romaine et à son légitime maistre ; en sorte qu'il est mort estant réduit à une modique pension que le roy Jacques, son maistre, pénétré de la piété et de la fidélité d'un si digne sujet, luy fournissoit icy dans la maison du s^r Maurresse, de même nation. J'aurois crû faire tort à la postérité et à la mémoyre de ce généreux enfant de l'église Romaine, si je n'avois ycy inséré mon procès-verbal de ce que dessus. PETIT, curé (Reg. 263, Sainte-Triaise).

Le quatriesme de mars mil six cent quatre-vingt-dix-neuf, moy soussigné ay pris possession de la cure de Montierneuf, vacante par la mort de Mre René Guérineau, sur la présentation de M. l'abé de céans, et sur les provisions de M^r le doyen de l'église cathédrale. BARDOUX, curé de Montierneuf (Reg. 8, Montierneuf).

Le huictiesme de juillet mil six cent quatre-vingt-dix-neuf, la procession de St-Didier est allée à la nouvelle église des Carmélites de cette ville y faire la cérémonie de la dédicace, ensuitte de la consécration de la mesme église, du 5e du présent mois et an, par monseigneur l'illustrissime et révérendissime Mre Anthoine Girard, par la patience de Dieu évesque de Poictiers, où Mre Jean-Baptiste Jardel, docteur en théologie et curé de la parroisse de ce lieu, a célébré la grande messe, assisté de son clergé et des habitans de lad. parroisse de St-Didier (Reg. 83, Saint-Didier).

1700.

Le troisiesme jour d'avril, veille des Rameaux, mil sept cent, monsieur le curé a béni le grand autel de St-Didier et ensemble les deux autres petits autels à costé, et le lendemain, jour des Ramaux, on y a fait les cérémonies de la bénédiction des rameaux et dit la grande messe ensuitte (Reg. 83, Saint-Didier).

Au commencement de may mil sept cent, on a entierement finy les réparations de l'église de S¹-Didier, touchant le rétable du grand autel, le pavé de l'église, la blanchissure, la couverture, la dorure et peinture dudict rétable (Reg. 83, Saint-Didier).

Le treizième jour de may mil sept cent, par ordre de monseigneur l'illustrissime et révérendissime évesque Mre Antoine Girard, évesque de Poictiers, les fonts baptismaux ou baptistaire de cette ditte église paroissiale Nostre-Dame jadis hors les murs, *modo* Ste-Radegonde, par nous, Vincent Mitault prestre, curé recteur de laditte église, ont esté bénis pour la première fois avec les cérémonies en tel cas requises et nécessaires, à ce nul opposant ne contredisant. Dont acte faict ledict jour, en présence de Mrs Pierre Pain, prestre hebdomadier, Jean Toyon, aussi prestre, Louis Pelletier, Jean Maugars, Louis Chuppeau et Estienne Roussereau, chappelains bacheliers de l'église collégiale de céans soubz-signez. PELLETIER, ROUSSEREAU, PAIN, MAUGARS, L. CHUPPEAU, G. MITAULT, curé de Ste-Radegonde (Reg. 249, Sainte-Radegonde).

Le quinziesme jour d'aoust mil sept cent, Assomption de la glorieuse Vierge, c'est fait en cette ville de Poitiers la procession généralle en accomplissement du vœu que le feu roy, de pieuse et triomphante mémoire, fit par sa déclaration du dixiesme de febvrier de l'année 1638, mettant soubs la protection de la saincte Vierge sa personne sacrée, son Estat, sa couronne et tous ses sujets, recommandant à tous les évesques de son royaume d'ordonner des prières et une procession solemnelle, tous les ans, dans toutes les églises de leurs diocèses le jour de la feste de l'Assomption de la glorieuse Vierge, en action de grâce de toutes les faveurs qu'il avoit reçues par son intercession et pour la prier de luy continuer et à toute la France auprès de Jésus-Christ, son fils, sa très puissante protection. Mais les pieuses intentions de ce religieux prince n'ayant pas esté suivies partout avec la mesme exactitude, son invincible fils, nostre incomparable monarque, en a ordonné de nouveau l'exécution, pour estre continués désormais par la vigilance plus exacte de nos seigneurs les archevesques et évesques, selon l'intention de feu Louis Tresiesme, d'heureuse mémoire, aux vœux duquel et de toute la France fut accordée l'heureuse naissance de Louis Quatorze, qui a esté le premier effect de la protection de cette saincte Vierge, aussy bien que les merveilles continuelles de son présent règne en sont tous les jours de nouvelles preuves (Reg. 83, Saint-Didier).

1702.

Le prince d'Orange, roy usurpateur du royaume d'Angleterre, est mort le dix-neuf de mars mil sept cent deux. Cette mesme année, changement d'évesque, de maire et d'intendant, aussy bien que la mort de Mre Anthoine Girard, évesque, du 8 mars, dont l'oraison funèbre a esté ditte dans l'église cathédralle par le R. P. Ducros, recteur des Jésuittes (Reg. 83, Saint-Didier).

Le dixième d'octobre mil sept cent deux, Mre Pierre Bouher, prestre, demeurant dans cette parroisse, a pris possession de la chapelle de Chaveroche, sur le brevet de Sa Majesté, donné, le siège vacant, sur la nomination de Mre Jean Bonnin, fabriqueur en exercice, de Me Pilot, sindiq, et de dix des plus anciens et gens de bien de lad. parroisse, à qui il appartenoit de nommer à leur tour et ordre, le sieur curé y ayant nommé la dernière fois; la prise de possession faicte par-devant Me Etienne Duchastenier, qui a la minute, et Me Ligonniere, notaires royaux. Fait par moy, curé, le jour et an que dessus. BARDOUX, curé (Reg. 8, Montierneuf).

Le douziesme de novembre mil sept cent deux l'on a chanté le *Te Deum* dans l'église cathédralle, en action de grâce de la victoire remportée sur les Allemans par Mʳ de Villars, à Fridelingue, lequel sʳ de Villars receut peu après le bâton de maréchal de France. Et le mesme jour que dessus, Mᵍʳ de la Poipe fut sacré évesque par Mᵍʳ l'archevesque de Paris (Reg. 83, Saint-Didier).

1705.

Les fonts baptismaux ont esté faicts et mis dans l'église de la Résurrection, où il n'y en avoit jamais eu, par l'ordre de Mʳᵉ Mathurin Buffard, curé dudit lieu, le quinze de décembre mil sept cent cinq (Reg. 51, Résurrection).

1706.

Aujourdhuy septième de novembre mille sept cens six, je, curé de cette paroisse, accompagné d'un clergé composé de trente-six ecclésiastiques, me suis transporté à la chapelle de St-Joüin, dépendante de ladite paroisse, où j'ay levé le corps de feu messire Paul Du Tiers, maire perpétuel de cette ville de Poitiers, décédé dans sa maison contigüe à ladite chapelle le cinquième dudit mois ; lequel a choisi sa sépulture dans l'église des P.P. Minimes. Il convenoit que ledit corps fut mené à l'église de Sᵗ-Paul pour y célébrer en sa présence le service ordinaire, mais la levée du corps ne s'estant pu faire qu'à la nuit et toutes les compagnies séculières et régulières qui assistoient au convoy ayant souhaitté abréger la cérémonie, moy dit curé, à la prière et sollicitation de messire François Du Tiers, conseiller du roy et son assesseur civil et criminel, fils et légataire universel dudit deffunct, et à celle de tout le corps de la Maison de ville, sans préjudicier à mes droits, par complaisance pour lesdits messieurs et compagnies, ay fait passer ledit corps par-devant l'église de St-Paul, sans y entrer, et l'ay conduit en grande pompe à la porte de l'église cathédrale de St-Pierre, où je l'ay remis entre les mains de M^r le révérend doyen de ladite église qui l'a receu à la teste de son chapitre pour en faire les obsèques avec les cérémonies accoutumées. Fait à Poitiers, au jour et an que dessus. BARDOUX, curé (Reg. 183, Saint-Paul).

1707.

L'an de grâce mil sept cent sept, le dix-huitième aoust, monseigneur nostre prélat, Jean Claude de la Poipe de Vertrieu, évesque de Poitiers, a bény la cloche de l'hôpital, en présence de M^r l'abbé de Villeroy, son grand vicaire, et de M^r l'abbé de Gallardon de la Selle, intendant des mœurs dudit hôpital, qui ont assisté en cérémonie à la bénédiction de lad. cloche. Mr Doujat, intendant de cette ville, a esté le parrein avec la femme de Mr Derases, seigneur et conte des Anxes, qui donnèrent quatre louis d'or (Reg. 273, Hôtel-Dieu).

L'an de grâce mil sept cent sept, le vingt-quatrième octobre, sont sortis de l'hôpital quatre vieillards, sçavoir : Sébastien Devault, agé de 70 ans, François Moreau, agé de 68 ans, Pierre la Rivière, agé de 60 ans, Jean Poulin, agé de 73 ans, pour aller demeurer à l'hôpital d'Oyron et y remplir le nombre de vingt-quatre vieillards qui sont continuellement à l'alternative à l'adoration du très Sainct-Sacrement, madame de Montespant ayant fondé un revenu pour cela (Reg. 273, Hôtel-Dieu).

1708.

Le trentiesme de mars mille sept cent huit, monseigneur l'évesque de Poictiers a fait la visite de cette paroisse, accompagné de trois de MM^{rs} les vicaires généraux qui sont Mgr de Rochebonne, chanoine et conte de Lion, nommé à l'évesché de Noyon, M^r l'abbé de Villeroy et de Mr de Lucinge, abbé de Nostre-Dame de Poictiers. Estant d'abord descendu au logis abbatial et revestu des habits pontificaux, le chapitre de Montierneuf l'y est allé prendre et l'a mené processionellement à l'église par la grande porte, où dom Citoys, prévost de l'abbaye, revestu d'une chappe, luy a présenté l'aspersoir et l'a encensé trois fois; après quoy, il luy a faict son compliment, où entre autre chose il a supplié Sa Grandeur de conserver leurs privilèges, auquel compliment monseigneur a respondu à la satisfaction de tout le monde; ensuitte on l'a conduit au grand autel par la grande porte du cœur, où estant arrivé il a célébré une messe basse, et, sans donné la bénédiction pastoralle, il a sorti du cœur, toujours conduit par messieurs les religieux jusqu'à la chapelle de la paroisse où le sieur curé a eu l'honneur de le recevoir en chantant l'antienne *Sacerdos et pontifex* avec l'oraison convenable. Là, monseigneur a donné la bénédiction pastorale, a expliqué les motifs de sa visite par un beau discours et ensuitte y a procédé en visitant le Sainct-Sacrement, les fons baptismaux, les meubles et ustencilles de l'autel, les ornemens sacerdotaux et tout ce qui convient au culte de Dieu; après quoy il a assemblé les notables dans la chapelle de Saint-Martin pour conférer avec eux des affaires de la paroisse, dans laquelle assemblée le sieur curé ayant représenté qu'il n'y avoit poinct de fond et revenu pour l'entretien d'un vicaire, lequel néantmoins est absolument nécessaire dans une paroisse aussi nombreuse que celle-cy, il a proposé de réunir au vicariat la chapelle de Chavroche, desservie dans cette église, dont il est pourvu par expédition de cour de Rome : sa proposition ayant été aggréablement receu de tout le monde, il a faict sur-le-champ sa démission de lad. chapelle entre les mains de monseigneur l'évesque qui doit incessament procédé au décret de lad. réunion. Le lendemain de cette cérémonie, monseigneur l'évesque estant venu descendre chez le sieur curé, il a eu l'honneur de le mener à l'église, de luy présenter l'eau béniste à la porte et de le conduire à son autel, où led. seigneur évesque a célébré la saincte messe ; il a ensuitte administré le sacrement de confirmation à près de deux cent personnes ; de touttes lesquelles cérémonies nous avons rédigé le présent acte pour servir de mémorial à nos successeurs. Fait à Poictiers, ce quatriesme avril mille sept cent huict. BARDOUX, curé de Montierneuf, FORGÉ, vicaire (Reg. 9, Montierneuf).

L'an de grâce mil sept cent huit, le huitième jour de juin, a esté bennis le cymetière des pauvres dans l'hôpital par moy, aumosnier soubsigné, en ayant eu la permission de monseigneur nostre évesque. DUTEMPLE, aumosnier de l'hôpital général (Reg. 273, Hôpital général).

1709.

L'année mil sept cent neuf fut nommée année du grand hivert. Un froid affreux commança le 6ᵉ janvier et dura 2 mois et demy, sans discontinuer, qui fit mourir tous les noyers, fendit les arbres les plus durs, glassa les rivières les plus rapides de la superficie jusqu'au plus profond. Les vignes et les fromens furent entièrement gatées, mais on sema de la baillarge au mois de may qui produisit une telle abondance qu'elle suffit pour norir tout le monde (Reg. 217, Saint-Saturnin).

1712.

Le trente avril mil sept cent douze, Mʳˢ Poudret, curé de Sᵗ-Estienne, et Deveillechèze, curé de Sᵗ-Didier, ont transigé avec Mʳˢ les révérend abbé, chanoines et chapitre de Notre-Dame de cette ville, pour éteindre et assoupir un procès de très grande conséquence mû entre le fû sʳ Jardel, cy-devant curé de Sᵗ-Didier, le sʳ Poudret, et Mʳˢ dudit chapitre de Notre-Dame, ce que ledit sʳ Deveillechèze a été conseillé de faire par Mr Derazes, lieutenant général de la sénéchaussée de Poitou et du présidial de cette ville, à laquelle transaction se sont souscrits les s^{rs} Lucinge, abbé et grand vicaire de monseigneur l'évêque de Poitiers, Mgr Jean Claude, évêque dudit Poitiers, deux chanoines députez, et nous dits curés. Le tout s'est passé dans le cabinet dudit s^r Derazes qui prevoïoit mieux que qui ce soit les suites fâcheuses de ce procès, que ledit fû Jardel entreprit contre son avis ; laditte transaction passée par Bourbeau, notaire en cette ville, les jour et an que dessus. Ce qui a donné lieu auxdits s^{rs} Poudret et Deveillechèze de transiger avec M^{rs} les abbé, chanoines et chapitre de Notre-Dame de cette ville, c'est une sentence rendue par M^{rs} du présidial en faveur desdits sieurs abbé, chanoines, etc., contre lesdits sieurs curés (Reg. 84, Saint-Didier).

Aujourd'huy, vingt troisième jour de juin mil sept cent douze, en présence de monseigneur l'illustrissime et révérendissime évêque de Poitiers et de M^r le lieutenant général, a été convenu entre Mr de Veillechèze, curé de St-Didier, d'une part, et Mrs Millorit, Hervé, Malteste et Dallouhe, chapelains de la même église de St-Didier, d'autre part, que M. Doucelin, vicaire, ou tel autre prêtre approuvé que monsieur le curé voudra choisir, pourront célébrer les grandes messes des fêtes et dimanches, y faire les prônes et autres fonctions accoutumées auxdites grandes messes ; et, pour ce qui regarde les vêpres, elles seront commencées par le plus ancien de M^{rs} les chapelains, lequel ensuite desdites vêpres donnera la bénédiction du Sainct-Sacrement lorsqu'elle devra se donner, et ce en cas d'absence et de maladie de M^r le curé ; et à l'égard des processions qui se font hors l'église, le plus ancien de M^{rs} les chapelains portera l'étole et présidera, et ledit vicaire pourra cependant célébrer la grande messe dans le lieu de la station ; et à l'égard des enterrements a été convenu que ledit sieur vicaire portera l'étole et la chappe et aura le pas sur le clergé, et dira la messe et fera l'office desdits enterrements. Tout ce que dessus a été arresté pour être exécuté selon sa forme et teneur. Fait les jour et an que dessus. Ainsi signé: R. Deveillechèze, curé de St-Didier; P. Millorit, chapelain; Hervé, chapelain; D. Malteste, chapelain; J. F. Dallouhe, prêtre, docteur en théologie; Jean Claude, évêque de Poitiers; Derazes.

Pour être conforme à l'original qui est attaché dans le livre d'assemblée de ladite église pour l'an 1712, l'acte cy-dessus a été fait pour prévenir toutes les contestations qu'on auroit pu faire au s^r vicaire dans le cas d'absence ou de maladie du s^r curé, ce qui avoit deja causé de grands troubles, qui ont été assoupis par le présent règlement.

Il résulte de cette convention, de laquelle les s^{rs} chapelains tirent ou prétendent tirer de si grands avantages, qu'ils sont tout au plus, par leurs prérogatives prétendues, les vicaires du s^r curé, en son absence, puisque les honneurs sont partagés entre le s^r vicaire et eux, le s^r vicaire ayant audessus d'eux, de droit, les fonctions curiales à luy dévolues, et eux l'accessoire; car il appartient au s^r curé de faire faire toutes ces fonctions susdittes honorifiques par un grand vicaire ou autre prêtre (Reg. 84, Saint-Didier).

1713.

L'an de grâce mille sept cents treze et le second jour d'avril, a esté bénie la croix du cymetière de cet hôpital par moy, soubsigné, en ayant eu la permission de monseigneur de Poitiers. Ladite croix a esté faitte aux frais de Mlle Rougier, pensionnaire aud. hôpital. DUTEMPLE, aumônier de l'hôpital général (Reg. 273, Hôpital général).

1715.

Le quatriesme mars mil sept cent quinze, sur les quatre heures et demie du soir, le révérend père Jean Rigault, prêtre, chanoine régulier, a pris possession de la cure de la Celle, avec les cérémonies en tel cas requises et accoutumées, à laquelle prise de possession le chapitre s'est opposé, ledit révérend père Jean Rigault n'ayant pas le consentement du révérendissime père général, absolument nécessaire (Reg. 129, Saint-Hilaire de la Celle).

Le sept avril mil sept cent quinze, dimanche de la Passion, le service de la paroisse, qui se faisoit depuis longtemps à la chapelle de Saint-Clouaud au fond de l'église, a été transféré au bout de la croisée de l'aile gauche à un autel nouvellement érigé sous l'invocation de saint Jean l'Évangéliste où monsieur l'abbé Hauteville, après l'avoir bény, a célébré la première messe (Reg. 10, Montierneuf).

Aujourd'huy, vendredy de la semaine de la Passion, douziesme jour d'avril mil sept cent quinze, sur les deux heures après midy, les révérends pères François Pommier, prêtre, chanoine régulier, prieur de St-Hilaire de la Celle, dûment pourvu de la cure dudit St-Hilaire de la Celle, a pris possession de ladite cure, avec les cérémonies en tel cas requises et accoutumées, en présence de plusieurs personnes de distinction de ladite paroisse, lesquelles se sont trouvées à ladite prise de possession et ont signé comme témoins l'acte qui en a été dressé par Carrelier et Darbez, notaires apostoliques. J.-B. PASSIER (Rég. 129, Saint-Hilaire de la Celle).

1716.

Avis que donne à M^{rs} les curés de St-Didier, ses successeurs, le s^r René de Veillechèze, à présent curé, touchant le droit qu'il a, en laditte qualité de curé de St-Didier, d'inhumer les pensionnaires, les tourières et autres personnes séculières qui meurent dans la clôture des religieuses de Notre-Dame de cette ville, qui sont dans l'enceinte de saditte paroisse de St-Didier.

Dit le sieur curé de St-Didier, que damoiselle Jeanne de St-Georges, pensionnaire des religieuses de Notre-Dame

de cette ville, fut inhumée le six de may mil sept cent
quinze dans l'église de St-Didier. Lesdittes religieuses
voulant s'arroger des droits qui ne leur appartiennent point,
formèrent des protestations, que le s^r Lecarlier, notaire,
écrivit à la porte dud. monastère, pendant que le sieur
curé de St-Didier et son clergé faisoient la levée du corps
de ladite damoiselle; le sieur curé répondit le lendemain
aux prétendües protestations desdittes dames chez ledit
sieur Lecarlier, et déclara qu'il étoit de tems immémorial
dans le droit et la possession d'inhumer toutes les séculières, de quelque qualité et condition qu'elles fussent,
qui meurent dans ledit monastère ; et qu'ainsi il conti-
nueroit d'inhumer toutes fois et quantes que l'occasion s'en
présenteroit, ce qui n'a pas manqué d'arriver depuis.

Un an ou quatorze mois après le décès de la susditte
damoiselle de St-Georges, damoiselle de St-Georges de
Boissecq, sa sœur, décéda le premier jour d'aoust l'an mil
sept cens seize ; lesdittes dames religieuses ne s'opposèrent
du tout point à l'inhumation de son corps, elle fut également inhumée dans l'église de St-Didier, auprès de damoiselle sa sœur, ce qui confirme encore plus le droit
et la possession du sieur curé. Comme ces dames sont
fort près de leurs intérêts, il ne faut leur céder en rien ; il
faut même que M^{rs} les curés se mettent dans la possession
d'administrer les sacremens auxdittes pensionnaires et
autres séculières à l'article de la mort, ce qui est une fonction qui est de leur ministère et qui ne peut être dévolüe
à tout autre. Est à remarquer que la susditte damoiselle de
St-Georges de Boissecq, inhumée à St-Didier le premier aoust
mil sept cens seize, estoit aussi pensionnaire du monastère
desdittes religieuses de Notre-Dame (Reg. 85, Saint-
Didier).

1717.

Avis que donne le s^r Deveillechèze, curé de St-Didier, à messieurs ses successeurs pour les exhorter à ne jamais se soumettre aux chapitres généraux des sieurs du chapitre de Notre-Dame, les sieurs curés de S¹-Didier et de S¹-Estienne n'étant pas aux gages desdits sieurs du chapitre, n'y ayant en Poitiers que M^{rs} du chapitre de S¹-Hilaire qui ayent la puissance épiscopale sur leurs curés, les instituant dans leurs cures par le visa, lequel pouvoir ne regarde pas les sieurs du chapitre de Notre-Dame ; et c'est ce pouvoir d'institution de M^{rs} de S¹-Hilaire qui leur donne toute l'autorité et juridiction épiscopale, ce qui les met dans le pouvoir de citer et de mulcter à leurs chapitres généraux M^{rs} leurs curés de la Chandelière, de S¹-Pierre-l'Hostault et de Ste-Triaize. Est à remarquer que de temps immémorial les sieurs curés n'ont jamais été cités à Notre-Dame.

Comme les sieurs René Deveillechèze, curé de S¹-Didier, et Philippes Poudret, curé de S¹-Estienne, ont transigé avec les sieurs du chapitre de Notre-Dame le trente avril mil sept cent douze, l'acte passé par Bourbeau, notaire, et ce pour le bien de la paix, pour assoupir et éteindre un gros procès que lesdits sieurs du chapitre avoient intenté aux sieurs Jardel, pour lors curé de S¹-Didier, et Poudret, curé de S¹-Estienne, les sieurs du chapitre ayant obtenu sentence au présidial, fort onéreuse auxdits sieurs curés, les s^{rs} Jardel et Poudret en furent appelans, et le s^r Jardel estant décédé sur ces entrefaites, le s^r Poudret et moy acquiesçâmes à la susditte sentence dans l'espérance que lesdits sieurs du chapitre de Notre-Dame en useroient bien avec nous comme ils nous l'avoient promis ; cependant quelques esprits inquiets du chapitre entreprirent de nous faire à l'un et à l'autre une citation par leur bâtonnier de venir au chapitre général rendre compte de l'absence que nous fismes le jour de la Purification 1717, à quoy nous refusâmes d'obéir. Le lendemain ils nous mulctèrent de deux livres de cire blanche applicables à leur église, à quoy encore nous n'avons pas cru devoir obéir. Ce sont de nouveaux droits que lesdits sieurs du chapitre veulent de plus en plus s'arroger; ils ont été blâmés généralement de toute la ville; l'affaire en est demeurée là, sans que nous ayons comparu au chapitre et sans procès, quoiqu'ils nous ayent fait assigner au présidial. La citation du chapitre est en datte du mercredy troisième février mil sept cent dix-sept, premier jour du chapitre général, et la mulcte, pour n'avoir pas obéi à laditte citation, est en datte du jeudy quatrième février mil sept cent dix-sept et second jour du chapitre général. Est à remarquer qu'il n'y a que M^r le doyen de St-Pierre qui donne les visa à M^{rs} les curés de cette ville, qui ait juridiction sur eux, et qui ait droit par conséquent de les citer et de les mulcter au chapitre de St-Pierre toutes les fois qu'ils manquent d'assister au sinode qui se tient deux fois l'année à St-Jean, qui sont les deux chapitres généraux des sieurs curés, le sieur doyen estant le curé primitif de toute la ville. Mrs de Notre-Dame à la vérité sont curés primitifs, par notre transaction, des cures de St-Didier et St-Estienne, mais avec cette restriction que leur pouvoir ne s'étend pas à citer les sieurs curés à leurs chapitres généraux, n'ayant aucune juridiction sur lesdits sieurs curés de St-Didier et de St-Etienne; par conséquent c'est une innovation de la part des sieurs du chapitre d'avoir entrepris de citer et de mulcter à leur chapitre lesdits sieurs curés, ce qui est au-dessus de leur pouvoir et ce qu'ils ne sauroient soutenir en justice réglée. Si leur droit eust été bon, ils n'auroient pas lasché le pied après nous avoir fait assigner au présidial (Reg. 85, Saint-Didier.)

1719.

Le jeudy onzième may mil sept cent dix-neuf, à cinq heures du soir, est arrivé en cette ville de Poictiers monseigneur le prince de Conty, gouverneur de cette province, y ayant été receu comme tel avec tout l'honneur et la magnificense possible. La noblesse ayant été au devant de luy et l'ayant toujours accompagné, M^r des Palligny, grand sénéchal, vouloit la commander, mais elle s'y est opposée, et a nommé Mr Desfrans de la Bretonnière l'ainé pour faire le compliment; le grand sénéchal s'en plaignit au prince qui prit le parti de la noblesse, jusqu'à dire qu'il vouloit réunir cette charge à son gouvernement. Il a logé à l'intendance chez M^r de de la Tour des Gallois, intendant, qui a fait des merveilles, aussi bien que Mme son épouse, dont son altesse a été très contente. Il y eut bal le vendredy, dont Mme notre intendante étoit reine avec Mr de Marton, favory du prince; ils commancèrent la dance; Mme la contesse de Chamilly dansa la seconde, qui prit le prince, qui fit une révérence et fut prendre Mlle de la Messelière la cadette, appelée Mlle de Brion, qu'il trouva la plus belle.

Son altesse vint le lendemain de son arrivée à la cathédralle où Mgr de la Poype de Vertrieux notre prélat luy fit une belle harangue; et le dimanche suivant il vint à Ste-Radegonde où M^r l'abbé Derases notre prieur luy en fit aussi une trouvée de bon goût; enfin il partit le lundy, très content, pour aller à Bayonne commander la cavallerie dans la guerre nouvellement commancée contre l'Espagne. Dieu veille nous donner une bonne paix en ce monde et dans l'autre. C. DEVAUCELLES, curé de Ste-Radegonde (Reg. 251, Sainte-Radegonde).

1721.

Le vingt-troisième février mille sept cents vingt et un, est passé dans cette ville l'ambassadeur de Turquie, avec une grande cour turque, qui vas de la part du Grand-Seigneur, son maitre, saluer notre roy de France qui n'est agé que d'onze ans, étant, à ce qu'on dit, l'usage chez le Grand-Seigneur d'envoyer en France saluer nos roys aussitôt leur avènement à la couronne; et ce n'étoit ordinairement que de simples envoyés, mais aujourd'huy c'est un vray ambassadeur et qui est reconnu et receu comme tel dans tout notre royaume. Ils ont tous de grandes barbes avec des habillements à peu près comme des hermites, à la réserve de leur turban. L'ambassadeur et son fils en étoient les mieux faits, les autres étant effroyablement laids, mangeant à terre très malproprement, mais faisant leur prière très dévotement, baisant la terre une infinité de fois tous ensemble avec l'ambassadeur, ce que j'ay vu. Ils étoient tous logez aux Trois-Pilliers devant les Hospitalières; l'ambassadeur n'a point voulu recevoir de visitte ny de Mr de Châtillon, commandant dans cette province, ny de Mr de la Tour des Gallois, notre intendant, disant qu'il ne vouloit voir en France que le roy ; pour tout le reste du peuple, l'a vu à son ayse. Prions Dieu pour leur conversion et pour celle de tous les infidelles. Devaucelles, curé de Ste-Radegonde (Reg. 254, Sainte-Radegonde).

Le cinquième mars mille sept cent vingt et un, j'ay eu l'honneur d'être receu à la chambre ecclésiastique en qualité de député de messieurs les curés de notre diocèze, sur les procurations de ceux de cette ville et de toute la campagne et avec la protection de monseigneur le prince de Conty, gouverneur de cette province, qui eut la bonté d'en écrire à monseigneur notre illustre prélat Jean-Claude de la Poype de Vertrieux, le dix-huit janvier dernier et à tout le clergé. Claude Devaucelles, curé de Sainte-Radegonde. *Lectores orate pro me indigno sacerdote ac pastore* (Reg. 254, Sainte-Radegonde).

Le treize septembre mil sept cent vingt et un, on a commancé de monter la garde contre la peste qui est dans l'Auvergne, afin d'empêcher les étrangers d'entrer dans cette ville sans un certificat de santé, et toutes les marchandises sans être plombées et certifiées en forme. Pour cet effet le clergé a choisy la porte de Saint-Cyprien, et Mgr Jean Claude de la Poype de Vertrieux, notre illustre prélat, est actuellement au corps de garde pour commancer, et après luy les cinqs chapitres et les curés passeront à leur tour, un à un, pour commander quatre bourgeois. Mre Jean-Batipste de la Tour des Gallois, intendant, est à la porte de Paris, Mre Jean Derazes, lieutenant-général, à la porte de Pont-à-Joubert, et Mre Poignant de Lorgère, maire, à celle de la Tranchée, pour continuer tous lesdits corps chacun à son tour jusqu'à nouvel ordre. C. DEVAUCELLES, curé de Sainte-Radegonde (Reg. 251, Sainte-Radegonde).

Le dernier novembre mil sept cent vingt et un, est arrivée en cette ville mademoiselle de Monpensier, fille de Philipe d'Orléans, régent de France, qui vas en Espagne épouser le prince des Asturies, fils ainé de Philipe cinquième, roy d'Espagne, qui a seize ans et elle douze moins dix-sept jours. Elle a été receue avec toute la pompe düe aux personnes de son rang. Elle a séjourné depuis le dimanche jusqu'au jeudi, logée chez Mr Derazes, lieutenant-général, qui luy fit une belle harangue à la tête du présidial. Mgr Jean Claude de la Poype de Vertrieux l'harangua en entrant dans la cathédralle où elle entendit la messe; le mardy Mr Poignant de Lorgère, maire en exercice, luy en fit une bonne à la porte de Paris. Le petit Poisnin, recteur, fils du masson entrepreneur, l'harangua passablement bien à la teste de l'Université; le recteur des Jésuites luy fit un petit compliment le jour de sainct François-Xavier qu'ele fut à la bénédiction à leur église, Mme la duchesse de Vantadour y ayant fait ses dévotions le matin. Mr de la Tour des Gallois, notre intendant, avoit été jusqu'à la Haye au devant de la princesse et l'a conduite jusqu'à St-Jean-d'Angély Elle étoit accompagnée de mesdames de Vantadour, de Soubise, de la Lande, de Chiverny, et plusieurs demoiselles avec six pages de la petite écurie, plusieurs gardes du roy et tout l'équipage de notre roy, pour recevoir sur la frontière l'infante d'Espagne qui n'a pas encore quatre ans, pour la marier à notre prince Louis Quinze, qui n'en a pas encore douze. On l'attend en cette ville dans deux mois. M^r le marquis de la Carte, lieutenant de roy de Bas-Poitou, étoit chargé de faire les honneurs du commandement pendant ce passage, dans la place de Mrs de Chamilly et Châtillon. Il y a eu table ouverte chez luy et chez notre intendant. Que tout soit pour la gloire de Dieu et le bien des peuples. Amen (Reg. 251, Sainte-Radegonde) [1].

Le dernier décembre mille sept cents vingt et un, j'ay monté la garde, suivant mon rang de réception de cure, qui est   à la porte de St-Cyprien de cette ville, à cause de la peste qui est dans le Givaudan et qu'on craint qu'elle ne se communique dans ce pays par le transport des marchandises qu'on a soin de faire plomber et que les personnes ayent des certificats de santé en bonne forme. Dieu nous préserve d'un tel malheur. Lecteurs, qui que vous soyez, successeurs ou autres, priez Dieu pour moy, vivant et trepassé. CLAUDE DEVAUCELLES, curé de Sainte-Radegonde (Reg. 251, Sainte-Radegonde).

1722.

Aujourdhuy, onsième jour du mois de janvier l'an de grâce mil sept cent vingt-deux, à l'assemblée des habitans de la paroisse de St-Jean de Montierneuf de Poitiers, convoquez à la manière accoutumée à la diligence de François Lavigne, fabriceur en charge, a été convenu et arresté qu'il sera fait queste, dans l'étandüe de lad. paroisse, de la somme de cent-deux livres dix sols, pour laquelle il a été arresté à l'Hôtel de ville que lad. paroisse contribueroit pour la subsistance des pauvres des hôpitaux de cette ville, suivant la lettre de Mr Poignant de Lorgère, conseiller du roy, maire de cette ville, du vingt-neuf décembre dernier, dont le sieur de Lavigne a donné lecture, pour estre ensuite lad. somme remise par led. sieur

---

[1]. Le passage de la future reine d'Espagne est aussi rapporté, mais avec moins de détails, dans le registre 218 (Saint-Saturnin).

de Lavigne entre les mains de M^r le maire, ou personnes préposées par l'Hôtel de ville; Mr Louis Bellayer, prestre, curé de lad. paroisse, a bien voulu avoir la bonté d'assister ledit sieur de Lavigne, le sacristain de lad. paroisse, à faire ladite queste. BELLAYER, curé, FRANÇOIS LAVIGNE, GINOT, DUVAL, HILLAIRE AUDINET, BLAIS, PETIT, ANDRÉ LAVIGNE (Reg. 10, Montierneuf).

Le treizième jour de février mil sept cents vingt-deux, à quatre heures du soir, est arrivée en cette ville l'infante d'Espagne, fille de Philipe cinquième du nom, roy d'Espagne, de la maison de Bourbon de France, aagée de près de quatre ans, pour aller épouser Louis Quinzième du nom, roy de France, son cousin issu de germain, qui a douze ans. On luy a rendü les mêmes honneurs qu'à la reine, luy donnant même cette qualité dans toutes les harangues qu'on luy a faites; près de trois cents gentishommes ont été au-devant d'elle jusqu'à Croutelle et l'ont conduite près le Grand-Pont, M^r le marquis de la Carte Thibault étant à la tête de cette brillante noblesse, par ordre de Philipe d'Orléans, régent de France, ayant tenu table ouverte, à plus de cent couverts, pendant quatre jours que la raine a resté dans Poitiers; on a tapissé les rües de son passage depuis la porte de la Tranchée jusque chez M^r le lieutenant-général au plan de St-Didier, où elle a logé, et en partant depuis St-Didier jusqu'à la porte de Paris. Madame la duchesse de Ventadours, Mme la princesse de Soubise, Mme de la Lande et plusieurs autres dames de la cour accompagnoient la reine dans ce voyage; le régiment de Guesbrian-dragon, en garnison icy pour ce passage, y brilloit; enfin toute notre ville s'est signalée pour cette réception, en sorte que toute cette cour a bien voullu avouer que nous l'avions emporté sur tous les autres endroits de leur route. Dieu veule que le roy fasse attention au bon cœur de nos habitants et de notre province. *Amen* (Reg. 251, Sainte-Radegonde).

1723.

Le seizième février mille sept cent vingt et trois, Louis Quinzième du nom, roy de France, a eu treize ans accomplys, ayant été déclaré majeur huit jours après et ayant tenu son lit de justice à Paris, où il a nommé Mr le duc d'Orléans, cy-devant régent du royaume, son lieutenant général, et Mr le cardinal Dubois, archevêque de Cambrai, son premier ministre, et s'en est ensuite retourné à Versailles, où il se plait beaucoup. Dieu nous le conserve pour sa gloire et la consolation de ses peuples. DEVAUCELLES (Reg. 252, Sainte-Radegonde).

Le onze aoust mille sept cent vingt et trois, a été enterré dans l'église de Notre-Dame-la-Grande, messire Charles Mangin de Rudepère, abbé dudit lieu. Par testament, Mrs de la cathédrale ont fait tout l'office. Il avoit été curé de cette paroisse de Sainte-Radegonde six ans. Mgr Jean-Claude de la Poype de Vertrieu a donné l'abbaye de Notre-Dame à Mr de Septmaisons de la Sauzipiere, son grand vicaire, chanoine de la cathédrale et neveu de madame Françoise de Laval, abbesse de Sainte-Croix de cette ville. C. DEVAUCELLES (Reg. 252, Sainte-Radegonde).

Le deuxiesme décembre mil sept cent vingt et trois, mourut à Versailles Mgr le duc d'Orléans, cy-devant régent de France et premier ministre, aagé de 48 ans, d'une apoplexie.

Mgr le duc de Condé a traité pour la charge de premier ministre, dont il a été cassé et exilé le lundy de la Pentecôte 1726 (Reg. 218, Saint-Saturnin).

1724.

Le septième jour de février mille cent vingt et quatre, par commission de Mgr Jean-Claude de la Poype de Vertrieux, évêque de Poitiers, en datte du premier de ce mois, nous prêtre curé de Sainte-Radegonde de cette ville sousigné, avons bénis la chapelle du fauxbourg de

Monbernage de cette paroisse, située près de Pinpaneau, sous l'invocation de la très-sainte Vierge, érigée par défunt messire Louis-Marie Grignon de Montfort, grand missionnaire et mort en odeur de sainteté à St-Laurent-sur-Saivre, diocèze de la Rochelle, il y a près de sept ans, laditte chapelle de notre fauxbourg nommée par luy Notre-Dame-des-Sœurs ; laditte bénédiction ayant été faite solemnellement avec procession, grande messe et vespres, assisté de Mrs Ribaudeau, vicaire, Cabaret, prêtre et chapellain du chapitre, Albert, chapellain dudit chapitre, Foucher, diacre, René Cheuret et André Patanchon enfants de cœur dudit chapitre, avec Louis Rouet, sacristain, et Jacques Goudeau, François Gardien, poissonnier, Jean Taffait, journalier et autres. CLAUDE DEVAUCELLES, curé de Sainte-Radegonde (Reg. 252, Sainte-Radegonde).

1728.

Le seixiesme jour de décembre mil sept cent vingt et huict, la grosse cloche a été béniste par moy, soubsigné, et le dix-septiesme, a été montée dans le clocher ; pèse 598 liv. RICHARD, curé de Saint-Paul de Poitiers (Reg. 184, Saint-Paul).

1729.

Le quatrième septembre mil sept cents vingt-neuf, à deux heures trois quarts du matin, la reine de France a mis au monde un dauphin, au grand contentement de Louis Quinzième, son époux, et de tout le royaume, qui en a fait des fêtes et des réjouissances qui ont duré trois jours, tout commerce ayant cessé pendant ce temps-là. Le vingt-deux du même mois, on a chanté un *Te Deum* solennellement dans la cathédrale de cette ville, après avoir assemblé tous les corps à l'ordinaire, on a été d'abord en procession à Notre-Dame-la-Grande, et ensuite retourné à la cathédrale, dans le même ordre, chanter le *Te Deum*, auquel

Mgr Jean-Claude de la Poype de Vertrieu, notre évêque, étoit présent, ayant laissé officier à cause de son grand aage Mgr Hiérôme-Louis de Foudras de Courcenay, son coadjuteur et son neveu ; Mr de Beaussan, intendant de cette province, Mr Jean Derazes, lieutenant-général du présidial, et Mr Pierre Babinet, maire de la ville, étoient présents ; on fit le même soir un feu de joye avec beaucoup de munificence. Dieu nous fasse la grâce que le tout soit pour sa gloire. CLAUDE DEVAUCELLES, curé de Sainte-Radegonde (Reg. 252, Sainte-Radegonde).

1730.

Aujourdhuy vingt-quatriesme du mois d'avril de l'année mil sept cent trente, recommence l'envie des moines de Montierneuf, contre les habitants de Montierneuf, pour les empescher de se faire inhumer dans le cimetière qui appartient auxdits habitans. Les fabriqueurs en charge sont Louis Doussain, boulanger, et René Renault, en exercice cette année présente mil sept cent trente. Sur le refus qu'ont fait les moines on a recouru au cimetière ancien qui est celuy de St-Germain. Le curé s'appelle François Lavigne (Reg. 11, Montierneuf).

Le vingt-cinquième juin mil sept cents trente, madame la princesse de Conty et Mgr le prince de Conty, son fils, aagé de douze ans et demi, gouverneur de cette ville et province, sont arrivez en cette ville, qui y ont receu tous les honneurs dûs à leur qualité et à leur rang, le fils n'ayant point été receu comme gouverneur, étant trop jeune. Mgr Jean-Claude de la Poype de Vertrieux, notre prélat, et Mgr Hiérôme-Louis de Foudras, son coadjuteur, ont fait leurs compliments, le premier à l'intendance à leur arrivée et le second à la cathédrale le lendemain. Mr de Beaussan, intendant, a fait des prodiges, et Mr Babinet, maire, des merveilles, ainsi que toutes les communautés. Ils sont parti le vingt-sept pour Tours ; Dieu les conduise et conserve. DEVAUCELLES (Reg. 252, Sainte-Radegonde).

Le trente-unième jour du mois de juillet mil sept cent trente, on a commencé à faire l'office à Montierneuf tel qui suit: Matines à 5 heures du matin, la première messe à six heures, Prime à sept heures, la grande messe à neuf heures, le diner à onze heures, à l'issüe du diner on psalmodie le psalme *Miserere*, etc., en allant à l'église et on chante None, à trois heures vêpres, le souper à six heures, à huit heures complies, ensuite on sonne la retraite; et cela se doit faire depuis Pâques jusques à la Toussaint. Depuis la Toussaint jusqu'à Pâques on dira Matines à six heures du matin, le reste de l'office à heures comme cy-dessus. Ce règlement a été donné, selon les statuts des chapitres généraux de l'ordre de Cluny, par M^r d'Aubourg, prieur de St-Eutrope de Saintes et visiteur de la maison de Montierneuf. Le prieur de ce temps là ou plûtôt sous-prieur et prieur claustral, est M^r d'Hauteville, neveux de deffunct M^r d'Hauteville cy-devant abbé dudit Montierneuf; le prevôt, Mr Pelisson; le chantre Mr Roffay; l'aumônier Mr Rousseau de la Parizière; Mr Lalande de la Vergnay, infirmier; sacristain, Mr Barbier, neveux de Mr Barbier à présent abbé commandataire de la susditte abbaye; sous-aumônier, Mr de Béroute; hospitalier, Mr Vernon; mansionnaire, Mr Legier de Puyraveau; M^r d'Aubourg, novice; Mr Mounoury, religieux de l'abbaye de Talmon, aux Sables, évêché de Luçon; le curé, Mr Jozereau; le vicaire, Mr Guillon; intendant, Mr Baussan; maire de la ville, Mr Pierre-Mathieu Babinet; évêque, Mr Jean-Claude de la Poype de Vertrieux; coadjuteur à l'évesché, Mr Louis-Jerôme Foudras de Courcenay, nommé à l'évêché de Thloan et chanoine comte de Lyon. Le présent écrit de la main du s^r curé d'aprésent et signé de sa main. JOZEREAU, curé de Montierneuf (Reg. 11; Montierneuf).

1731.

Aujourdhuy, troisième novembre mil sept cent trente et un, Mgr Louis-Jérôme de Foudras de Courcenai, évêque de Tloan, coadjuteur de Mgr Jean-Claude de la Poipe de Vertrieu, évêque de Poitiers et comte de Lion, a fait la bénédiction de la nouvelle chapelle et sale des pauvres, sous le titre et l'invocation de saint Charles Boromée, à laquelle cérémonie ont assisté Mre Charles Thoreau, sous-chantre et chanoine de l'église de Poitiers, qui, par son zèle et ses libéralités, a fait faire à ses frais la susdite chapelle; Mr de Lorgère, maire et administrateur ; Mr Babinet, pair et échevin; Mr Joussant, échevin et administrateur; M. Masson, échevin et administrateur; M. Chastonneau, sous-chantre de l'église de St-Hilaire-le-Grand et administrateur ; Mr Mayaud, archidiacre et administrateur; Melle Devois, directrice dud. Hôtel-Dieu ; Melle Bobineau, gouvernante des pauvres; lesquels se sont signés. Fait à Poitiers lesd. jour et an que dessus. MIGNET, aumônier de l'Hôtel-Dieu; POIGNANT, maire; JOUSSANT, administrateur, échevin ; THÉVIN DE CHASTONNEAU, administrateur; BABINET, échevin; DEVOIS; MAYAUD, administrateur ; MASSON, administrateur (Reg. 274, Hôtel-Dieu).

1732.

Le vingtième jour de janvier mil sept cents trente-deux, on a chanté un *Te Deum* à la cathédrale pour le mariage de Mgr le prince de Conty, gouverneur de cette province, avec une sœur de Mgr le duc d'Orléans. Le lendemain, on dit une grande messe en musique dans cette église pour le même sujet. DEVAUCELLES (Reg. 253, Sainte-Radegonde).

Le onzième février mil sept cents trente-deux, on a fait la cérémonie à la cathédrale des funérailles de Mgr Jean-Claude de la Poype de Vertrieu, évêque de ce diocèse, mort en odeur de sainteté, dans son château de Dissaye, le troisième de ce mois, ayant gouverné ce grand diocèse près de trente ans, luy laissant pour successeur Mgr Jérôme-Louis de Foudras de Courcenay, son neveu, qu'il avoit eu soin de se pourvoir pour coadjuteur et très digne de marcher sur ses traces. DEVAUCELLES (Reg. 253, Sainte-Radegonde).

Le neuf août mil sept cent trente-deux, le nommé Pierre Boutiller, voleur d'église, originaire de Moulin, a esté fait brûler à la Place-Royale, après avoir eu le point coupé (Journal de Charmeteau).

1734.

Environ le vingt juillet mil sept cent trente-quatre, la cloche de St-Pierre a esté montée (Journal de Charmeteau).

Le vingt octobre mil sept cent trente-quatre, a été bénie par moy, sousigné, une croix, et a été plantée dans le cimetière des pauvres de l'Hôtel-Dieu. DUPERRAY, aumônier (Reg. 274, Hôtel-Dieu).

Aujourdhuy, troisième jour de novembre mil sept cent trente-quatre, on a bénit dans cette maison une image de Notre-Dame-de-la-Providence, et le même jour elle fut posée dans la niche qui est au-dessus du portail de la cour, par les soins de mademoiselle de Voyes, gouvernante des pauvres, toujours vigilante à procurer la gloire de Dieu et le bien de cette maison. DUPERRAY, aumônier. (Reg. 274, Hôtel-Dieu).

1735.

Le dix-neuf janvier mil sept cent trente-cinq, les eaux sont devenues sy grandes, qu'elle montoit au haut de la porte du moulin de St-Siprien, du costé du Cours, et passoit de beaucoup sur le pont de St-Siprien (Journal de Charmeteau).

Le vingt-sept avril mil sept cent trente-cinq, le tonnerre tomba dans l'églize de Vernon, blessa un peu à la joue un religieux qui disoit la messe et, un peu plus loin, coupa la quysse à un autre homme et le tua (Journal de Charmeteau).

Le dixième jour de may mil sept cents trente-cinq, la première et plus grosse cloche du gros clocher de ce chapitre a été bénite par Mr Depoix de Lucé, chanoine, et nommée Radegonde, son ancien nom, ayant été refondüe aux frais et dépens dudit sieur Depoix ; Mr Gerbier, chanoine dudit chapitre, étant fabriqueur. Fasse le ciel que le son de cette belle cloche attire sans cesse les âmes dans ce saint temple pour y chanter les louanges de Dieu avec un cœur pur, contrit et humilié. CLAUDE DEVAUCELLES, curé de Sainte-Radegonde, *alias* Notre-Dame hors les murs, la très-sainte Vierge étant toujours la vraye et unique patrone de ladite paroisse (Reg. 253, Sainte-Radegonde).

Nous avons eu cette année, mil sept cent trente-cinq, dans notre paroisse, la mission par trois Jésuittes, les RR. PP. Chambre, Flezacq et Périgord. Elle finit la dernière feste de Noël. Ce fut Mgr de Foudras, notre évêque, qui en fit la cloture et qui donna la communion aux hommes ; M^r l'abbé Guillot, son grand vicaire, donna la communion aux femmes, le vendredy d'avant, jour que la croix de mission fut plantée devant la grange de l'aumônerie de St-Mathurin.

A la fin de la mission plus de vingt personnes tombèrent tout-à-coup très dangereusement malades de fluxion de poitrines, et actuellement il y en a plusieurs qui meurent.

Gloria Patri et Filio et Spiritui sancto, sicut erat, etc. (Reg. 249, Saint-Saturnin).

1736.

Le douzième jour de février mil sept cent trente-six, Jean-Alexis Puceau et Simon Gardien ont été nommés coûtres de cette paroisse à la pluralité des voix des paroissiens convoqués au son de la cloche à la fin de notre messe paroissiale, suivant l'usage et conformément à un appointement rendü par monsieur l'official de ce diocèse sur une contestation formée par Antoine Duverger, tisseran de son métier, qui vouloit être coûtre malgré nos paroissiens et nous ; ledit sieur official ayant nommé pour comissaire Mr Quintard, chanoine de ce chapitre et promoteur du diocèse pour être présent à laditte nomination et conter fidèlement les voix desdits paroissiens qui se sont parfaitement accordés en faveur desdits Jean Alexïs Puceau et Simon Gardien ; ledit Duverger n'en ayant eu que treize de près de trois cent. C'est Mr Cuisinier, nottaire royal en cette ville, qui en a passé l'acte. Claude Devaucelles, curé de Sainte-Radegonde, *alias* Notre-Dame hors les murs, la très-sainte Vierge étant la vraye patrone, qui est la fête de la glorieuse Assomption (Reg. 253, Sainte-Radegonde).

Le vingt-quatre mars mil sept cent trente-six, le nommé Jean Brunet, voleur d'églize, a esté brûlé (Journal de Charmeteau).

1737.

Le vandredy, vingt-huit et dernier de février mil sept cent trente-sept, grand tonnerre à dix heures du soir (Journal de Charmeteau).

Le quinziesme may mil sept cent trente-sept, fut bénite la chapelle du petit hôpital des Incurables de cette paroisse. La cérémonie en a été faite par M^r l'abbé d'Armagnac, en présence de M^r le grand prieur d'Acquitène, qui a achepté la maison et a fait batir la chapelle, et en présence de mesdames Lenain, intendante, et la marquise de la Gallissonière et plusieurs autres personnes de considération ; la chapelle sous l'invocation de Notre-Dame de Pitié ; le revenu de cet hôpital est sous la providence. M^r et Mme d'Armagnac, frères de M^r l'abbé qui en a faitte la cérémonie, sont les premiers bientaiteurs de cette maison, qui est dans cette paroisse vers l'année 1716 (Reg. 219, Saint-Saturnin).

1738.

Le jour de la Nostre-Dame d'aoust mil sept cent trente-huit, a été renouvellé l'année centenaire du veü de Louis Treize (Journal de Charmeteau).

Le trente aoust, jour de samedy, le nommé Jean François Jollet a esté pendu et étranglé, et ensuite son corps jeté au feu, accuzé d'apostazie et d'avoir presché et enseigné la religion huguenotte. Il est mort dans son erreur (Journal de Charmeteau).

Le lundy, jour de Nostre-Dame de septembre, a esté arresté un religionnaire que l'on dit estre amy de celluy que l'on fist mourir le trente aoust dernier, nomé Sadrant, de la Motte. Il n'y a rien sur son compte que la religion seulement (Journal de Charmeteau).

1739.

Au commencement de may mil sept cent trente-neuf, le bled est monté à 45 sols le boisseau, le pain bis de 24 livres valoit 54 sols et la livre de pain blanc 2 sols 6 deniers. Monsieur l'intendant a esté obligé de faire venir des bleds de Bretaigne et minots de Saintonge, pour soulager le misérable, et le vendant moins qu'il ne coutoit.

Le quinze may le bled est monté à 50 sols, le pain bis de 24 livres à un écu, et la livre de pain blanc à 3 sols (Journal de Charmeteau).

Le douzième septembre mil sept cent trente neuf, la fille ainée de Louis Quinze, roy de France, aagée de douze ans, passa en cette ville pour aller épouser Philipe, fils de Philipe cinq, roy d'Espagne, son parent au troisième degré. DEVAUCELLES (Reg. 254, Sainte-Radegonde).

Le samedy, treize septembre mil sept cent trente neuf, Madame de France est arrivée icy pour aller se marier avec don Flipe d'Espaigne ; l'on a tapissé les rues par où elle a pacée, et a été à la messe à St-Pierre. M^r l'intendant Le Nain fit des merveilles à son sujet. Elle étoit acompaignée de Mme de Talard, de M^r d'Autin, de Mme de Tessé.

M^r le duc d'Ostun, fils de M^r et Mme de Talar, est mort chez M^r le lieutenant criminel et a été enterré au Jésuites le dimanche 20 septembre, étant mort du 19 (Journal de Charmeteau).

Le quatorzième septembre mil sept cent trente neuf arriva dans notre ville Madame de France l'ainée, aagée d'environ 13 ans, qui alloit en Espagne épouser un prince. Elle étoit accompagnée des dames maréchalle de Tallard, gouvernante des princesses, et de Tessé ; elle resta 3 jours icy ; elle logea chez Mme la conservatrice, à la Place-Royalle. M^r le duc d'Ochetin, fils de Mme de Tallars, aagé de 24 ans, tomba malade icy chez Mr Irland, lieutenant criminel, paroisse de la Selle, [le] quinze ; après le passage, il mourut d'une émoragie et il fut enterré aux Jésuittes, proche le balustre, où il y a une tombe de marbre sur laquelle il y a son épitaphe ; son enterrement fut des plus simples (Reg. 219, Saint-Saturnin).

Il y a beaucoup d'année que l'on avoit veu une sy belle autonne qu'en 1739 ; l'on a peü travailler en chemize jusqu'au 10 octobre (Journal de Charmeteau).

L'année a été des plus malheureuses, soit par la cherté des bleds, soit par les maladies de flux de sangs et des rhumes affreux qui ont dégénéré en fluxions de poitrine ; dans notre province, il est mort plus de 30,000 personnes (Reg. 219, Saint-Saturnin).

Le froid de l'iver de mil sept cent trente-neuf à mil sept cent quarante a été des plus longs qu'on aye veu ; il a commencé le 20 novembre à jelé extrèmement fort ; le jour le plus rude a été le 24 février suivant.

Le grand froid quy avoit commencée le 20 novembre (hors 3 smènes de pluye que nous avons eu au mois de décembre) a fini le 8 mars (Journal de Charmeteau).

1740.

En mars mil sept cent quarante, l'on a travaillé à la destruction de la platte-forme de Tizon.

Je rapèle icy les temps où l'on a travaillé à la construction du quay de la porte de Paris et à la porte de la Tranchée : en 1732, l'on a commencé à construire le quay neuf de la porte de Paris, Mr Vangine entrepreneur et M^r.... ingénieur et ensuite Mr Ponchon ; en 1739 et 1740 l'on a continué le quay sous Mr Bodouin, ingénieur, et Mr Broussaut, entrepreneur ; en septembre 1739, l'on a travaillé à l'alignement de la porte de la Tranchée pour le passage de Madame de France (Journal de Charmeteau).

La nuit de quinze au seize aoust mil sept cent quarante, l'on a volé, cassé et outragé l'image de la Vierge de la Tranchée (Journal de Charmeteau).

Cette présante année mil sept cent quarante, les pluies ont esté sy abondantes les mois de novembre et décembre, que le six décembre les eaux du Clain ont grossy sy fort qu'elle sont venues dans tous les jardins de desrierre Sainte-Radegonde ; et dans le tombeau de laditte églize l'eau venoit à la huitiesme marche en montant et jusqu'aux mains de l'image de la sainte. Elle venoit jusqu'à la bare de la porte de St-Siprien ; elle a emporté le pont de bois de laditte porte ; elle a cauzé une infinité de dézordres dans le Poitou (journal de Charmeteau).

La nuit du cinq au six décembre mil sept cent quarante, la rivière du Clain vint si grosse, entre onze heures et minuit, qu'elle passa par dessus le rempart, fondit les murs du prieuré de Sainte-Radegonde, monta dans les chambres de la chantrie, et le tombeau de Sainte-Radegonde fut remplis d'eau à six et sept pieds d'hauteur. Tous les fleuves et autres rivières ont grossis en même temps par toute la France et ont fait des ravages effroyables et causé des pertes infinies et noyez quantité de monde. On ne doute point que ce ne soit un fléau visible de Dieu. CLAUDE DEVAUCELLES, curé de Sainte-Radegonde de Poitiers. *Lectores, orate pro me* (Reg. 254, Sainte-Radegonde).

Le sixiesme de décembre mil sept cent quarante, jour de saint Nicolas, ayant plu 7 à 8 jours devant, il s'est fait un débordement d'eau et un déluge par tout le monde, qui a renversé des moulins, des chaussées, les maisons, et ruiné le fonds des campagnes et noyés plusieurs personnes. La rivière d'icy, quoyque pettite, passoit par desus les murs de la ville et se répandit jusqu'à moitié du cimetière de Sainte-Radegonde. L'eau vient par desous terre dans le tombeau de sainte Radegonde et passoit par desus la tête de l'image de la sainte qui y est. Toutes les maisons des chanoines étoient remplis et surtout celle du prieuré, ce qui apporta un grand domage à M^r l'abbé Derazes qui en est prieur. L'eau vient dans cette paroisse jusqu'à la maison de la dame Degenne, proche le carroir qui monte à l'église, et depuis l'auberge du Croissant jusques chez Mr Louvet, chirurgien, qui est la dernière maison de notre paroisse ; l'eau entroit dans tous les logis à la hauteur de 4 pieds et alla trouver les vins dans les caves. Il y a plus de douze ans que nous n'avons eu de bon vin (Reg. 219, Saint-Saturnin).

Cette année mil sept cent quarante n'est pas celle qui a mis fin aux misères de l'année dernière, il semble qu'elles s'augmentent de plus en plus, jamais le peuple n'a tant souffert par l'intempérie de l'er et le renversement de toutes les saisons. Les greslles, les gelées et les pluis continuelles depuis sept à huit ans ont accablées les campagnes voisines et réduits les païsans dans la dernière nécessité. Il a gelé presque dans tous les jours de cette année et l'ivert a été si long et si fort qu'au mois d'avril il ne paroissoit pas qu'on eut semé de bled. Les vignes n'ont commencé à faire paroître les bourgeons que vers la my-may. Cependant les bleds parurent en abondance et les vignes poussèrent tant de sermants que nous crûmes avoir une année des plus heureuses ; mais un vent de nort sans jamais varier un seul moment depuis Pâques jusqu'en octobre renversa toutes nos espérances. On ne fit métive qu'à la fin de juillet et les vendanges qu'à la fin d'octobre. Dans ce temps, il y avoit plus d'un mois qu'il glassait jusque dans les maisons ; les raisins ne purent venir en maturité ; nous avons eu de très mauvais vin ou plutôt du verjus et plus de pailles que de bled (Reg. 219, Saint-Saturnin).

1742.

En avril mil sept cent quarante deux, il a gelé très fort en glace très épesse. Le 24 dudit, il a tombé de la gresle quatre fois et très grosse ; il a aussi tonné (Journal de Charmeteau).

1743.

Le vingt-deux aoust mil sept cent quarante trois, l'on a tiré à Poitiers la milice la plus forte qu'on aye jamais veu tirer : la ville a fourny 120 hommes (Journal de Charmeteau).

Cette présante année, le bled froment est venu à 12 sols le boiceau. Dans la moisson, les journaliers ne vouloist pas d'un boisseau de bled pour leur journée ; ils gagnoist jusqu'à 20 sols par jour (Journal de Charmeteau).

Cette année présente, mil sept cent quarante-trois, a été abbondante en bleds et vin ; le boisseau de bled 12 à 13 sols le boisseau ; mais une guerre funeste que nous avons contre la reine d'Hongrie et les Anglois, pour le coronement de l'Electeur de Bavière à l'empire, nous réduit à la dernière nécessité. Le roy de Prusse ayant antré dans l'alience de l'empereur et des François, dont les deux premiers prétendoient à la succession des pays de l'Autriche et de Bohême en partie ; ce roy fut cause que les François, au nombre de plus de cent milles hommes, pénétrèrent jusques dans la Bohême, mais ce roy traitre, s'étant racomodé avec la reine, sans en parler à ses aliées, lessa nos troupes à la merci de nos ennemis dans un pays sauvage et insurportable à nos trouppes, à cause des grandes froideurs. M^r le maréchal de Broglie fit le siège de Prague, capitalle de la Bohême et la prit. Il s'y soustient plus de quatre mois malgré les efforts du prince Charles de Lorraine, beau-frère de la reine de Hongrie et son général ; mais l'hivert étant venu, soit par la froidure du payis, soit par les attaques du prince Charle, il y périt plus de 40 mille hommes François. Mr de Maillebois, autre chef de notre armée, qui étoit proche de la ville d'Egra dans le même payis ne voulut jamais faire avancer ses trouppes au secours de Mr de Broglie, malgré les sollicitations des généraux, et il se justifia par une lettre qu'il avoit receu de M. le cardinal de Fleuri, premier ministre, de ne point partir de son poste. Il falut que nos trouppes se retirassent à toutes jambes étant suivis par le prince Charle avec une armée de 80,000 hommes ; nos trouppes repassèrent le Rhin. Peu de temps après, le roy ayant appris que 30 mille hommes Anglois venoient pour passer vers le Bas-Rhin, à la tête desquels étoit le roy d'Angletere, M^r le duc de Noailles avec toute la maison du roy, voulut s'opposer au passage ; il fit passer la rivière du Mains à ses trouppes et les rengea en bataille et se saisit des lieux les plus avantageux, puis il se retira à son camp, et lessa à son neveux, le duc de Gramon, le soin de la bataille, faute irréparable. Le général de l'armée Angloise avait déjà donné ordre à sa cavalerie de coupper les jambes à leurs chevaux et de se sauver, mais, ayant sceu que Mr de Noailles avoit substitué dans sa place un autre général, il commança l'attaque par le canon et foudroya nos trouppes pendant plus de 4 heures, sans que notre général voulut permettre qu'on tira et qu'on alla à charge, ny qu'on fit aucune décharge de canon. La déroutte de notre armée commança par les Gardes-Françoises; ils furent presque tous tuez et une partie noyez dans le Mains ; il y périt beaucoup d'officiers par le canon. M^r le duc de Mortemart y fut tué, Mrs de la Roche-Jacquelin et de Bélabre, tous les deux guidons l'un des Chevaux-légers, l'autre des Mousquetaires, seuls héritiers de leurs familles, y furent aussi tués ; enfin nos trouppes commencèrent à donner et reculèrent les ennemis fort loing ; ils firent des coups dignes de louanges quoyque moins en nombre d'un tiers. Le roy d'Angleterre y fut blessé et nos trouppes couchèrent sur le champ de bataille. Si notre général eut fait faire les décharges tout au moins aussitôt que les ennemis, nous aurions gagné une bataille complette. Ce combat fut donné le 29e juillet de cette présente année 1743. M^r le duc de Chartres, fils de M^r le duc d'Orléans, y commandoit la cavalerie, demanda au duc de Gramon qui avoit donné cette bataille, si c'étoit un choq ou une rencontre ou une bataille, ce général répondit que c'étoit une bataille rangée ; et moy, dit ce prince, je vois que c'est un bâton rompu, faisant allusion au bâton de maréchal de France qu'il n'avoit pas méritté. Icy finit la campagne de cette présente année. Après cette bataille les Anglois se joignirent aux trouppes du prince Charle et ravagèrent toutte la Bavière, mettant le feu partout; l'empereur se retira à Erfort et nos trouppes passèrent le Rein ; M^r le maréchal de Cogny fut lessé avec 30,000 hommes pour en garder les passages.

La cause de cette guerre est que le duc de Bavière, à présent empereur, et le roy de Prusse ont tous les deux épousez..... (Reg. 219, Saint-Saturnin).

1744.

Le bled continue dans le mois de février mil sept cent

quarante quatre à ne valoir que 12 à 13 sols le boisseau (Journal de Charmeteau).

En juin et juillet mil sept cent quarante-quatre, l'on a fait quatre feux de joix, le premier pour la conté de Nice, le 2ᵉ pour Menin, le 3ᵉ pour Ypre et le 4ᵉ, qui fut le 2 d'aoust, pour Furne et le fort Haquenocque (Journal de Charmeteau).

Le vendredy, trente octobre mil sept cent quarante quatre, Melle La Rose Quintal, fille de l'apotiqayre, a été délivré d'une obsession par l'exorcisme sur les quatre heures du soir. Elle étoit malade et très tourmentée depuis près de trois mois. Lorsque j'auray apris la choze telle qu'elle c'est pacée, je feray une narration plus longue à ce sujet. Elle étoit tourmentée du démon par tentation, mais elle ne fut obsédée que le mardy vingt dudit, à sept heures du soir ; conséquamant elle fut obsédée onze jours, sur la dépozition du démon mesme lors de l'exorcisme quy fut faite par Mr de Marchais, ômônier de l'Ôtel-Dieu (Journal de Charmeteau).

1745.

Le neuf février mil sept cent quarante cinq, passage de madame la daufine pour aller à Versaille (Journal de Charmeteau).

Le trente aoust mil sept cent quarante cinq, M^r le duc de Chartre a pacé icy avec sa femme pour aller aux eaux de Barège.

Le deux octobre, retour de M^r le duc de Chartre (Journal de Charmeteau).

1746.

Il est à remarquer à messieurs mes successeurs, pour l'ordre de l'office divin et pour le bien de la paix, qu'en cette année mil sept cent quarante six, savoir le lundy de la Semenne-Sainte, monseigneur l'évesque a réglé certains différens, meus entre messieurs les chapelains et monsieur le vicaire, sur la fonction de diacre; ledit seigneur engageant ces messieurs et leur enjoignant à tous de la faire alternativement chacun par semenne, ce qui s'est passé moy présent et ce que je certifie. L. Frère, curé de St-Didier (Reg. 88, Saint-Didier).

1747.

Le vingt-un février mil sept cent quarante-sept, les eaux vinrent extrèmement grandes sur le Clain et sur l'étang de Montierneuf, en sorte qu'elles montoient dans le tombeau de sainte Radegonde jusqu'au quatrième degré en haut, et passoient partout sur la Chaussée, du côté de la porte de Paris et même sur le pont de Rochereuil qui fut le seul qu'elles n'emportèrent pas. Elles fondirent plusieurs maisons et tous les murs des jardins des dames religieuses de la Trinité, de Ste-Croix, des Filles de St-François, du séminaire et de Montierneuf (Reg. 241, Sainte-Opportune).

Le vingt-un février mil sept cent quarante-sept, la rivière du Clain vint encore si grosse qu'elle a monté de quatre pieds au moins plus qu'en mil sept cent quarante, a renversé le Pont-Joubert et une grande partie des murs depuis la porte de Saint-Cyprien jusqu'à celle de Pont-Joubert, c'est-à-dire ceux de la Trinité, Sainte-Croix, du prieuré de Sainte-Radegonde et autres; sans parler des ravages qu'elle a fait à Rochereuil et à la porte de Paris, en sorte qu'on estime le dommage de cette ville, tant en réparations à faire que meubles perdus, plus de cent mil francs. Claude Devaucelles, curé de Sainte-Radegonde (Reg. 254, Sainte-Radegonde).

Inondation de Poitiers, le vingt-un février mil sept cent quarante-sept : Amy lecteur, je vas trasser à tes yeux, avec pressizion, un triste spectacle quy fera trembler à l'avenir celuy qui le lira, touchant l'inondation cy-dessus. Je tréteray d'abord du degré de la hauteur des eaux en diférend endroist du tour de la ville; segondement, de ses effest; troisiesmement, de l'alarme qu'elle cauza à pluzieurs personnes par la crainte de perdre la vie, sans spandant que personne mourût, du moins que j'aye sceu jusqu'à présent, 24 dudit mois. Les pluies quy avoit précédé le carnaval 1747, quy fut le 14 février, avoist cauzé quelque élévation à la rivière, laquelle commençoit à s'écouler, lorsque le dimenche du caresme, 19 dudit, les pluyes recommencèrent avec tant d'abondance et de continuation que, dès le lundy au soir, la rivière du Clain et l'étant quy est entre Pont-Achard et la Chaussée gonflèrent avec tant de précipitation que la nuit suivante les abitant de la Chaussée furent surpris ; à midy les eaux gagnèrent le rez-de-chaussée de la rue : cela surprit tout le peuple dans leur maizon; à quatre heure du soir l'eau fut au degré qu'elle dégorjoit d'un pied par une bréche quy est en desà de la tour de la petite rue vis-à-vis les bondes; elle venoit plus haut que cette rue de huit toize au-dessus d'une maison, nommée la Croix de Paille; elle dégorjoit par toute les maizons quy sont endossée de l'étant, non seulement par les portes mais par les boutiques, de sorte qu'elle estoit au moins à 3 pied au-dessus du rez-de-chaussée dans toute cette rue; à la porte de Rochereuil, elle avençoit à un escalier de pierre quy est au-dessous de la petite porte de la Charité, du mesme costé ; rue de Chasseigne, elle avençoit jusqu'au tiers des murs de la pépinière, le lieu est marqué par une pierre reyée; à Pont-Joubert, elle avençoit jusqu'à la rue quy va à Sainte-Radegonde et passoit par la rue des Herbeaux ; elle antroit au tombeau de sainte Radegonde jusqu'à la 4me marche en dessendant et couvroit toute l'image de la sainte ; elle couvroit les murs du pont de Saint-Siprien ; elle couvroit toute la surface du Cours; elle entroit en différends endrois dans les vignes, dans les lieux les plus bas ; elle montoit au moulin de S¹-Siprien un pied au-dessus de la fenestre qui regarde le couvant; je conclus de là qu'elles montèrent plus qu'an 1741 de près de quatre pieds. Elles antrèrent aux Bénédictins, dans l'église, dans la cuizine de 9 pousses, dans la salle et dans le réfectoire de près d'un pied ; dans le cloistre, elle culbuta des bariques vides; desrière les murs, depuis S¹-Siprien jusqu'à Pont-Joubert, l'eau étoit de 6 pieds bon an mal an. A l'égard des effets de l'inondation, ils furent terribles : l'eau finit de crever des murs de ville quelque toize au dessus de la porte de S¹-Siprien, elle entra en ville par là; elle entrèna toute la superficie des deux bouts du pont et les parapets de bois au bout devers la ville et creva les murs devers l'autre bout ; le long de desrière les murs elle a enporté quantité de toize de muraille tant aux dames de la Trinité, Sainte-Croix que Sainte-Radegonde; toute la superficie de l'antrée de Pont-Joubert a été dégradé, mais vers sa fin jusqu'à l'auberge de la Teste-Noire il a été mis sans dessus-dessous, ne restoit que la croûte des voûtes, et toute la pierre fut amenée par la force de l'eau dans un moinceau informe; en continuant jusqu'à la porte Rochereuil, elle jeta par terre quantité de murs ; une partie de la surface dudit pont de Rochereuil fut dégradé. L'eau qui avoit entré en ville par diférente brèche des murs de ville, couloit avec tant de violence qu'elle jeta par terre quatre maïzon près la porte de Rochereuil, entr'autre une neuve quy fesoit le coin, apartenant à Brie, maistre masson ; elle forma par une contre-chutte un trou vis-à-vis la porte de ville, en dedans, de 10 pieds de profondeur sur 36 de large et 60 de long, ressamblant à un précipice; elle raza le second moulin de Chasseigne, incommoda beaucoup les autres ; elle jetta par terre un moulin à foulon à la porte de Paris et quelque maizon sur la Chaussée, l'escroula presque toute en sapant leurs fondements. Troiziesmement tous les abitans de cette partie basse de la ville, tant des faubourgs que de la Chaussée, c'étoit une choze pitoyable de voir les abitans de ce dernier endroit, surpris par l'eau, crier mizère à leur fenestre, sans qu'on puisse leur procurer de secours (Journal de Charmeteau).

1748.

Le quatorze aoust mil sept cent quarante-huit, Mr de Foudras, évesque de Poitiers, est mort à une heure du matin à la Roche-Pozé, où il prenoit les eaux; amené à Poitiers fort simplement et enterré le 19 sur la gauche de l'autel de la chapelle des évesques à St-Pierre (Journal de Charmeteau).

Le vingt-quatrième jour de décembre mille sept cent quarente-huit, madame Louise-Elisabeth, fille ainée de Louis Quinze, roy de France, et épouse de don Philipe, fils de Philipe cinq, roy d'Espagne, passa par cette ville pour aller à la cour de France, avant d'aller joindre son mary dans les états de Parmes et de Plaisances qu'on luy a accordez par les traittez de paix, signez la présente année, entre la France, l'Empire, la Hongrie, l'Engletere et la Sardaigne. Notre roy a ordonné que madame sa fille fist la route d'Espagne en France sans pompe, étant en poste ; elle a logé à l'évêché. Il y eut cependant un beau feu d'artifice par ordre de Mr Moreau de Beaumon, notre intendant, qui s'est distingué des autres intendans par ses grandes façons et sa belle dépense dans toute sa Généralité. Cette princesse a marqué mille bontés aux peuples ; elle est d'une dévotion exemplaire ayant été le jour de Noël à six heures du matin à l'abbaye de Sainte-Croix faire ses dévotions, ayant entendu les trois messes à genoux, après quoy elle fût dans l'appartement de madame de Scesmaisons, où elle prit une tasse de chocolat pour faire plaisir à Mr de Scesmaisons, frère de cette religieuse, qui est de la suitte de cette princesse avec M^r le comte de Noailles.

Madame Marie-Elisabeth, sa fille, passa aussi dans cette ville le vingt-huit du même mois de décembre, aagée de sept ans moins trois jours. C'est une princesse fort jolie, et de beaucoup d'esprit.

Dieu les conserve et leur accorde ses saintes bénédictions. CLAUDE DEVAUCELLES, curé de Sainte-Radegonde de Poitiers (Reg. 255, Sainte-Radegonde).

1749.

Le vingt-un septembre mil sept cent quarante-neuf, un soldat a été tué au Cours, comme on fezoit l'èxercice. Celùy quy le tua avoua qu'il vouloit tuer un aide-major pour des coups de canne qu'il avoit receu à Bergobsum; il eut la teste cassée le 23 suivant (Journal de Charmeteau).

Le onze octobre, jour de samedy, à sept heures et un cart du soir, il s'est fait un tremblement de terre qui n'a pas été violent (Journal de Charmeteau).

1750.

Tonnerre très grand le dix-sept février mil sept cent cinquante (Journal de Charmeteau).

1751.

Anfans dévorés par des beste inconnue en Poitou et nottemment un à Iteuil le 15 février. Au nombre de six anfans sûrement dévorés par un animal inconnu aux environ de Poitiers, à Iteuil, Marnais, Béruge, Airon et autres lieux, en février, mars et avril mil sept cent cinquante et un (Journal de Charmeteau).

Le dimanche quatorze novembre mil sept cent cinquante et un a été fait à Poitiers douze mariages au dépends de la ville, dottée de chacun cent écus; Mr de Blossac leur a fait prézent de leur repas et de six couvers; elles ont été conduit aux époùzailles et ramenées par M^{rs}...... maire et échevins (Journal de Charmeteau).

Aujourdhuy vingt-un novembre mille sept cent cinquante-un, ont été bénittes, avec la permission de monseigneur l'illustrissime et révérendissime évesque de Poitiers, trois cloches, par moy, curé sousigné ; sur la plus grosse desquelles sont gravé les noms de Mre Charles-Allexis-Marie Deraze, écuyer, s^gr compte d'Ausanse et baron de Chabanne, et de Melle Thérèse de la Chenais ; sur la segonde, François Durand le jeune, procureur au présidial de Poitiers, fabricueur en exercisse de cette paroisse ; sur la troisieme, de Louis Gaubert du Sansif et de D^elle Marie-Thérresse Huret. Thérèse de la Chesnaye, Marie Thérresse Huret, Marie Rose Durand, d'Auzances, Durand le jeune, Gobert du Censif, Bellayer, curé de Saint-Cybard (Reg. 62, Saint-Cybard).

L'an mil sept cent cinquante et un, a esté fait les réparations de cette église par arest du Conseil.

La memme année a été fait la sacristie, le grand autel et le grand vitral qui l'aiclaire par le derrière. Cette édifice a esté commancé au mois de may de l'année mil sept cent cinquante et un et finis au mois de novembre de la memme année ; le tout fait par les soins de Mr Antoine Chocquin, prestre et curé de laditte paroisse (Reg. 115, Saint-Germain).

1752.

Place de Blossac commencée en mars mil sept cent cinquante-deux.

Commencement des travaux des Giliez en avril mil sept cent cinquante-deux.

La rue de la Latte commencée à ranbleyer en avril mil sept cent cinquante-deux (Journal de Charmeteau).

La bienheureuse de Chantal beatifiée à Poitiers les 14, 15 et 16 mai mil sept cent cinquante-deux (Journal de Charmeteau).

1753.

Mlle Gonde Mervache est morte le vingt novembre et anterrée le vingt-deux. Elle a demandé à être gardée deux jours, parceque la tradition nous aprend qu'une de ses ayeule fut enterrée étant en étargie et quy fut détérée par hazard par un sacristain quy vouloit avoir ses bagues qu'elle avoit demandé à estre mize en terre avec elle, elle vescut, dit-on, dix-sept ans après (Journal de Charmeteau).

1754.

En mars mil sept cent cinquante-quatre, les eufs à 10 sols la douzenne, les pommes de rennettes à 24 sols le cartron, les oignons à deux liards la pièce (Journal de Charmeteau).

1755.

Mr de Plumartin a été arresté le premier janvier mil sept cent cinquante-cinq et amené le 2 au soir par les deux brigades de maréchaussée et trois cent hommes de détachement du Roy-infanterie (Journal de Charmeteau).

Mrs de Cosmond, contrebandiers jantizommes, ont été amenés la veille des Roys, ont couché à la Prévôté et party le landemain pour Saumur, au château (Journal de Charmeteau).

1756.

Le seize février mil sept cent cinquante-six, instalation de M^r des Paligny dans la charge de grand sénéchal de Poitou, au Palais; il étoit en manteau court, en perruque longue naturelle, chapeau attaché que d'un costé, un plumet blanc, un rabat, et l'épée au costé; les huissiers le vinrent prendre au bas de l'eschelle du palais, où il arriva à la teste de la noblesse, le conduizirent au parquet des gens du roy, et de là à l'audience où les conseillers l'attendoient. Le repas fut à Montierneuf. Il y avoit 40 ans que feu son père avoit été receu dans la mesme charge, duquel le repas fut aux Cordeliers (Journal de Charmeteau).

Le vingt-trois juin mil sept cent cinquante-six, la guerre, par mer et par terre, déclarée avec le roy d'Angleterre et affichée à Poitiers (Journal de Charmeteau).

Le sept juillet mil sept cent cinquante-six, cannonization de saint Fidelle et saint Joseph de Laonis aux Capucins, avec beaucoup de sérémonie. Elle a duré dix jours; il y a eu chapitre aussy, ce quy y a attiré beaucoup de religieux (Journal de Charmeteau).

Le huit aoust mil sept cent cinquante-six, réjouissance pour la prize de Port-Maon et de ses forts (Journal de Charmeteau).

1757.

Mr Forien, prézident, relégué au château de Niort le vingt-quatre may mil sept cent cinquante-sept (Journal de Charmeteau).

1758.

Vignes gelées la nuit du seize au dix-sept avril mil sept cent cinquante-huit, jour de saint Annicet. Les vignes ont gelé généralement; les vignes n'avoist pas gelé à ce dégré là depuis 40 ans (Journal de Charmeteau).

1760.

Le douze septembre mil sept cent soixante, messire Lepeütre, curé de Saint-Benoit, près de cette ville de Poitiers, a pris possession de cette cure de Sainte-Radegonde (jadis Notre-Dame-hors-les-murs), six mois après que messire Claude Devaucelles, curé en 1710, luy a résigné, et ce en présence de nous Jacques Petilliau, vicaire de laditte paroisse, le 15 mars 1734. Fasse le ciel que mondit s^r Lepeütre régisse cette paroisse autant d'années que son prédécesseur, et que ceux qui liront ce présent acte prient Dieu pour la conservation ou pour le repos des âmes des cy-dessus dénommés. PETILLIAU, vicaire de Sainte-Radegonde (Reg. de Sainte-Radegonde).

1761.

Partie de l'église des Cordeliers de Poitiers tonba au mois d'octobre mil sept cent soixante et un. Comancé à rédifier le dix-huit avril mil sept cent soixante-trois, et la voûte très avancée lorsqu'elle refondit le vingt juin suivant. Il n'y eut qu'un jeune ouvrier de blessé (Journal de Charmeteau).

1762.

En mil sept cent soixante-deux, le dix-sept juillet, messire Jacques Lizabois, mon parent, prit possession de la cure de Saint-Pierre l'Houstault, par résignation du 9 mars même année, que luy avoit fait Louis Billon, qui en 1761 avoit été pourvu d'une chanoinie semiprébende en Saint-Hillaire et en avoit pris possession le 16 juin 1761.

Billon a resté curé depuis le 7 janvier 1740 jusqu'au 17 juillet 1762. BILLON, chanoine de Saint-Hillaire-le-Grand de Poitiers (Reg. 190, Saint-Pierre-l'Hospitalier).

Les jézuites ont sorty de leur maizon le trente aoust mil sept cent soixante-deux, et sécularizé par un arrest foudroyant du Parlement, au grand regret de toute la ville quy y a beaucoup perdu à cauze du concours d'écoliers qu'ils procuroist à Poitiers. Ils étoient d'un grand secours pour la chaire, le confessional, la cantité et la régularité des messes. Ils ont pris différants party : les uns se sont retiré chez leurs parens, les âutres se sont miz en pansion en ville; les frères se sont été cherché de l'amploy partout, suivant leurs capacités. Le père Latour, homme très respectable tant par rapport à ses rares vertus que par son grand âge quy étoit d'environ 87 ans, s'étoit retiré à l'Hôtel-Dieu. Il y entra le 30 aoust et y est mort le 4 septembre suivant et enterré le 5 dans le cimetière des pauvres, rue Saint-Paul, près la croix dud. simetière, au nord-est d'icelle (Journal de Charmeteau).

Le dix-neuf octobre mil sept cent soixante et deux, soubs messire Antoine Chocquin, curé de cette paroisse, j'ay, vicaire soubsigné, fait la bénédiction de la troisième cloche de nostre église, à laquelle bénédiction ont été parain et maraine M̃ʳ Pierre Bertrand, commissaire et sindic de cette paroisse, et dᵉˡˡᵉ Anne Thevin veufve de Mʳ Mimault, marchand ; estant fabriqueurs Mʳ René Dassié et Mʳ François Neveux, qui se sont tous quatre sousbigné avec plusieurs autres. Anne Thevin veuve Mimault ; Pierre Bertrand, comissaire et sindic de cette paroisse ; François Neveux, fabriqueur ; Pierre Fombeure, sacristin de cette paroisse ; René Dassier, fabriqueur ; Louis Marc Chartier ; Jean Baptiste Cherbonneau, ansien fabriqueur ; Louis Collinet, René Gonese, P. F. Roy ; Paillé ; André Piché ; Nérault, vicaire de Saint-Germain (Reg. 116, Saint-Germain).

1763.

Aujourdhuy ce six mars mil sept cent soixante-trois, par ordre de Mᵍʳ Martial Louis de Beaupoil de Saint-Ollaire, évesque de Poitiers, nous sousigné, revêtu de son autorité, avons bénis la salle qui est sur la cuisine de l'ôpital, nommée salle neuve, et y avons ensuite transporté solanellement le Très-Saint-Sacrement pour y résider jusqu'à la construction d'une nouvelle chapelle, et le tout à cause des grands dangers qu'on en auroit encouru en demeurant dans l'anciene chapelle. Gratieux, aumônier des pauvres de l'hôpital-général (Reg. 270, Hôpital-Général).

Dans cette présente année mil sept cent soixante-trois, la pinture des rétable et souche du grand autel et des deux petis colacterault ont été faitte insi que la niche et tableaux de saint Didier et de saint Berthélemy ; il a été paraillement fait les rideaux et enpochures dans lesquelles il y est entré cinquante-six aunes d'indien à raison de quarante-trois sol l'aune, fait en total cent-vingt livres huit sol; la fasson desdits rideau a coutté trante-cinq livres (Reg. 90. Saint-Didier).

1764.

Le trois avril mil sept cent soixante-quatre, à 2 heures quelques minutes du matin, mort de Mme de Blossac, intandante à Poitiers. C'étoit une dame d'une rare vertu, pieuzè, charitable, mère d'un bon exemple, femme digne du mary qu'elle avoit. Son nom étoit haute et puissante dame Madelenne Le Peltier de la Houssais. Elle avoit une ancienne maladie quy ne l'arrestoit point; sur ces derniers tems elle fut incomodée à garder la chambre et le lit pendant huit jours; la nuit du 2 au 3 vers les minuit, elle se trouva très mal, M. de Blossac quy couchoit dans sa chambre alla à elle, elle expira dans ses bras à 2 heures quelques minutes. Convoy: Mrs de Saint-Pierre vinrent par députés demender son corps pour estre inhumé dans leur églize; tous les corps religieux de la ville ont assisté à son convoy ainsy que les corps des conseillers, avocats (à la droitte de ceux-cy marchoit la noblesse), procureurs, le corps de ville, la cour consulaire, les officiers de troupe réglée qui estoit pour lors à Poitiers; les trois compagnies uniformes de milissè bourgeoize et bonne partie du reste des bourgeois bordoit les hayes le lons des rues. Le corps fut d'abord porté à St-Didier, sa paroisses et de là à la catédrale par la Grande-Rue. Sa fosse alligne la porte droite vis-à-vis l'autel; le bout de lad. fosse du costé des pieds aligne le bénistié du costé de St-Jean. La ville a marqué son deuil par des coups de cannon lentement tiré d'heure en heure, depuis le matin du trois jusqu'après l'anterrement le landemain. L'on peut l'apeller une sainte femme. Tous les corps luy ont fait faire un service chaqu'un; le plus somptueux fut celuy du corps-de-ville, le 14 du mesme mois, aux Jacobins; le fils de M·r Desvaux y fit l'oraizon funèbre (Journal de Charmeteau).

Le quatre avril mil sept cent soixante-quatre, a été inhumé dans l'église cathédrale de cette ville le corps de feue haute et puissante dame, M·me Madelaine Le Pelletier de la Houssaye, épouse de haut et puissant seigneur messire Paul-Esprit-Marie de la Bourdonnaye, chevalier, comte de Blossac, marquis du Tymeur, conseiller du roy en ses conseils, maitre des requestes ordinaires de son hôtel, intendant de justice, police et finances en la généralité de Poitiers, au convois de laquelle ont été invité tous les corps séculiers et réguliers ainsi que ceux de la Maison-de-ville, du présidial et de la cour des marchands, qui y ont tous assisté excepté le corps de M·rs les chanoines qui, ayant demandé à M·rs du chapitre de la cathédrale le rang qu'ils devoient tenir, reçurent pour réponse qu'on se passeroit bien d'eux, et celui de M·rs les curés de ladite ville piqué de l'insulte faite au sieur curé de S·t-Didier, qui ne put enlever le corps ni faire l'office dans son église. Il y eut aussi contestation entre M·rs du présidial et M·rs les trésoriers, ainsi qu'entre les procureurs et M·rs de la cour consulaire. Néantmoins, tous les chapitres et toutes les communautés ont fait des services pour le repos de l'âme de feue madame de Blossac, et tous les autres corps en ont fait faire également; M·rs de la Maison-de-ville en firent faire un solennel chez les Pères Jacobins le 14 avril, et M·r l'abbé Desvaux, écolier de physique, y prononça l'oraison funèbre. M·rs les étudiants en droit en firent faire un aussi dans le même endroit, le 15 mai, et M·r Geoffroy de Limon, bachelier en droit, prononça l'oraison funèbre dans les écoles de droit avant le service. Enfin le corps de messieurs les curés en fit un dans l'église de S·t-Cybard le 18 may; M. Huret, curé de St-Savin, y prononça l'oraison funèbre (Reg. 241, Sainte-Opportune).

Le six may, jour de la feste de S·t Jean-Porte-Latine, mil

sept cent soixante-quatre, et un dimanche après vespres, le sermon et la bénédiction du Très-Saint-Sacrement, en présence d'un concours de peuple, Mr de Rabreuil, doyen de la cathédrale et vicaire-général, acompagné des autres vicaires généraux de M^r l'évesque, a fait la bénédiction de la pierre angulaire de la nouvelle église, laquelle il a placé dans le fondement du costé de l'évangile, en l'absence de Mr de Beaupoil de St-Olaire, évesque de Poitiers. Fait et écrit ledit acte par moy Gratieux, aumônier des pauvres dudit hôpital-général de cette ville de Poitiers (Reg. 270, Hôpital-Général).

1767.

Les réparations de cette église ont été commancé en mil sept cent soixante et trois et finis en mil sept cent soixante et sept, par un arest du Parlemen. Elles consistoient par la fonte de la petite cloche du cloché et de la charpente de l'église qui a été toute démontée, la grande porte de l'église refaite ainsy que la fermeture et le balet refet, le pavé de l'église, l'église blanchie et les vitres ; on fit aussy la ferrure des trois cloches à neuf (Reg. 117, Saint-Germain).

1770.

Le vingt-sept novembre mil sept cent soixante-dix, les eaux vinrent encore plus grandes qu'elles n'avoient fait en 1747 et firent beaucoup plus de dégats. Elles passèrent sur tout le pont de Rochereuil, et en fondirent une partie des parapets, au lieu qu'au précédent débordement elles n'avoient passées que sur les deux bouts dudit pont; elles montèrent un degrés plus haut dans le tombeau de sainte Radegonde, et fondirent encore plus de murs de jardins et de maisons ; et si la chaussée n'avoit pas eu un devois plus grand qu'en 1747, il auroit été à craindre qu'elles n'eussent emporté toutes les maisons (Reg. 241, Sainte-Opportune).

1771.

Le treize mars mil sept cent soixante et onze, mercredi du quatriesme dimanche de caresme, Mr Nicolas Gratieux fit poser un tabernacle à la Romaine nouvellement fait, dans la salle neuve servant pour lors de chapelle, et le vendredy suivant il se présenta au bureau pour le prier d'en faire la bénédiction qui fut faitte par Mr de la Tour pour lors intendant des mœurs, en présence de tous les administrateurs et de tous les pauvres ; laquelle cérémonie commença par l'intonnation du *Veni Creator*. Et le dimanche suivant, la feste en fut faite par ledit Nicolas Gratieux, aumônier pour lors des pauvres, par l'exposition du Très-Saint-Sacrement durant tout le jour, et la grande messe chantée très solanellement en présence de toute la maison. Ledit tabernacle n'a rien couté à l'hôpital. On fit le soir une conférence come à l'ordinaire, à la fin de laquelle on fit un discours sur le nouveau tabernacle, où on en fit la consécration à Dieu. GRATIEUX, aumônier des pauvres (Reg. 270, Hôpital-Général).

1772.

Le lundy dix-sept d'aout mil sept cent soixante-douze, Mgr Martial-Louis de Beaupoil, évêque de Poitiers, a commencé ses visittes dans les églises paroissialles et collégialles de cette ville. A huit heures du matin il a descendu à Sainte-Radegonde accompagné de Mrs Decressac, official, et Bruneval, promoteur ; Mr l'abbé Fumée, prieur, a été le recevoir au bas du parvis, ayant à sa droite Mrs de Lauzon faisant l'office de chantre, et Penin, celuy de sous-chantre ; ils étoient en chappe, Mr l'abbé ayant une étolle par dessous ; il a présenté le crucifix à Mgr l'évêque qui l'a baisé, ensuitte le gouspillon et l'encens, après quoy il luy a fait un compliment au nom de tout le chapitre qui étoit présent, auquel Mgr l'évêque a répondu ; Sa Grandeur est ensuitte entrée dans l'église, et elle a été à l'autel où il y avoit un prie-Dieu avec un carreau, M^r l'abbé après avoir chanté quelques versets et deux oraisons, Mgr l'évêque a aussy dit l'oraison de sainte Radegonde, après qu'on a eu chanté une antienne à l'honneur de la sainte. Ensuitte M^r l'abbé a tiré le soleil qui étoit dans le tabernacle de l'autel du chapitre, et après le *Tantum Ergo*, et l'oraison du Saint-Sacrement, Sa Grandeur a donné la bénédiction ; après quoy elle a descendu de l'autel accompagné de M^r l'abbé et de M^{rs} les chanoines, elle a visitté les différentes chapelles de l'église, et est venu aux fonds baptismaux que je luy ay ouvert et qu'elle a visitté ; après quoy il s'est rendu à la sacristie du chapitre pour voir les ornements, et de là elle a été avec M^r l'abbé et M^{rs} du chapitre. Lorsqu'il en est sorti, je l'ay attendu à côté de l'autel de St-André et je l'ay reçu à l'entrée de l'église de la paroisse ; j'ay fait porter la croix, j'étois en chappe avec l'étolle, accompagné de M^r le vicaire et de M^{rs} les fabriqueurs en charge et autres. Après luy avoir donné le crucifix à baiser, le gouspillon présenté, et luy avoir donné l'encens, je luy ai fait un compliment auquel il a répondu en peu de mots. Ensuitte Sa Grandeur est venue à l'autel de la paroisse accompagné de M^r le doyen ; j'avois fait mettre deux prie-Dieu aux cotés de la table de la communion, l'un à droite pour Mgr l'évêque, et l'autre à gauche pour M^r le doyen ; on a chanté le *Tantum Ergo*, après quoy Sa Grandeur a donné la bénédiction avec le saint ciboire, il l'a ensuite visité ; j'avois aussy fait préparer une petite table sur laquelle il y avoit un pot à l'eau, une soucouppe, un corporal, de la mie de pain dans une assiette et une serviette ; Sa Grandeur a ensuitte donné la confirmation, après quoy elle a entrée dans la sacristie de la paroisse, a fait un procès-verbal des linges et autres ornements, que j'ay signé avec les fabriqueurs et Sa Grandeur. De là nous avons pris une étolle noire chacun, Sa Grandeur et moi, et sommes allés en procession au cimetière en chantant un *de Profundis*; Sa Grandeur, après avoir fait l'aspersion et encensé, a dit l'oraison pour les deffunts et tout a été fini ; j'ay eu ensuitte l'honneur de l'accompagner jusqu'au bout de ma paroisse en allant à St-Austrégésille où elle a été faire sa visitte comme icy. JUSTARD, curé (Reg. 257, Sainte-Radegonde).

Vendredy, le vingt-un du mois d'aoust mil sept cent soixante-douze, l'église de St-Saturnin fut bénite par Mgr Martial-Louis de Beaupoil de St-Aulaire, en y faisant la visite, et donna la confirmation. On y célébra l'office pour la première fois le dimanche de la dédicace de la cathédrale; Mr de Lentillac, grand-vicaire et abbé de St-Cyprien, officia aux vespres et fit faire un soleil et une custode pour porter le saint Viatique et donna un dais. La dépense du chœur se monte à dix-huit cent livres compris les ornemens. Les messieurs décimateurs y ont contribué pour neuf cent livres, c'est-à-dire pour la moitié seulement. Pour ma récompense, j'ay essuyé bien des dureté, mais j'espère que ceux qui me succéderont ne m'oublieront pas dans leur prière; c'est la seule chose que je demande et dont j'ay grand besoin (Reg. 221, Saint-Saturnin).

Aujourdhuy le vingt-deux aoust mil sept cent soixante-douze, Mgr de Beaupoil de Saint-Ollaire étant dans ses courses de visites des églises de la ville de Poitiers, est venu visiter la chapelle de l'hôpital ; il a été reçu par l'ômônier en surplis avec une étolle et une chappe, il luy a présenté de l'eau bénédite, ensuite il l'a encensé trois fois, après quoy il a fait un compliment auquel le révérend évesque a répondu ; après cela on l'a conduit à la chapelle chantant le *Te Deum* processionellement, la croix, le clergé précédants ; après la visite de la chapelle on l'a mené au cimetière pour en faire la visite. GRATIEUX, aumônier des pauvres. Oublié de dire dans l'acte qu'auparavant avoir présenté au révérend évesque de l'eau bénédite, on luy a donné à baiser un crucifix. GRATIEUX (Reg. 270, Hôpital-Général).

1777.

Le dix mars mil sept cent soixante dix-sept, les Filles de la Sagesse sont sortis de l'hôpital-général après y avoir demeuré 27 à 28 ans, et le mesme jour ont été remplacées par des demoiselles de ville, come il y en avoit avant lesdittes Filles de la Sagesse. Le 22 du mesme mois et de la mesme année, par ordre du bureau, j'ay comancé à manger avec les gouvernantes nouvelles de l'hôpital. GRATIEUX, aumônier des pauvres (Reg. 270, Hôpital-Général).

1778.

Le vingt-deux avril mil sept cent soixante dix-huit, sur les onze heures du matin, le corps de messire Jean-Marie Frottier de l'Escorcière, doyen de l'église de S¹-Hilaire-le-Grand, mort d'hier sur les deux heures du matin au doyenné, situé dans cette paroisse, ainsi que l'église de S¹-Hilaire, à l'âge d'environ quatre-vingt-deux ans, a été enterré dans la susdite église de S¹-Hilaire, après que j'ai eu fait la levée du corps, accompagné de M¹ Cuirblanc, mon vicaire, et précédé de ma croix et de deux acolythes, le chapitre étant dans l'usage d'enterrer ses membres, je ne sais sur quel droit, si ce n'est que le droit d'enterrer dans leur église les différents membres de leur corps, ils le déduisent du droit d'administrer à la mort les sacrements : ce qui à la vérité parait suivre l'un de l'autre, celui qui a droit d'administrer à la mort, devant avoir le droit d'enterrer. C'est en effet ainsi que M¹ˢ de la cathédrale de S¹-Pierre en usent. En quelqu'endroit de la ville que meure un membre du chapitre de la cathédrale, chanoine, musicien, organiste même, ils l'enterrent dans leur église, aussi lui administrent-ils eux-mêmes les sacrements. M¹ Joly, organiste, ayant femme et enfants, mort il y a quelques années, paroisse de S¹-Porchaire, en est la preuve. Mais le chapitre de S¹-Hilaire n'ayant pas le

droit d'administrer à la mort, n'a pas aussi le droit d'enterrer. Cependant ils s'attribuent aujourd'hui l'un et l'autre droit, de leur autorité privée : ils ont administré et enterré leur doyen, sans que j'aie été averti en aucune façon, droits d'autant plus aisément usurpés qu'ils savent bien qu'un curé à portion congrue n'entreprendra pas contre eux un procès. Je dis droits usurpés, le droit d'enterrer plus anciennement, celui d'administrer plus récemment ; en voici la preuve par actes et par des faits : premièrement, preuve par actes de l'usurpation du droit d'administrer leurs chanoines à la mort : monsieur le doyen dernier mort, et enterré d'aujourd'hui, a eu pour prédécesseur immédiat un autre Frottier dont l'acte d'inhumation a été couché sur le registre de cette paroisse par Mr Petit, curé, comme il suit : « du vingt-cinq mai mil sept
« cent vingt-sept, jour de dimanche, a été inhumé dans
« l'église de St-Hilaire le corps de messire Charles Frottier
« de la Messelière, doyen de St-Hilaire, chanoine prébendé,
« et juge official de ladite église, abbé commendataire de
« St-Sauveur de Charroux, auditeur primatial de la métro-
« politaine de Bourdeaux, après que je lui ai eu adminis-
« tré les sacrements, et fait la levée du corps à la porte du
« doyenné ; après quoi ma croix levée et réunie à celle de
« St-Hilaire, j'ai conduit le cadavre audit lieu, avec mon
« vicaire et mes autres assistants. Signé : Petit, curé ».
Autre acte couché sur le même registre : « du septième jour
« d'avril mil sept cent vingt-huit, a été inhumé dans l'église
« de St-Hilaire le corps de Jean Penin de la Charlerie, sous-
« diacre, chanoine prébendé de St-Hilaire, après avoir reçu
« tous les sacrements que je lui ai administrés, fait la levée
« du corps, et conduit le cadavre avec la croix levée, assisté
« de mon vicaire et autres assistants. Signé : Petit, curé ».
Il résulte évidemment de ces deux actes que jusqu'en 1728, le curé de Ste-Triaise administroit à la mort les chanoines de St-Hilaire, domiciliés dans sa paroisse : c'est donc une

usurpation assez récente de la part du chapitre, qu'une force arbitraire a commencée et qu'elle tâche à maintenir. Il en est de même du droit que le chapitre exercé d'enterrer les membres de son corps, exercice du droit d'enterrer qui, quoique plus ancien que celui d'administrer, n'en est pas moins une usurpation, je le prouve : ou le chapitre de S¹-Hilaire a essentiellement et radicalement le droit d'enterrer ses membres, ou il l'a par convention ; or, ni l'un ni l'autre. S'il l'avoit essentiellement, il l'exerceroit comme M^{rs} de la cathédrale, sans l'intervention de M^{rs} les curés ; or les choses ne sont pas ainsi : 1° j'enterre les sergents de chœur de S¹-Hilaire, comme j'enterre tous mes autres paroissiens ; 2° le vingt-quatre aoust mil sept cent soixante-douze, Me Louis-Claude Gauffreau, chanoine hebdomadier de S¹-Hilaire, étant mort, j'ai fait la levée du corps, j'ai eu un luminaire, et j'ai été payé de mes honoraires. Les choses se sont passées de la même façon pour l'enterrement de Mr Jean Joussant, chanoine, mort le vingt-deux juillet mil sept cent soixante-quatorze, les curés intervenant et fesant la levée du corps, recevant luminaire et percevant honoraires, excluent évidemment dans le chapitre de S¹-Hilaire le droit essentiel d'enterrer ses membres. Ont-ils le droit par convention avec les curés ? Non ; mais ils se le sont attribués, et s'en sont emparés de haute lutte. Car s'il y avoit convention, il y en auroit acte ; les choses en valent la peine. Or il n'y a aucun acte d'une pareille convention. Je dis plus, il devroit y avoir deux actes de convention. En 1727, ils enterroient et n'administroient pas : il devroit donc y avoir un acte de convention, antérieur à 1727 pour les seuls enterrements. Aujourd'hui ils enterrent et administrent : il devroit donc y avoir un second acte de convention pour la cession du droit d'administrer ; or aucun acte pareil n'existe. L'usage pratiqué par M^{rs} de S¹-Hilaire, d'administrer à la mort et d'enterrer leurs membres, est donc une usurpation manifeste, d'abord en faveur des seuls chanoines prébendés, puis des chapelains, ensuite des musiciens, et peut-être dans quelques années d'ici, en faveur de leurs sergents de chœur et de leurs coûtres. Je dis que cette usurpation s'est faite par succession progressive : le vingt-quatre décembre mil sept cent vingt-neuf, le s^r Jean Dupont, chapellain et musicien de St-Hilaire, étant mort, les chanoines, après avoir fait le service dans leur église, transportèrent le corps dans l'église de Ste-Triaize, où il fut inhumé par lesdits chanoines, le luminaire avoit été fourni en entier, malgré la protestation faite par deux notaires au nom et en présence de Mr Petit, curé de Ste-Triaize. Depuis ce tems les chapellains et musiciens sont enterrés dans le cloitre de St-Hilaire. Cette protestation a été faite par Guyonneau, qui a la minute, et Ligonière. Il y en a une grosse dans les papiers de la cure. Voyez aussi le registre de la susdite année.... Le neuf du mois de mai présente année mil sept cent soixante dix-huit, j'ai reçu par les mains de Mr Hervouet, procureur au présidial, tous mes droits pour l'enterrement de M^r le doyen, sçavoir : neuf livres pour mes honoraires, vingt-trois livres quinze sous pour le luminaire, quatre livres dix sous pour mon vicaire et trente sous pour les deux accolythes. J'ai donné quittance en date de ce jour, neuf mai. Mon sacristain a reçu neuf livres pour ses droits, et a donné quittance séparée. LECESVE, curé de Ste-Triaize (Reg. 269, Sainte-Triaise).

1780

Observations sur les privilèges des Carmélites. Aujourdhuy, douze octobre mil sept cent quatre-vingt, je me suis transporté avec Mr Clément, procureur, chez les dames Carmélites à l'occasion de la maladie de Melle d'Auzances de Séri, leur bienfaitrice, qui s'est trouvée dans le cas de recevoir le saint viatique. Ces dames ont fait administrer

cette demoiselle par Mr Lecève, curé de Ste-Thérièse, leur confesseur, et cela pendant mon absence et sans avertir aucun prêtre de la paroisse. A mon arrivée, j'ay écrit à ces dames et leur ay tesmoigné mon mécontentement sur ce qu'elles n'avoient averti aucun de nos vicaires pour cela, leur représentant qu'il appartenoit au curé de leur paroisse, ou en son absence à quelqu'un de messieurs les vicaires, de faire cecy et qu'elles n'avoient aucun droit sur les personnes revêtues de l'habit séculier comme l'étoit cette demoiselle dans leur maison. Sur cela elles m'écrivirent et me mandèrent qu'elles ne refusoient pas de me faire connoître leurs privilèges à ce sujet, et je transcris leur lettre en entier ou plutost on trouvera leur lettre en original à la fin du registre. Malgré l'offre de ces dames j'ay eu touttes les peinnes du monde à parvenir à cela et je n'en suis venu à bout qu'en les menaçant de les faire sommer de me représenter leurs privilèges. Je les ay vu et lu ; voilà en substance ce qu'ils contiennent pour ce qui nous regarde : « Et pour que
« lesdittes sœurs religieuses Carmélites déchaussées, dit la
« bulle de leur institution, ne puissent être ni troublées ny
« interrompues dans leur vie retirée, les exemptons à per-
« pétuité elles, leur aumônier, sacristain, jardinier, domes-
« tiques, tourières et autres leur étant attachées et résidant
« dans leur maison de quelque sorte que ce soit, de toutte
« juridiction épiscopale, de celle des grands-vicaires provin-
« ciaux, généraux, d'ordre, recteurs et autres, leur accor-
« dons toutes les immunités pour elles, leurs biens et celuy
« de touttes les personnes qui leur sont attachées comme
« bienfaitrices et qui demeurent dans leur maison. » Voilà ce qui regarde l'article que je leur contestois. Tout cela a esté enregistré sous Louis-Quatorze au Conseil d'Etat, au parlement de Paris, confirmé par des lettres patantes, par des arrets du parlement. Messieurs les curés qui viendront pourront se servir de cette notte en cas d'événement (Reg. 92, Saint-Didier).

1781.

Aujourdhuy treize aoust mil sept cent quatre vingt-un, a été enterré par le chapitre de Notre-Dame et dans leur église, en vertu de leur qualité de curés primitifs de mon église paroissialle, et de la sentence confirmative de ce droit en cette qualité, contre moy obtenue au mois de juin 1780, quoyqu'ils n'aient jouis de ce droit sens trouble que depuis le procès contre eux intenté contre le chapitre par les curés de St-Estienne et St-Didier qui disputoient aux chanoines la qualité de curé primitif, dans lequel ils argumantoient pour preuve de leur dite qualité qu'ils avoient droit d'enterrer leurs membres décédés sur lesdites paroisses, intenté dis-je en 1708 et terminé par transaction en 1712, acte par lequel ils ont aquis irrévocablement la qualité de curés primitifs et les droits en résultant dans mon église.

Dans le procès que j'ay eu contre eux au sujet des funérailles du s^r Lefèvre, leur hebdomadier, ils n'ont pu cependant prouver, quelques supterfuges qu'ils ayent employez, que mes prédécesseurs n'ayent pas inhumés seuls et dans leur église le s^r Amillet de Neillas, leur chanoine et que je n'ay reçu, en passant sur ma paroisse, en ma qualité de curé, le corps du sieur Chategner, aussi prébendé de leur église. J'ay découvert depuis le jugement du procès par les gravures de deux tombes placées dans mon église, partie sous la table de comunion et partie sous les bans du cœur, l'effigie de deux chanoines ayant l'aumusse sur leur tête et dont l'inscription my-effacée nous indique cependant clèrement qu'ils étoient chanoines de Notre-Dame-la-Grande; l'une est latine et l'autre française: la latine est de 1522 et la française de 1521. Il fault consulter leurs registres de ce temps pour sçavoir qui étoient chanoines et s'ils sont mort revêtus de leur qualité et si c'est le curé qui les a fait. Nous ne pouvons en fournir d'actes parceque nous n'avons de registres que depuis 1629 ; les curés antérieurs étant chanoines ou plutôt comme il étoient amovibles, c'étoit le chapitre en corps qui faisoit desservir la cure, par conséquant il est supposé avoir les registres de ladite cure comme ses titres et fonds doteaux de cure. Quoy qu'il en soit de ladite sentence obtenue à la sénéchaussée où, de dix conseillers siégeants, il y en avoit sept parans très près des chanoines plédants, si je n'ay point appellé de ladite sentence c'est que m'étant mis en possession par voye de fait j'aurois pu estre condané aux dépans pour n'avoir pas attaqué juridiquement les chanoines et ne leur avoir pas fait deffance de me troubler dans mes fonctions curialés ; c'est pourquoy malgré que j'ay payé les frais, que je n'ay pu me dispenser de payer, comme forcé contraint, je proteste autent que je le dois et le peu contre l'usurpation de ce droit, malgré leur qualité de curé primitif, parce que l'usage n'est pas immémorial. Je proteste notamant contre l'enlèvement et l'inhumation du corps du s^r Morillion, leur hebdomadier, décédé sur ma paroisse et à qui j'ay administré le sacrement de l'extrême-onction, qu'ils ont fait ce jour dans leur église sens le faire entrer dans la miene pour luy dire l'*Ultimum Vale* comme son curé. A moins qu'ils ne conservent leur qualité de curés primitifs et qu'en cette qualité ils ne me payent la portion congrue que je poursuis comme fesant partie de l'instence jugée contre moy et dans laquel la cour ordone que les parties se feront juger sur la demande incidente qui est la portion congrue. Malgré mes instances amicales faites aux chanoines de faire leur option qu'ils ont toujours éludé, ils ont aujourduy, treize aoust 1784, enlevé et enteré dans leur église le corps de Mr Morillon, leur chanoine hebdomadier, mort sur ma paroisse, muni par moy du sacrement de l'extrême-onction, et on fait fournir par les parants du deffunt et porter dans leur église, pour ses funérailles et luminaire, quarante livres et demi de cire blanche, et ont fait porter par le cirier dans mon église deux cierges d'un quarteron pièce. Je n'ay reçu aucuns honoraires, n'ayant pas fait la levée du corps ny assisté à l'office. Conformément au règlement de monseigneur l'évesque, il ne me seroit revenu au plus que quatre livres pour droit curial, ce qui ne m'a point été offert, les chanoines étant supposés se l'estre fait payer, ny les trois livres d'offrande qu'ils se sont appropriés à mon détrimant, quoyqu'aux funérailles de Mr Brault ils ayent remis l'offrande au curé de Notre-Dame-la-Grande ; de sorte que cette acte de juridiction me devient très frustratoire. C'est pourquoy je réserve de m'en faire faire justice après l'option que les chanoines doivent faire de la qualité de curé primitif ou de l'abandon d'icelle. Quoyqu'aux enterrements de mes trois derniers prédécesseurs ils eussent fait fournir à mon église le même luminaire à proportion qu'à la leur et qu'ils ayent payé aux curés la somme de dix livres pour ses droits, c'est vraissemblablement pour les gratifier de la complésence qu'ils avaient de se laisser dépouiller de ce droit inhérant à leur qualité de curé, par le chapitre et qu'ils les ont appèsées par ce casuel momantané. Je n'ay pas mérité la même faveur de la part du chapitre, mais la justice me la rendra je l'espère. DEBELHOIR, curé.

J'ay passé les bornes d'un acte mortuaire et l'ay surchargé de choses qui y sont inutiles, je l'avoue, mais j'ay voulu laisser à mes successeurs des notes et leur ouvrir la voye pour se rédimer, s'ils le peuvent, de l'usurpation du chapitre de Notre-Dame. DEBELHOIR, curé.

En marge de la protestation qui précède, on lit ce qui suit :

En vertu de la sentence rendue par M^r le lieutenant-général de la sénéchaussée et siège présidial de cette ville, du quinze mars dernier, j'ai, greffier soussigné, biffé les protestations insérées au présent registre touchant l'enterrement du s⁽ʳ⁾ Morillon. A Poitiers, ce vingt-quatre may 1782. BOURDIER (Reg. 97, Saint-Etienne).

1782.

Par la miséricorde de Dieu nous avons eu la mission en cette paroisse, où il n'y en avoit pas eu depuis quarante-sept ans. Elle a été ouverte le vingt-neuvième jour du mois de novembre mil sept cent quatre-vingt-deux, jour de la fête du patron, après vêpres, par le *Veni Creator* et le sermon sur la préparation à la mission. Elle a été donnée par M⁽ʳˢ⁾ Préneuf et Drouault, ex-jésuites ; M⁽ʳ⁾ Brunet, aussi ex-jésuite a fourni aux frais nécessaires pour loger et nourrir les missionnaires. Le vendredi, sixième décembre, il y a eu la cérémonie du renouvellement des vœux du baptême spécialement pour les femmes. Le mercredi onzième du mois, on a fait la première communion générale. Le jeudi douze du même mois, il y a eu la cérémonie de la rénovation des vœux du baptême spécialement pour les hommes. Le dimanche quinze, il y a eu la cérémonie de l'amende honorable. Le mercredi dix-huit, il y a eu la seconde communion générale. Le mardi veille de Noël, on a fait la troisième communion générale. Le jour des Innocents, on a fait la rénovation des vœux du baptême pour les enfants de la première communion. Le lundi trente, on a fait faire la quatrième communion générale et la première communion aux enfants. Le dernier jour de l'année, on a fait la cérémonie du plantement de la croix. Le jeudi deuxième janvier 1783, on a fait la cérémonie de la consécration à la sainte Vierge et le second jour de station de la neuvaine à la croix de mission, parce qu'on n'avoit commencé la neuvaine que le premier jour de l'an. Le vendredi trois janvier, on a fait, le matin, le service pour les morts, et, le soir, on a terminé la mission par la bénédiction et le *Te Deum.* Cependant, le six du mois, Mr Drouauld, qui avoit été chargé de la première communion des enfants, leur a fait célébrer l'octave de cette première communion par une seconde. Les sept, huit et neuf du mois, j'ay continué la neuvaine ; ainsi du premier jour au dernier jour de la neuvaine, il y a eu quarante-deux jours (Reg. 222, Saint-Saturnin).

1783.

L'an mil sept cent quatre-vingt-trois et le cinq février, le corps de messire Jacques Lizabois, curé de St-Pierre-l'Hospitalier, mort le trois de ce mois à cinq heures du soir, à l'âge d'environ soixante-trois ans, a été enterré dans le cimetière de St-Pierre l'Hospitalier, en présence de messieurs les chapellains de St-Hilaire et de quelques-uns de messieurs les curés de la ville. Je soussigné, prêtre curé de Ste-Triaize, en qualité de doyen né des curés de ce canton de la ville de Poitiers, lequel on appelle le bourg de St-Hilaire, ai fait la cérémonie des obsèques et j'ai eu le luminaire malgré les vaines réclamations de Mr Chollois, curé de la Chandellière. Voici la copie de la lettre qu'il m'a écrite à ce sujet ; Caillas fils, sacristain de St-Hilaire, me l'apporta de la part du curé de la Chandellière, et me la remit à moi-même chez monsieur l'abbé de St-Aulaire, chanoine de St-Hilaire, et vicaire général de M^r l'évêque, où je dînois avec plusieurs chanoines de St-Hilaire, ses confrères :

« Poitiers, le 4 février 1783. Monsieur et cher confrère,
« sur le rapport que m'ont fait faire M^elles Benoit (elles
« sont parentes de feu curé Lizabois), que vous étiez
« dans le dessein de donner la sépulture à M^r le curé de
« St-Pierre-l'Hospitallier, il m'a paru que vous ignoriez les
« statuts du chapitre, qui donnent ce droit à M^rs les
« chapellains, principallement à M^rs les curés quand
« ils sont du bas-chœur. Comme nous n'avons pas l'hon-
« neur de vous avoir parmi nous, vous ne trouverez pas

« mauvais que j'use de ce droit, jusqu'à ce que vous m'en
« ayez fait connoitre un plus réel, si vous n'aimez mieux
« vous en rapporter à la décision du chapitre. J'ai l'hon-
« neur d'être, Monsieur et cher confrère, avec bien de l'atta-
« chement, votre très-humble et obéissant serviteur. Cho-
« lois, curé de la Chandellière ». Voici la réponse verbale
que je chargeai Caillas de rendre à Mr Cholois : les circonstances où je me trouve ne me permettent pas d'écrire à M^r le
curé de la Chandellière ; dittes-lui de ma part que je me
trouverai demain matin à St-Pierre-l'Hospitallier et que
certainement je ferai la cérémonie des obsèques du défunt
curé... Sur ma réponse, M^r le curé demanda une assemblée
du chapitre de St-Hilaire, qui sans doute ne décida pas en
sa faveur, puisqu'il n'a pas même paru à l'enterrement de
son confrère. Et que m'eut fait d'ailleurs une décision
contraire de la part du chapitre de St-Hilaire, dont je ne
reconnois pas la juridiction prétendue, et qu'il s'attribue
sans nul fondement? aussi me suis-je bien gardé de remettre mes droits à l'arbitrage de messieurs de St-Hilaire,
et s'ils ont délibéré sur cette affaire et couché leur délibération sur leurs registres, ce que je ne sais pas, ce n'est
nullement de mon consentement ni à ma réquisition. Je ne
reconnois d'autre supérieur ecclésiastique immédiat que
monseigneur l'évêque de Poitiers, qui est maintenant en
procès au parlement de Paris avec messieurs du chapitre de
St-Hilaire au sujet de leurs droits prétendus de juridiction
spirituelle sur les trois paroisses de leur bourg. LECESVE,
curé de Ste-Triaize (Reg. 269, Sainte-Triaise).

1784.

L'an mil sept cent quatre-vingt-quatre, le vingt-deux
juillet, fut bénite la nouvelle église de l'hôpital-général commencée en mil sept cent soixante; les travaux en furent
suspendus l'espace de vingt-deux ans, mais par les soins de

l'administration et très spécialement par ceux de M. Barbier, président à l'élection, et qui l'étoit pour lors au bureau de l'hôpital, la vertu et la piété de ce digne et respectable administrateur n'omirent rien pour décorer et embellir le nouveau temple du Seigneur, qui fut consacré à Dieu sous l'invocation de saint Hilaire et de sainte Radegonde. La bénédiction pour lors en fut faite, en présence d'une affluence prodigieuse de peuple et la pluspart d'une naissance distinguée, de plusieurs grands-vicaires, par M. l'abbé Constant, aussi grand-vicaire, qui après la bénédiction y chanta solennellement la grand'messe; les trente plus habiles musiciens de Poitiers y donnèrent la musique la plus complette et la plus mélodieuse. L'hôpital étoit pour lors composé de quatre cent quelques pauvres gouvernés par des séculières. Touzalin, aumônier général de l'hôpital de Poitiers (Reg. 271, Hôpital-Général).

1787.

Le vingt-trois avril mil sept cent quatre vingt-sept, fut bénite la grosse cloche de cet hôpital; elle eut pour parrain M. de Mourière, maire de cette ville, et pour marainne madame Marie-Louise Gachet, épouse de M. Barbier, président de l'élection : elle lui donna le nom de Marie. La cérémonie fut faite par M. l'abbé Daviau, vicaire général. Il y eut grande musique et une affluence de peuple très grande. Touzalin, aumônier.

La chaire de la cathédralle fut parfaite la veille de l'Ascension, et le premier sermon y fut prèché par Mathurin Touzalin, aumônier de cette maison, le jour même de l'Ascension, en mil sept cent quatre-vingt-sept. Touzalin, aumônier de l'hôpital-général (Reg. 271, Hôpital-Général).

TABLE

DES NOMS DE PERSONNES ET DE LIEUX *.

- A

Aages (des). V. Chollet, Michel.
Abain, Abin (s^{gr} d'). V. Chasteigner.
Académie française, 331, 332.
Ageois (s^r des). V. Filleau.
Agnès (sœur), religieuse Ursuline de Loudun, 67.
Aigne, c^{ne} d'*Iteuil*, *Vienne*, 160.
— (Antoine d'), 234.
— (s^r d'). V. Dreux.
Aiguillon (duc d'), 29.
— (Mme de Combalet, duchesse d'), 81.
Aire, *Pas-de-Calais*, 102, 103.
Airvault, *Deux-Sèvres*, 39 ; — abbaye, 106 ; chanoine, v. Rousset ; — prieuré de Saint-Jérôme, 144 ; prieur, v. Rousset.
Albert, chapelain de Sainte-Radegonde de Poitiers, 384.
Albret (Diane Françoise d'), abbesse de Sainte-Croix de Poitiers, 92, 148, 306.
Alexandre VII, pape, 173, 176, 179.
Allain (René), imprimeur et libraire à Poitiers, 79.
Allard (Claude), chanoine de Saint-Tugal de Laval, 91.
— (Etienne), curé de Saint-Porchaire de Poitiers, 106.
Allègre (Jean d'), s^r de Vinérox, capitaine du château de Poitiers, 18.
Allemagne, 74, 291 ; — empereur, 73.

Allexandre (Jean), c. d. m. P., 239, 241.
Alliaud (Jeanne), femme de Martial Codet, 236, 237.
Amberre, *Vienne*, 109.
Amboise (Renée d'), dame de Clermont, 3.
Amiens, *Somme*, 94, 96, 307.
Amillet de Neillas, chanoine de Notre-Dame de Poitiers, 420.
Ancelin (Pierre), c. d. m. P., 208, 265, 266 ; juge, 267.
Ances, Anxes (les), *Auzances*, c^{ne} de Migné, *Vienne*, 24, 30.
— (c^{te} des). V. De Razes.
— Le Grand-Pont, c^{ne} de Chasseneuil, *Vienne*, 24, 29, 31, 38, 41, 42, 382.
Anebault (M. d'), 4.
Angers, *Maine-et-Loire*, 107 ;
— chapelle Saint-Morice, *alias* des Petits-Agneaux, 230.
Anglais (les), 158, 183, 395, 396.
Angles (château d'), *Vienne*, 159, 324.
Angleterre, 98, 142, 396, 397, 402, 406 ; — roi, 98, 142, v. Charles Ier, Jacques II ; — reine, 142.
Angot (Germain), c. d. m. P., 253.
Angoulême, *Charente*, 65 ; — château, 65 ; — évêque, v. Péricard.
Angoumois (province d'), 77, 125, 314.

---

* Dans cette table on a désigné par abréviation sous les initiales j. d. m. P. et c. d. m. P. les juges et les consuls des marchands de Poitiers.

Anguien, Anguin (duc d'). V. Enghien.
Anjou (Philippe duc d'), fils de Louis XIII. 95, 116, 142, 147, 149, 150, 161, 162, 163, 187.
— (province d'), 69, 152.
Anne d'Autriche, 87, 95, 114, 115, 116, 117, 122, 140, 142, 147, 148, 149, 150, 161, 162, 163, 183, 185, 187, 201, 308, 309, 310, 317, 318, 319, 320, 321, 326.
Anville (duc d'), 161, 162.
Arcange (s^r d'). V. Moulins.
Arcourt (comte d'). V. Harcourt (d').
Arembert (Joachim), 2.
— Philippe, procureur du roi au présidial de Poitiers, 2, 4, 6.
Armagnac (famille d'), 390.
— (Françoise d'), 108.
Armand (André), marchand à Poitiers, 90, 123 ; c. d. m. P., 64, 246, 247 ; juge, 75, 247.
Arnaudet (Pierre), chirurgien à Poitiers, 62, 277.
Arnault (Coste), c. d. m. P., 240 ; juge, 242, 243.
Arnoul (René), j. d. m. P., 239.
Arras, *Pas-de-Calais*, 93, 94, 95, 111, 171 ; — porte de Miollant, 94.
Arsanger (Jacques), chanoine de la cathédrale de Poitiers, 160, 170.
Artois (province d'), 93, 94, 102.
Asturies (prince des), 380.
Asvre-de-Grâce (le). V. Hàvre (le).
Auber (l'abbé), cité, 165, 184, 187, 203, 205, 206.
Aubert (Barthélemy), chanoine de Saint-Hilaire-le-Grand de Poitiers, 10.
— (François), président au présidial de Poitiers, 4, 6, 7, 8.
Aubespine (Charles de l'), marquis de Châteauneuf, garde des sceaux, 65.
Aubigny, *Aubigné*, canton de *Chef-Boutonne*, *Deux-Sèvres*, 168 ; — prieur, v. Rousseau.
Aubourg (d'), prieur de Saint-Eutrope de Saintes, 386.
— novice, 386.
Aubusson, *Creuse*, 2.
Audebert (Jacques), s^r de la Guillonnière, receveur des tailles à Poitiers, 142.
— (Jacques), s^r de la Rouille, maire de Poitiers, 97, 308 ; échevin, conseiller au présidial, 143.
— (Jean), s^r de la Guillonnière, chanoine de Notre-Dame-la-Grande de Poitiers, 143, 222.
— (Pierre), 143.
— (Pierre), c. d. m. P., 242.
Audinet (Georges), c. d. m. P., 253, 255 ; juge, 256.
— (Jacques), c. d. m. P., 255, 256, 259, 260, 262 ; juge, 257, 262.
— (Jean), c. d. m. P., 252, 253 ; juge, 254.
— (Hilaire), 382.
— (Louis), chanoine et curé de Notre-Dame-la-Grande de Poitiers, 80, 225.
Audinet-Peintière (Philippe), c. d. m. P., 258, 259, 261 ; juge, 261.
Augereau (Etienne), c. d. m. P., 253 ; juge, 253.
Augris (Jean), c. d. m. P., 239.
— (Pierre), c. d. m. P., 239, 240.
Augron (François), c. d. m. P., 240.
— (Jacques), bourgeois de la Maison-de-Ville de Poitiers, 149.
— (Jacques), échevin de Poitiers, 187.
— (Jacques), s^r de la Saisinière, conseiller au présidial, maire de Poitiers, 170, 219.
Aulezy (François d'), abbé de Saint-Hilaire de la Celle de Poitiers, 347.
Aumale (Mlle d'), 202.
Aumont (marquis d'). V. Villequier (de).
Aunay (cure de Saint-Pierre d'), *Charente-Inférieure*, 222.
Aunis (province d'), 125, 314.
Ausseurre (Guy d'), assesseur au présidial de Poitiers, 4.
— (René d'), assesseur au présidial de Poitiers, 1.
Autin (duc d'). V. Ostun.
Autriche, 396.
— (Philippe d'), roi d'Espagne, 346.
Auvergne (province d'), 181, 379 ;
— Grands-Jours, 200.
Auvigny (d'), cité, 65.
Auxances (grand pont d'), c^{ne} de *Chasseneuil*, *Vienne*, 162. V. Ances (les).

— 429 —

Auzances. V. Ances (les).
— (cte d'). V. De Razes.
— de Séri (Mlle d'), 418.
Availle-Limousine, *Vienne*, 108.
Avignon, *Vaucluse*, 110.

Ayrault (Thérèse), femme de Pierre Jardel, 207.
Ayron, Airon, *Vienne*, 403.
Azay (Françoise d'), femme de Pierre de Culant, 3.

B

Babaud ou Babault (Jean), c. d. m. P., 258.
— (Jean-Baptiste), c. d. m. P., 260 ; juge, 261.
— (Pierre) c. d. m. P., 254 ; juge, 254.
Babinet (Charles), c. d. m. P., 72, 90, 247, 248 ; juge, 123, 176, 249, 251.
— (Jean), c. d. m. P., 83, 111, 248, 249 ; juge, 124, 249.
— (Mathieu-Pierre), maire de Poitiers, 385, 386.
— (Michel), c. d. m. P., 250, 253, 255 ; juge, 256.
— (Michel) le jeune, c. d. m. P., 257, 258, 259 ; juge, 260.
— échevin de Poitiers, 387.
Baglion de Saillant, évêque de Tréguier, puis de Poitiers, 205.
Bagou (François), 103.
Bapaume, *Pas-de-Calais*, 93.
Barantin, intendant de Poitou, 199, 200.
Barbarin (Isaac), sr du Bost, conseiller au présidial de Poitiers, 96, 144 ; échevin, 161.
— (Pierre), c. d. m. P., 245.
Barbe (Jacquette), 337.
— (Jean), avocat du roi à Poitiers, 337, 338.
Barberin (Antoine, cardinal), évêque de Poitiers, 164, 173.
Barbezieux (sr de), 7.
Barbier (Alfred), cité, 315.
— (Charles), conservateur-adjoint à la bibliothèque de Poitiers, cité, 67.
— (François), c. d. m. P., 256, 257, 265, 266.
— (François-Olivier), c. d. m. P., 261, 263 ; juge, 264.
— (Jean), 4, 6.
— (Olivier), c. d. m. P., 263.
— abbé de Saint-Jean de Montierneuf de Poitiers, 386.

Barbier conseiller honoraire à la cour d'appel de Poitiers, cité, 252.
— président de l'élection de Poitiers, 426.
— sacristain de l'abbaye de Montierneuf de Poitiers, 386.
— Faulcon (François), c. d. m. P., 267.
Barbillon (Julien), c. d. m. P., 240 ; juge, 240, 241.
Barboire (maison noble de la), cne *de la Pommeraye-sur-Sèvre*, Vendée, 219.
— (sr de la). V. Pommeraye.
Barbot (Martine), femme de Pierre Robain, 228, 231.
Barcelonne, *Espagne*, 98.
Barde (de la), chanoine théologal de la cathédrale de Poitiers, 191, 204.
— (Denis de la), évêque de Saint-Brieuc, 162.
Bardonnière (sr de la). V. Consais.
Bardoux, curé de Montierneuf de Poitiers, 365, 367, 369, 371.
Barèges, *Hautes-Pyrénées*, 398.
Barillet (Liphard), serrurier, 281.
Barnabé (le P.), religieux minime, 114.
Barot (Isabelle), 69.
Barraud (Pierre), bourgeois de la Maison-de-Ville de Poitiers, 81.
— avocat à Poitiers, 25, 34.
— notaire royal à Poitiers, 53, 114, 125, 128.
Barrault (Jacques), docteur régent de l'université de Poitiers, 65, 66.
— (Jeanne), femme de Jean Gayault-Texier, 221.
— (Pierre), procureur de la police à Poitiers, 354.
— (famille), 65, 66.
Barre (de la), sr de Brisay, conseiller au siège royal de Chinon, 71.

— 430 —

Barre (la), c^{ne} de *Buxerolles, Vienne*, 274, 275, 288.
Barré (François), curé de Mazières, 230.
— (François), prieur de Saint-Porchaire, puis chanoine de la cathédrale de Poitiers, 105, 106 144, 186, 217, 220, 223, 224, 230, 231.
— (François), marchand à Poitiers, 221, 224, 232; c. d. m. P., 152.
— (Hélène), 217; femme d'André Mauduyt, 220, 224, 231.
— (Jean), c. d. m. P., 60, 246.
— (Marie), femme d'Antoine Denesde, 54, 56, 57, 210, 212, 216, 220, 223, 224-237.
— (Pierre), marchand à Poitiers, 54, 61, 62, 86, 91, 123, 124, 220, 223, 225; c. d. m. P., 245, 246; juge, 60, 76, 246, 248; syndic des consuls, 173.
— (Renée), femme de Pierre Thomas, 217, 220, 222, 224, 228.
— (Yves), s^r du Fougeray, avocat à Mirebeau, 223.
— (famille), 222.
Barrière (de la). V. Pallu.
Barron (Louis), c. d. m. P., 239.
Barte (de la). V. Barde (de la).
Bassompierre (Louis de), évêque de Saintes, 162.
Bastonneau (Louis), notaire royal à Poitiers, 216.
Baudiment (s^r de), 35, 37.
Baudoin, ingénieur à Poitiers, 393.
Baudon, charpentier et cornemuseur, 108.
Baudy, procureur à Poitiers, 107.
Bauldry (Daniel), gardien du couvent des Cordeliers de Poitiers, 76.
Bault (Fulgent), concierge du logis de la Barre, 281.
Baumier (Jacques), maitre potier d'étain, 206.
Baunay (Marguerite), femme d'Hilaire Bourbeau, 234.
Baussan (de), intendant de Poitou, 385, 386.
Bavière, *Allemagne*, 395-397.
— (Anne-Christine-Victoire de), 362.
— (duc de), 397.

Bavière (Electeur de), 395.
Bâville (de). V. Lamoignon.
Bayonne, *Basses-Pyrénées*, 378.
Bazas (évêque de). V. Martineau.
Bazoges (s^r de), 7.
Beauchamp (de). V. Robert.
Beauchet-Filleau, cité, 169, 172, 175, 207.
Beaufort, *Maine-et-Loire*, 71; — siège royal (lieutenant particulier au), v. Hugerin.
— (duc de), 166.
Beaulieu, capitaine, 18.
Beaumont (de), archevêque de Paris, 202.
— (s^r de). V. Irland.
Beauregard (Jules de), cité, 53, 58.
— (Léonce de), cité, 53, 58.
Beaupoil de Saint-Aulaire (Martial-Louis de), évêque de Poitiers, 408, 411, 412, 414.
— chanoine de Saint-Hilaire de Poitiers et vicaire général de l'évêque, 424.
Beauvau (s^r de), 16.
— de Rivarennes (Gabriel de), évêque de Nantes, 197.
Beck (général), 138.
Bogaudière (la), 11; aujourd'hui *Boivre*, c^{ne} de *Vouneuil-sous-Biard, Vienne*.
Belâbre, *Indre* (marquisat de), 236; — notaires, v. Berton, Mercier.
— (M. de), 397.
Belin (Jean), prévôt de la santé, à Poitiers, 281.
Bellalé (Massée), 100, 101.
Bellay (du). V. Morillon.
Bellayer (Louis), curé de Montierneuf de Poitiers, 382.
— curé de Saint-Cybard de Poitiers, 404.
Bellegarde, *Côte-d'Or*, 149.
Belletières (s^r des). V. Bugnon.
Bellot ou Blot (François-René), c. d. m. P., 263, 264; juge, 264.
— (René), c. d. m. P., 254, 256; juge, 256.
Benesteau (Sébastien), curé de Sainte-Opportune de Poitiers, 346.
Benoist (saint), martyr, 358, 361 363.
— (ordre religieux de Saint-), 93.
Bertrand, concierge des pri-

sons du Palais de justice de Poitiers, 328.
Benoit (Mlles), 424.
Béranger (Jehan), chapelain de Sainte-Opportune de Poitiers, 337.
Béraudin (Anne-Marie), femme d'Yves Barré, 223.
— (Joseph), conseiller au présidial de Poitiers, assesseur au conservateur, 224.
Bergeron (Marie), femme de Jean Debarot, 208.
Berg-op-zoom, Bergopsum, *Hollande*, 403.
Berland (Jeanne), femme de Nicolas Chaubier, 131.
Bernard (Nolette), femme d'Antoine d'Aigne, 234.
— (le P.), religieux Jacobin à Poitiers, 179.
Bernardeau (Claude), 207.
— (Etienne), professeur des Institutes en l'Université de Poitiers, 207.
— (Gabriel), c. d. m. P., 253.
Béroute (de), sous-aumônier de l'abbaye de Montierneuf de Poitiers, 386.
Berronneau (Jacques), 352.
Berry (province du), 65, 160.
Bertault (Simon), c. d. m. P., 240.
Berton, notaire du marquisat de Belâbre, 236.
Bertrand (Pierre), 408.
Béruges, *Vienne*, 403.
Besnard, dit le Sergent-sans-pitié, 276.
Bessé (Paul-Isaac de), c. d. m. P., 263, 264 ; juge, 264.
Béthune (Henri de), archevêque de Bordeaux, 162.
— (Maximilien de), marquis de Rosny, duc de Sully, gouverneur de Poitou, 29, 31, 32, 44.
Beude, métairie, 219.
Beufvier (Alexis-Louis), marquis des Palignies, grand sénéchal de Poitou, 378.
— (Marc-Antoine), fils du précédent, 266, 405.
Beugnet, notaire à Poitiers, cité, 152.
Beugnon. V. Buignon.
Bezeau (Claude), c. d. m. P., 257, 258, 259 ; juge, 260.

Biard, *Vienne*, 122.
Bidollière (Maixent Poitevin, s^r de la), maire de Poitiers, 3.
Bigareterie (s^r de la). V. Clabat.
Billaudière-Petit, chanoine de Sainte-Radegonde de Poitiers, 106.
Billettes (s^r des), 357.
Billon (Louis), curé de Saint-Pierre l'Hospitalier de Poitiers, 407.
— (Louise), femme de Claude Bernardeau, 207.
Bion (Florent), c. d. m. P., 252.
Biou, commissaire des armées, 84, 302.
Biron (maréchal de), 14, 24.
Bironnet (Jacques), c. d. m. P., 254, 255.
Bissée (s^r de). V. Cour (de la).
Bitaubé (le P.), religieux cordelier, 201.
Blais, 382.
Blanc (le), *Indre*, 27.
Blanchard (Isabeau), 68.
— (Louis de), s^r du Bourg-Archambault, 178, 179.
Blanchetières (s^r des). V. Constant.
Blanzac (de). V. Chitton.
Blois (Etats tenus à), *Loir-et-Cher*, 155.
Blossac (comte de). V. Bourdonnaye (de la).
— (Mme de). V. Le Pelletier.
Blot. V. Bellot.
Blucheau (Jean), procureur à Poitiers, 341.
Bobin (Gédéon), c. d. m. P., 256.
— (Jean), c. d. m. P., 242.
Bobineau (Mlle), gouvernante des pauvres à l'Hôtel-Dieu de Poitiers, 387.
Bobinet, curé de Buxerolles, cité, 61, 152, 188, 190, 193, 194, 196, 203, 204, 205.
— (François), c. d. m. P., 76, 248.
— (Jacques), c. d. m. P., 242.
— (Jean), c. d. m. P., 249, 250 ; juge, 251.
— (Jean), orfèvre à Poitiers, 103, 104.
Bodin, notaire à Poitiers, cité, 54.
Bodouin. V. Baudoin.
Bohême, *Autriche*, 396.
Boiceau (Jean), s^r de la Borderie, avocat à Poitiers, 23.

Boiceau (Yvonnet), 328.
Bois (sr du). V. Follet.
Boisateau (François), c. d. m. P., 244.
Boisdauphin (maréchal de), 29.
Boislève (François), sr de Persant, 1.
Boismorand, cne d'Antigny, Vienne, 34.
Boisrenou (Mr de), 211.
Boisseguin (sr de), gouverneur de Poitiers, 19, 22, 23. 49.
Boisson (René), sr de la Bousle, conseiller au présidial de Poitiers, 28.
Boistard (la veuve), gouvernante de l'hôpital des pestiférés de Poitiers, 281.
Boisvert (sr de). V. Roigne.
Bompierre (Claude-Jean), c. d. m. P., 265, 267.
Bonin (Pierre), sous-chantre de Notre-Dame-la-Grande et prieur de Saint-Denis de Poitiers, 107.
Bonneau (René), c. d. m. P., 244.
Bonnefoy (Jean), organiste de Saint-Hilaire-le-Grand de Poitiers, 206.
Bonnillet (sr de). V. Gilbert.
Bonnin (Jean), 367.
Bonniot (Daniel), j. d. m. P., 253, 349.
Bonnivet, cne de Vendeuvre, Vienne. 202.
Bonnyot (Daniel), marchand boucher à Poitiers, 274.
Bonsergent, cité, 336.
Bonvallet, cité, 335.
Bordeaux, *Gironde*, 9, 73, 77, 98, 148, 149, 151, 152, 160, 416; — archevêque, 177. V. Béthune (de).
Bordelais (les), 149.
Boriac (Bernard), c. d. m. P., 263, 264; juge, 265.
Borromée (congrégation de saint Charles), 125, 310-314.
Bossé (Guillaume), c. d. m. P., 250.
Bost (sr du). V. Barbarin.
Bouchard (M.), 2.
Bouchet (Antoine), avocat du roi au présidial de Poitiers, 18, 20.
— (Guillaume), c. d. m. P., 240.
Bouchetières (sr des). V. Chaubier, Vidard.

Bouher (Pierre), prêtre, 367.
Bouillon (duc de), 101, 110, 148, 451.
— (duchesse de), 87.
— (maréchal de), 29.
Bouin (Philippe), c. d. m. P., 240.
Boulaye (sr de la), 24.
Boulogne, *Pas-de-Calais*, 326.
Bouralière (de la), cité, 335.
Bourbeau (Hilaire), notaire royal à Poitiers, 218, 234.
— (Jean), chanoine de Notre-Dame-la-Grande et curé de Saint-Etienne de Poitiers, 229, 230, 231.
— (Jean), notaire royal à Poitiers, 93.
— notaire royal à Poitiers, 53, 54, 224, 351, 376.
Bourbon (Louis de), comte de Soissons. V. Soissons.
— (Marie de), femme du prince Thomas de Savoie, prince de Carignan, 127, 161, 185.
— (cardinal de), 5, 22.
— Condé. V. Condé.
— Conti. V. Conti.
Bourceau (Charles), avocat à Poitiers, 201.
— marchand à Poitiers, 96.
Bourdeaux, orfèvre à Poitiers, 89.
Bourdeaux. V. Bordeaux.
Bourdier, greffier de la sénéchaussée de Poitou, 423.
Bourdillière (sr de la). V. Daux.
Bourdonnaye (Paul-Esprit-Marie de la), intendant de Poitou, 403, 410.
Bourg (sr du). V. Le Godelier.
Bourg-Archambault (château de), *Vienne*, 179.
— (sr du). V. Blanchard (de).
Bourgeois (Jacques), marchand à Poitiers, 63; c. d. m. P., 243, 249.
— (Louis), j. d. m. P., 253.
Bourges, *Cher*, 161; — archevêque, v. Levis de Ventadour (de); — présidial, 207; — Saint-Sulpice (abbé de), v. Denesde;
— Sainte-Chapelle, 153.
Bourgouin (Horace-Pierre), conseiller au présidial de Poitiers, 27.
Bourgueil (abbaye de), *Indre-et-Loire*, 92.

— 433 —

Bouriat. V. Boriac.
Bourlière (prieuré de la), cne de Cuhon, Vienne, 144; prieur, V. Rousset.
Bournalière (sr de la). V. Tudert (de).
— conseiller au Parlement de Paris, 18.
Bourriques (sr de), maître d'hôtel du roi, 11.
Bourrue (Simonne), 328.
Boussay (le sr), 203.
Boutault (Pierre), vicaire de Saint-Hilaire de la Celle de Poitiers, 347.
Bouthillier, secrétaire d'Etat, 304; surintendant des finances, 115.
— sr de Chavigny, 115.
Boutiller (Pierre), 388.
Bouzier (Thomas), c. d. m. P., 254.
Boynet (Charles), sr de Fressinet, conseiller au Grand-Conseil, président au présidial, et maire de Poitiers, 65; échevin, 276.
— (Jeanne), femme de Pierre Mourault, 65.
— président au présidial de Poitiers, 45.
Bragance (duc de), 99.
Brassac (comte de). V. Galard de Béarn.
Braud (Louis), c. d. m. P., 265.
Brault (Jean), c. d. m. P., 251.
— 422.
Brelutières (sr des). V. Vexiau.
Brémaudière (sr de la). V. Dreux.
Bressuire, Deux-Sèvres, 179.
Bret (Jean), c. d. m. P., 243.
Bretagne (duché de), 111.
— (province de), 162, 203, 205, 391.
Bretet, maître fourbisseur à Poitiers, 89, 90.
Brethonneau, official de Poitiers, 25.
Bretolleau (Jean), bordier, 229, 231.
Bretonneau (Martin), vicaire de Sainte-Opportune de Poitiers, curé de Lamairé, 342.
Breuil (sr du). V. Chartier.
Breuillac-Leydet, cité, 238.
Brezé (marquis de). V. Maillé.
Briançay (archidiacre de), Brioux, Deux-Sèvres. V. Simon.

Brianson (M. de), 9.
Briçacq. V. Brissac.
Bricauld de Verneuil, cité, 335.
Brienne (comte de), 161.
Brilhac (François de), 1, 6.
— (François de), lieutenant criminel au présidial de Poitiers, 27.
— (Geneviève de), femme d'Antoine Lefebvre, 133.
— (Jean de), 1, 2, 6.
— (Jean de), conseiller au présidial, 1, 2, 3.
— (Jean de), sr de la Riche, lieutenant criminel au présidial de Poitiers, 11.
— (Pierre de), lieutenant criminel au présidial de Poitiers, 27, 45.
— (René de), conseiller au présidial de Poitiers, 10, 40.
— de Nouzières, maire de Poitiers, lieutenant criminel, 38, 42.
Brion (Mlle de). V. de la Messelière.
Brissac (comte de), gouverneur de Poitou, 24, 344.
— (maréchal de), 43.
Brisson (Barnabé), premier président au Parlement de Paris, 15.
— Pierre, sénéchal de Fontenay, 40.
Brochard (Aimé), 137.
Brochart (Claude), conseiller au présidial de Poitiers, 17, 19.
— (Pierre), conseiller au présidial de Poitiers, 17, 21.
— (René), lieutenant-général en la sénéchaussée de Poitou, 12, 19, 20, 21, 137.
— (René), sr des Fontaines, conseiller au présidial, maire et échevin de Poitiers, 74, 88, 136, 277.
— sr de la Clielle, 36.
— sr des Fontaines, 38, 40.
Broglie (maréchal de), 396.
Brossard (Nicolas), c. d. m. P., 240.
Brossay, vicaire de Saint-Saturnin de Poitiers, 351.
Broussaut, 393.
Broussel, conseiller au Parlement de Paris, 139.
Brousses (sr des). V. Thomas.
Brucelles ou Bruxelles (Jacques), c. d. m. P., 257, 258, 260; juge, 260, 261.

Brulon (François), sacristain de Sainte-Opportune de Poitiers, 362.
Brunet (François), notaire apostolique à Poitiers, 105, 106.
— (Jean), corbeau de l'hôpital des pestiférés de Poitiers, 281.
— (Jean), 390.
— jésuite, 423.
Bruneval, 412.
Buffard (Mathurin), curé de la Résurrection de Poitiers, 368.
Bugnon (Jacques), procureur Poitiers, 341.
Buignon (René), s^r de la Touche, échevin de Poitiers, 81, 130, 157, 158.
Bullion, surintendant des finances, 97.
Burges, conseiller au présidial de Tours, 71.
Burtel (Marie), femme de Jean Giraud, 237.
Bussierre (M. de la), 2.
Buxerolles, *Vienne*, 15.

C

Cabaret, chapelain de Sainte-Radegonde de Poitiers, 384.
Cacault, chanoine de Sainte-Radegonde de Poitiers, 84, 352.
Cadary (Jean), 328.
Cahors, *Lot*, 178 ; — lieutenant général criminel au présidial, v. Haulteserre (de).
Caillas (Laurent), menuisier, 228, 233, 354.
— sacristain de Saint-Hilaire de Poitiers, 424, 425.
Cailler (Jean), c. d. m. P., 239.
— (le s^r), 144.
— procureur à Poitiers, 96.
Cailleteau (Pergent), c. d. m. P., 240 ; juge, 241.
Calcault. V. Cacault.
Camby (M. de), 8.
Capelle (la), *Aisne*, 76, 178.
Carayon (le P.), cité, 62.
Carcassonne, *Aude*, 163.
Carignan (Thomas-François, prince de). V. Savoie.
— (Marie, princesse de). V. Bourbon.
Carré (François), c. d. m. P., 241 ; juge, 243.
— (François), s^r de la Pinotière, maire de Poitiers, 241, 304.
— s^r de la Pinotière, 157.
Carrelier (Crespin), facteur d'orgues, 205.
— notaire apostolique, 374.
Carry (Jean-Anne), c. d. m. P., 264, 265 ; juge, 266.
Cars (M. des), 6, 9.
Carte (marquis de la), lieutenant du roi en Bas-Poitou, 380.
Cartier, receveur, 3.
Casteble, corbeau de l'hôpital des pestiférés à Poitiers, 281.
Castelnau (s^r de). V. Montjou (de).
Castille (roi de), 101.
Catalans (les), 98.
Catalogne, *Espagne*, 98, 137.
Célestin (saint), martyr, 358, 361, 363.
Celles (abbé de), *Deux-Sèvres*, 7.
Censius (Damien), 359.
Cesve (Jean), c. d. m. P., 250.
Chaallons. V. Châlons.
Chabanne (baron de). V. De Razes.
Chabassier (Louise), femme d'Annet Hillairet), 226.
Chabiel de Morière, maire de Poitiers, 426.
Chaboisseau (Marie-Joseph), c. d. m. P., 264.
Chaigneau (René), c. d. m. P., 124, 249.
Chaillé (André), avocat à Poitiers, 342.
Chaise-Dieu (monastère de la), *Haute-Loire*, 227.
Châlons, *Marne*, 74.
Chambonneau (M. de), 198, 302.
Chambre, jésuite, 389.
Chamilly (M. de), 381.
— (Mme de), 378.
Chamois (Cyprienne), femme de Louis Bastonneau, puis de Jacques Guesdon, 216.

— (Marie), femme de Paul Coustière, 53, 215.
Champagne (province de), 74, 196.
Champigny, *Indre-et-Loire*, 14.
— (M. de), 43, 44.
Chandesris (François-Denis), c. d. m. P., 265.
— (Jean-Thomas-Michel), c. d. m. P., 266.
Chantal (la bienheureuse de), 404.
Chanteloube (le sr de), 179.
Chantilly, *Oise*, 295.
Chapeau-Blanc, coûtre de Notre-Dame-la-Grande de Poitiers, 225.
Chapelle-Bâton (la), *Vienne*, 346.
Chappes (sr de). V. Villequier (de).
Charles Ier, roi d'Angleterre, 109.
Charles VII, roi de France, 16.
Charlet (dame), 168.
— (Philippe), chantre du chapitre de la cathédrale de Poitiers, 170, 227.
— le jeune, bourgeois de Poitiers, 40.
— (M.), 342.
Charmeteau (Geneviève), 336.
— (Pierre), Me perruquier à Poitiers, 335, 388, 389, 390, 391, 393, 395, 398, 402, 403, 404, 405, 406, 407, 410.
— (Pierre-Honoré), 336.
Charouillère (sr de la). V. Sochet.
Charrault (Jean), 281.
Charrière (Louise-Anne), 362.
Charroux, *Vienne*, 9, 416.
— (abbé de), 9.
Charruau (moulin de), 190, *Moulin-à-Parent*, cne *de Poitiers, Vienne*.
Chartier (Louis-Marc), 408.
— (Pierre), sr du Breuil, 231, 237 ; bourgeois de la Maison-de-Ville de Poitiers, 206.
— (famille), 232.
Chartres (duc de), 397, 398.
Chasgneau (Mathurin), 345.
Chasseriau. V. Eschasseriau.
Chasteauneuf (de), ministre d'Etat, 161.
Chasteigner (François), baron de Saint-Georges, sgr de Touffou et de Chincé, gouverneur de Poitiers, 35, 37, 41, 47, 48, 71, 78, 79, 81, 300, 301.
— de la Rocheposay (Henri-Louis),

évêque de Poitiers, 35, 64, 72, 91, 104, 121, 125, 159, 160, 164, 165, 216, 310, 311, 314, 348, 355 ;
abbé de Saint-Cyprien, 113.
— lieutenant du roi en Poitou, 150, 159, 165, 320.
— sgr d'Abin, 24, 159.
— de Saint-Georges (Charlotte), 354.
— (famille), 47.
Chastillon. V. Châtillon.
Chastonneau (de). V. Thevin.
Châtaigner. V. Chasteigner.
Châtaigneraye (M. de la), 40.
Château-Larcher, *Vienne*, 42.
Châteauneuf (marquis de). V. Aubespine (de l').
Châteauvieux (comtesse de). V. Vienne (de).
Châtegner, chanoine de Notre-Dame de Poitiers, 420.
Châtellerault, *Vienne*, 4, 5, 29, 33, 38, 42, 44, 47, 65, 70, 71, 74, 99, 119, 132, 152, 211, 307 ; — gouverneur, v. Galard de Béarn ; — siège royal (lieutenant général au), v. Pidoux ; — lieutenant criminel, v. Picherie (de la).
Châtelliers (abbé des), 19.
— (sr des). V. Rougier.
Châtillon (duc de), 140.
— (maréchal de), 93, 101.
— (M. de), 379, 381.
Chaubier (Jacques), avocat au Parlement, 131.
— (Nicolas), élu à Poitiers, 131.
— (famille), 131.
— de Mazay, professeur des Institutes en l'Université de Poitiers, 207.
— des Bouchetières, 207.
Chaulnes, Chaune (maréchal de), 93.
Chaulois. V. Chollois.
Chaumes (Mr de), 3.
— (sr de). V. Prévost.
Chauveau (François), c. d. m. P., 261.
Chauvet (Jean), notaire à Poitiers, 199, 357, 361.
Chauvigny, *Vienne*, 161 ; — château, 159, 165, 166, 324.
Chavigny (sr de). V. Bouthillier.
Ché (sr de). V. De Razes.
Chémerault (sr de), 7, 27, 41.

Chenier (Adrien), c. d. m. P., 90, 124, 248, 249 ; juge, 250.
Cherbonneau (Jean-Baptiste),408.
Chergé (de), cité, 113, 168, 182.
Charpentier (Jean), fondeur de cloches à Poitiers, 352.
Chesnaye (Thérèse de la), 404.
Chesnon (le P.), jésuite, 209.
Chessé (Georges), procureur du roi au présidial, 8.
— (Jean), 8.
— (Jean), c. d. m. P., 240.
— prêtre, 108.
Chevalier (Guy), conseiller, juge magistrat au présidial, et bourgeois de l'Hôtel-de-Ville de Poitiers, 271.
— (Jean), chanoine de la cathédrale de Poitiers, 107, 118, 278, 282.
— (Jean), conseiller au présidial de Poitiers, 26.
— (Jean), sr de Tessec, conseiller au présidial de Poitiers, 70.
— (Jean), conseiller, juge magistrat au présidial et bourgeois de l'Hôtel-de-Ville de Poitiers, 271.
— (Toussaint), notaire à Poitiers, 199.
— sr du Chiron, 157.
Chevallier (Joachim), j. d. m. P., 239.
— (Louis), j. d. m. P., 240.
Cheuret (René), 384.
Chèze (de la). V. Peyraud.
Chincé (sgr de). V. Chasteigner.
Chinon, *Indre-et-Loire*, 71 ; — siège royal : lieutenant général, v. Dreux ; conseiller, v. Barre (de la).
Chiron (sr du). V. Chevalier.
Chitton de Blanzac, 96.
Chiverny (M. de), 13.
— (Mme de), 380.
Chocquin (Antoine), curé de Saint-Germain de Poitiers, 404, 408.
Chollet ou Cholet des Aages (Louis), c. d. m. P., 256, 257, 258 ; juge, 259.
Chollois ou Chaulois (Gabriel), c. d. m. P., 252, 253, 256, 258 ; juge, 254, 258.
— (Germain), c. d. m. P., 256, 258.
— curé de la Chandelière de Poitiers, 424, 425.

Chourses (Jean de), sr de Malicorne, gouverneur du Poitou, 19, 24, 49.
Christine de France, duchesse de Savoie, 95, 109.
Chuppeau (Louis), 366.
Cigogne (sr de la). V. Ingrand, Roatin.
Cinché (comte de). V. Chincé.
Cinq-Mars (le marquis de), grand-écuyer de France, 110, 111.
Cissé, *Vienne*, 172.
Citardie (de la). V. Depavier.
Citoys ou Cytois (André), c. d. m. P., 241 ; juge, 242.
— (Daniel), c. d. m. P., 242.
— (Louis), c. d. m. P., 243.
— (Marie), 212.
— (Mathieu), élu à Poitiers, 212.
— (dom), prévôt de l'abbaye de Montierneuf de Poitiers, 370.
Civerins (M.), 1.
Civray, *Vienne*, 2, 31.
Clabat (Antoine), avocat à Poitiers, 140.
— (Antoine), conseiller au présidial de Poitiers, 21.
— (Antoine), sr de la Maison-Neuve, 168.
— (Jacques), 22.
— (Jean), c. d. m. P., 243.
— (Madeleine), femme de Jean Constant, 168.
Clain (le), rivière, 100, 107, 393, 399, 400.
Claire (sœur), religieuse ursuline à Loudun, 69.
Claveurier (Catherine), 4.
Clavières (M. de), 3.
Clémenceau, curé de Notre-Dame-la-Grande de Poitiers, 231, 237.
Clément (Jean), c. d. m. P., 240 ; juge, 241.
— procureur à Poitiers, 418.
Clérambault (Gilbert de), évêque de Poitiers, 164, 184, 203, 204, 358, 360, 361, 363.
— (maréchal de), 164.
Clergeault (P.), vicaire de St-Paul de Poitiers, 354.
Clermont, *Puy-de-Dôme*, 200, 227.
— (Mme de). V. Amboise.
Clervaux (sgr de). V. Villequier (de).
Clerville (Pierre), marchand à Poitiers, 63.
Clielle (sr de la). V. Brochart.

Cluny (Ordre de), 169.
Cochet, chirurgien à Poitiers, 62, 277, 278.
Cocquin (Pierre), c. d. m. P., 243.
Codet (Anne), femme d'André Denesde, 236.
— (Martial), maitre de forges, 236.
Cogny (maréchal de), 397.
Colbert, intendant de Poitou, 196.
Collas (Jean), M° chirurgien à Poitiers, 342.
Colligny (Gaspard de), amiral, 342
Collin (Jacques), marchand à Poitiers, 63, 124 ; c. d. m. P., 75, 242, 243, 246, 247 ; juge, 111, 244, 249.
Collinet (Louis), 408.
Collon (Mathurin), sacristain de Sainte-Opportune de Poitiers, 357, 361, 362, 363, 364.
Cologne, *Allemagne*, 109.
Combalet (Mme de). V. Aiguillon (duchesse d').
Combes (s^r de), 30.
Comblé (s^r de). V. Giraud.
Condé (Charlotte de Montmorency, princesse de), femme d'Henri II de Bourbon, 33, 87, 115, 140.
— (Claire-Clémence de Maillé, princesse de), femme de Louis II de Bourbon, 33, 104, 121, 148, 151, 152.
— (Henri II de Bourbon, prince de), 76, 104, 114, 115, 119, 132, 140.
— (Henri-Jules de Bourbon, prince de), 151, 152.
— (Louis II de Bourbon, prince de), 104, 119, 121, 138, 139, 142, 148, 160, 166, 174, 177.
— (duc de), 383.
Consais (Mathurin de), s^{gr} de la Bardonnière, 342.
Constant (Hilaire), c. d. m. P., 241.
— (Jean), avocat du roi au présidial, échevin de Poitiers, 30, 34, 39, 73, 74, 168, 294, 295, 296.
— (Jean), fils du précédent, avocat du roi au présidial de Poitiers, 167.
— (Jean), fils de ce dernier, avocat du roi au présidial de Poitiers, 168.

Constant, s^r des Blanchetières, 157.
— vicaire général à Poitiers, 426.
Contancin (Etienne), c. d. m. P., 241 ; juge, 243.
— (René), c. d. m. P., 244, 245.
Contant (Jacques), procureur au présidial de Poitiers, 248.
— (famille), 218.
Conti (Armand de Bourbon, prince de), 139, 140, 142, 148, 166.
— (prince de), gouverneur du Poitou, 377, 379, 385, 387.
— (princesse de), 385.
Corbie, *Somme*, 76.
Cornouaille (Jean), c. d. m. P., 243, 244 ; juge, 244, 245.
— (Louis), marchand à Poitiers, 61, 124 ; c. d. m. P., 83, 248, 249 ; juge, 249.
Cornuau (J.), 349.
— (Jean), s^r de la Faurie, lieutenant du prévôt provincial de Poitou, 135.
— (Louis), chanoine de Saint-Hilaire-le-Grand de Poitiers, 135.
— (famille), 135.
Cosmond (M^{rs} de), contrebandiers, 405.
Cossé (maréchal de), 14.
Cosseau (Pierre), apothicaire à Poitiers, 283.
Coste-Arnaud, député des marchands de Poitiers, 40.
Cottereau, président au présidial de Tours, 71.
Cottiby (René), c. d. m. P., 254.
— (Samuél), ministre protestant à Poitiers, 78, 184, 187, 190.
— fils du précédent, 78.
Couhé, *Vienne*, 149.
Couillaud (Jean), c. d. m. P., 80, 252.
Couillebault, archidiacre de Poitou, 72.
Coulard (Gabrielle), femme de Jacques Barrault, 65.
— (Jean), s^r du Souci, chanoine de la cathédrale de Poitiers, conseiller-clerc au présidial, 169, 185, 186, 209.
— (Jean), s^r du Souci, échevin de Poitiers, 157, 161.
Coulaud ou Coullaud (François), c. d. m. P., 264, 265 ; j. d. m. P., 265.

— 438 —

Coulaud ou Coullaud (Pierre), c. d. m. P., 285, 260 ; juge, 260.
— (Pierre-Catherine), c. d. m. P., 261, 262.
Coulogne. V. Cologne.
Couppé (Charles), notaire à Poitiers, 499.
Cour (Jean de la), marchand à Poitiers, 150 ; c. d. m. P., 242.
— (Léon de la), s^r de la Touche-Billette et de Bissée, 219.
— (Louis de la), c. d. m. P., 242.
Courandière (s^r de la). V. Le Maye.
Cour-Chauveau (s^r de la). V. Reveau.
Couraut ou Coussaut, prieur des Jacobins de Poitiers, 194.
Courtantré (Mathieu de), c. d. m. P., 250.
— (M^r de), 231, 232.
Courtiou (s^{rs} du). V. De Gennes, Martin.
Courtois (Nicolas), c. d. m. P., 240.
Cousdre (François de la), 328.
Coussaut. V. Couraut.
Coussaye (Jean de la), c. d. m. P., 240 ; juge, 241.
— (Louis de la), s^r de Fougeray et Grange, 358, 360, 361.
— (de la), conseiller au présidial de Poitiers, 125 ; maire, 294 ; échevin, 75.
Coustière (Anne), veuve de Jean Bourbeau et femme de Louis Douadic, 93.
— (Catherine), femme d'Amable Leblanc, 211.
— (Catherine), femme de Jean Gayault-Texier, 216, 221.
— (François), chanoine de la cathédrale de Poitiers, 212, 215.
— (François), prêtre, 215.
— (Hilaire), c. d. m. P., 241 ; juge, 242.
— (Jean), avocat à Poitiers, 215.

Coustière (Jean), c. d. m. P., 244 ; juge, 246.
— (Laurent), 172.
— (Louis), chanoine de la cathédrale de Poitiers, 215.
— (Louise), femme d'Antoine Denesde, notaire royal, 53, 242, 222, 224, 225.
— (Marguerite), veuve de Jacques Girard, 217.
— (Marie), femme de Louis Follet, 153.
— (Paul), marchand à Poitiers, 53, 54, 62, 241, 215, 217 ; c. d. m. P., 242, 243 ; juge, 245.
— (Pierre), chanoine de la cathédrale de Poitiers et grand archidiacre, 215.
— (Samuel), marchand à Poitiers, 124 ; c. d. m. P., 64, 245, 246 ; juge, 247.
Cousture (abbaye de la), au Mans, Sarthe, 159 ; abbé. V. Chasteigner de la Rocheposay.
Coutière, marchand de Poitiers, 39, 40.
Coydonne (Mathurine), femme de Gillet Ferré, 328.
Cremière (Pierre-René), c. d. m. P., 264 ; juge, 265.
— (René), c. d. m. P., 264, 265.
Croix (Louis de la), c. d. m. P., 239 ; juge, 241.
Crossard (Guillaume), c. d. m. P., 260, 261, 262 ; juge, 262.
Croutelle, Vienne, 24, 44, 45, 65, 84, 382.
Crugeon ou Crujon (Pierre), c. d. m. P., 64, 247.
Cuirblanc, vicaire de Sainte-Triaise de Poitiers, 415.
Cuisinier, notaire royal à Poitiers, 390.
Culant (Pierre de), éc., s^{gr} de Rouvray, 3.
Cytois. V. Citoys.

D

Daguin, chanoine de la cathédrale de Poitiers, 118.
Daillé, échevin de Poitiers, 39.

Dallouhe, chapelain de Saint-Didier de Poitiers, 372, 373.
Dampierre (Mlle de), 4.

Daniau, meunier, 80, 81.
Darbez, notaire apostolique à Poitiers, 374.
Dardin (Antoine), curé de Saint-Didier de Poitiers, 172, 217.
— (Julien), 212.
— (Mathurin), curé de Sainte-Opportune de Poitiers, 211, 335, 339, 346.
— chirurgien à Poitiers, 188.
Dargenson (l'abbé), 235.
Dassié (René), 408.
Dassier, Datier (Nicolas), c. d. m. P., 76, 248.
— marchand à Poitiers, 87.
Dauphin (le), fils de Louis XIII, 87, 88, 114, 115, 303.
— (le), fils de Louis XIV, 319.
Daux (César), s^r de la Bourdillière et des Louardières, 159.
Daviau (Jean), c. d. m. P., 239.
— vicaire général à Poitiers, 426.
David, 349.
Davy (Aimé), c. d. m. P., 240.
Debarot (Jean), avocat à Poitiers, 208, 329, 332.
Debelhoir, curé de Saint-Etienne de Poitiers, 422.
Debourg (Charles), marchand à Poitiers, 351.
— chanoine de Sainte-Radegonde de Poitiers, 106.
Debourgaud (Thimoléon), sacristain de l'abbaye de Montierneuf de Poitiers, 350, 352.
Decressac (Antoine), j. d. m. P., 254.
— official de Poitiers, 412.
De Gennes (Jacques), conseiller au présidial de Poitiers, 45.
— (Jacques), s^r de Verre, le Palais, le Courtiou, la Papinière, échevin de Poitiers, président au présidial, 81, 131, 151, 161, 175.
— (Mme), 394.
— s^r du Courtiou, 202.
De Goret (Charlotte), 137.
— (Louis), conseiller au présidial de Poitiers, 46.
— s^r des Saules, conseiller au présidial de Poitiers, 136, 197.
De Hargue, marchand à Poitiers, 96.
Dehays (Marie), 100.
— (Pierre), 100.
De Hénault (André), marchand à Poitiers, 63; c. d. m. P., 246.

Delacroix (femme), 352.
Delafons (Jean), notaire à Poitiers, 199.
Delage (Etienne), curé de Saint-Porchaire de Poitiers, 106.
— (Léger), c. d. m. P., 240.
Delaleu (Catherine), femme du s^r Gautier, 59.
Delaunay (Jean), c. d. m. P., 253, 254, 255.
— (Joseph), c. d. m. P., 264, 265; juge, 265, 267.
— (Joseph-René), c. d. m. P., 263.
— (Louis), c. d. m. P., 259.
— (Mathurin), c. d. m. P., 253; juge, 254.
Delbène. V. Elbène (d').
— (René), c. d. m. P., 258, 259, 261, 262; juge, 261.
Demarnef. V. Marnef (de).
Demarsais (Georges), c. d. m. P., 257, 258, 259, 260, 262; juge, 260, 263.
Demauge (Pierre), c. d. m. P., 259, 260, 261; juge, 262.
Denesde (André), docteur en médecine, 204, 224, 234; recteur de l'Université de Poitiers, 235, 236.
— (Antoine), marchand ferron à Poitiers, 53, 54, 55, 56, 57, 86, 96, 123, 124, 210, 216, 218, 220, 223, 224, 234; c. d. m. P., 75, 111, 248, 249; juge, 249.
— (Antoine), notaire royal à Poitiers, 53, 55, 60, 245, 224.
— (François), curé de Saint-Martin de Sanzay, 229; chapelain de la chapelle de Sainte-Croix, de celle de Saint-Maurice à Angers, archidiacre de Thouars, chanoine de la cathédrale de Poitiers, 230.
— (Hélène), femme de Pierre Chartier, 231.
— (Jacques), aumônier et chanoine de Notre-Dame-la-Grande de Poitiers, 53, 210, 215.
— (Jacques), chanoine de Notre-Dame-la-Grande de Poitiers, 212; chanoine de la cathédrale, 54, 118, 172, 173, 203, 226, 230, 232, 251.
— (Jacques), prieur de Nouaillé, 227; abbé de Saint-Sulpice de Bourges, 228.

— 440 —

Denesde (Jean), avocat au présidial de Poitiers, 53.
— (Louis), s^r de Frécontant, 54, 228.
— (Marguerite), femme de Jacques de Montjon, 234.
— (Marie), femme de Jean Desmier, puis d'Etienne Doriou, 53, 211, 212, 213, 229.
— (Marie), femme de Jean Giraud, 237.
— (Radegonde-Marie), femme de Claude Souché, 233.
— (famille), 53, 223, 237.
Deniau, conseiller au présidial de la Flèche, 71.
Deniort, tanneur à Poitiers, 106, 107.
Denivenne (François), c. d. m. P., 254 ; juge, 255.
— (Gabriel), c. d. m. P., 254.
Depardieu (Michel), c. d. m. P., 250.
Depavier ou Depanier de la Citardie, 224.
Deperriers (Ambroise), commandeur de l'ordre de Saint-Jean de Jérusalem, 213.
Depoix (Geoffroy), curé de Sainte-Radegonde de Poitiers, 352.
— (René), maitre de la psallette de Sainte-Radegonde, 351.
— de Lucé, chanoine de Sainte-Radegonde de Poitiers, 389.
De Razes (Charles-Alexis-Marie), comte d'Auzances, baron de Chabanne, 369, 404.
— (François), s^r de Ché, conseiller au présidial de Poitiers, 72, 161, 162, 169, 179.
— (Jean), s^r de Verneuil, lieutenant général au présidial de Poitiers, 169, 179, 185, 204.
— (Jean), lieutenant général au présidial de Poitiers, 372, 373, 380, 385.
— (abbé), 378.
— prieur de Sainte-Radegonde de Poitiers, 394.
Desanges (Jacques), bourgeois de l'Hôtel-de-Ville de Poitiers, 187.
— (Jeanne), 361.
Deschamps (Jean), 234.
— (Michel), curé de Notre-Dame-la-Grande de Poitiers, 80, 211.

Des Coutaux (Thomas), chanoine de la cathédrale de Poitiers, 194.
Descouts (Francois-Thomas), chanoine de la cathédrale de Poitiers, 155.
Desfrans de la Bretonnière (M^r), 378.
Des Gallois de la Tour, intendant de Poitou, 378, 379, 380.
Desmier (Catherine), 231.
— (Jean), s^r de Villefollet, 53, 211, 212.
— (Marie), femme de Jacques Contant, 218, 234.
— (le P.), jésuite, 62, 63.
— (famille), 211, 212, 227.
Des Noyers. V. Sublet.
Des Prez (Melchior), s^r de Montpezat et du Fou, sénéchal de Poitou, 7.
Desvaux (abbé), 410.
Devaucelles (Claude), curé de Sainte-Radegonde de Poitiers, 378, 379, 380, 381, 383, 384, 385, 386, 387, 388, 389, 390, 391, 394, 399, 403, 406.
Devaud (Mathieu), c. d. m. P., 250.
Devault (Sébastien), 369.
De Veillechèze (René), curé de Saint-Didier de Poitiers, 371, 372, 373, 374, 375, 376.
Devois (Mlle), directrice de l'Hôtel-Dieu de Poitiers, 387, 388.
Didot (M^r), cité, 62.
Dijon, Côte-d'Or, 322.
Dissay, Vienne, 15, 134, 159, 349 ;
— château, 159, 165, 324, 388 ;
— église, 159.
Dôle, Jura, 76.
Donoux, capitaine, 342.
Donquerque. V. Dunkerque.
Doriou (Etienne), procureur du roi en l'Election de Poitiers, 53, 213, 214, 231.
— (Françoise), 233.
— (René), procureur au présidial de Poitiers, 214.
— (famille), 213.
Douadic (Louis), procureur au présidial de Poitiers, 91, 93.
Doucelin, vicaire de Saint-Didier de Poitiers, 372.
Doujat, intendant de Poitou, 255, 369.
Dousamy (Antoine), c. d. m. P., 261, 263.

Doussain (Louis), boulanger, 385.
Doyneau (François), lieutenant de Poitou, 1.
Dreux (Bonaventure), sʳ de la Brémaudière et d'Aigne, 160.
— (Bonaventure), sʳ de la Brémaudière, procureur du roi au Bureau des finances de Poitiers, 125, 130.
— (François), maire de Poitiers, 28, 30, 38, 45.
— (François), trésorier et gardescel au Bureau des finances de Poitiers, 170.
— lieutenant général au siège royal de Chinon, 71.
— (famille), 206.
Dreux-Duradier, cité, 184, 193.
Drouault, jésuite, 423, 424.
Du Bois (François), conseiller au présidial de Poitiers, 17.
— (Jean), j. d. m. P., 239.
Dubois (Jean), c. d. m. P., 252, 254 ; juge, 255.
— cardinal, archevêque de Cambrai, 383.
Dubreuil, chanoine de la cathédrale de Poitiers, 118.
Duchastenier, notaire à Poitiers, 367
Ducros, jésuite, 367.
Dugast-Matifeux, cité, 200.
Duguye (Mʳ de la), 3.
Duhamel, 211.
— (Florence), 211.
— (Georges), procureur à Poitiers, 221.
Du Lac (Nicolas), c. d. m. P., 239.
— V. Jarno.
Du Laurens (Pierre), prieur de Cluny, vicaire général du cardinal Mazarin, 169.
Dumont (Jean), 134.
Dunkerque, *Nord*, 183.
Duperray, aumônier de l'Hôtel-Dieu de Poitiers, 388.

Duplessis-Besançon (le sʳ), maréchal de bataille, 128, 317.
Du Plessis (Nicole), femme d'Urbain de Maillé, 104, 152.
Duplex (Jean), c. d. m. P., 88, 248.
— (Jean), orfèvre à Poitiers, 211.
— marchand à Poitiers, 87.
Dupond, Dupont (François), c. d. m. P., 257, 259 ; juge, 259.
— (Isaac), c. d. m. P., 256.
— (Jacques), c. d. m. P., 257, 259, 262, 263, 264, 265 ; juge, 259, 264.
— (Jean), musicien, 418.
— (Pierre), c. d. m. P., 256, 257 ; juge, 258.
— (René), échevin de Poitiers, 187.
— de l'Espinasse, conseiller au présidial de Poitiers, 130.
Durand (François), procureur au présidial de Poitiers, 404.
— (Marie-Rose), 404.
Dureau-Dutour (Jacques), c. d. m. P., 254 ; juge, 257.
— (Sylvestre), c. d. m. P., 259.
Du Ruau (Florentin), j. d. m. P., puis maire de Poitiers, 239.
Dutemple, aumônier de l'Hôpital-Général de Poitiers, 371, 373.
Du Temple, échevin de Poitiers, 294.
Dutertre, hôte à Poitiers, 187, 188, 189.
Du Tiers (François), assesseur civil et criminel au présidial de Poitiers, 368.
— (Paul), maire de Poitiers, 368.
Dutranchet (Jean), sʳ du Plessis-Largeasse, échevin de Poitiers, 206. V. Tranchet.
Duval (Mʳ), 343, 382.
Duverger (Antoine), tisserand, 390.
Du Vivier (dom François), 227.

E

Eguillon (duchesse d'). V. Aiguillon.
Egra, *Bohême*, 396.
Elbe, rivière d'Allemagne, 292.

Elbenne (Jean d'), lieutenant criminel au présidial de Poitiers, 45.
— (Raoul d'), conseiller au présidial, maire de Poitiers, 12.

— 442 —

Elbenne (Richard d'), s^r de Quinçay, 11.
— famille, 137.
Elbeuf (duc d'), lieutenant général de Poitou, 25, 26, 30, 101.
— (marquis d'), 13.
Elisabeth de France, femme de Philippe IV, roi d'Espagne, 109.
Elye (David), maître apothicaire à Poitiers, 348.
Engers. V. Angers.
Eneguillerme, gentilhomme italien, 342.
Enghien (duc d'). V. Condé.
Ensavius (Joseph), évêque de Porphyre, 358.
Epernon (Bernard de Nogaret, duc d') et de la Valette, gouverneur de Guienne, 148, 152.
— (Jean de Nogaret, duc d') et de la Valette, 103.
Epinay (s^r de l'). V. Richeteau.
Erfurt, *Prusse*, 397.
Esbaudy (François), portier de la porte Saint-Cyprien, à Poitiers, 327.
Eschasseriau, chanoine de Saint-Hilaire-le-Grand de Poitiers, 118, 155, 325, 326.
Eschinard (François), 4.
— (Jean), abbé de Notre-Dame-la-Grande de Poitiers, 92, 167.
Escottière (Jacques), c. d. m. P., 240.
— (Jean), c. d. m. P., 241.
Esmereau (Jean), prieur-curé de Mazeuil, 221.
Esminière (s^r d'). V. Minières (s^r des).
Espagne, 76, 93, 110, 127, 129, 152, 307, 317, 378, 380, 402; — ambassadeur, 3; — infant, 93, 94; — reine, 5; — roi, 73, 93, 98, 99, 131, 177, 316, 317. V. Philippe IV, Philippe V.
Espagnols (les), 102, 103, 119, 171, 183.
Espinasse (de l'). V. Dupont.
Espine (le s^r de l'), 298.
Espinoux (M^r de l'), 3, 4, 5.
Estienne, abbé de Montierneuf de Poitiers, 340.
Estissac (baron d'), 41.
Estivalle (Jean d'), conseiller au présidial de Poitiers, 28.
Estorré (François), 328.
Estrelin (Philippe), c. d. m. P., 172, 251.
Etampes de Valençay (Léonor d'), archevêque de Reims, 92.
Eulalie (sainte), martyre, 132.
Europe, 128.

F

Farant (Jacques-François), c. d. m. P., 267.
Faulcon (Félix), libraire, c. d. m. P., 260, 262, 263; juge, 263.
— (Jacques), c. d. m. P., 255, 257; juge, 257.
— (Jean) l'ainé, imprimeur-libraire, c. d. m. P., 261; juge, 262.
— (Jean) le jeune, libraire, c. d. m. P., 259.
— (J.-Félix), j. d. m. P., 265.
— (Alexandre), maître des requêtes, 27.
Faulques (Bonaventure), conseiller au présidial de Poitiers, 27.
Faurie (s^r de la). V. Cornuau.
Fauveau (Christophe), chanoine et official de la cathédrale de Poitiers, 119, 120, 150, 160, 170, 176, 201; sous-chantre, 170.
Faye-l'Abbesse, *Deux-Sèvres*, 219.
Fayolle (André), c. d. m. P., 264, 265, 266; juge, 265.
Fenieux (François de), chanoine de la cathédrale de Poitiers, 118, 171.
— (Jacques de), chanoine de la cathédrale de Poitiers, 172, 237.
Ferré (Gilles), 328.
Ferté-Senneterre (maréchal de la), 177.
Fief-Clairet, *commune de Saint-Benoit, Vienne*, 225.
Fidèle (saint), 406.
Fieubet (de), chancelier d'Anne d'Autriche, 320.
Fillas (Guillaume), c. d. m. P., 241.

Filleau (Jean), s^r de la Boucheterie, avocat du roi au présidial de Poitiers, 125, 146, 147, 178, 207, 319.
— fils du précédent, aussi avocat du roi au présidial, 207.
— (Nicolas), bourgeois de l'Hôtel-de-Ville de Poitiers, 187.
— (Nicolas), sieur des Ageois, 356.
Fillon (Benjamin), cité, 151.
Fizes (M^r de), secrétaire d'Etat, 12.
Flandre (province de), 102, 128, 138, 149, 177, 317.
Flèche (la), *Sarthe*, 71 ; — présidial (conseiller au). V. Deniau.
Fléchier, cité, 200.
Fleuré (s^r de). V. Montjon (de).
Fleuriau (Jean), c. d. m. P., 254 ; juge, 255.
— (Jean), imprimeur à Poitiers, 164, 181, 188.
Fleury (de), cité, 114, 148.
Flezacq, jésuite, 389.
Florence (grand-duc de), 109.
Flotte (Mme de la), 87.
Folie (la) de Montierneuf, c^{ne} de *Poitiers*, *Vienne*, 5, 12, 42, 71.
Follet (Hilaire), s^r du Bois, conseiller au présidial de Poitiers, 153.
— (Louis), s^r du Bois, 153.
Fombeure (Pierre), sacristain de Saint-Germain de Poitiers, 408.
Fontaine (Olivier de la), sous-doyen de la Cathédrale de Poitiers, 345.
Fontainebleau, *Seine-et-Marne*, 116, 290, 317.
Fontaine-le-Comte, *Vienne*, 80.
Fontaines (s^r des). V. Brochard.
Fontenay-le-Comte, *Vendée*, 22, 24, 40, 219 ; — présidial, 96, 307 ; — siège royal (conseiller au). V. Lemaire.
Fonteneau (dom), cité, 92, 208.
Fontenettes, médecin à Poitiers, 193.
Force (maréchal de la), 151.
Forgé, vicaire de Montierneuf de Poitiers, 371.
Forges (s^r des). V. Maquenon.
Forien, président, 406.

Fortin de la Hoguette (Hardouin), évêque de Saint-Brieuc, puis de Poitiers, 203, 204 ; archevêque de Sens, 205.
Fosse-saint-Père (château de la), 126.
Fou (s^r du). V. Des Prez.
Fouasseau (Anne), femme de Nicolas Pellerin, 224.
Foucard, cité, 209.
Foucaud, intendant de Poitou, 208.
Foucher, diacre, 384.
Foucqueteau (Pierre), c. d. m. P., 243, 244.
Foudras de Courcenay (Jérôme-Louis de), évêque de Poitiers, 385, 386, 387, 388, 389, 402.
Fougeray (s^{rs} du). V. Barré, Coussaye (de la).
Fouilleuze (Jean), portier de la porte de Rochereuil, à Poitiers, 328.
Fouré (René), c. d. m. P., 240.
Fournier (Edouard), cité, 163.
— (Félix), c. d. m. P., 252, 254 ; juge, 254.
— (Pierre), s^r de Monscles, président en l'Élection, maire de Poitiers, 193.
Fradin (Fortuné), c. d. m. P., 242.
France, 85, 87, 98, 102, 109, 111, 119, 127, 129, 183, 291.
— (chanceliers de), 87. V. Aubespine (de l'), Séguier.
— (grand prieur de). V. Porte (de la).
— (maréchaux de), 114. V. Châtillon (de), Chaulnes (de), Meilleraye (de la), Montmorency (de), Schomberg (de).
— (premier aumônier de), 115.
— (reines de), reine-douairière, reine-mère, reine-régente. V. Anne d'Autriche, Marie de Médicis, Marie-Thérèse d'Autriche.
— (rois de). V. Charles VII, François Ier, Henri III, Henri IV, Louis XIII, Louis XIV, Louis XV.
— secrétaires d'Etat. V. Fizes (de), Le Tellier, Lionne (de), Loménie (de), Paulet, Servien, Sublet des Noyers, Vrillière (de la).
— surintendants des finances. V. Bouthillier, Bullion.

— 444 —

Franche-Comté (province de), 76.
François Ier, roi de France, 93.
Frappier (David), c. d. m. P., 241.
Frécontant, près du Breuil-l'Abbesse, c^{ne} de Mignaloux-Beauvoir, Vienne, 226.
— (s^r de). V. Denesde.
Frémaudière (s^r de), 27.
Frère (L.), curé de Saint-Didier de Poitiers, 399.
Fressinet (s^r de). V. Boynet.
Fretté-Nerbonneau (Jean-Daniel), c. d. m. P.; 263, 264 ; juge, 265.
Frézelière (s^r de la), 19, 30.

Fromaget, secrétaire du chapitre de la cathédrale de Poitiers, 227.
Frottier de la Messelière (Charles), abbé, 416.
— (Mlle de), 378.
— de l'Escorcière (Jean-Marie), 415.
Fumé (François), conseiller au présidial de Poitiers, 21, 25, 30.
Fumée, prieur de Sainte-Radegonde de Poitiers, 412.
Furnes, Belgique, 398.
Fuye (s^r de la). V. Pavin.

G

Gaboriau (Jean), échevin de Poitiers, 149, 161.
Gabriau (Pierre), conseiller au présidial de Poitiers, 22, 25.
— (Guillaume), s^r de Riparfont, conseiller au présidial de Poitiers, 34.
— (Jean) de Riparfont, échevin de Poitiers, 158, 159.
— (Mme), 158.
— (famille), 169, 179.
Gachet (Marie-Louise), femme de Mr Barbier, président en l'Election de Poitiers, 426.
Galard de Béarn (Jean de), comte de Brassac, baron de la Roche-Beaucourt, gouverneur de Châtellerault, 47, 65.
Gallardon de la Selle (de), intendant des mœurs de l'Hôtel-Dieu de Poitiers, 369.
Gallissonnière (marquise de la), 390.
Garasse (le P.), jésuite, 33, 62, 63, 277.
Garde (Nicolas de la), c. d. m. P., 261, 262.
Gardemaut, procureur à Poitiers, 191.
Gardien (François), 384.
— (Simon), 389, 390.
Garin (François), conseiller au présidial de Poitiers, 21.
Garnier (Hiérosme), marchand à Poitiers, 64, 124 ; c. d. m. P., 83, 247, 248 ; juge, 96, 248.

Garnier (Jean), c. d. m. P., 243, 244.
— (Jeanne), femme d'André Nérisson, 225.
— (Jeanne), femme d'Emery Sabourin, 224.
— (Thomas), c. d. m. P., 242 ; juge, 243.
— 349.
— bailli de Parthenay, 39.
— curé de Notre-Dame-la-Petite de Poitiers, 356.
— de Maurivet, trésorier du chapitre de Saint-Hilaire-le-Grand de Poitiers, 150.
Gascogne (province de), 77, 103.
Gassion (de), 119.
Gastevine (forges de la), c^{ne} de Belâbre, Indre, 236.
Gaubert du Censif (Louis), 404.
Gaudence (sainte), martyre, 132.
Gauffreau (Barthélemy), c. d. m. P., 258, 260 ; juge, 261.
— (Louis-Claude), chanoine de Saint-Hilaire-le-Grand de Poitiers, 417.
Gaultier (Adrien), vicaire de Sainte-Opportune de Poitiers, 361, 362.
— (Claude), docteur en droit à Angers, 178.
— (François), docteur-régent, 30.
— (Lucas), 328.
— chanoine de la cathédrale de Poitiers, 155.
Gauthier ou Gaultier, notaire royal à Poitiers, 54, 185.

Gauthier, enquêteur à Poitiers, 59.
— professeur en l'Université de Poitiers, 207.
Gautreau (Etienne), j. d. m. P., 239.
Gayault-Texier (Anne), religieuse, 216, 221.
— (Catherine), femme de Charles Vidard, 212, 216, 220.
— (Jean), avocat à Poitiers, 216, 221.
Gazil (Antoine-René), c. d. m. P., 261, 262, 263; juge, 264.
— (Louis-Alexandre), c. d. m. P., 266, 267.
— (Pierre), s^r de Messay, lieutenant du sénéchal de Mirebeau, 223.
Gendre (Claude), aumônier et chanoine de Notre-Dame-la-Grande de Poitiers, et curé de Saint-Etienne, 225, 226, 228, 348, 351.
Georges (saint), évêque du Puy-en-Velay, 181, 182, 326.
Gerbon (Suzanne), 348.
Gervais (Jacques), c. d. m. P., 173, 251.
— (Pierre), c. d. m. P., 241.
— orfèvre à Poitiers, 89.
Gesvres (de), 29.
Gévaudan (province de), 381.
Ghizy (cardinal Fabio). V. Alexandre VII.
Gigon (Jacques), c. d. m. P., 245.
Gillebert ou Gillibert (Jean), s^r de Bonnillet, 347.
— (Pierre), s^r de Bonnillet, docteur-régent ès droits en l'Université de Poitiers, 178, 182.
— s^r de Bonnillet, sénéchal de Montierneuf, 39.
Gillet (Joseph), c. d. m. P., 259; juge, 261.
— (Joseph-Louis), c. d. m. P., 259.
— (Louis), c. d. m. P., 261.
— (Sébastien), c. d. m. P., 254.
Gillier (Urbain), s^{gr} de Marmande et de Puygarreau, gouverneur de Poitiers, 81, 83, 84, 126, 301, 302.
— s^{gr} de Puygarreau, 32, 33.
Ginot, 382.
— notaire à Poitiers, cité, 125.
Girard (Antoine), évêque de Poitiers, 365, 366, 367.
Girard (Gabriel), bourgeois, contrôleur des hôpitaux de Poitiers 283.
— (Jacques), procureur à Poitiers, 217.
— (Jean), c. d. m. P., 252, 253.
— (Laurent), 347.
— (Paulin), j. d. m. P., 238.
— président en l'Election de Poitiers, 40.
Giraud (Jean), greffier de la cour consulaire de Poitiers, 237.
— (Jean), s^r de Comblé, greffier des insinuations ecclésiastiques à Poitiers, 237.
— (Jean), fils du précédent, 237.
Giraudière (Dam^{lle} de la) nourrice du Dauphin, fils de Louis XIII, 87.
Giry, cité, 190.
Glatigny (Jacques), c. d. m. P., 255.
— de Longchamps (Jacques), c. d. m. P., 257; juge, 257.
— (J.-J.), j. d. m. P., 261.
— (Jean-Jacques-Mathieu), c. d. m. P., 259, 261.
Gobert (René), c. d. m. P., 242.
Godard (Joseph), avocat à Poitiers, 96.
Goguet (Jean), s^r de la Roche-Graton, trésorier de France, maire de Poitiers, 83.
Gonese (René), 408.
Gontrie (s^r de la). V. Lauzon (de).
Gorce, curé de Saint-Jean-Baptiste de Poitiers, 343, 344.
Goudeau (Jacques), 384.
Gouffier (Arthur), duc de Roannez, gouverneur de Poitou, 122, 165, 166, 171, 196, 324.
— (Louis), duc de Roannez, gouverneur de Poitiers, 30, 33.
Gouin (Antoine), s^r des Louardières, 159.
— (Louise), femme de César Daux, 159.
Goussaut (saint), 276, 277, 278, 282.
Graffard (Brice), c. d. m. P., 240.
Gramont (duc de), 396, 397.
Grandier (Urbain), curé de Saint-Pierre-du-Marché de Loudun, 66-71.
Grandquaire (évêché de). V. Quimper.
Grange (s^r de). V. Coussaye (de la).

— 446 —

Granvillain (Mme), 352.
Gratieux (Nicolas), aumônier de l'Hôpital-Général de Poitiers, 408, 412, 414, 415.
Gravelines, *Nord*, 127.
Grec (archevêque), 186.
Grégoire, 349.
Grénetière (la), c^ne d'*Ardelay*, *Vendée*, 7.
— (abbé de la), 7.
Grignon de Montfort (Louis-Marie), missionnaire, 384.
Grillaud (Charles), c. d. m. P., 253.
Grimaudière (M^r de la), 161.
— (s^r de la). V. Thoreau.
Grivet (Hilaire), c. d. m. P., 254.
— huilier à Poitiers, 203.
Groges (s^r des). V. Mayaud.
Grossetière (s^r de la), général des finances, 5.
Guerche (vicomte de la), gouverneur de Poitou, 23.
Guéret, *Creuse*, 186.
Guérie (Catherine), femme de Raoul de La Vastine, 339, 340.
Guérin, 349.
Guérineau (René), curé de Montierneuf de Poitiers, 365.
Guerry (Etienne), curé de Sainte-Opportune de Poitiers, 218, 353, 357.
Guesdon (Etienne), 216.
— (Jacques), 216.
Guienne (province de), 77, 149, 152, 153, 160, 354; — gouverneur. V. Epernon (duc d').
Guignard (Pierre), c. d. m. P., 253.
Guilleminet ou Guilminet (Jean-Pierre), c. d. m. P., 261.
— (Pierre), c. d. m. P., 257, 258, 259, 263; juge, 263.

Guilleminet ou Guilminet (Pierre-Paul), j. d. m. P., 259.
Guillocheau (François), c. d. m. P., 241.
Guillon (Hiérosme), c. d. m. P., 244.
— (Louis), c. d. m. P., 172, 249, 251.
— (Pierre), c. d. m. P., 244, 245.
— vicaire de Montierneuf de Poitiers, 386.
Guillonnière (s^r de la). V. Audebert.
Guillot, vicaire général à Poitiers, 389.
Guilloteau (Denis), chanoine et grand vicaire de la cathédrale de Poitiers, 118, 148, 155.
Guion (Pierre), s^r de Vâtre, avocat au présidial de Poitiers, 73, 74; maire, 78, 293, 294, 295, 298; échevin, 132, 149.
— ou Guyon de Vâtre, 157.
Guise, *Aisne*, 149.
— Henri de Lorraine (duc de), 342.
— (duc de), archevêque de Reims, 101.
— (cardinal de), 14.
— (Mme de), 12.
Guisnon, femme Duhamel, 210, 211.
Guitet, chanoine de Sainte-Radegonde de Poitiers, 106, 107, 108.
Guy (saint), martyr, 132.
Guyon. V. Guion.
Guyonneau, notaire à Poitiers, 418.
Guyvreau (Jehanne), dame de Malaguet, 343.
— Marguerite, femme de Jean Denesde, 53.

H

Haché (François), gardien du couvent des Cordeliers de Poitiers, 76.
Haquenocque, fort, *Belgique*.
Hallier (s^r du), 94.
Halwin (duc d'). V. Schomberg (maréchal de).

Haran, curé de Notre-Dame-la-Petite de Poitiers, 211.
Harcourt-d'Elbeuf (comte d'), 95.
Harlay (François de), archevêque de Rouen, 162.
— président au Parlement, 15, 16.
Haulteserre (Flavien-François

de), docteur régent en l'Université de Poitiers, 178.
— (Jean Dadine de), lieutenant général criminel au présidial de Cahors, 178.
— (Jean-Joseph de), 178.
Hauteville (d'), abbé de Montierneuf de Poitiers, 374, 386.
— (d'), prieur de Montierneuf, 386.
Hàvre-de-Grâce (le), *Seine-Inférieure*, 148.
Haye (la), *Hollande*, 380.
Haye (Jean de la), lieutenant général de la sénéchaussée de Poitou, 8, 11.
— (Jean de la), c. d. m. P., 249, 253, 254.
— (René de la), j. d. m. P., 254, 256.
Hélie (Gilles), c. d. m. P., 96, 248.
— (Hilaire), c. d. m. P., 252; juge, 253.
— (Joseph), c. d. m. P., 256.
— (Pierre), j. d. m. P., 254.
Henri III, roi de France, 12, 23, 24, 159.
— IV, roi de France, 28, 33, 109, 116, 117, 152, 346.
Henriette-Marie de France, femme de Charles Ier, roi d'Angleterre, 109.
Herbault (François), marchand à Poitiers, 63, 87, 91, 123, 124; c. d. m. P., 64, 103, 247, 248; juge, 180, 249, 252.
— (Guillaume), c. d. m. P., 252.
— (Pierre), c. d. m. P., 240.
Herbault, *Loir-et-Cher*, 189.

Herbert (François), conseiller au présidial de Poitiers, 21, 41.
Herpin (René), marchand à Poitiers, 124; c. d. m. P., 111, 249.
Hervé, chapelain de Saint-Didier de Poitiers, 372, 373.
Hervouet, procureur au présidial de Poitiers, 418.
Hiacint (l'abbé de), de la maison de Coligny, 163.
Hilaire (saint), évêque de Poitiers, 158; — reliques, 181, 182, 325.
Hillairet (Annet), métayer, 226.
— (Ozanne), femme de Jean Deschamps, 234.
— (Paul), c. d. m. P., 241; juge, 241, 242.
Hoguette (de la). V. Fortin.
Hoissy (Charles), c. d. m. P., 253, 254.
Hongrie, *Autriche*, 194, 395, 396, 402; — roi, 101.
Honorat ou Honoré (saint), 194.
Houman, lieutenant criminel à Orléans, 69, 70, 71.
Huet (Marie), femme de Jacques Audebert, 143.
Hugerin, lieutenant particulier à Beaufort, 71.
Huguet (Hilaire), c. d. m. P., 172, 254.
Humeau. V. Umeau.
Huproye (Guillaume de la), j. d. m. P., 239.
Huret (Marie-Thérèse), 404.
— curé de Saint-Savin de Poitiers, 410.

I

Ingrand (Jacques), c. d. m. P., 244.
— représentant du peuple, 150.
— sr de la Cigogne, 190, 191.
— sr de la Cigogne, avocat à Poitiers, 134.
Innocent (le P.) de Calatayrone, général des capucins, 134.
Innocent X, pape, 137, 164, 173.
Irland (Bonaventure), sr de la Maingouère, juge-magistrat au présidial de Poitiers, 186.

Irland (Catherine), femme de François Dreux, 170.
— (Charles), sr de Beaumont, lieutenant criminel au présidial de Poitiers, 46, 170, 225.
— doyen du chapitre de Saint-Hilaire-le-Grand de Poitiers, 168.
— lieutenant criminel à Poitiers, 392.
Isle-Bertin (sr de l'). V. Rougier.
Isle-Bouchard (l'), *Indre-et-L.*, 345.
Iteuil, *Vienne*, 403.

J

Jacques II, roi d'Angleterre, 365.
— dit Jarrousse, 232.
Jacquet (Antoine), docteur-médecin, 224.
— (E.), curé de Saint-Jean-Baptiste de Poitiers, 345.
Jaille (le chevalier de la), 202.
Jallais (Honoré), c. d. m. P., 249.
Jallet (Jean), 352.
Jamin (Mr), 339.
Jardel (Catherine), femme d'Etienne Bernardeau, 207.
— (Pierre), avocat au présidial de Poitiers, 207.
— curé de Saint-Didier de Poitiers, 365, 371, 372, 376.
Jardret (Bertrand), architecte à Poitiers, 123, 125.
Jarno (Jean), bourgeois de l'Hôtel-de-Ville de Poitiers, 278, 282.
— du Lac, procureur au présidial de Poitiers, 125.
Jarry (Geneviève), femme d'Antoine Thomas, 217.
— (Jeanne), femme de Jean Thomas, 217.
— (René), c. d. m. P., 245.
Jaudonnet (Jean), bourgeois de la Maison-de-Ville de Poitiers, 149.
Jean IV, roi de Portugal, 98, 106.
Johanne, notaire à Poitiers, 114, 128.
— de Sainte-Anne, 227.
Jolly (Baptiste), c. d. m. P., 239; juge, 240, 241.
— chirurgien à Poitiers, 188.
Joly, organiste de la cathédrale de Poitiers, 415.
Jorigny (sr de). V. Roatin.
Joseph de Laonis (saint), 406.
Joubert (Daniel), c. d. m. P., 243.
— (François), chanoine de Notre-Dame-la-Grande de Poitiers, 172.
— (Guillaume), chanoine et aumônier de Notre-Dame-la-Grande de Poitiers, 327, 328.
Jouslain, sr de Mérillé, 143.
Joussant (Jean), chanoine de Saint-Hilaire-le-Grand de Poitiers, 417.
— échevin de Poitiers, 387.
Jousseaume (Pierre), marchand à Poitiers, 63; c. d. m. P., 242, 246.
Jousselin, précepteur, 235.
Joyeux (Joseph), c. d. m. P., 254; juge, 255.
Jozereau, curé de Montierneuf de Poitiers, 386.
Jullien, dit le Gaucher, 143.
Julliot (René), c. d. m. P., 253, 256; juge, 256.
Jumeaux (le P. de), jésuite, 191.
Junien (saint), abbé de Nouaillé, 132.
Justard, curé de Sainte-Radegonde de Poitiers, 414.

L

La Barde, sergent, 193.
Laguillier (François), conseiller au présidial de Poitiers, 27, 39.
Laille (de), médecin, 3.
Lainé ou Lesné (François), c. d. m. P., 256, 258; juge, 258.
Lalande de la Vergnaye, infirmier de l'abbaye de Montierneuf de Poitiers, 386.
Lalanne (Ludovic), cité, 62.
— (l'abbé), cité, 92, 97.
Lamairé, Deux-Sèvres, 342.
Lambert (Marie), femme de Flavien François de Haulteserre, 178.
— (Philippe), c. d. m. P., 239; juge, 240.
— (Pierre), marchand à Poitiers, 63, 124; c. d. m. P., 245, 246; juge, 72, 246, 247.
— (René), c. d. m. P., 251.
Lamberty, chapelain de Saint-Cybard, recteur de l'Université de Poitiers, 337.

Lamboy (général), 101.
Lamoignon de Bâville (de), intendant de Poitou, 206.
Lande (Mme de la), 380, 382.
— (s^r de la), trésorier de France à Poitiers, 42.
Languedoc (province de), 82.
Lans. V. Lens.
Lansac (s^r de), 13.
Laon, *Aisne*, 205.
Largeasse (de), bourgeois de la Maison-de-Ville de Poitiers, 206. V. Tranchet et Dutranchet.
La Rivière (Pierre), 369.
Larnay (M^r de), 7.
Lattier (Jean), c. d. m. P., 257, 258, 260 ; juge, 260.
Latour (jésuite), 407.
Laubardemont (de), maître des requêtes, conseiller d'Etat, 70, 71.
Laurence (Joseph), c. d. m. P., 265.
— (Louis), c. d. m. P., 255, 257 ; juge, 257, 258, 265.
— (Louis) le jeune, c. d. m. P., 260, 262 ; juge, 262.
— (Louis-Jean-Joseph), c. d. m. P., 264 ; juge, 266.
— (Louis-Joseph), c. d. m. P., 266.
Laurenceau (Jacques), c. d. m. P., 72, 244, 245, 247 ; juge, 89, 96, 248.
— (Pierre), c. d. m. P., 244, 245 ; juge, 252, 253.
— hôte à Poitiers, 89.
Laurancin (Claude), coustre de Notre-Dame-la-Grande de Poitiers, 228.
Laurendeau (Jacques), c. d. m. P., 256, 257 ; juge, 257.
Laurent (Jean), 106.
Lauzon (Charles de), s^gr de la Gontrie, grand-maître des eaux et forêts, 354.
— (François de), conservateur des privilèges de l'Université de Poitiers, 18.
— (Jean de), conservateur des privilèges de l'Université, conseiller au présidial de Poitiers, 18, 20.
— (de), chantre de Sainte-Radegonde de Poitiers, 412.
— (de), receveur général de la généralité de Poitiers, 279.

Lavaille (François), curé de Montierneuf de Poitiers, 349, 351.
Laval (Françoise de), abbesse de Sainte-Croix de Poitiers, 383.
Lavardin (maréchal de), 29.
Lavault (le R. P.), prieur des Jacobins de Poitiers, 155.
Laverré (prieuré de), c^ne *d'Aslonnes*, *Vienne*, 153 ; prieur. V. Rat de Salvert.
Lavigne (André), 382.
— (François), 381, 382, 385.
Laydet (Pierre), conservateur des privilèges de l'Université de Poitiers, 339.
Layné, docteur, 25.
Lebailly (Jean), bourgeois de l'Hôtel-de-Ville de Poitiers, 187.
Le Bascle (Joseph), docteur-régent en l'Université, maire de Poitiers, 6, 22.
Leberthon, chanoine de Sainte-Radegonde de Poitiers, 167.
Leblanc (Amable), marchand à Poitiers, 211 ; c. d. m. P., 66, 96, 247, 248.
Le Boucher (Fr.), gardien du couvent des Cordeliers du Mans, 76.
Lecarlier, notaire à Poitiers, 375.
Lecesve, curé de Sainte-Triaise de Poitiers, 418, 419, 425.
Leclerc (Jacques), c. d. m. P., 243 ; juge, 246.
Le Clerc (Pierre), conseiller du roi, commis à l'extraordinaire des guerres, 85.
Le Cœur (François), dit Brusquambille, maître serrurier à Poitiers, 89, 90.
Lecoc (Nicolas), c. d. m. P., 252.
Lecointre-Dupont, cité, 141, 190, 266, 267.
Lectoure (évêque de). V. Rochefoucauld (de la).
Ledain (Bélisaire), cité, 181.
Lefebvre (Antoine), conseiller au présidial de Poitiers, 133.
— (Pierre), avocat à Poitiers, 80, 133.
Lefèvre, hebdomadier de Notre-Dame-la-Grande de Poitiers, 420.
Le Franc, chanoine de la cathédrale de Poitiers, 25.

Léger (le s^r), 100.
Légier (Pierre), conseiller au présidial de Poitiers, 84, 85.
— de Puyraveau, mansionnaire à l'abbaye de Montierneuf de Poitiers, 386.
Le Godelier (Anne), femme de Hilaire Follet, 153.
— (Martin), s^r du Bourg, 153.
Le Gras, intendant de Poitou, 95.
Legué (Gabriel), cité, 67.
Le Heurt (Mathieu), gardien du couvent des Cordeliers de Poitiers, 76.
Le Let (Achille), marchand à Poitiers, 87, 123; c. d. m. P., 66, 247.
Leliepvre (Antoine), bourgeois de la Maison-de-Ville de Poitiers, 149.
— de Villegay (dame), 243.
Lemaire, conseiller au siège royal de Fontenay, 219.
Le Mans, *Sarthe*, 76 ; — Cordeliers (gardien du couvent des). V. Le Boucher (F.).
Le Maye (Etienne), s^r des Minières, c. d. m. P., 241 ; juge, 242.
— (Etienne), s^r de Moiseaux, fils du précédent, conseiller au présidial, assesseur au prévôt de Poitou, maire de Poitiers, 85, 87, 88, 189, 241, 242 ; échevin, 187.
— (François), s^r de la Courandière, conseiller en la cour des Aides, 224.
Le Nain, intendant de Poitou, 392.
— (Mme), femme de l'intendant, 390.
Lens, *Pas-de-Calais*, 138, 171.
Lentillac (de), vicaire général à Poitiers, 414.
Léopold (archiduc), 138, 149, 171.
Le Pelletier de la Houssaye (Madeleine), femme de Mr de Blossac, 409, 410.
Lepeutre, curé de Saint-Benoit, près Poitiers, 406.
Lepvrault (Jean), c. d. m. P., 241.
Leroy (Jean), doyen de la faculté de droit en l'Université de Poitiers, 178.
— (Jean), fils du précédent, docteur institutaire, puis docteur-régent ès droits en l'Université de Poitiers, 66, 108, 177, 178.
— (Roger), 155.
— maire de Poitiers, 193.
Lescalle (Jean), procureur, 6.
Lespine (le s^r de). V. Espine (de l').
Lesplu (Gilles), chanoine de la cathédrale de Poitiers, 118, 155, 170, 179, 201.
Lestang (Gédéon de), s^r de Furigny, 79.
Lestradre (le P.), 214.
Le Sueur (Guillaume), conseiller au présidial de Poitiers, 17, 28.
— (M^r), 3.
Létang, archiviste de l'Hôtel-de-Ville de Poitiers, cité, 150.
Le Tellier, secrétaire d'Etat, 309, 310, 315, 316, 318, 320, 321, 322.
Leucate, *Aude*, 82.
Le Vasseur (Antoine), c. d. m. P., 242 ; juge, 243.
— (Louis), curé de Sainte-Opportune de Poitiers, 128, 212, 354.
— (René), c. d. m. P., 64, 245, 246 ; juge, 247.
— marchand à Poitiers, 123.
Levis de Ventadour (Anne de), archevêque de Bourges, 162.
Lheulier (François), maçon, 226.
Liège (André), c. d. m. P., 153, 244, 245 ; juge, 245, 246.
— (Jean), conseiller au présidial de Poitiers, 153.
Lièvre, cité, 184.
Ligonière, notaire à Poitiers, 367, 418.
Ligugé, *Vienne*, 208.
Limoges, *Haute-Vienne*, 8, 186, 200.
Limon (Geofroy de), 410.
Limousin (province de), 108, 186.
Lionne (de), secrétaire d'Etat, 319.
Lisieux (évêque de), 87.
Lizabois (Jacques), curé de Saint-Pierre-l'Hospitalier, 407, 424.
Loches, *Indre-et-Loire*, 103.
Loiseleur (Jules), cité, 163.
Loménie (de), secrétaire d'Etat, 317.
Longchamps (de). V. Glatigny.
Longueil (Jean de), c. d. m. P., 64, 247.

— 451 —

Longeuil (Jean de), maître apothicaire à Poitiers, 167.
— (Martin de), maître chirurgien à Poitiers, 167.
— (de), marchand à Poitiers, 86.
Longuejoue (Mr de), substitut du procureur général, 15.
Longuemar (de), cité, 183.
Longueville (duc de), 139, 148.
Lorenceau. V. Laurenceau.
Lorgère (de). V. Poignant.
Lorraine (Charles, duc de), 73, 100, 131.
— (Marguerite de), femme de Gaston, duc d'Orléans, 153, 185.
— (cardinal de), 5.
— (prince Charles de), 396, 397.
— (province de), 73, 75, 76, 131.
Louardières (srs des). V. Daux, Gouin.
Loubbes (sr de), prieur de Montairan, 7.
Louet de Kerguillio (du), évêque de Quimper, 162.
Louis XIII, roi de France, 65, 73, 76, 78, 79, 84, 85, 87, 93, 94, 98, 99, 100, 102, 109, 110, 111, 114, 115, 116, 117, 118, 289, 290, 291, 294, 295, 297, 298, 299, 300, 301, 302, 303, 304, 308, 309, 347, 348, 367, 391.
— XIV, roi de France, 116, 117, 119, 121, 128, 138, 139, 140, 142, 145, 146, 147, 148, 149, 150, 151, 152, 160, 161, 162, 163, 164, 166, 169, 170, 171, 177, 183, 185, 187, 201, 208, 209, 308, 309, 314, 315, 316, 317, 318, 320, 322, 324, 326, 329, 330, 331, 332, 367, 419 ;
— statue élevée sur la place du Marché-Vieux de Poitiers, 208, 209.
— XV, roi de France, 380, 383, 384, 402.
Louise-Elisabeth, fille de Louis XV, 402.
Loudun, Vienne, 66, 71, 164 ; — couvents : carmes, 68 ; Ursulines, 67, 69. — églises : du château, 69 ; Saint-Pierre du marché (curé de), v. Grandier ; Saint-Pierre-du-Martrai, 68, 69 ; Sainte-Croix, 67 ; — place Sainte-Croix, 69 ; — prévôt, 122.
Loulay (prieuré de), Charente-Inférieure, 153 ; prieur. V. Rat de Salvert.
Louvet, chirurgien à Poitiers, 394.
Lucas (Catherine), 362.
— (François), libraire à Poitiers, c. d. m. P., 243, 244.
— (René), Me chirurgien à Poitiers.
— sr de Vangueil, 74, 152, 302, 323.
— sr de Vangueil, trésorier de France à Poitiers, 154, 155.
Lucinge (de), vicaire général à Poitiers, 370, 372.
Luçon, Vendée, 39, 40, 386.
Lude (comte du), gouverneur de Poitou, 9, 18, 19.
Ludon (Pierre), 134.
Lusignan, Vienne, 34, 42, 120, 148.
Lussay, cne de Chef-Boutonne, Deux-Sèvres, 53, 210.
Lyon, Rhône, 110.

M

Macquenon. V. Maquenon.
Mademoiselle, fille de Gaston, duc d'Orléans. V. Montpensier (duchesse de).
Magaud (Pierre), prêtre, notaire apostolique, 349, 350.
Maignen (Jacques), second avocat du roi au présidial de Poitiers, 30.
Maillard (Pierre), c. d. m. P., 238.
Maillé (Claire-Clémence de). V. Condé (princesse de).
— (Urbain de), marquis de Brezé, 104, 152.
Maillebois (Mr de), 396.
Mailleraye (de la). V. Meilleraye (de la).
Maine (duc du), 13, 24, 25, 27.
Maingouère (sr de la). V. Irland.
Maisondieu, chanoine de Saint-

Hilaire-le-Grand de Poitiers, 325.
Maisondieu (Mⁱˡᵉ), 361.
Maison-Neuve (sʳ de la). V. Clabat.
Malaguet (dame de). V. Guyvreau.
— (sʳ de). V. Pidoux.
Malicorne (sʳ de). V. Chourses.
Malte, *île de la Méditerranée*, 131.
Malteste (Jacques-Pierre), c. d. m. P., 261, 263.
— (Paul), c. d. m. P., 264, 265; juge, 265.
— (Pierre), j. d. m. P., 263.
— chapelain de Saint-Didier de Poitiers, 372, 373.
Mamoris (Pierre), curé de Sainte-Opportune de Poitiers, 338.
Manche (Emery de la), c. d. m. P., 180, 252.
— (Jacques de la), c. d. m. P., 254, 255.
Manevy (Charles), 29.
— (Charles), curé de Notre-Dame-la-Petite de Poitiers, 356.
Mangin de Rudepère (Charles), curé de Sainte-Radegonde de Poitiers, 383.
Mantin (Louis), c. d. m. P., 265.
Maquenon (Etienne), sʳ des Forges, conseiller au présidial, assesseur au conservateur des privilèges de l'Université, 73, 74, 169; maire de Poitiers, 74, 75; échevin, 179.
— (Marie), femme de Jean De Razes, 169, 179.
Marais (les), près Thénezay, *Deux-Sèvres*, 151.
Marchais (de), aumônier de l'Hôtel-Dieu de Poitiers, 398.
Marche (province de la Basse), 186.
Marchegay, cité, 91.
Marconnay (Mʳ de), 41.
Marcoussis, *Seine-et-Oise*, 148.
Marennes, *Charente-Inférieure*, 130.
Maret (Hélie), curé de Saint-Savin de Poitiers, 237, 353.
— docteur en théologie, 191.
Marie de Médicis, reine de France, 64, 98, 108, 110, 111.
Marie-Elisabeth, fille de Philippe, infant d'Espagne, 402.
Marie-Thérèse d'Autriche, femme de Louis XIV, 187, 195.

Marigné (sᵍʳ de). V. Rogier.
Marillac (de), intendant de Poitou, 205, 206.
Marmande (sʳ de). V Gillier.
Marnay, *Vienne*, 403.
Marnef (Guillaume de), c. d. m. P., 243.
— (Jean de), libraire, c. d. m. P., 238.
— (Marie de), 89.
— (Pierre de), libraire, c. d. m. P., 243.
— (Suzanne de), femme de Jean Duplex, 211, 215.
Marnes (cure de Saint-Jean-de-), *Deux-Sèvres*, 222.
Marot, 349.
Marrot, notaire royal à Poitiers, 185, 199.
Marsais (de). V. Demarsais.
Marsillac (prince de). V. Rochefoucauld (de la).
Martin (F.), notaire à Poitiers, 217.
— (Jean), j. d. m. P., 258.
— (Jean), sʳ du Courtiou, conseiller au présidial de Poitiers, 26.
— (Jean-Baptiste), c. d. m. P., 255, 256.
Martineau (Samuel), évêque de Bazas, 132, 162.
Marton (Mʳ de), 378.
Marzelé (René), c. d. m. P., 173, 251.
Massard (François), c. d. m. P., 241; juge, 243.
— (François), maire de Poitiers, 241, 243.
Massé (Louis), c. d. m. P., 241.
Masson, échevin de Poitiers, 387.
— (le citoyen), 150.
Mathé (Nicolas), chanoine et curé de Notre-Dame-la-Grande de Poitiers, 80, 81, 93, 106, 145, 217, 231.
Maubué (Simon), conseiller au présidial de Poitiers, 28, 31, 45.
Mauduyt (André), docteur en médecine, 182, 188, 219, 222, 224; docteur-régent en la faculté de médecine de Poitiers, 234, 235.
— (François), procureur du roi en l'Election de Richelieu, 219.
— (famille), 220.
Maugars (Jean), 366.
Mauperrier (sʳ de), 27.
Maupetit (René), j. d. m. P., 208, 253.

— 453 —

Maur (congrégation de Saint-), 114, 227.
Maurat (Melchior), c. d. m. P., 239.
Mauresse, Anglais, 365.
Maurivet (de). V. Garnier.
Mauroy (Jacques), 352.
Mauvoisin (Antoine de), c. d. m. P., 242.
Mauzé (Henri-Barthélemy), c. d. m. P., 267.
Maxias, notaire à Poitiers, 161.
Mayaud (Bonaventure), s' des Groges, juge-magistrat au présidial de Poitiers, 186.
— (Jacques), échevin de Poitiers, 137, 146, 158, 159.
— administrateur de l'Hôtel-Dieu de Poitiers, 387.
— capitaine de la milice de Poitiers, 323.
Mayenne (duc de), 25.
Mazare, *Italie*, 191.
Mazarin (cardinal), 115, 139, 142, 149, 151, 161, 162, 163, 166, 187, 191.
Mazay (s' de). V. Chaubier, Thomas.
Mazeuil, *Vienne*, 221; — prieur-curé. V. Esmereau.
Mazières, *Deux-Sèvres*, 230; — curé. V. Barré.
Meaux (évêque de), 115. V. Pharon (saint), Séguier.
Megné (s' de). V. Rogier.
Meilleraye (maréchal de la), 93, 94, 97, 109, 110, 148.
Mein (le), rivière d'Allemagne, 396, 397.
Melle, *Deux-Sèvres*, 60.
Melleran (prieuré de Sainte-Marguerite de), *Deux-Sèvres*, 153; prieur. V. Rat de Salvert.
Mello (dom Francisco de), marquis de la Tour de Laguna, 128, 316, 317.
Melun, *Seine-et-Marne*, 324.
Ménardière (de la), cité, 93.
Menin, *Belgique*, 398.
Mercier (Jean), notaire à Poitiers, 199.
— notaire du marquisat de Bélâbre, 236.
Mercœur (duc de), 161.
Mérici (Jean), chapelain de Saint-Cybard de Poitiers, 337.
Mérillé (s' de). V. Jouslain.

Merle (dom Jacques), 227.
— maître de psallette de Notre-Dame-la-Grande de Poitiers, 84.
Mervache (Fleurance), femme de Jean Duplex, 211.
— (Gonde), 404.
— (René), c. d. m. P., 244.
— orfèvre à Poitiers, 150.
Mesnier (le P.), jésuite, 196.
Messay (s' de). V. Gazil.
Messelière (Mlle de la). V. Frotier.
Métayer, curé de Saint-Martin de Sanzay, 229.
Meuse (la), rivière.
Mezeaux, c^{ne} de *Ligugé, Vienne*, 208.
Michaud, cité, 62.
Micheau (V.), 349.
Michel des Aages (Jean), c. d. m. P., 260, 262; juge, 262.
Michellet, secrétaire de l'évêché de Poitiers, 227, 311, 314.
Mignen (René), c. d. m. P., 253, 255; juge, 255.
Mignen-Planier (François), c. d. m. P., 261; juge, 259.
— (Jean-François), c. d. m. P., 258.
— c. d. m. P., 257; juge, 262.
Mignot (Clément), marchand à Poitiers, 224; c. d. m. P., 242; juge, 243.
Millon ou Milon, conseiller au présidial de Poitiers, 200.
Millorit, chapelain de Saint-Didier de Poitiers, 372, 373.
Milon (Nicolas), conservateur des privilèges de l'Université de Poitiers, 47.
Mimault (M'), 408.
Minoret (Charles), c. d. m. P., 265, 266; juge, 267.
— (Vincent), c. d. m. P., 267.
— (Vincent-Bernard), c. d. m. P., 266.
Mirebeau, hôte à Poitiers, 80.
Mirebeau, *Vienne*, 18, 30, 39, 164, 202, 275; — sénéchal (lieutenant du). V. Gazil.
Mitault, corbeau de l'hôpital des pestiférés de Poitiers, 281.
Modeste (saint), martyr, 358, 361, 363.
Moine ou Moyne (Pierre), marchand à Poitiers, 63; c. d. m. P., 60, 245, 246.

TOME XV. 29

Moïse, 293.
Moiseaux ou Moyseau (s^r de). V. Le Maye.
Molé (Mathieu), premier président au Parlement de Paris, 161.
Molière, 163.
Mondon (Antoine), c. d. m. P., 254; juge, 252.
— (François), c. d. m. P., 256; juge, 256.
Monjon (M^r de), 349.
Monpommery, c^{ne} de Payroux, Vienne, 201.
— (s^r de). V. Sabourault.
Monscles (s^r de). V. Fournier.
Monserrand (Jean de), 348.
Monsieur, frère de Louis XIII. V. Orléans (Gaston, duc d').
Montbazon (duc de), 29.
Montespan (Mme de), 369.
Montferrand, Puy-de-Dôme, 16.
Montjon (Antoine de), maire de Poitiers, 82, 302.
— (Jacques de), s^r de Castelnau, Fleuré, etc., 234.
Montmorency (Henry de), maréchal de France, 64.
— (connétable de), 87.
— (maréchal de), 18.
Montmorillon, Vienne, 178, 179.
Montolon (M^r de), intendant de Poitou, 45.
Montpellier, Hérault, 219.
Montpensier (Anne-Marie-Louise d'Orléans, duchesse de), 149, 151, 152, 185, 187.
— (Mlle de), fille du Régent, 380.
— (duc de), 8, 13, 29.
Montpezat (s^r de). V. Des Prez.
Montreuil-Bonnin, Vienne, 28.
Moreau (François), c. d. m. P., 244.
— (François), 369.
— (Jacques), c. d. m. P., 180, 250, 252.
— (Jean), portier de la porte de Pont-Joubert à Poitiers, 327, 328.
— (Jean), official et chanoine de la cathédrale de Poitiers, 345.
— (René), c. d. m. P., 243; juge, 240, 244.
— de Beaumont, intendant de Poitou, 402.
— de la Porte (le s^r), 219.
Morel, 349.
Moreynes (M^r de), 2.

Moricet (Olivier), c. d. m. P., 60, 247.
— sacristain de Notre-Dame-la-Grande de Poitiers, 228, 233.
Morillon (Paul), marchand à Poitiers, 124; c. d. m. P., 103, 249, 250; juge, 172, 251.
— chanoine de Notre-Dame-la-Grande de Poitiers, 421, 423.
— du Bellay (Martin), c. d. m. P., 256, 257, 258; juge, 258.
— (Pierre), c. d. m. P., 261, 262, 263, 265; juge, 263, 266
Morlon (François), conseiller au présidial de Poitiers, 21, 24.
Morlot (Mme de), 355.
Mortemart (duc de), 397.
— (duchesse de), 356.
— (s^r de), 24, 35.
Morthemer ou Morthomer (Michel de), marchand à Poitiers, 123; c. d. m. P., 88, 246, 248; juge, 103, 248.
Motet (le citoyen), maire de Poitiers, 150.
Mothe-Houdancourt (comte de la), 139.
— Saint-Héraye (la), Deux-Sèvres, 308, 391.
Motte (la), Haute-Marne, 131.
— de Croutelle, c^{ne} de Ligugé, Vienne, 24.
— (s^r de). V. Poussineau.
Moudurier (Pierre), c. d. m. P., 239.
Mougon (port de), c^{ne} de Parsay, Indre-et-Loire, 345.
Moulin-à-Parent (le), c^{ne} de Poitiers, Vienne, 71.
Moulin, Allier, 388.
— c^{ne} de Sèvres, Vienne, 106.
— (Jean de), conseiller au présidial de Poitiers, 17.
Moulins-Jousserans (s^r des), 27.
Mounoury, religieux de l'abbaye de Talmont, 386.
Mourault (Charles), 65.
— (Pierre), s^r de la Vacherie, conseiller d'État, 65, 84.
— (René), lieutenant particulier au présidial de Poitiers, 10, 21.
— s^r du Pinchreuil, 355.
Mourière (de). V. Chabiel.
Mouron (château de), en Berry, 160.
Munster, Allemagne, 128, 316, 317.
Murs, Indre, 276.

— 455 —

N

Nantes, *Loire-Inférieure*: château, 171; — (édit de), 196; — évêque. V. Beauveau (de).
Nanteuil-en-Vallée (abbaye de), *Charente*, 132, 159; abbé. V. Chasteigner de la Rocheposay.
Nassau (Charlotte-Brabantine de), duchesse de la Trémoille, 91.
— (Charlotte-Flandrine de), abbesse de Sainte-Croix de Poitiers, 91, 92, 93, 306.
Navailles (Mme de), abbesse de Sainte-Croix de Poitiers. 209.
Navarre (prince de), 98.
— (roi de), 3, 5, 24.
Navière, 349.
Négrier (Louis), conseiller au présidial de Poitiers. 17, 26.
Nemours (M^r de), 202.
Nérault, vicaire de Saint-Germain de Poitiers, 408.
Nerbonneau (Louis), c. d. m. P., 266.
— V. Fretté-Nerbonneau.
Nérisson (André), laboureur, 225.
Neufville de Villeroy (Ferdinand de), évêque de Saint-Malo.
Neuville, *Vienne*, 195.
Neveux (François), 408.
Nice, *Alpes-Maritimes*, 398.
Nicolay (Jean), docteur-régent en l'Université de Poitiers, 66.
Niort, *Deux-Sèvres*, 17, 24, 238, 303; — château, 406; — imprimeur, v. Portau; — juridiction consulaire, 238.
Nivard (Louis), médecin à Poitiers, 193.
Nivelot, échevin de Poitiers 39.
Noailles (comte de), 402.
— (duc de), 396.
Noël (Blaise), c. d. m. P., 239.
— (Jean), 340.
Nogaret (de). V. Epernon (d').
Normandeau (Jacques), marchand à Poitiers, 63.
Normandie (province de), 149.
Norry (Jeanne), femme de Jean Bretolleau, 229, 231.
Nouaillé (abbaye de), *Vienne*, 25, 227; abbé, v. Junien (saint).
Nouveau, cité, 179.
Noyon, *Oise*, 370.
Nouzières (M^r de). V. Brilhac.
Nozé, greffier, 71.

O

Oirvault. V. Airvault.
Olivier (le P.), jésuite, 201.
Ollivier (Mathurin), c. d. m. P., 239.
Omaline (Guillemette), femme de Jean Barbe, 339.
Opportune (sainte), 363.
Orange (prince d'), 367.
— (princesse d'). V. Nassau (Charlotte-Flandrine de).
Orfeuille (le c^{te} d'), cité, 79, 81.
Orgeis, (Martin), évêque d'Esbron, 340.
Orléans, *Loiret*, 69, 298, 299, 300; — présidial, 70.
— (Anne-Marie-Louise d'). V. Montpensier.
— (Gaston-Jean-Baptiste, duc d'), 64, 76, 78, 87, 95, 109, 114, 115, 142, 152, 153, 160, 166, 185, 297, 299, 322.
— (Philippe d'), régent de France, 382, 383, 397.
Ouvré, cité, 73.
Oyron, *Deux-Sèvres*, 369.

P

Paché, c^{ne} d'*Avanton*, *Vienne*, 223.
Pagerie (s^r de la), 16.
Paillé (Henri), c. d. m. P., 255, 257.

— 456 —

Paillé (M^r), 408.
Pain (Daniel), c. d. m. P., 242, 243.
— (Elie), c. d. m. P., 242.
— (Pierre), hebdomadier de Sainte-Radegonde de Poitiers, 366.
Palais (le), c^{ne} de Croutelle, Vienne, 65, 84.
— (s^r du). V. De Gennes.
Paligny (des). V. Beufvier.
Pallu de la Barrière (Antoine), c. d. m. P., 253, 256 ; juge, 256.
— (Charles), c. d. m. P., 257,259 ; juge, 259.
Palustre (Jean), maire de Poitiers, 6, 7, 10, 19, 22, 23.
Papinière (s^r de la). V. De Gennes.
Parabère (s^r de), lieutenant de Poitou, 24, 31.
— (s^r de), gouverneur du Poitou, 95, 99, 112, 119, 127, 132, 307, 308.
Parant (Marthe), veuve de Clément Mignot, 224.
Parçay, Indre-et-Loire, 345.
Pareau, chirurgien à Poitiers, 281.
Paris, 60, 74, 76, 87, 88, 94, 98, 106, 110, 111, 121, 132, 138, 139, 140, 142, 149, 153, 166, 182, 189, 191, 201, 238, 296, 310, 316, 322, 325, 383 ; — archevêque, v. Beaumont (de) ; — Louvre, 139 ; — Notre-Dame, 110 ; — Oratoire (Pères de l'), 229 ; — Palais-Royal, 147 ; — parlement, 80, 97, 108, 138, 139, 140, 142, 160, 161, 178, 182 ; présidents, v. Molé, Seguier ; conseiller, v. Broussel ; — Sorbonne, 111,169 ;
— Théatins (couvent des), 191.
Parisiens (les), 166.
Parme, Italie, 402.
Parthenay, Deux-Sèvres, 24, 39.
— (bailli de). V. Garnier.
Passier (J.-B.), 374.
Passutière (s^r de la). V. Vexiau.
Patanchon (André), 384.
Paulet (Charles), secrétaire d'Etat, 170.
Paulmier (Durand), c. d. m. P., 254.
Paumy (vicomte de). V. Voyer (de).
Pavie (Jean-Joseph), c. d. m. P., 267.
— (Joseph-Claude), c. d. m. P., 264, 265.

Pavin (Paul), s^r de la Fuye, 224.
Payrault. V. Peyraud.
Pays-Bas (les), 73.
Pelisson (Catherine), femme de François Pidoux, 185.
— maire de Poitiers, 170.
— prévôt de l'abbaye de Montierneuf de Poitiers, 386.
Pelisson ou Plisson (Pierre-Thérèse), c. d. m. P., 265, 266 ; juge, 266.
Pellerin (Françoise), femme de François Barré, 224.
— (Marie), 224.
— (Nicolas), procureur au présidial de Poitiers, 224.
— (Paul), élu à Poitiers, échevin, 206.
Pelletier (Louis), chapelain de Sainte-Radegonde de Poitiers, 366.
Pellevrault (Pierre), c. d. m. P., 254, 255.
Pellion (Madeleine), matrone, 225.
Pellisseau (Jean), c. d. m. P., 253.
Pellisson (Jean), c. d. m. P., 240 ; juge, 240.
— (Pierre), c. d. m. P., 254, 259, 260.
Pelloquin ou Peloquin (Nicolas), c. d. m. P., 240, 241.
Pelot, intendant de Poitou, 186.
Penin, sous-chantre de Notre-Dame-la-Grande de Poitiers, 412.
— de la Charlerie (Jean), chanoine de Saint-Hilaire-le-Grand de Poitiers, 416.
Penot (Simon), c. d. m. P., 244.
Pépin (Guy), c. d. m. P., 242 ; juge, 244.
— (le s^r), 100.
Pépinière, coupe-jarret du duc de Roannez, 122.
Péréfixe (Hardouin de), évêque de Rodez, 162.
Péricard (François), évêque d'Angoulême, 162.
Périgné (Mme de), 339.
Périgord, jésuite, 389.
Péronne (dame), sage-femme d'Anne d'Autriche, 87.
Péronne, Somme, 128, 317.
Perpignan, Pyrénées-Orientales, 109, 110, 111.
Perraud, curé de Saint-Porchaire de Poitiers, 201.

Perret (René), c. d. m. P., 254 ; juge, 254.
Perrine, femme de Jacques Berronneau, 352.
Perrotin (Mathieu), marchand à Poitiers, 63 ; c. d. m. P., 244.
Persant (s^r de). V. Boislève.
Pérusseau (René), gardien de l'hôpital des pestiférés de Poitiers, 281.
Petilliau (Jacques), vicaire de Sainte-Radegonde de Poitiers, 406.
Petit (Jean), c. d. m. P., 255, 257 ; juge, 257.
— (René), prieur de Sainte-Radegonde de Poitiers, 145.
— curé de Sainte-Triaise de Poitiers, 365, 416, 418.
— 382.
Peyraud (René), conseiller au présidial de Poitiers, échevin de Poitiers, 294 ; procureur, 25.
— (Pierre), 28.
— de la Chèze, juge-magistrat au présidial de Poitiers, 128.
Peyrault (Jean), c. d. m. P., 241.
Pharon (saint), évêque de Meaux, 132.
Philippe IV, roi d'Espagne, 109, 116.
— V, roi d'Espagne, 362, 380, 382, 391, 392, 402.
Picardie (province de), 76, 119, 149, 171.
— (régiment de), 196.
Picault (Catherine), femme de Joseph Béraudin, puis de M. Depavier de la Citardie, 224.
Piché (André), 408.
Picherie (de la), lieutenant particulier criminel à Châtellerault, 71.
Picquault (Pierre), c. d. m. P., 173.
Picquet (Pierre), c. d. m. P., 251.
Picquot (Jean), c. d. m. P., 240.
Pidoux (Elisabeth), femme de Bonaventure Mayaud, 186.
— (François), s^r de Polié, docteur-régent de la faculté de médecine, échevin de Poitiers, 157, 185.
— (Jean), s^r de Malaguet, échevin de Poitiers, lieutenant particulier, assesseur au présidial, sous-chantre, puis doyen de Saint-Hilaire-le-Grand, 150, 154, 155, 158, 159, 175, 323.
— (Marie), veuve de Bonaventure Irland, 186.
— (Nicolas), chanoine de la cathédrale de Poitiers, 185, 186, 230.
— (Pierre), s^r de Malaguet, c. d. m. P., puis maire de Poitiers, échevin et trésorier de France, 42, 75, 238, 343.
— (Pierre), s^r de Malaguet, lieutenant général au siège royal de Châtellerault, 175.
— médecin, 3.
— famille, 175, 185.
Piémont, Italie, 95.
Pierre (Bertrand de la), marchand à Poitiers, 87, 106, 123, 124, 212 ; c. d. m. P., 245, 246 ; juge, 60, 247, 250.
Pigarreau (s^r de). V. Puygarreau.
Pignon (Louis), c. d. m. P., 243.
Pilot, 367.
Pinchreuil (s^r de). V. Mourault.
Pineau (Antoine), c. d. m. P., 196, 248.
— capitaine du château de Poitiers, 22.
— conseiller au présidial de Poitiers, 125.
Pinotière (s^r de la). V. Carré.
Pipoirier (s^r de). V. Puypoirier.
Pitan (François), c. d. m. P., 242 ; juge, 244, 245.
Placide (saint), martyr, 358, 361, 363.
Plaisance, Italie, 402.
Plassac, Gironde, 103.
Plessis-Largeasse (s^r du). V. Dutranchet.
Pleumartin (M^r de), 405.
Plisson. V. Pelisson.
Pocquineau, lieutenant particulier au présidial de Tours, 71.
Poictevin (Pierre), c. d. m. P., 241.
Poictevinière (M^r de la), 3.
Poignant de Lorgère, maire de Poitiers, 380, 381, 387.
Poitiers. Ce volume n'étant composé que de documents relatifs à Poitiers et, par suite, le nom de cette ville se trouvant répété fréquemment, nous n'a-

vons pas cru devoir le relever ici.

Poitiers. Abbayes d'hommes : Montierneuf, 168, 169, 337, 349, 350, 405 ; abbés, v. Barbier, Etienne, Hauteville (d'), Rousseau ; aumônier, v. Rousseau ; sous-aumônier, v. Béroute (de) ; infirmier, v. Lalande ; mansionnaire, v. Legier ; prévôts, v. Citoys, Pelisson ; prieur, v. Harteville (d') ; sacristains, v. Barbier, Debourgaud ; sénéchal, v. Gilbert. — Saint-Cyprien, 113, 114, 159, 401 ; abbé, v. Chasteigner de la Rocheposay.
— abbayes de femmes : Sainte-Croix, 83, 91, 93, 114, 122, 135, 148, 166, 209, 399, 401, 402 ; abbesses, 86, 213, v. Albret (d'), Laval (de), Nassau (de), Navailles (de), Trémoille (de la) ; église, 115, 180, 192 ; chapelles, de Notre-Dame, 91, du Pas-Dieu, 91, 114, de Saint-André, 175 ; — Trinité (la), 83, 166, 202 ; église, 115, 132, 180, 201, 399, 401.
— auberges ou hôtelleries : Bœuf-Couronné (le), 188 ; Chêne-Vert (le), 254 ; Cheval-Blanc (le), 120 ; Croissant (le), 133, 188, 189, 197, 394 ; Lamproie (la), 215 ; Page (le), 154 ; Saint-Jean, 89 ; Saint-Michel, 240 ; Saulmon (le), 323 ; Soleil-Levant (le) ou Monnoye fait tout, 187 ; Tête-Noire (la), 401 ; Trois-Pigeons (les), 187 ; Trois-Piliers (les), 97, 103, 128, 152, 185, 379 ; Trois-Verds-Gallans (les), 83, 195.
— Bureau des finances : Trésoriers de France, 71, 151, v. Dreux, Goguet, La Lande, Lucas, Pidoux ; garde-scel, v. Dreux ; procureur du roi, v. Dreux.
— chapitres, 273 ; — cathédrale, 91, 94, 118, 126, 137, 150, 155, 156, 160, 165, 166, 167, 172, 173, 174, 176, 177, 182, 184, 186, 194, 197, 198, 201, 204, 221, 229, 230, 410 ; doyen, 170, v. Rabereul ; chantre, v. Charlet ; sous-chantre, v. Fauveau ; official, v. Fauveau ; chanoines, v. Arsanger, Barde (de la), Barré, Chevalier, Coulard, Coustière, Daguin, Denesde, Descouteaux, Descouts, Fauveau, Fenioux (de), Gaultier, Guilloteau, Lesplu, Pidoux, Rougier, Roy, Simon, Thoreau ; — Notre-Dame-la-Grande, 92, 118, 124, 127, 144, 155, 160, 190, 194, 201, 327, 328, 337, 338, 371, 372, 373 ; abbés, v. Eschinard, Roche-Guion (de la), Septmaisons (de) ; sous-chantre, v. Bonin ; prévôt, 327, 328 ; maitre de psallette, v. Merle ; aumôniers, v. Denesde, Joubert ; chanoines, v. Amillet, Audebert, Audinet, Bourbeau, Châteigner, Denesde, Gendre, Joubert, Mathé, Quinet, Réty ; juridiction pendant Rogations, 190, 327, 328 ; — Saint-Hilaire-de-la-Celle, 118, 160 ; abbé, v. Anlezy (d') ; — Saint-Hilaire-le-Grand, 71, 87, 118, 137, 150, 154, 155, 156, 165, 167, 168, 176, 177, 180, 181, 182, 186, 192, 194, 201, 204, 235, 376, 425 ; trésorier, 177, 326, v. Garnier ; doyen, v. Irland, Pidoux ; sous-chantre, v. Pidoux ; chanoines, v. Aubert, Beaupoil, Cornuau, Eschasseriau, Gauffreau, Joussant, Maisondieu, Penin, Vergnault ; — Saint-Pierre-le-Puellier, 148, 155, 160, 186 ; — Sainte-Radegonde, 118, 122, 147, 155, 160, 186, 194, 318, 319, 320, 389 ; chanoines, v. Billaudière-Petit, Cacault, Debourg, Depoix, Guilloteau, Guitet, Leberthon, Morillon, Quintard ; chapelains, v. Albert, Cabaret, Toyon.

Poitiers. Château, 344 ; capitaines, v. Alligre (d'), Pineau.
— cimetières : Saint-Grégoire, 198 ; Saint-Hilaire-de-la-Celle, 354 ; Saint-Paul, 407 ; Sainte-Radegonde, 394.
— collège des jésuites, 204, 277 recteur, 78 ; — Sainte-Marthe, 32.
— couvents d'hommes : Augustins, 198 ; église, 115, 119, 129, 176, 180, 192, 200 ; prieur, 278, 282 ; religieux, 63, 86, 145, 156,

181 ; — Capucins, 134 ; église, 115, 176, 180, 192, 406 ; religieux, 69, 70, 156, 177, 181, 273 ; — Carmes, 106 ; église, 115, 180, 192, 193 ; religieux, 63, 91, 145, 156, 177, 181 ; — Cordeliers, 117, 140, 199, 269, 405 ; église, 79, 115, 116, 176, 180, 192, 356, 407 ; chapelle des Gilliers, 83 ; gardiens, v. Bauldry, Hache, Le Heurt ; religieux, 76, 156, 181, 201 ; — Feuillants, église, 180 ; — Jacobins, 199 ; église, 75, 115, 116, 122, 137, 163, 180, 192, 342, 410 ; chapelle Sainte-Marguerite, 168 ; prieur, v. Couraut ou Coussaut, Lavault ; religieux, 145, 156, 181 ; — Jésuites, 194 ; église, 78, 180, 187, 192 ; religieux, 201, 209, 273, v Desmier, Garasse, Solier ; — Minimes : église, 115, 180, 192, 194, 368 ; religieux, 145, 156, 181, v. Barnabé.

Poitiers. Couvents de femmes : Calvaire, église, 132, 180, 192 ; — Carmélites, 187 ; église, 150, 180, 192, 365 ; religieuses, 418 ; — Dames de la Miséricorde, 235 ; — Filles de Notre-Dame, église , 180, 187, 192, 360 ; religieuses, 135, 374, 375 ; — Filles de Saint-François, 399 ; église, 180, 192 ; religieuses, 76 ; — Filles de Sainte-Catherine, 356 ; église, 115, 180 ; — Hospitalières, 128, 379 ; église, 192 ; —Sainte-Claire, église , 146 ; — Ursulines , église, 176, 181, 192 ; religieuses, 177 ; — Visitation , église, 115, 180.

— docteurs en médecine. V. Fontenettes, Mauduyt, Nivard, Pidoux, Rabault, Umeau.

— églises, 177 ; — cathédrale, 49, 78, 81, 85, 87, 108, 115, 118, 126, 127, 131, 137, 141, 150, 154, 166, 167, 169, 170, 171, 173, 176, 177, 178, 179, 180, 182, 183, 184, 187, 191, 192, 197, 201, 209, 304, 347, 409 ; archiconfrérie du Très-Saint-Sacrement, 126 ; autel de Notre-Dame, 85 ; chapelle des évêques, 203, 204, 402 ; clocher, 346 ; cloches, 203 ; jubé, 205 ; porte Saint-Michel, 206 ; orgues, 205, 206 ; — Montierneuf, 129, 351, 399 ; chapelles, de Chaveroche, 367, 370, de Notre-Dame, 168, de Saint-Clouaud, 374, de Saint-Martin, 370 ; — Notre-Dame l'Ancienne, 113 ; — Notre-Dame de la Chandelière, 181, 192, 376 ; — Notre-Dame la-Grande, — 49, 73, 81, 92, 115, 124, 125, 127, 128, 133, 158, 167, 176, 177, 180, 190, 191, 192, 194. 337, 338, 342, 343, 348, 383, 384, 420 ; chapelles, de Torsay, 210, Saint-Clair ou de Sept-heures, 54, 57, 212, 215, 225, 257 ; confrérie de la Vierge, 127 ; image de la Vierge, 124, 128, 141, 157, 158, 159, 166, 190, 328 ; miracle des clefs, 158, 190 ; — Notre-Dame-la-Petite, 180, 192 ; chapelle de Notre-Dame de Pitié, 355 ; — Saint-Cybard, 116, 180, 192, 377 ; chapelains, v. Lamberty, Mérici ; — Saint-Didier, 111, 112, 116, 164, 180, 192, 365, 366, 375, 376, 408, 409, 420 ; chapelains, v. Dallouhe, Malteste, Millorit ; — Saint-Étienne, 180, 348, 376, 420 ; — Saint-Germain, 180 ; — Saint-Hilaire-de-la-Celle, 79, 129, 180, 192 ; — Saint-Hilaire-le-Grand. 84, 129, 151, 158, 165, 166, 167, 181, 204, 415, 446 ; organiste, v. Bonnefoy ; statues de la sainte Vierge , de saint Hilaire et de sainte Radegonde , 158 ; — Saint-Michel, 143, 180 ; — Saint-Paul, 180 ; chapelles, des Bouchets, 214, des Lamberts, 214, de la Madeleine, 185, Saint-Jouin, 368, Saint-Louis, 214 ; cloche, 354 ; — Saint-Pierre-le-Puellier, 166, 180 — Saint-Pierre-l'Hospitalier, ou l'Houstaut, 167, 376 ; — Saint-Porchaire, 116, 154, 157, 180, 182, 192, 201, 323 ; prieurs, v. Barré, Rousset ; — Saint-Saturnin, 414 ; — Saint-Savin, 180, 192 ; chapelle de Genouillac, 216 ; — Sainte-Opportune, 116, 180, 337, 338, 339, 340, 341, 360, 361, 364 ; chapelains, v. Bérangier, Mamoris ; chapelles, de Notre Dame de Pitié, 340, 357, 361, de la Croix 364, de Saint-Christophe, 338, de Saint-Jean-Baptiste, 363, de Saint-Jean et Sainte-Marguerite, 341, des Pichenins, 339, des Tuderts, 348. 357, 364 ; — Sainte-Radegonde, ou Notre-Dame-hors-les-Murs, 114, 115, 122, 145, 163, 167, 180, 191, 192, 201, 326, 378, 390, 400, 401, 406, 412, ; chapelain, v. Albert ; cloche, 389 ; tombeau de sainte Radegonde, 114, 123, 147, 163, 166, 183, 326, 393, 394, 399, 411 ; confrérie du Tombeau, 122, 123, 145, 146, 147, 318, 319 ; — Sainte-Triaise, 376, 418 ; autel de Saint-Thibault, 208.

Poitiers. Election, 151 ; président, 214, v. Barbier, Fournier, Girard, Sauzay (de) ; élus, 71, 133, v. Chaubier, Citoys, Pellerin ; procureur du roi, v. Doriou, Vidard.

— étang de Saint-Hilaire, 122.

— évêché, 64, 149, 150, 159, 161, 203 ; — archidiacres, v. Couillebault, Coustière ; — vicaires généraux, v. Beaupoil, Constant, Daviau, Guillot, Lentillac (de), Lucinge (de), Rabereul, Rochebonne (de), Septmaisons, Villeroy (de) ; — official, v. Brethonneau.

— évêques, 75, 78, 79, 88, 93, 94, 105, 106, 108, 115, 118, 120, 122, 126, 132, 134, 136, 137, 148, 155, 159, 177, 184, 186, 192, 194, 201, 275, 276, 282, v. Baglion de Saillan, Barberin, Beaupoil, Chasteigner de la Rocheposay, Clérambault (de), Fortin de la Hoguette, Foudras (de), Hilaire (saint), Poype (de la), Saint-Belin (de).

— faubourgs, 161 ; — Montbernage ou Maubernage, 203, 275 ; chapelle de Notre-Dame des Sœurs, 384 ; Cueille (la), 203 ; Fontaine à Naude (la), 203 ; Pimpanneau, 384 ; — Pont-Joubert, 161 ; — Quatre-Roues (les), 83 ; — Rochereuil, 134, 273, 399 ; — Saint-Saturnin, 120, 272, 279 ; — Tranchée (la), 120, 345 ; chapelle Saint-Jacques, 343.

Poitiers. Foire au lard, 174, 175.
— Généralité, 278 ; receveur général, v. Lauzon (de).
— Grand-Conseil, 60, 273.
— Grandes-Ecoles (les), 176.
— Grands-Jours, 71, 72, 290, 292.
— gouverneurs, 141, v. Boisseguin, Chasteigner de Saint-Georges, Gillier, Gouffier, Villequier (de).
— hôpitaux : contrôleur, v. Girard ; — aumônerie Notre-Dame et hôpital Saint-Thomas, 84, 128, 180, 189, 192, 276, 310, 314 ; — aumônerie de Saint-Antoine, 208 ; — aumônerie de Saint-Mathurin, 389 ; — hôpital des Frères de la Charité, 180 ; église, 192 ; religieux, 156 ; — Hôpital général, 415 ; aumôniers, v. Dutemple, Gratieux, Marchais (de), Touzalin ; cloche, 426 ; église, 425 ; — Hôtel-Dieu, 387, 388, 407 ; aumôniers, v. Duperray, Marchais (de) ; chapelle, 387 ; directrice, v. Devois ; gouvernante des pauvres, v. Bobineau ; intendant des mœurs, 369 ; — Incurables, 390 ; chapelle, 390 ; — pauvres renfermés, 189, 192 ; — pestiférés, 62, 63, 86, 273, 278, 281, 283-286, 288 ; chapelle, 63.
— horloge (gros) ; chapelle Saint-Thomas, 145.
— Hôtel-de-Ville, 61, 117, 136, 153, 188, 189, 271 ; maire, 61, 71, 73, 74, 77, 78, 80, 81, 86, 88, 97, 112, 119, 126, 127, 141, 455, 158, 163, 187, 202, 269, 270, 271, 276, 290, 292, 294, 295, 297, 298, 302, 307, 327, v. Audebert, Augron, Babinet, Bidulière (de la), Boynet, Brilhac (de), Brochard, Carré, Chabiel, Coussaye (de la), Dreux, Fournier, Goguet, Guion, Le Bascle, Le Maye, Le Roy, Maquenon, Montjon (de), Motet, Palustre, Pelisson, Pidoux, Poignant de Lorgère, Poussineau, Rabault, Rabereuil, Rat, Reveau, Richeteau, Robion, Serizier, du Tiers, Tranchet ; échevins, 78, 80, 81, 89, 154, 155, 197, 270, 271, 298, 304, 305, v. Audebert, Augron, Babinet, Bar-

barin, Beugnon, Boynet, Brochard, Constant. Coulard, Coussaye (de la), Daillé, De Gennes, Dupont, Dutranchet, Gaboriau, Gabriaud, Guion, Le Maye, Maquenon, Masson, Mayault, Nivelot, Pellerin, Peyraud, Pidoux, Richeteau, Roatin, Rougier, Thoreau; bourgeois, 154, 197, 277, 298, v. Augron, Barraud, Chartier, Chevalier, Desanges, Du Temple, Filleau, Girard, Jarno, Jaudonnet, Largeasse (de), Lebailly, Leliepvre, Souchay, Thoreau, Vidard ; Corps-de-Ville, 71, 73, 78, 79, 81, 84-90, 110, 112, 117, 118, 119, 126, 128, 130, 133, 136, 146, 149, 152, 157, 160, 165, 167, 169, 174, 181, 182, 186, 190, 193, 194, 208, 220, 273, 289, 290, 294, 295, 297, 299-304, 306, 308, 309, 314-317, 320, 321, 322, 324 ; prisons, 190.
Poitiers. Hôtelleries. V. auberges.
— hôtels. V. logis.
— imprimeurs, 164, 353, v. Allain, Faulcon, Fleuriau, Saurin.
— jeu de paume de France (grand), 120.
— juridiction consulaire, 141, 172, 252, 266 ; hôtel, 123, 124, 249 ; chapelle, 123, 172, 173, 195, 251 ; juges et consuls, 95, 146, 154, 160, 171, 172, 173, 181, 208 (voir la liste, 238-267) ; corps des marchands, 87, 117, 118, 133, 146, 151, 154, 160, 167, 169, 172, 181, 208, 278.
— libraires, 164, v. Allain, Faulcon, Lucas, Marnef (de).
— logis ou hôtels: Clielle-Brochard (de la), 126 ; —Halles (des), 161, 197 ; — Rimbert (de), 149 ; — Sainte-Souline (de), 126, 149, 161.
— maisons appelées : la Croix de paille, 400 ; la Grande-École, 143 ; les Trois Têtes de Veau, 362.
— milice bourgeoise, 87, 154, 155, 156, 157, 170, 174, 197, 322, 323.
— Montierneuf (étang de), 83, 399.
— moulins, de Bajon, 86 ; de Chasseigne, 401 ; de Saint-Cyprien, 388, 401 ; à foulon de la Porte de Paris, 404.

Poitiers. Musée, 150.
— notaires, 199, v. Barraud, Bastonneau, Beugnet, Bodin, Bourbeau, Brunet, Carrelier, Chauvet, Chevalier, Couppé, Cuisinier, Darbez, Delafons, Denesde, Duchastenier, Gaultier, Ginot, Guyonneau, Johanne, Le Carlier, Ligonnière, Marrot, Martin, Mayaud, Maxias, Pommeraye, Vezien.
— palais Brion, 162.
— palais de justice, 72, 199 ; chapelle, 199, 201 ; prisons, 328.
— palais royal, 162.
— paroisses: Montierneuf, 96 ; curés, v. Bardoux, Bellayer, Guérineau, Jozereau, Lavaille ; vicaires ; v. Forgé, Guillon, Lavaille ; — Notre-Dame-de-la-Chandelière, 176, 181, 376 ; curé, v. Chollois ; — Notre-Dame-la-Grande, 60, 80, 91, 103, 216, 422 ; curés, v. Audinet, Clémenceau, Deschamps, Mathé, Quinet, Royer ; — Notre-Dame-la-Petite, 113 ; curés, v. Garnier, Haran, Manevy ; — Résurrection (la) ; curé, v. Buffard ; — Saint-Cybard, 113, 134 ; curé, v. Bellayer ; — Saint-Didier, 113, 126 ; curés, 410, v. Dardin, Frère, Jardel, De Veillechèse ; vicaire, v. Doucelin ; — Saint-Etienne, 113 ; curés, v. Bourbeau, Debelhoir, Gendre, Poudret ; — Saint-Germain, 96, 113, 189 ; curés, v. Chocquin, Lavigne ; vicaire, v. Nérault ; — Saint-Hilaire-de-la-Celle ; curés, v. Pommier, Porte (de la), Rigault ; — Saint-Jean-Baptiste ; curés, v. Gorce, Jacquet ; — Saint-Michel, 113 ; — Saint-Paul, 113 ; curés, v. Richard, Rouhaut ; vicaire, v. Clergeault ; — Saint-Pierre-l'Hospitalier ou l'Houstaut, 176, 181 ; curés, v. Billon, Lizabois ; — Saint-Porchaire, 113, 181 ; curés, v. Allard, Delâge ; — Saint-Saturnin ; vicaire, v. Brossay, — Saint-Savin, 113, 126 ; curés, v. Huret, Maret ; — — Sainte-Austrégésile ou Oustril ; curé, v. Roux ; — Sainte-Opportune, 113, 128 ; curés, v.

Benesteau, Dardin, Guerry, Levasseur, Maret; vicaires, v. Bretonneau, Gaultier; —Sainte-Radegonde, 92, 161; curés, v. Devaucelles, Justard, Mangin; vicaires, v. Petilliau, Ribaudeau; — Sainte-Triaise, 158, 176, 181; curés, v. Boydin, Lecesve, Petit; vicaire, v. Cuirblanc.

Poitiers. Pestiférés, 62, 63, 86, 272, 290.

— places : Marché-Vieil ou Marché-Vieux(du), appelée plus tard Place Royale, 80, 87, 97, 108, 119, 127, 170, 176, 178, 189, 190, 208, 323, 388, 392 ; poissonnerie, 209 ; statue de Louis xiv, 208, 209 ; — Notre-Dame-la-Grande, 59, 79, 80, 100, 108, 122, 134, 143, 178, 188, 190, 200 ; — Pilori (du), 59, 134, 158 ; — Saint-Didier, 152, 161, 382 ; — Saint-Pierre, 154, 173, 323.

— ponts, 206 ; — Pont-Achard, 400 ; — Pont-Joubert, 83, 160, 399, 400, 401 ; — Rochereuil (de), 83, 84, 100, 399, 400, 401 ; — Saint-Cyprien, 83, 195, 207, 400.

— portes de la ville, 190, 297, 299, 321 ; — Paris (de), 380, 382, 393, 399, 404 ; — Pont-Achard (de), 78, 80 ; — Pont-Joubert ou des Gallois (de), 95, 106, 165, 277, 327, 380 ; — Rochereuil (de), 277, 328, 400, 401 ; — Saint-Cyprien, 95, 327, 379, 381, 393, 399, 401 ; — Saint-Lazare ou Saint-Ladre, 71, 83, 84, 133, 150, 162, 187, 190, 197, 198, 328 ; — Tranchée (de la), 95, 119, 134, 158, 190, 327 ; miracle des clefs, 158, 190 ; statues de la sainte Vierge, de saint Hilaire et de sainte Radegonde, 158.

— pré l'Abbesse (le), 86.

— présidial et sénéchaussée, 70, 71, 79, 81, 87, 90, 94, 112, 117, 118, 130, 133, 134, 135, 141, 145, 146, 151, 160, 169, 171, 181, 182, 201, 208, 220, 270, 300, 320 ; président, 149, v. Aubert, Boynet, De Gennes, Rat, Regnault; lieutenant-général, 64, 149, 152, 161, 163, 187, 199, 238, 266, 422, v. Brochard, De Razes, Doyneau, Haye (de la), Royrant Sainte-Marthe (de), Tudert; lieutenant particulier, v. Mourault, Pidoux, Reveau, Roigne; lieutenant civil, 78 ; lieutenant criminel, 78, 105, 266, v. Brilhac (de), Clabat, Elbène (d'). Irland; assesseur, Ausseurre (d') ; conseillers, 78, v. Audebert, Augron, Barbarin, Béraudin, Brilhac, Bourgouin, Brochard, Chevalier, Clabat, Coulard, Coussaye (de la), De Gennes, De Goret, De Razes, Du Bois, Dupont, Du Tiers, Estivalle, Faulques, Follet, Fumée, Gabriau, Garin, Herbert, Laguillier, Lauzon (de), Lefebvre, Légier, Le Maye, Le Sueur, Liège, Maquenon, Martin, Maubué (de), Milon, Morlon, Moulins, Négrier, Payrault, Pineau, Poudret, Rabault, Richard, Roatin, Rogier, Serizier ; conseiller-clerc, v. Coulard; juges-magistrats, v. Chevalier, Irland, Mayaud, Peyraud, Vidard ; gens du roi, 78, 105, 112 ; procureur du roi, 105, v. Arembert, Chessé, Jarno ; avocats du roi, v. Barbe, Bouchet, Constant, Filleau, Maignen, Renaud, Rogier; avocats, v. Barraud, Boiceau, Bourceau, Chaillé, Coustière, Debarot, Denesde, Gayault-Texier, Godard, Guion, Jardel; procureurs, v. Barrault, Baudy, Blucheau, Bugnon, Cailler, Doriou, Douadic, Duhamel, Durand, Girard, Hervouet, Pellerin, Pougnet, Thevenet, Thomas ; greffes, 199.

— prévôté (prisons de la), 190, 405.

— prieuré d'Aquitaine (grand), 213, 390.

— prieurés : Saint-Denis (de), 106; chapelle, 221 ; — Saint-Porchaire (de) ; prieurs, v. Barré, Rousset ; — Sainte-Radegonde, 399 ; prieurs, v. De Razes, Fumée, Petit.

— promenades : Cours (les), 388, 400, 403 ; Gilliers (les), appelés plus tard Blossac, 404.

— quartiers : Celle (la), 135 ; — Chaussée (la), 89, 90, 130, 198.

— 399, 400, 401 ; — Cueille (la), 122 ; — Etoile (l'), 130 ; — Saint-Simplicien ou Sulpicien, 89, 271.
Poitiers. Quesreux-Millor (le), 71.
— rues : Chasseigne (de), 400 ; — Cordeliers (des), 157, 198 ; — Espron (du Grand-), 167 ; — Grand'Rue, 167, 181, 409 ; — Hautes-Treilles (des), 167 ; — Herbeaux (des), 83, 400 ; — Jacobins (des), 167 ; — Latte (de la), 404 ; — Minimes (Grand'-Rue des), 176 ; — Notre-Dame-la-Petite, 167, 198 ; — Paille (de), 362 ; — Petit-More (du), 198 ; — Pigeon-Blanc (du), 167 ; — Poire-Cuite (de la), 276 ; — Psallette-Saint-Hilaire (de la), 181 ; — Puits-Cyprès (du), 276 ; — Quatre-Vents (des), 63, 76 ; — Regratterie (de la), 158, 167, 176 ; — Saint-Germain, 198 ; — Saint-Paul, 129, 154, 157, 198, 407 ; — Saint-Pierre-l'Hospitalier, 167 ; — Saint-Porchaire, 167, 198 ; — Traverse (de la), 167, 181 ; — Trois-Cheminées (des), 198 ; — Trois-Rois (des), 198.
— sénéchaussée. V. Présidial.
— tailles (receveur des). V. Audebert.
— Tizon (plate-forme de), 198, 393.
— tribunal de commerce, 267.
— Université, 71, 114, 148, 150, 157, 177, 182, 204, 220, 277 ; recteur, 114, 118, 145, 154, 160, 167, 171, 181, v. Denesde, Poisnin, Porcheron, Roche-Esnard (de la) ; conservateur des privilèges, v. Joussan, Lauzon (de), Milon, Tillier ; assesseurs au conservateur. V. Béraudin, Maquenon ; doyen de la faculté de droit, v. Le Roy ; docteurs-régents en droit, professeurs, v. Barrault, Bernardeau, Chaubier, Gautier, Gilibert, Haulteserre, Le Bascle, Leroy, Nicolay, Stracan, Umeau ; docteur-régent en la faculté de médecine, v. Pidoux.
Poitou, 74, 76, 125, 126, 129, 148, 164, 198, 199, 204, 207, 314, 315, 317, 321.

Poitou. Baron (premier), 153, 155, 156.
— gouverneur, 135, 148, 159, V. Béthune (de), Brissac (de), Chourses (de), Guerche (de la), Lude (du), Malicorne, Parabère, Roannès (de), Rochefoucauld (de la), Rohan (de), Vicuville (de la).
— intendant, 135, 207, v. Barantin, Baussan (de), Bourdonnaye (de la), Colbert, Des Gallois de la Tour, Doujat, Foucaud, Lamoignon, Le Nain, Marillac (de), Montolon, Moreau de Beaumont, Pelot, Villemontée (de), Voyer.
— lieutenant de roi. V. Carte (de la), Chasteigner de la Rochepossy, Parabère.
— prévôt (grand), 179, v. Porcheron ; assesseur, v. Le Maye.
— prévôt provincial (lieutenant du). V. Cornuau.
— protestants, 196, 201, 204, 206, 207.
— sénéchaux (grands). V. Beufvier, Des Prez, Trémoille (de la).
Polié (sr de). V. Pidoux.
Poisnin, recteur de l'Université de Poitiers, 380.
Pommeraye (Léon), sr de la Barboire, 219.
— (Louis), notaire royal à Poitiers, 219.
— (Renée), femme de Léon de la Cour, 219.
— (Renée), femme de Pierre Barré, 54, 144, 217, 218, 220, 221, 223, 226.
Pommier (François), curé de Saint-Hilaire de la Celle de Poitiers, 374.
Ponchon (Mr), 393.
Pontjarno (sr de), échevin de Poitiers, 38.
Porchaire (saint), abbé de Saint-Hilaire-le-Grand de Poitiers, 363.
Porcheron (Philbert), sr de Saint-Jasmes, grand-prévôt général du Poitou, 135.
— (Vincent), 352, 353.
— sr de la Vau-Saint-Jasmes, recteur de l'Université de Poitiers, 430.
Portau (Thomas), imprimeur à Niort, 238.
Porte (Amador de la), grand prieur de France, 99.

— 464 —

Porte (Mathurin de la), 345.
— (de la), curé de Saint-Hilaire de la Celle, 129, 345, 347, 355.
Portier (François), c. d. m. P., 260, 262 ; juge, 263.
— (Jean-Laurent), c. d. m. P., 264, 265, 267.
— (Laurent), j. d. m. P., 266.
Port-Mahon, *Espagne*, 406.
Portugais (les), 99.
Portugal (ambassadeur de), 202, 307.
— (roi de), 202. V. Jean IV, Sébastien.
Poudret (Philippe), curé de Saint-Etienne de Poitiers, 371, 372, 376.
— conseiller au présidial de Poitiers, 125.
Pougnet (Jean), procureur à Poitiers, 130, 214.
Pougues, *Nièvre*, 25.
Poulin (Jean), 369.
Poupaud (Simonne), 347.
Poupeau, 349.
Poussart (Jean), dit Gargouillault, maréchal à Poitiers, 79, 80.
Poussineau (Godefroy), s^r de la Mothe, maire de Poitiers, 197.
— échevin de Poitiers, 158.
Poutier (Françoise), femme de François Lheulier, 226, 231, 232.
Pouvreau, 349.
Poype de Vertrieu (Jean-Claude de la), évêque de Poitiers, 368, 369, 372, 373, 378, 379, 380, 383, 385, 386, 387.
Prague, *Autriche*, 396.
Préneuf, jésuite, 423.
Pressac. *Vienne*, 120 ; — église, 121 ; chapelle de Notre-Dame, 120.
Preuilly (baron de), 24.
Prévost (Joachim), s^r de Chaumes, 7.
Privat (saint), martyr, 132.
Proust (Jacques), c. d. m. P., 243, 244.
Provins, *Seine-et-Marne*, 229.
Prusse, 395, 397.
Puceau (Jean-Alexis), 389, 390.
Puy-en-Velay (le), *Haute-Loire*, 181, 182, 325 ; — évêque. V. Georges (saint).
Puygarreau (collège de), à Poitiers, 32.
— (s^r de). V. Gillier.
Puyguyon (Mlle de), femme de Durand Nivet, 3, 10.
Puypoirier (s^r de). V. Rougier.

Q

Quimper (évêque de). V. Louet de Kerguillio (du\).
Quinçay (s^r de). V. Elbenne.
Quinet (Charles), chanoine et curé de Notre-Dame-la-Grande de Poitiers, 220, 233, 234.
Quintal (Rose), 398.
— chanoine de Sainte-Radegonde de Poitiers, 390.
Quintard (François), c. d. m. P., 253, 254 ; juge, 255.

R

Rabault (Antoine), conseiller au présidial et maire de Poitiers, 153, 157, 193, 322, 323.
— (Antoine), docteur en médecine à Poitiers, 155.
Rabereul, docteur en théologie, 191.
— ou Rabereuil, doyen du chapitre de la cathédrale de Poitiers, 197, 204, 209.
— maire de Poitiers, 208.
— (de), vicaire général à Poitiers, 411.
Rabineau (Claude), c. d. m. P., 240.

Radegonde (sainte), 158, 183, 326.
Raizeau (le). V. Reseoux (le).
Ramée (sr de la), 16.
Rat (Pierre), président au présidial, maire de Poitiers, 4, 12, 20, 24, 25, 47.
— (Vigile), femme de Charles Boynet, 65.
— de Salvert (Guy), chanoine de la Sainte-Chapelle de Bourges, prieur de Laverré, Loulay, Sainte-Marguerite de Melleran, 153.
Raudière (Mr de la), 151.
Reau abbaye de la), cne de Saint-Martin-l'Ars. Vienne. Abbé. V. Rochefoucauld (de la).
Rédet, cité, 151, 201.
Regnault ou Renaud (Emery), président au présidial de Poitiers, 4, 5, 20, 25, 26.
— (Antoine), sr de Travarzay, 11.
— (Jacques), c. d. m. P., 243.
Reims, Marne, 169, 171; — archevêque. V. Etampes de Valençay (d'), Guise (duc de).
Réjasse (de la). V. Tranchet.
Renaud, avocat du roi à Poitiers, 49.
Renaudière (Mr de la), 343.
Renault (Jacques), orfèvre, 348.
— (René), 385.
Rennes, Ille-et-Vilaine, 98; — évêque. V. Vieuville (de la).
Renoncière (Mr de la), 106.
Repin (Catherine), femme de Jean Cornuau, 135.
Reseoux (le), le Raizeau, cne de Marigny-Chemereau, Vienne, 228.
Réty (François), chanoine de Notre-Dame-la-Grande de Poitiers, 328.
Retz (cardinal de), 171.
Reveau (Jean), sr de la Cour-Chauveau, maire de Poitiers, 324.
— (Martin), sr de Sirière, lieutenant particulier au présidial, maire de Poitiers, 146, 117, 130.
Rhin (le), fleuve, 396, 397.
Ribaudeau, vicaire de Sainte-Radegonde de Poitiers, 384.
Richard (Alfred), cité, 162, 184.

Richard (Laurent), conseiller au présidial de Poitiers, 70, 82.
— curé de Saint-Paul de Poitiers, 384.
Riche (François), c. d. m. P., 256; juge, 252, 256.
— (Jean), c. d. m. P., 254, 255, 256; juge, 256.
— (Jean-Joachim), c. d. m. P., 267.
— (Joachim), c. d. m. P., 261, 263, 265; juge, 263.
— (sr de la). V. Brilhac (de).
Richelieu, Indre-et-Loire, 81, 187, 208, 219; — Election (procureur du roi en l'). V. Mauduyt.
— (le cardinal de), 65, 73, 81, 96, 98, 99, 100, 104, 109, 110, 111, 112, 152, 278, 293, 294, 306, 307, Richeteau (Jean), sr de l'Epinay, maire de Poitiers, 138, 140; échevin, 157.
— (René), échevin de Poitiers, 79, 126.
Rideau (Jeanne), veuve d'André Chaillé, 342.
Rigault (Jean), curé de la Celle de Poitiers, 373, 374.
Rigommier ou Rigoumier (Jacques), c. d. m. P., 255, 256.
Rigoumier (Mr), 304, 305.
Rinville (sr de la), 98.
Riparfon (sr de). V. Gabriau.
Rivarennes (Gabriel de Beauveau de). V. Beauveau (de).
Rivière (Gabriel de la), procureur à Poitiers, 328.
Roatin (Florent), sr de Jorigny, conseiller au présidial de Poitiers, 70, 71, 125.
— (François), 3.
— (Maurice), conseiller au présidial de Poitiers, 17, 40.
— (Pierre), sr du Temple et de la Cigogne, échevin de Poitiers, 130.
Robert (Jean), c. d. m. P., 243.
— (Julien), c. d. m. P., 241.
— (Pierre), c. d. m. P., 250.
— de Beauchamp (Louis), c. d. m. P., 262, 363, 264; juge, 264.
Robin (Jean), c. d. m. P., 88, 124, 248, 249; juge, 151, 250.
— (Joseph), c. d. m. P., 260, 262.
— (Pierre), texier, 228.
Robineau (Jean), j. d. m. P., 239.

Robinière (s^r de la), échevin de Poitiers, 36.

Robion, maire de Poitiers, 294.

Rochebaritaud (s^r de la), 24.

Roche-Beaucourt (m^{is} de). V. Galard de Béarn (Jean de).

Rochebonne (de), vicaire général de Poitiers, évêque de Noyon, 369, 370.

Roche de la Mothe-au-Grain (abbé de la), 6.

Roche du Maine (s^r de la), 9.

Roche-Esnard (de la), recteur de l'Université de Poitiers, 150.

Rochefoucaud (la), *Charente*, 133.

— (François, duc de la), 132.

— (François de la), prince de Marsillac, gouverneur du Poitou, 132, 135, 137, 138, 139, 141, 148, 151, 152, 165, 317, 318, 320, 321.

— (Louis de la), évêque de Lectoure, abbé de la Reau, 133.

— (c^{te} de la), lieutenant général de Poitou, 41, 44, 47.

— (famille de la), 133.

Roche-Graton (s^r de la). V. Goguet (Jean).

Roche-Guion (de la), abbé de Notre-Dame-la-Grande de Poitiers, 201.

Rochejacquelein (M^r de la), 30, 397.

Rochelle (la), *Charente-Inférieure*, 6, 60, 74, 98, 111, 130, 294, 305, 307, 308, 347, 384.

Rocheposay (la), *Vienne*, 151, 402.

— (de la). V. Chasteigner.

Roche-sur-Yon (prince de la), 5.

Roches (Jeanne des), femme de René Brochard, 137.

Rocroy, *Ardennes*, 119.

— hôte à Poitiers, 188.

Rodez (évêque de). V. Péréfixe (de).

Roffay, chantre de l'abbaye de Montierneuf de Poitiers, 386.

Rogier ou Rougier (Charles), avocat du roi et conseiller au présidial de Poitiers, 28, 45.

— (François), 1.

— (Louis), s^r de Marigné, doyen du chapitre de la cathédrale de Poitiers et conseiller au présidial, 11, 20, 27.

Rogier ou Rougier (Mathieu), 8.

— (Pierre), s^r de Mégné, 343.

—, de Maunay, chanoine de la cathédrale de Poitiers, 203.

Rohan (M^r de), gouverneur du Poitou, 44.

Rohannais (duc de). V. Gouffier.

Roigne (Jean), s^r de Boisvert, lieutenant criminel à Poitiers, 7, 10.

— (Mathurin), conservateur de l'Université de Poitiers, 341.

Rollan (Jean), c. d. m. P., 239.

Rome, *Italie*, 127, 164, 173, 358, 359, 361; — hôpital du Saint-Esprit, 191.

Rondault (Etienne), c. d. m. P., 90, 248.

Roses, *Espagne*, 131.

Rosny (marquis de)). V. Béthune.

Rouannez (duc de). V. Gouffier.

Rouen, *Seine-Inférieure*, 205; — archevêque. V. Harlay (du).

Rouet (Louis), sacristain de Sainte Radegonde de Poitiers, 384.

Rouger (Jeanne), veuve de Jacques Audebert, 142.

— (Pierre), c. d. m. P., 239, 240; juge, 240, 242.

— (René), c. d. m. P., 66, 243, 244; juge, 245, 247.

— (Richard), c. d. m. P., 240; juge, 242.

— (Thomas), marchand à Poitiers, 63; c. d. m. P., 72, 247.

Rougier ou Rouger (René), s^r de l'Isle-Bertin, échevin de Poitiers, 131, 132, 137, 149.

— (Mlle), 373.

— s^r de Puypoirier, 106.

— s^r des Châtelliers, chanoine de la cathédrale de Poitiers, 106, 107.

Rouhaut, curé de Saint-Paul de Poitiers, 218, 354.

Rouille (s^r de la). V. Audebert.

Rouillé (s^r de), 27, 48.

Rousseau (Jean), avocat, 7.

— (Jean), conservateur des privilèges de l'Université de Poitiers, 33.

— (Pierre), abbé de Montierneuf de Poitiers, 168, 169, 348, 350, 351.

— (René), abbé de Montierneuf de Poitiers, prieur d'Aubigny, 168, 169.

Rousseau (le R. P.), jésuite, 182.
— de la Parisière, aumônier de l'abbaye de Montierneuf, 386.
Rousselet (Yquaire), portier de la porte de Saint-Lazare, à Poitiers, 328.
Rousselette (Jeanne), femme de Jean Fouilleuze, 328.
Roussereau (Etienne), 366.
Rousset (François), chanoine en l'abbaye d'Airvault, prieur de Saint-Jérôme près les murs de cette ville, de Tessonnière, de la Bourlière et de Saint-Porchaire de Poitiers, 105, 106, 144, 223, 229.
Roussillon (comte de), 109.
— (province de), 131.
Rouvray (s^r de). V. Culant.
Roux (Jean), c. d. m. P., 246.
— (Jean), curé de Sainte-Austrégésile de Poitiers, 91.
— (Nicolas), marchand à Poitiers, 124 ; c. d. m. P., 60, 103, 245, 247, 249, 250, 252 ; juge, 250.
Roux marchand à Poitiers, 61.
Roy (P.-F.), 408.
— chanoine de la cathédrale de Poitiers, 179.
— V. Le Roy.
Royan (baron de). V. Trémoille (la).
— (marquis). V. Trémoille (la).
Royer, curé de Notre-Dame-la-Grande de Poitiers, 355.
Royrant (Nicolas), lieutenant-général en Poitou, 340.
Roze. V. Roses.
Rozet (Jacob), c. d. m. P., 124, 249, 251.
— (Jacques), c. d. m. P., 75, 248, 249 ; juge, 250.
— (Marie), femme d'Etienne Doriou, 213.
— marchand à Poitiers, 87.
Ruelle (Louis de la), docteur-régent, 8.
Ruffec, Charente, 65.
Ryeulx (Mme de), 5.

S

Sables (les), Vendée, 92, 386.
Sabourault (François), s^r de Monpommery, 200.
Sabourin (Emery), avocat, 224.
Sacher (André), c. d. m. P., 256, 258, 260 ; juge, 258.
— (Charles-Pierre), c. d. m. P., 253 ; juge, 253.
— (René), c. d. m. P., 255.
Sadrant, religionnaire, 391.
Saint-Allire de Clermont (abbaye de), Puy-de-Dôme, 227.
Saint-André (maréchal de), 22.
Saint-Aulaire (de). V. Beaupoil.
Saint-Belin (Geoffroy de), évêque de Poitiers, 35, 47.
Saint-Benoist, Vienne, 406.
— sur-Loire, Loiret, 227.
Saint-Brieuc (évêque de). V. Barde (de la).
Saint-Etienne (M^r de), grand-aumônier, 6, 24.
Saint-Georges (de). V. Chasteigner.
— (Jeanne de), 374, 375.
Saint-Georges de Boissec (Mlle de), 375.
Saint Germain-en-Laye, Seine-et-Oise, 95, 114, 115, 116, 139, 140, 297, 300, 302, 304, 309, 318, 320.
Saint-James (s^r de la Vau). V. Porcheron.
Saint-Jean-d'Angély, Charente-Inférieure, 380.
Saint-Jean-de-Luz, Basses-Pyrénées, 187.
Saint-Junien, Haute-Vienne, 346.
Saint-Laurent-sur-Sèvre, Vendée, 384.
Saint-Long (M^r de), 7.
Saint-Maixent, Deux-Sèvres, 71, 99, 207, 307 ; — siège royal (lieutenant-général au). V. Texier.
Saint-Malo (évêque de). V. Neufville de Villeroy (de), Villemontée (de).
Saint-Mars. V. Cinq-Mars.
Saint-Martin-de-Sanzay, Deux-Sèvres, 229 ; curé. V. Denesde, Métayer.

Saint-Maur-des-Fossés, *Seine*, 238.
Saint-Omer, *Pas-de-Calais*, 102.
Saint-Paul (comte de), 29.
Saint-Romans, *Deux-Sèvres*, 60.
Saint-Sauvant, *Vienne* (prieur-curé de). V. Thomas.
Sainte-Anne (de). V. Johanne.
Sainte-Croix (chapelle de), 230.
Sainte-Cécile (sr de), 17.
Sainte-Marthe (Louis de), lieutenant-général en la sénéchaussée de Poitou, 10, 18, 20, 21, 25, 26.
— (Nicolas de), lieutenant-général au présidial de Poitiers, 111, 112; échevin, 130.
— (de), trésorier de France à Poitiers, 29.
— (famille de), 152.
Sainte-Soline (sr de), 18, 24, 48.
Saintes, *Charente-Inférieure*, 187, 386; — évêque. V. Bassompierre (de).
Saintonge (province de), 125, 314, 391.
Saintot (de), maitre des cérémonies, 150.
Saisinière (sr de la). V. Augron.
Salvert (sr de). V. Rat.
Sancy (le sr de), 219.
Sanglier (Madeleine), femme de Martin le Godelier, 153.
Sanguin (Denis), évêque de Senlis, 197.
Sansac (sr de), 9.
Santerre (Marie), femme de Pierre Barrault, 66.
Sardaigne, *Italie*, 402.
Saujon, *Charente-Inférieure*, 130.
Saules (sr des). V. de Goret.
Saumur, *Maine-et-Loire*, 78, 92, 164.
Sauvage (Jean), maître architecte à Poitiers, 189.
Sauzay (Emery de), président en l'élection de Poitiers, 151, 167, 215.
— (Gaspard de), c. d. m. P., 242; juge, 242.
— (Pierre de), marchand à Poitiers, 63, 123; c. d. m. P., 64, 246, 247; juge, 83, 248.
— (de), marchand à Poitiers, 86.
Savoie (Thomas-François de), prince de Carignan, 95, 127, 161.

Savoie (Victor-Amédée, duc de), 95.
— (duchesse de). V. Christine de France.
Scesmaisons. V. Septmaisons.
Schomberg (duc d'Halwin, maréchal de), 35, 37, 82, 109, 110.
Sébastien, roi de Portugal, 99.
Sedan, *Ardennes*, 101, 102.
Segris (Jean), c. d. m. P., 262, 263, 264, 265, 266; juge, 264.
— (Jean-Blaise), c. d. m. P., 265, 266, 267.
Seguier, chancelier de France, 115.
— évêque de Meaux, 87.
— président au Parlement de Paris, 71, 72, 290, 292.
Senecey (marquise de), 87.
Senlis (évêque de). V. Sanguin.
Sens (archevêque de). V. Fortin de la Hoguette.
Septmaisons (Mme de), religieuse de Sainte-Croix de Poitiers, 402.
— de la Sauzipière, vicaire général de l'évêque de Poitiers, 383, 402.
Serizier (Julien), conseiller au présidial et maire de Poitiers, 60, 101.
— (Julien), assesseur et conseiller au présidial de Poitiers, 45.
Servien, secrétaire d'Etat, 74, 295, 296.
Seyve (Jean), c. d. m. P., 249.
Sienne, *Italie*, 173.
Sigogne. V. Cigogne.
Sillaye (sr de la), lieutenant du grand-prévôt, 18.
Sillery (marquis de), 151.
Simon, archidiacre de Briançay, 72.
— chanoine de la cathédrale de Poitiers, 170, 179.
Sirière (sr de). V. Reveau.
Soché (Mme), femme Souché, 184.
Sochet de la Charouillère, prieur de Sainte-Radegonde de Poitiers, 107.
— (Mr), 348.
Soissons (Louis de Bourbon, comte de), 76, 101, 102, 161.
— (comtesse de), mère de Louis de Bourbon, 127.
— (prince de), 29.

— 469 —

Sollier (le R. P.), jésuite, 91.
Sommerive (duc de), 29.
Soteau (Jacquette), veuve de Jean Gillebert, 347.
Soubise (princesse de), 380, 382.
— (s^r de), 98.
Souchay ou Souché (Claude), marchand à Poitiers, 233; c. d. m. P., 253; juge, 253.
— (Jean-René), j. d. m. P., 257.
— (Nanette), 232.
— (René), c. d. m. P., 249, 250, 256; juge, 251.
Souchay ou Souché, bourgeois de la Maison-de-Ville de Poitiers, 206.
— (famille), 184, 232, 233.
Souci (s^r du). V. Coulard.
Soudais (Louis), c. d. m. P., 250.
Souvray (maréchal de), 43.
Stenay, *Meuse*, 171.
Stracan, professeur en l'Université de Poitiers, 207.
Sublet des Noyers, intendant des finances, 289; secrétaire d'Etat, 141, 297-302.
Sully (M^r de). V. Béthune.

T

Tabouleau, c^{ne} de Poitiers, *Vienne*, 71; fontaine, 278.
Taffait (Jean), 384.
Tafforin, 329.
Talard (Mme de), 392.
Talmond, *Charente-Inférieure*, 130.
Talmont (abbaye de), *Vendée*, 386.
Talon, avocat général au Parlement de Paris, 72.
Temple (s^r du). V. Roatin.
Termes (maréchal de), 8.
Tessé (Mme de), 392.
Tessec (s^r de). V. Chevalier (Jean).
Tessonnière (prieuré de), *Deux-Sèvres*, 144; prieur. V. Rousset.
Testas (Pierre-Vincent), c. d. m. P., 262, 263, 264; juge, 264.
Tettereau (Marie), femme de François Mauduyt, 220.
Thevenet (Antoine), c. d. m. P., 250.
— (Jean), chirurgien à Poitiers, 276, 278.
— (Joseph), j. d. m. P., 253.
— (Louis), avocat au présidial de Poitiers, 250.
— (Pierre), chirurgien à Poitiers, 62, 276, 278.
Thevin (Anne), veuve de Mr Mimault, 408.
— (Pierre), s^r de Chastonneau, 85, 304, 305.
— de Chastonneau, sous-chantre
de Saint-Hilaire-le-Grand de Poitiers, 387.
Texier, lieutenant-général au siège royal de Saint-Maixent, 71.
— V. Gayault-Texier.
Teytault (Etienne), c. d. m. P., 66, 76, 247, 248.
Thibaudeau, cité, 58, 70, 72, 96, 108, 126, 128, 132, 150, 156, 161, 194.
Thibault de la Carte (marquis), 382.
Thionville, *Lorraine*, 121.
Thireau, procureur à Poitiers, 214, 215.
Thomas (Antoine), procureur au présidial de Poitiers, 217.
— (François), chanoine de la cathédrale de Poitiers, 222.
— (François), prieur-curé de Saint-Sauvant, 217.
— (Jean), s^r de Mazay, procureur à Poitiers, 217.
— (Pierre), marchand à Poitiers, 63; c. d. m. P., 66, 246, 247; juge, 88, 248.
— (Pierre), procureur au présidial de Poitiers, 217, 224, 233.
— s^r des Brousses, 247.
— (famille), 217.
— de Cantorbéry (saint), martyr, 132.
Thoreau (Charles), sous-chantre de la cathédrale de Poitiers, 387.
— (François), c. d. m. P., 262.

TOME XV.

Thoreau (Mathieu), s^r de la Grimaudière, chanoine de la cathédrale de Poitiers, 160.
— (René), échevin de Poitiers, 84.
— Dassay, bourgeois de la Maison-de-Ville de Poitiers, 206.
Thou (François-Auguste de), 110, 111.
Thouars *Deux-Sèvres*, 76, — archidiaconé, 230.
Tibère (l'empereur), 291.
Tillier (Gilles), avocat, 20.
— (Jacques), conservateur des privilèges de l'Université de Poitiers, 20, 33.
Tivoli, *Italie*, 159.
Tomas. V. Thomas.
Tortat, cité, 130.
Tortose, *Espagne*, 137.
Toscane (grand-duc de), 109.
Tou (de). V. Thou (de).
Touars. V. Thouars.
Touche (s^r de la). V. Buignon.
— Billette (s^r de la), V. Cour (de la).
Touchet, chirurgien à Poitiers, 63.
Touffou (s^{gr} de). V. Chasteigner.
Toulouse, *Haute-Garonne*, 64.
Tour (de la), intendant des mœurs de l'hôpital général de Poitiers, 412.
— V. des Gallois.
Tours, *Indre-et-Loire*, 69, 149, 385 ; — présidial : président, v. Cottereau ; lieutenant particulier, v. Pocquineau ; conseiller, v. Burges.
Tousalin (Sébastien), j. d. m. P., 240.
Touton, notaire à Poitiers, 357.
Touzalin, aumônier de l'hôpital général de Poitiers, 426.
Toyon (Jean), chapelain de Sainte-Radegonde de Poitiers, 366.
Tranchant (Jean), c. d. m. P., 243 ; juge, 244.
Tranchet de la Réjasse (François), maire de Poitiers, 206. V. Dutranchet.

Travarzay (s^r de). V. Regnaud.
Travezaye (Jean), c. d. m. P., 242.
Tréguier (évêque de). V. Baglion de Saillant.
Treisin (René), prêtre, 232.
Trémoille (Catherine de la), abbesse de Sainte-Croix de Poitiers, 92, 148.
— (Georges de la), baron de Royan, sénéchal du Poitou, 7, 18, 19.
— (Gilbert de la), baron de Royan, sénéchal du Poitou, 19, 20.
— (Philippe de la), marquis de Royan, grand sénéchal de Poitou, 75.
— (s^r de la), 7.
— (duc de la), 29.
— (duchesse de la), V. Nassau.
Trender (Jean), Anglais, 364.
Trente (concile de), 174.
Tressiau (Jean), corbeau de l'hôpital des pestiférés de Poitiers, 281.
Tricherie (la), c^{ne} de Beaumont, *Vienne*, 29, 71.
Trimouille (de la). V. Trémoille.
Trouillet (Françoise), 345.
Trouvé (André), c. d. m. P., 60, 246.
— (Olivier), c. d. m. P., 240 ; juge, 241.
Tubert (Jacques), c. d. m. P., 242.
Tudert (Catherine de), femme d'Etienne Maquenon, 169.
— (Claude de), s^r de la Bournalière, lieutenant-général au présidial de Poitiers, 169.
— (Joachin), s^{gr} de la Bournalière, 341.
Tulle, *Corrèze*, 186.
Turcs (Grand-Seigneur des), 131.
— (les), 191.
Turenne (maréchal de), 148, 149, 177.
Turin, *Italie*, 95.
Turpault (Jean), c. d. m. P., 242.
Turquie (ambassadeur de), 378.
Tymeur (marquis du), V. Bourdonnaye (de la).

U

Umeau (F.), prêtre, 164.
— (Jean), professeur des Institutes, puis docteur-régent ès droits en l'Université de Poitiers, 178, 182, 207.

Umeau (Marie), femme de M. de Boisrenou, 211.
— médecin à Poitiers, 188.
Urbain VIII, pape, 127.
Ursasius, arien, 325.

V

Vacherie (sr de la). V. Mourault.
Valence, *Italie*, 178.
Valenciennes, *Nord*, 177.
Valens, arien, 325.
Valette (duc de la). V. Nogaret (de).
Vallanson (Jean), c. d. m. P., 246.
Valois (Mlle de) et sa jeune sœur, 185.
— (prince de), 153.
Vandosme (duchesse de). V. Vendôme.
Vangine (Mr), 393.
Vangueil (sr de), Vangouil, Vangeuille ou Vangueuil. V. Lucas.
Vantadour (duchesse de), 380, 382.
Vapereau, cité, 62.
Varadin, *Hongrie*, 191.
Varin, chanoine de la cathédrale de Poitiers, 230.
Vartre (de). V. Vâtre (de).
Vasles, *Deux-Sèvres* (château de), 212, 213.
Vastine (André de la), prêtre, 339.
— (Raoul de la), docteur en médecine, 339.
Vâtre (sr de). V. Guion.
Vau (Bernard de la), 2.
Vauguérin (sr de), 16.
Venault (Jeanne), femme de Jacques dit Jarrousse, 232.
Vendôme (duc de), 29, 161, 202.
— (duchesse de), 87, 202.
Vergnault (Louise), femme d'Antoine Gouin, 159.
— chanoine de Saint-Hilaire-le-Grand de Poitiers, 118.
— marchand à Poitiers, 61.
Vergne (Louis de la), marchand à Poitiers, 63, 123; c. d. m. P., 246, 249, 251.
Verneuil (sr de). V. De Razes.
Vernon, hospitalier à l'abbaye de Montierneuf de Poitiers, 386.
— *Vienne*, 389.
Verre (sr de). V. De Gennes.
Versailles, *Seine-et-Oise*, 301, 383, 398.
— (château de), 362.
Vexiau (Léon), sr des Brelutières, 219.
— (Toussaint), sr de la Passutière, 224.
Vezien (Pierre), notaire à Poitiers, 199.
Vic (Mr de), conseiller d'Etat, 43.
Vidard (Charles), bourgeois de la Maison-de-Ville de Poitiers, 81.
— (Charles), sr des Bouchetières, juge-magistrat au présidial de Poitiers, 212, 216, 220, 224.
— (Jean), procureur du roi en l'Election de Poitiers, 10.
— (Pierre), conseiller au présidial de Poitiers, 19, 20, 31, 42.
— (famille), 220.
Vienne (Françoise-Marie de), comtesse de Châteauvieux, femme de Charles de la Vieuville, 197.
Viète (François), maître des requêtes, 24.
Vieuvile (Charles de la), gouverneur du Poitou, 196, 197, 198.
— (Charles-François de la), évêque de Rennes, 197.
— (de la), surintendant des finances, 161.
— (de la), 161.
Villars (maréchal de), 368.

Villars (marquis de), 35.
Villebouin (Mr de), 161.
Villedieu (cure de Sainte-Madeleine de la), annexe de celle d'Aulnay, *Charente-Inférieure*, 222.
Villefollet (sr de). V. Desmier.
Villefranche, *Rhône*, 185.
Villegay (de). V. Leliepvre.
Villemontée (François de), intendant de Poitou, 71, 73, 74, 84, 96, 108, 112, 118, 125, 133, 135, 136, 293, 294, 295, 302, 303, 304, 305, 306, 314 ; évêque de Saint-Malo, 197.
Villequier (de), marquis d'Aumont, sgr de Chappes et de Clervaux, gouverneur de Poitiers, 126, 141, 250, 315, 316.

Villequier (sr de), 13.
Villeroy (l'abbé de), vicaire général à Poitiers, 369, 370.
— (maréchal de), 164.
— (Mr de), 29.
Vincennes, *Seine*, 148.
Vincent, chirurgien à Poitiers, 86.
— (Mr), 275.
Vivonne, *Vienne*, 42, 45, 46.
Voyer (de), vicomte de Paulmy, 307.
— (René de), sgr d'Argenson, intendant de Poitou, 125, 126, 130, 314, 315.
— (famille de), 126.
Vrillière (de la), secrétaire d'Etat, 114, 289, 290.
Vynyn (André), portier de la Tranchée, à Poitiers, 328.

X

Xainctes, Xainctonge. V. Saintes, Saintonge.

Y

Ypres, *Belgique*, 397.

TABLE DES MATIÈRES

CONTENUES DANS CE VOLUME

	Pages
Liste des membres de la Société des Archives historiques du Poitou.	v
Extrait des procès-verbaux des séances de la Société des Archives pendant l'année 1884.	IX
JOURNAUX DE JEAN DE BRILHAC (1545-1564), et DE RENÉ DE BRILHAC (1573-1622).	XI
Introduction.	XIII
Texte du Journal de Jean de Brilhac.	1
Texte du Journal de René de Brilhac.	10
JOURNAL D'ANTOINE DENESDE ET DE MARIE BARRÉ, SA FEMME (1628-1687).	51
Introduction.	53
Texte du Journal.	59
Appendice.	269
EXTRAITS DE DIVERS DOCUMENTS RELATIFS A LA VILLE DE POITIERS (1366-1790).	333
Note préliminaire.	335
Texte des extraits.	337
Table des noms de personnes et de lieux.	427

POITIERS. — IMPRIMERIE OUDIN.

www.ingramcontent.com/pod-product-compliance
Lightning Source LLC
Chambersburg PA
CBHW050241230426
43664CB00012B/1784